La Littérature catholique et nationale

PAR

LÉON GAUTIER.

— COLLECTION HISTORIQUE. —

Société de Saint-Augustin,

DESCLÉE, DE BROUWER & Cie,

1894.

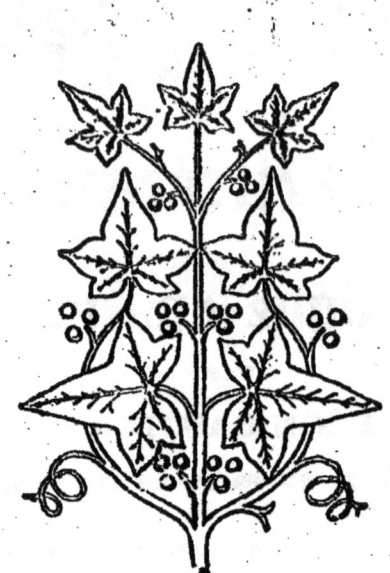

La Littérature catholique et nationale.

La Littérature catholique et nationale

PAR

LÉON GAUTIER.

— COLLECTION HISTORIQUE. —

Société de Saint-Augustin,

DESCLÉE, DE BROUWER & Cⁱᵉ,

1894.

TOUS DROITS RESERVÉS.

Au docteur A. Ferrand
en témoignage
de ma sincère affection
et
de ma profonde reconnaissance.

La Littérature Catholique
Avant Jésus-Christ.

RENOUVELER le programme de notre enseignement littéraire : telle est aujourd'hui la préoccupation de tous les bons esprits. On peut dire que la mode est aux nouveaux programmes, et rien ne nous semble plus légitime.

Si ces nouveautés menacent les fondements de notre foi, notre devoir est de nous en inquiéter, notre droit est de les combattre. A tous autres égards, ce n'est pas nous qui nous plaindrons de ce souffle de jeunesse, de ce vent frais, qui tout à coup a passé sur nos vieux collèges. Nous n'avons pas à nous prononcer ici sur la valeur de tous ces rajeunissements ; mais enfin nous nous réjouissons de penser que les rajeunissements ne sont pas impossibles parmi nous. C'est à nous, catholiques, de donner à notre enseignement la vraie jeunesse, la solide fraîcheur, la vie.

Il est tel vieux programme qui n'a point varié depuis trois cents ans ; des nuages de poussière s'en échappent dès qu'on y touche. Antiquités vénérables, mais qu'il ne faut plus compter au nombre des choses vivantes ! Créons un musée, s'il le faut, pour les programmes qui ont fait leur temps ; mais ne les imposons plus à la jeunesse de nos fils.

Au moment où nous écrivons ces lignes, quelque pauvre enfant, penché sur le plus ingrat des travaux, apprend « par cœur » les figures de rhétorique, exactement comme les enfants d'Athènes et de Rome les apprenaient il y a deux mille ans ! Et il y a encore dans nos collèges une classe qui s'appelle : la Rhétorique ! Tous les justes mépris que l'humanité a déversés sur ce mot et sur la chose qu'il exprime n'ont pas empêché le triomphe durable d'un usage aussi contraire à l'élévation des idées chrétiennes. Ce n'est pas la parole qu'on apprend à nos fils : ce ne sont trop souvent que les déguisements et l'hypocrisie de la parole. La rhétorique n'est pas autre chose.

En ce moment, quelque petite fille, d'une voix fraîche et charmante, récite les pages de ses *Éléments de mythologie* d'où toute critique est absente comme aussi toute beauté. L'ennui sort de ce livre ridicule et odieux : il monte en vapeurs lourdes à la tête de nos enfants, qui ne saisiront jamais l'intérêt de ces mythes stupidement défigurés.

En ce moment même, des milliers d'enfants sont condamnés à ignorer toute l'antiquité, sauf l'histoire de deux peuples. Dans tous les temps qui ont précédé la venue du Réparateur, leurs pauvres yeux ne voient que la Grèce et Rome. Ils connaissent seulement le siècle de Périclès et celui d'Auguste. Mais ce serait provoquer leurs dédains que de leur parler de la littérature hébraïque et du grand siècle de David, de la littérature chrétienne et du grand siècle de saint Augustin. Infortunés que nous sommes ! Quel crime avons-nous commis pour mériter un tel châtiment ? Nous sortons du collège sans connaître la poésie de la Vérité. Nous en sortons persuadés le plus souvent que l'erreur seule a possédé ici-bas une littérature, et que la Vérité n'a jamais rencontré l'Art sur son chemin. Les auteurs de nos histoires littéraires s'empressent de sauter du siècle d'Auguste à celui de François Ier. En traversant les quinze siècles qui séparent ces deux paganismes, ils sont mal à l'aise, ils se hâtent, ils ont froid : « Nous sommes en plein christianisme ; donc, nous sommes en pleines ténèbres. » Et le moyen de concevoir qu'un chrétien puisse écrire proprement et selon les règles !

En ce moment même quelqu'un de nos enfants récite sans doute *le Lutrin* ou la Satire sur les embarras de Paris. Ces belles petites intelligences si vives, si fraîches, si ouvertes, c'est avec une parodie qu'on a le triste courage de faire leur éducation. La parodie qui est le dernier, le plus vil de tous les genres littéraires ; la parodie qui est l'amusement des vieux esprits et la marque des vieux siècles, on l'impose à des natures de quinze ans : ce doux printemps n'est pas épargné. Malgré tout l'effort des écoles nouvelles, il est encore plus d'un Manuel où l'on résume en ces quelques mots toute l'histoire de notre poésie antérieurement au quinzième siècle : « Avant « Boileau, il y a eu Malherbe ; avant Malherbe il y a eu « Villon ; avant Villon, c'était le chaos. » Et voilà trop souvent tout ce qu'ils savent de notre littérature nationale : ils la connaissent, alors seulement qu'elle n'est plus nationale. Je me souviens de l'étonnement profond que j'éprouvai, de ma stupeur, quand, m'étant hasardé dans les *ombres* du moyen âge, je découvris un jour, qu'il y avait eu en ce temps-là une véritable littérature, toute chrétienne et toute française. Je marchais de surprise en surprise, de ravissement en ravissement ; je marchais les lèvres béantes, les yeux ravis, respirant à pleins poumons le parfum de ces fleurs sauvages, mais si odorantes, de la poésie de nos pères. Mais un jour surtout, je fus troublé jusque dans l'intime de mon âme et presque noyé dans mes larmes. Je venais de lire l'Iliade de la France, la *Chanson de Roland*.

Et maintenant, que conclure de tous ces exemples que nous pourrions multiplier?

Nous en concluons, tout d'abord, que l'Histoire littéraire tient encore trop peu de place dans les programmes de notre enseignement secondaire, et même dans ceux de notre enseignement supérieur. La place qu'elle mériterait est mal à propos usurpée par les futilités de la rhétorique ou les mensonges de la mythologie. Il serait temps d'en finir avec ces vieilleries et de réaliser enfin le *Nova sint omnia*.

Dans ces nouveaux Cours d'histoire littéraire qu'il serait bon de créer, et près desquels s'empresserait la légitime curiosité de nos enfants, il serait nécessaire avant tout de déchirer, d'une main inexorable, les anciens programmes et de les remplacer par un nouveau plan.

Dans ce plan, la plus large place, la place d'honneur, serait réservée à la « littérature catholique ». Ce n'est pas sans quelque terreur que nous associons ces deux mots: nous passerons pour téméraire. Il y a depuis longtemps des cours de *littérature sacrée* dans un certain nombre de maisons d'éducation dont on ne saurait trop louer la persévérance et le courage. Il conviendrait peut-être de dilater encore davantage les proportions de ces cours ; d'entendre le mot *catholique* dans son acception la plus large; de considérer enfin comme appartenant à « l'âme de l'Église » tous les poètes, tous les philosophes, tous les historiens de l'antiquité ou des temps modernes qui, en dehors de l'influence et de l'enseignement directs de l'Église, ont connu les vérités naturelles et traditionnelles, les ont aimées, les ont traduites dans leurs œuvres. Et réellement, ils nous appartiennent à cause de cette communauté de nature et de traditions reçues : ils sont à nous, ils sont catholiques.

Il ne faudrait pas non plus regarder, comme étant uniquement de notre domaine, les seuls écrits où la religion a été exposée ou défendue. C'est ainsi que les épopées de la Grèce et celles de notre moyen âge appartiennent excellemment à la littérature catholique, à cause de ces magnifiques rayons que la vérité chrétienne a projetés sur elles et dont elles ont gardé la trace ineffaçable.

A nous, en un mot, tout ce qui est chrétien d'inspiration ; à nous, par conséquent, tous les chefs-d'œuvre, de tous les pays et de tous les temps, qu'il est possible de ramener par quelque côté à l'idée catholique. N'oublions pas que *catholique* signifie : universel.

Loin de nous seulement tout ce qui est païen, et dans la forme et dans le fond ; tout ce qui respire la révolte contre Dieu, contre Jésus-Christ, contre l'Église, contre ces trois termes de toute vérité! Ces tristes monuments, fruits d'une collaboration active entre l'esprit de l'homme et l'enfer, pourront servir à celui qui entreprendra un jour d'écrire une histoire de la littérature antichrétienne, révoltée, satanique. Quant à nous, c'est l'histoire de la littérature catholique, humble et soumise, c'est cette histoire que nous voulons écrire. Ou plutôt, nous ne voulons pas entreprendre une œuvre tellement au-dessus de nos forces, et nous nous bornerons à une rapide esquisse. Tel est l'objet de ce travail.

I.

La première leçon du nouveau cours pourrait recevoir comme titre ces trois mots : *l'Art, la Parole, le Style*. Si, en effet, on ne comprend pas la valeur de ces trois termes, il est inutile de pousser plus loin une étude désormais sans valeur et sans but. On dit que, lorsque saint Jean voulut commencer son Évangile, il monta sur les hauteurs ; on dit qu'il écrivit le premier chapitre de son livre, ou plutôt qu'il entonna le premier chant de son poëme, alors seulement qu'il fut arrivé sur des faîtes voisins de la foudre. Essayons, avec notre faiblesse, d'imiter cette énergique ascension de saint Jean : montons sur les hauteurs immatérielles de la métaphysique et de la théologie pour écrire le premier chapitre de notre histoire littéraire. *Sursum corda, sursum mentes !*

« L'Art est l'expression sensible du Beau », et le Beau lui-même n'est que la splendeur souveraine du Vrai et du Bien. Or la Beauté, la Bonté et la Vérité suprêmes n'existent point par elles-mêmes, vaines abstractions suspendues comme des nuages entre la terre et le ciel : elles n'existent qu'en Dieu. Dieu, tel est le premier et le dernier mot de l'Art.

L'Art est l'imitation intelligente des belles œuvres de Dieu.

Mais comment l'Art exprime-t-il le Beau ? A l'aide de deux éléments. Premièrement à l'aide de certaines facultés de notre intelligence, et, secondement, à l'aide de certains organes de la perception extérieure.

La peinture, la sculpture, l'architecture n'existent que grâce à la collaboration de notre imagination et de nos yeux, auxquels la mémoire et le tact viennent parfois prêter leur concours qui n'est pas toujours nécessaire. La musique n'existe que grâce à l'entente cordiale de notre imagination et de notre mémoire avec l'organe de notre ouïe. La parole, enfin, a également recours à ce double élément de nos organes matériels et de nos facultés immatérielles. La *parole parlée* a besoin de l'ouïe, la *parole écrite* a besoin des yeux : l'une et l'autre ont leur point de départ dans notre imagination, dans notre mémoire, dans notre raisonnement.

Ce n'est pas sans dessein que nous insistons sur ces idées. Il est utile, il est nécessaire de proclamer que la Parole est un art au même titre que la musique ou la peinture. Le mot « littérature » dont nous sommes forcés de nous servir, est un des mots les plus barbares et les plus malheureux qu'on ait jamais créés. La Parole est le premier des arts. Comme les autres arts, elle exprime le Beau, et elle l'exprime sensiblement. Elle s'adresse à nos sens par le son ou l'écriture. Mais, grâce à un étonnant et irrécusable privilège, elle peint, elle reproduit la pensée de l'homme ; sa pensée la plus intime, la plus métaphysique ; sa pensée sur le monde et sur Dieu. Par des procédés analogues, elle arrive à un but infiniment plus élevé. C'est le premier des arts, avons-nous dit : mais enfin, c'est un art.

L'Art lui-même, ainsi compris, ainsi dilaté, a sur cette terre un idéal, un but et une sanction qu'il nous faut déterminer, avant d'aborder ce domaine de la Parole où nous allons désormais nous renfermer.

L'idéal de l'Art, c'est Dieu ; c'est dans les œuvres de Dieu, tout ce que le péché n'a pas déformé, n'a pas enlaidi ; c'est la beauté sans défaut, c'est la lumière qui ne connaît pas d'ombres, c'est le monde tel qu'il était avant le crime originel, au sortir des mains de Dieu, alors que tout obéissait à l'homme, et que l'homme obéissait à Dieu.

Le but de l'Art, c'est de sauver le plus d'âmes possible.

La sanction de l'Art, c'est le jugement de Dieu : jugement terrible, épouvantable, qui, jusqu'à la consommation des siècles, ajoutera une nouvelle âcreté au châtiment des artistes impies, toutes les fois qu'une âme sera perdue ici-bas par la lecture, l'audition ou la vue de leurs détestables ouvrages ; c'est le jugement de Dieu, tout miséricordieux et suave, qui, jusques à la fin des temps, ajoutera une nouvelle douceur à la récompense des artistes chrétiens, toutes les fois qu'une âme sera sauvée ici-bas par l'utile et austère beauté de leurs œuvres.

II.

LA parole est un don de Dieu. C'est le miroir où Dieu a voulu que la pensée humaine se peignît et se reflétât avec exactitude et lucidité. Dieu fait lui-même une si grande estime de la pensée de l'homme qu'il n'a pas voulu qu'elle restât invisible, sans action, sans influence extérieures. Dieu donc a pris la pensée de l'homme et lui a uni la parole : elles sont aussi indissolublement unies que l'âme et le corps ; elles ne forment point deux choses séparées et distinctes, mais une seule puissance pleine d'unité et de vie. Sans doute, la pensée et l'âme peuvent subsister seules et vivre par elles-mêmes ; ainsi feront-elles après notre mort. Mais c'est un état presque anormal : la résurrection y mettra fin, en rendant notre corps à son âme, et à la pensée notre parole qui retentira immortellement dans les conversations et dans les chants du paradis.

Quelles sont l'origine, la nature intime et la traduction visible de la parole humaine ? Enfin quel est son but ? Autant de questions auxquelles nous allons essayer de répondre rapidement.

La parole vient de Dieu. Dès le premier instant de sa création et par la grâce de Dieu, l'homme pensa : il parla. La pensée humaine se refléta sur-le-champ dans le miroir de la parole.

Tel est, sur l'origine du langage, le système qui semble le mieux approprié au texte auguste de la Genèse.

Il est toutefois permis de croire, sans violer ce texte sacré, que Dieu laissa à l'homme une certaine initiative, un certain travail dans la formation de son langage.

Ce qu'il y a de certain, ce que ce langage est en rapport exact avec la création dont il est appelé à nommer tous les êtres ; c'est que chacun des mots qui le composent — sauf l'interjection et le pronom — est une sorte d'imitation ou de portrait de l'objet qu'il exprime ; c'est que rien ne fut ici laissé au hasard ; c'est que, ne pouvant peindre en un seul vocable, toutes les qualités de chacun des êtres qui l'entouraient, l'homme procéda par abstraction et peignit dans chaque mot une seule de ces qualités ; c'est que l'onomatopée joua un rôle important dans cette intelligente et féconde opération ; c'est que l'homme enfin parvint à nommer ainsi tous les êtres visibles et sensibles.

Restaient à nommer les êtres immatériels, et la difficulté pouvait ici sembler insurmontable, le problème insoluble ; Mais par une admirable loi, que trop peu d'esprits approfondissent, le monde physique est calqué sur le monde moral : il est en quelque sorte couché sur lui. Il n'y a pour ainsi parler, qu'un organisme pour la création invisible et pour la création matérielle. Une analogie constante est le lien qui unit entre eux les deux mondes visible et spirituel. C'est ainsi qu'il y a une respiration intellectuelle, un aveuglement moral, une lumière et des ténèbres immatérielles.

Pour nommer les êtres qui ne tombent pas sous nos sens, l'homme n'a donc eu qu'à leur donner les noms des choses matérielles avec lesquelles ils ont le plus d'analogie. L'homme a procédé par comparaison. Il a dit, par exemple : « L'âme est analogue à un souffle, » et, retranchant tous les termes inutiles de la comparaison, il a appelé l'âme du même mot que le souffle lui-même : ψυχή, *spiritus, esprit.*

Dès lors il pouvait tout nommer dans l'univers entier ; et, de fait, il nomma tout. O science admirable de la linguistique qui est appelée à étudier chacune des paroles humaines, à en analyser tous les éléments, à y découvrir tout ce que l'intelligence de l'homme y a déposé de pensées ingénieuses, délicates, élevées !

Le style figuré n'est pas autre chose que l'emploi de ces comparaisons d'objets immatériels à des objets visibles.

La gloire de l'homme est de créer le plus possible de ces comparaisons : c'est de prendre les mots avec leur sens terrestre, matériel, vil, et de les élever jusqu'à un sens céleste, immatériel, sublime.

Voulez-vous suivre, à travers les temps, le progrès de l'intelligence humaine? étudiez l'histoire du langage figuré.

III.

QUELQUES mots sur la Poésie ne seront pas inutiles. On la confond généralement avec la versification : erreur déplorable, erreur funeste, dans laquelle il importe que nos jeunes gens ne tombent plus.

Nous pourrions ici appliquer à la Poésie une de ces définitions vagues qui ne vont pas au fond des choses ; nous pourrions dire avec Musset « qu'elle nous vient des cieux » et que « le monde l'entend et ne la parle pas », nous pourrions ajouter, avec un peu plus de précision, qu'elle est la forme enthousiaste de la parole humaine. Mais il est préférable de l'analyser et de la définir d'une façon plus scientifique.

La Poésie est la création de nouvelles comparaisons, de nouvelles images pour désigner les êtres visibles ou spirituels. La Poésie est l'emploi continu de ce que, faute d'une expression plus nette, nous avons appelé le style figuré. C'est la transfiguration d'un certain nombre de mots qui ne désignaient auparavant que des êtres ou des opérations matériels, et auxquels la Poésie donne la force de peindre des opérations et des êtres immatériels.

La Poésie est cette langue qui crée sans cesse de nouvelles images où doit sans cesse éclater la Beauté qui est toujours nouvelle.

Cette Poésie, ainsi comprise, peut se passer et se passe en effet de la versification. Il y a plus de poésie dans vingt lignes de la légende de saint François d'Assise que dans toutes les œuvres réunies de Boileau, de Rousseau, de Voltaire.

Mais la versification est un auxiliaire utile. A l'élément *pictural*, la versification ajoute l'élément musical, et cet élément, ce sera la *mesure* dans le système des anciens ; ce sera le *rhythme* dans le nôtre. Horace a dit : *Ut pictura poesis* : il n'a point dit toute la vérité. Il eût fallu ajouter: *Ut musica poesis*, et surtout proclamer que la Poésie est née de Dieu et qu'elle a pour mission spéciale de le glorifier, non seulement sur la terre, mais encore dans le ciel.

IV.

TELLE est la nature de la parole humaine ; telle est en particulier celle de la poésie. Le but de notre langage est d'ailleurs le même que celui de l'Art : c'est avant tout de rendre hommage au Dieu éternel ; puis, de prouver à nos frères que nous les aimons, en nous rendant utiles à leurs âmes d'abord, et ensuite à leurs corps. C'est de persuader le bien et de dissuader le mal dans la famille à nos enfants, dans la patrie à nos concitoyens, dans la société à tous les hommes, dans l'Église à tous nos frères.

En deux mots, le but du langage, c'est la glorification de Dieu et le salut des hommes.

Quant à la loi de la parole, elle peut se résumer en deux lignes que nous devrions sans cesse avoir sous les yeux de notre entendement, quand nous avons l'honneur de tenir une plume :

« L'homme doit parler comme il pense ;
« il doit penser le vrai. »

Ces deux principes peuvent sans désavantage remplacer toutes les Rhétoriques du monde.

Il nous reste à parler de la traduction visible de la parole. Cette traduction, c'est l'écriture.

L'écriture est un moyen plus ou moins ingénieux de faire comprendre, d'après un système de signes, que tel signe correspond à telle émission de voix (c'est le système *phonétique*), ou à telle idée (c'est le système *hiéroglyphique*).

Il est inutile d'ajouter ici que le système phonétique est de beaucoup le plus parfait et qui honore le plus l'entendement humain. Il n'est pas de découverte moderne qui se puisse comparer à l'invention de l'alphabet.

V.

LE Style a été défini tout récemment avec autant de netteté que d'élévation. C'est l'expression, a-t-on dit, c'est l'explosion de la nature intime d'un être. Nous ajouterons avec l'auteur de cette définition, avec cet Ernest Hello qui a été l'un des plus hauts esprits de ce temps, et l'un des plus méconnus :

« César nous dira que son style est indiqué par le mot qu'il a dit, pendant la tempête, au pilote tremblant : « Que crains-tu ? tu portes César. » Sa parole, c'est l'affirmation de l'empire du monde qu'il attendait. Sa parole, ce sont les larmes qu'il versait à trente ans au souvenir d'Alexandre, déjà vainqueur à cet âge.

« Le style d'Homère est le premier mot de la prière de Priam : « Souviens-toi de ton père, Achille semblable aux dieux, de ton père faible et vieux comme je suis. » Cette parole renferme tout Homère : les dieux, la paternité, la vieillesse et l'épithète homérique elle-même : « Achille semblable aux dieux. »

« Le style de Bossuet, le voici : « Madame se meurt, Madame est morte. » Les grandeurs sociales et la mort à côté.

« Le style de Christophe Colomb est le signe de la croix tracé dans le brouillard de la pointe de son épée...

« La prière est le style humain par excellence, je veux dire l'expression de l'homme. La prière est à la fois le cri de la détresse et l'hymne de la gloire. Or, le cri de la détresse et l'hymne de la gloire, n'est-ce pas l'expression de l'homme ? N'est-ce pas le style humain ? Le style humain, c'est la réponse de l'homme à la parole qu'a entendue Moïse : « Je suis celui qui suis. » O vous qui êtes, écoutez donc, et exaucez (1). »

---

1. *Le Style*, par Ernest Hello, p. 64, 65.

VI.

NOUS avons terminé les prolégomènes, les propylées de notre Cours.

Il faut maintenant entrer *in medias res* et, tout d'abord, diviser nettement notre sujet.

Or, l'histoire du monde est évidemment partagée en deux parties, et comme en deux versants. C'est Jésus-Christ qui la partage ainsi. Il se tient au sommet de la montagne, dans la lumière et dans la gloire. Les générations qui l'ont précédé et celles qui l'ont suivi se tiennent sans se confondre à sa droite et à sa gauche, toutes ayant les yeux cloués sur lui, toutes soupirant vers lui, lui tendant leurs bras, lui envoyant leurs cœurs. Jésus-Christ est le centre des unes et des autres, de celles qui ont eu la consolation de l'attendre, et de celles qui ont la joie de le posséder. Il est le centre de l'histoire qui ne peut réellement se diviser qu'en deux grandes parties : « Avant et Après la nuit du *Gloria in excelsis*. »

Il en doit être exactement de même pour l'histoire littéraire. Avant Jésus-Christ les intelligences ont soupiré ; après Jésus-Christ, elles ont possédé. Elles soupiraient vers la Beauté ; elles la possèdent. Elles entrevoyaient la Vérité ; elles la voient à plein. Jésus est le centre de l'Histoire littéraire qui ne pourra jamais être divisée qu'en deux livres bien distincts : « Avant et après l'incarnation du Verbe. »

Ainsi diviserons-nous notre Histoire de la littérature catholique. La première partie sera consacrée aux siècles qui ont précédé le Calvaire ; la seconde à ceux qui ont suivi le dernier cri du libérateur : « Tout est consommé. »

Nous faisons remonter jusqu'aux origines du monde l'origine de l'art et de la religion catholiques. Une telle *audace* ne surprendra plus personne. Le temps n'est plus où Fleury ne faisait commencer l'histoire de l'Église universelle qu'après l'ascension du Sauveur. L'Église est la société de Dieu avec lui-même, avec les anges et les hommes fidèles. D'après cette admirable définition, nous savons que l'histoire de l'Église a précédé celle du monde ; nous savons que, suivant l'énergique parole d'un grand théologien de notre temps, Adam a été le premier catholique romain ; nous savons que l'ancienne loi a été l'ébauche de la nouvelle et comme une autre Église ayant son sacerdoce, ses sacrifices, et ses sacrements même ; nous savons enfin qu'à l'*âme* de cette Église ont appartenu réellement tous ceux des Gentils qui ont précieusement conservé et entretenu dans leurs cœurs les restes précieux des vérités traditionnelles, avec ces vertus naturelles qui avaient échappé aux atteintes du paganisme envahisseur.

Ces mots de saint Épiphane : « L'Église catholique est le commencement de toutes choses, » Rohrbacher les avait choisis comme l'épigraphe d'un livre qui est aujourd'hui trop dédaigné : nous en voulons faire aussi l'épigraphe du nôtre. Et nous faisons commencer l'Histoire de la littérature catholique au sixième jour de la création, au moment même où la première parole jaillit des lèvres du premier homme.

Avant d'examiner les livres de l'homme, nous commencerons par étudier le livre de Dieu, la Bible. Il importe de ne pas être moins pieux que le poète païen : *A Deo principium.*

VII.

CE n'est pas sans un profond sentiment de respect que le professeur prendra entre ses mains le saint livre de la Bible et l'ouvrira devant ses élèves. Il semble qu'une prière ne sera pas inutile, en ce moment véritablement solennel, pour élever les esprits du maître et des disciples. Au milieu d'un grand silence, après avoir baisé les Écritures, le maître enfin commencera l'interprétation de cette incomparable littérature.

Il aura tout d'abord à parler des principales versions de l'Ancien Testament. Il ne faudra pas néanmoins descendre ici dans un détail aussi fastidieux pour le littérateur qu'il est nécessaire au théologien. Mais, quand on en viendra aux traductions françaises les plus voisines de notre temps, il conviendra d'être sévère. J'ai besoin d'une traduction originale, humblement audacieuse et vivante ; d'une traduction qui ne me voile pas la lumière et la chaleur de l'Orient, qui les laisse au contraire venir jusqu'à mes yeux, jusqu'à mon cœur. La Bible est un poème : laissez-lui la vivacité de ses images ; n'enveloppez pas, ne cachez pas cette vivacité dans les brouillards d'une traduction abstraite et prosaïque. Ne reculez pas devant la couleur locale. Si vous me transportez dans la Jérusalem de David, ne me faites pas voir une fausse Jérusalem avec des temples grecs et des maisons romaines. Que le traducteur soit archéologue : qu'il ait beaucoup lu, et surtout beaucoup voyagé. Et que je voie ma Jérusalem, ma vraie Jérusalem, avec la masse orientale de son temple, avec ses habitants vêtus à l'arabe, avec ses maisons sans toits, avec ses colonnes demi-égyptiennes et demi-phéniciennes, avec ses jardins. C'est là, me direz-vous, une qualité fort secondaire dans une traduction. Oui, sans doute, vous parlez en théologien, et vous avez mille fois raison. L'artiste ne doit pas raisonner comme vous : il demande l'image, le feu, la couleur, le mouvement, le style. Y a-t-il aujourd'hui une traduction qui lui donne tout ce qu'il demande ?

Après cette introduction nécessaire sur la langue et les versions de la Bible, il est temps d'aborder le livre en lui-même. On fera encore observer que l'inspiration divine, d'après la doctrine généralement reçue, atteint principalement le fond de la sainte Écriture, et que la liberté de la forme a été, dans une certaine mesure, laissée à chacun des écrivains sacrés. C'est ce qui nous permet de juger ces écrivains. Si Dieu était l'auteur responsable de leur style comme il est l'inspirateur de leur pensée, le devoir du critique chrétien serait uniquement de se mettre à genoux devant le livre divin et de ne pas en faire l'objet de ses réflexions littéraires, qui seraient presque autant de sacrilèges.

Les livres de l'Ancien Testament se divisent fort naturellement en livres historiques, sapientiaux et prophétiques. La même division se retrouve aisément dans le Nouveau Testament où l'élément prophétique est représenté par l'Apocalypse, l'élément moral par les Épîtres, l'élément historique par les Évangiles et par les Actes. Remarquez la profonde beauté de ce plan des Écritures. Dieu parle : c'est avant tout pour être le législateur de l'homme ; c'est pour lui dire : « Voici ce que tu dois faire, et voilà ce qu'il te faut éviter ; » de là les livres législatifs et sapientiaux. Puis Dieu ajoute : « J'ai voulu, dans ton histoire, te montrer la sanction de ma loi dans le passé ; » de là les livres historiques. « Et j'ai écrit « enfin ton histoire future, afin que tu connaisses par avance « la sanction de ma loi dans l'avenir; » de là les livres prophétiques.

Ouvrons d'abord les livres historiques ; mais n'oublions pas que nous ne sommes ici ni historiens, ni érudits, ni même apologistes. Nous n'avons à traiter ni la question d'authenticité, ni celle d'exactitude: nous sommes devant un objet d'art dont il faut faire admirer la beauté merveilleuse sans doute, mais quelquefois complexe ou secrète. Nous ferons donc un résumé rapide de toute l'histoire du peuple de Dieu en lisant d'une voix émue une traduction nouvelle, colorée, chaude, orientale, vivante, des plus magnifiques passages de nos saints Livres. Nous ne connaissons pas de plan qui soit à la fois plus simple et plus fécond. On ne dira point que la beauté de ces passages est conforme aux lois de la rhétorique païenne : on montrera qu'elle est conforme aux plus profonds, aux plus grands, aux plus généreux sentiments de notre âme. On fera ressortir la concision, la force, le nerf, et le lyrisme de l'histoire telle que les Hébreux l'ont comprise. Chacun des mots qui précèdent sera développé ; chacune des assertions qu'ils renferment sera prouvée par une suite de citations. On se gardera, autant que possible, de se servir des citations, fort vénérables d'ailleurs, qui traînent dans tous les *Manuels*, et l'on mettra en lumière les parties même de la Sainte-Écriture qu'une sorte de conspiration a laissées dans les ténèbres. Dans un tel livre tout est bon, et le choix est aisé.

C'est ainsi, c'est d'après cette méthode que nous parcourrons toute l'histoire du peuple de Dieu depuis les ombrages de l'Éden témoins du péché originel, jusqu'à ces autres ombrages du bois des Oliviers, témoins de la réparation divine. Il était convenable, dirons-nous, il était nécessaire qu'il y eût une portion de l'espace où Dieu pût opérer le salut de l'humanité. Ce champ, cette portion réservée, c'est le peuple de Dieu. Israël a été « le temporel de la Vérité. » Là fut écrite la Loi, contre-pied des lois païennes ; là fut rendu à Dieu le seul culte dont il ait été honoré pendant quarante siècles ; là parurent les prophètes qui renversèrent en quelque sorte par leurs oracles les capitales du paganisme dans le vieux monde: Babylone, Tyr, Ninive, Rome. Le peuple Juif, dont il plaît à nos incrédules de méconnaître aujourd'hui le caractère, a été le camp de Dieu sur la terre pendant près de trois mille ans, l'armée du Saint-Esprit contre le mauvais Esprit, le boulevard de la vérité contre l'erreur, jusqu'au jour où Dieu s'incarna dans le sein de ce peuple depuis si longtemps préparé à le recevoir, et où il trouva, avec une longue suite d'ancêtres évidents une généalogie spirituelle, des doctrines qu'il n'avait qu'à compléter, un édifice dont il n'avait qu'à élever de ses mains puissantes, mais à élever jusqu'au ciel les murs construits par son Père.

Pour les livres sapientiaux, nous suivrons une autre voie : la morale est éternelle et ne peut par certains côtés, subir l'ordre chronologique. Nous exposerons dans un ordre logique tout ce que Dieu a révélé aux écrivains sacrés concernant nos devoirs envers Dieu, envers nos frères, envers nous-mêmes. Les citations se précipiteront encore plus nombreuses et plus ardentes sur nos lèvres. Il faut, il faut que la lumière de cette divine morale éclaire et remplisse agréablement les yeux des chrétiens ; il faut qu'elle éblouisse et renverse l'orgueil de l'incrédulité vaincue. Que de larmes dans nos yeux et dans ceux de nos auditeurs quand nous lirons quelques pages de l'*Ecclésiastique*, de ce livre qui, dans un ordre bien plus élevé, a été, si je puis ainsi parler, l'*Imitation de Jésus-Christ* de l'Ancien Testament. On devrait imprimer à part ce chef-d'œuvre de la littérature divine ; on devrait, ainsi séparé des autres livres des saintes Lettres, le traduire en toutes les langues et le répandre à profusion, et il devrait avoir autant et plus d'éditions que l'*Imitation* elle-même, qui, après tout, est une œuvre humaine. Et que dire de la *Sagesse*, qu'il faudra comparer avec les plus beaux dialogues de Platon si l'on veut absolument faire pâlir, si l'on veut obscurcir entièrement l'œuvre du philosophe païen ? Et ce *Cantique des cantiques*, qui est l'œuvre d'un si divin amour? Qui ne sait pas aimer ne ne comprendra jamais ce livre. Nous ne craindrons pas de le lire, avec une prudence jalouse d'éviter tout ce qui peut effleurer la délicatesse des jeunes âmes; nous le ferons passer sous les yeux de nos auditeurs tout revêtu de ses riches couleurs où se reflète l'Orient. Et à côté de ces pages célestes, pour montrer combien est légitime l'interprétation des catholiques qui ne veulent voir en ce livre que les transports de l'Église ou de l'âme humaine en présence du Sauveur Jésus, nous pourrons lire un certain nombre d'extraits de nos plus beaux livres mystiques. Il sera facile de le constater : rien ne ressemble plus aux soupirs du *Cantique* que les soupirs de ces âmes d'élite qui, depuis dix-huit cents ans, sont virginalement éprises de Jésus-Christ.

Il reste à parler des livres prophétiques. Il ne sera peut-être pas inutile de mêler ici un peu d'apologie à notre exposition littéraire, et cette apologie consistera uniquement dans la constatation simple et brève de la réalisation de ces prophéties. Est-il besoin de s'étendre longtemps sur les éclatantes beautés de ces livres ? Qui louera jamais dignement le feu d'Isaïe, la rudesse d'Ezéchiel, l'élévation de Daniel, les pleurs de Jérémie ? Plus que jamais il faut abandonner ici la froide méthode des commentaires perpétuels. Il faut lire.

Il sera bon cependant d'exposer les règles principales de la versification des Hébreux. Une partie des livres sapientiaux et prophétiques sont de vrais poèmes soumis aux lois d'une certaine prosodie qu'il serait honteux de ne pas connaître. Cette versification est le « parallélisme ». Comme nous aurons occasion de le développer ailleurs : « Le vers ou distique hébreu se compose communément de deux membres ou hémistiches se correspondant mutuellement tant par l'analogie grammaticale des mots qu'ils contiennent que par leur sens respectif.» Rien n'est plus abstrait qu'une telle définition, et il vaut mieux ici citer quelques exemples : le premier nous donnera une idée du parallélisme *synonymique*, le second du parallélisme *antithétique*, et le troisième enfin du parallélisme *continu* :

| La miséricorde | et la vertu | se sont rencontrées, |
| La justice | et la paix | se sont embrassées. (Ps. LXXXIV.) |

Les coups de l'ami sont fidèles,
Les baisers de l'ennemi sont perfides. (Prov., XXVII, 8.)

Jéhovah, je t'ai imploré,
Et tu m'as guéri. (Ps. XXX.)

Avant d'abandonner l'examen, ou plutôt la lecture de l'Ancien Testament, avant de conduire dans un autre chemin nos auditeurs, ravis et confondus par tant de merveilles, encore tout émus et les yeux trempés de larmes, nous leur ferons voir, dans un résumé substantiel, dans un dernier tableau, l'étonnante unité de doctrine qui relie entre eux tous les livres de l'Ancien Testament. On choisira un point de morale — la doctrine sur la chasteté, par exemple, — et l'on montrera que, depuis la *Genèse* jusqu'à la *Sagesse*, les écrivains sacrés nous offrent, sur ce point spécial, exactement le même sentiment et la même doctrine. C'est une grande preuve de la véracité de la Bible et de la vérité de notre foi.

VIII.

DANS la première comme dans la seconde partie de cette *Histoire de la Littérature catholique*, nous ne parlons des œuvres de l'homme qu'après avoir considéré l'œuvre de Dieu. Nous venons de rendre aux saintes lettres l'hommage d'une étude humble et enthousiaste : nous nous trouvons maintenant en présence de ces livres d'origine humaine qui, sinon par leur valeur, du moins par leur nombre, sont le principal objet de ce travail. Il s'agit d'apporter, dans ce nouvel examen, un esprit de méthode, un ordre d'autant plus nécessaire que nous avons devant nous d'innombrables ouvrages dont les auteurs ont vécu sous tous les cieux, ont parlé toutes les langues, se sont exercés dans tous les genres, ont illustré tous les temps. En outre, il est à désirer que cet ordre soit le même pour les siècles qui ont précédé Jésus-Christ et pour les temps qui l'ont suivi. C'est dans l'âme humaine, c'est dans ses facultés qu'il convient de chercher la base de notre classement.

Nous avons établi que l'Art a pour but le salut des âmes, et par conséquent l'ennoblissement progressif de toutes nos facultés intellectuelles, sensibles et morales. C'est ainsi que la Parole doit se proposer d'élever sans cesse notre entendement, notre sensibilité, notre mémoire, notre volonté surtout. Tous les genres littéraires, quels qu'ils soient, sont tenus à diriger dans la voie du bien cette dernière faculté qui s'appelle encore d'un nom magnifique : le libre arbitre, ou la liberté. Aux trois autres facultés, à leur développement, à leur éducation, sont consacrées trois classes d'œuvres intellectuelles, sont préposés trois ordres d'écrivains et de penseurs que nous aurons à étudier les uns après les autres : les Philosophes, les Historiens, les Poètes. Les philosophes forment notre intelligence, les poètes dirigent notre cœur, les historiens enfin déposent dans notre mémoire les annales de l'humanité, celles des peuples qui ont mérité de vivre, celles des peuples qui ont mérité de périr. Avant comme après Jésus-Christ, nous examinerons tour à tour les Philosophes, les Historiens, les Poètes.

Le dédain pour la philosophie est la marque d'un esprit vulgaire. A Dieu ne plaise que nous la fassions entrer en comparaison avec ces conversations directes entre Dieu et l'homme qui ont été la principale félicité de l'Eden primitif ; avec cette parole surtout, si divinement délicieuse, dont les montagnes de la Judée ont retenti, il y a plus de dix-huit cents ans, et qui, aujourd'hui encore, fait battre d'amour tant de millions de cœurs ! Nous savons que, dans le moment même où Platon hasardait une conjecture, le dernier des petits pâtres qui faisaient paître leurs troupeaux sur les coteaux voisins de Jérusalem possédait la grande vérité tant cherchée par Socrate et par ses disciples. Autant de Juifs, autant de Platons, mais de Platons ne cherchant plus et ayant trouvé la vérité. Voilà ce que nous savons ; et cependant nous ne pouvons pas ne pas estimer la philosophie, quand cette honorable chercheuse, entourée de ténèbres et avide de lumière, interroge la conscience et la raison humaines, et quand y ayant trouvé quelques lambeaux de vérité naturelle, elle s'écrie humblement : Εὑρῆκα, j'ai trouvé. Nous ne pouvons pas ne pas l'aimer quand elle salue, d'un œil jaloux et plein de larmes, la grande splendeur de la Révélation, cette lumière qu'avant Jésus-Christ les philosophes apercevaient bien loin, bien loin, ceux de l'Inde à l'occident, ceux de l'Europe à l'orient.

Voilà pourquoi tout ce que les philosophes ont réellement trouvé, ou plutôt *retrouvé* de vérité, nous appartient de droit et a sa place toute marquée dans l'histoire des lettres chrétiennes. Nous ouvrirons successivement, devant nos élèves, les livres des philosophes de l'Inde, de la Chine, de la Médie, de la Grèce et de Rome. Nous interrogerons les pierres de l'Assyrie et de l'Égypte, et nous les forcerons à parler. Dans toutes ces œuvres, nous prendrons tout ce qu'elles renferment de bien, de vrai, de beau, tout ce qu'elles présentent de conforme aux traditions originelles ; nous le lirons d'une voix frémissante, d'un cœur aimant ; nous l'admirerons et ne craindrons pas de le faire admirer.

Nous n'oublierons pas surtout que l'histoire de la Vérité en dehors du peuple de Dieu peut se résumer en ces deux propositions qu'il faut, en cette partie de notre cours, ne pas perdre de vue un seul instant :

« Les traditions primitives se sont répandues chez tous « les peuples.

« Chez tous les peuples, elles se sont peu à peu corrompues « et défigurées. »

Nous choisirons quelques exemples, qui prouveront jusqu'à l'évidence la seconde de ces propositions, et il sera bon de rabattre par là les prétentions d'une certaine philosophie ; mais nous avons pour mission d'insister principalement sur l'heureuse conservation, et non sur la corruption fatale de ces traditions qui ont réellement été le trésor et la vie du monde ancien. Quelle joie de traverser toute l'antiquité avec cette noblesse d'intentions ! Nous fermerons les yeux devant tant de cruauté, tant de superstition, tant de débauche, et, pour tout dire, devant tant de ténèbres. Mais quand nous apercevrons un petit rayon de lumière, nous nous arrêterons joyeux, nous le saluerons, nous le reporterons pieusement au grand soleil de la vérité catholique.

C'est dans cet esprit que nous citerons les livres sacrés de tous les peuples de l'antiquité, les *Vedas* des Hindous, leurs *Brahmânas*, leurs *Purânas*, les lois de Manou et les *Sutras* Bouddhiques ; le *Zend-Avesta* dont l'antiquité est aujourd'hui si contestée, les *Kings* des Chinois, les *Rituels* de l'Égypte, les débris de Ninive. Et partout, sur ce chemin ténébreux, nous verrons éclater les traces lumineuses de la Vérité qui a passé partout, mais n'est restée qu'en Israël.

C'est dans cet esprit que nous ouvrirons également les livres philosophiques des anciens, ceux de Lao-Tseu et de

Confucius chez les Chinois, ceux des Brahmanes et des Bouddhistes dans l'Inde, et tous les autres. Est-il besoin d'ajouter que la Grèce et Rome nous retiendront plus longtemps? Nous ferons une longue halte dans Aristote et dans Platon, nous y prendrons notre repos. Nous ne manquerons pas de relever la méthode syllogistique, dont certains imprudents ont tenté de rabaisser la valeur. Quant aux doctrines de Platon, si on peut y voir avec Joseph de Maistre une « préface de l'Évangile », il faut avouer qu'on a peut-être trop vanté la théorie du *Logos* pour l'opposer à celle du Verbe dans saint Jean. D'aucuns ont voulu voir, dans le disciple qui a reposé sur le sein de Jésus, l'imitateur, presque le plagiaire de ce disciple qui avait reposé sur le sein de Socrate. Il ne sera pas inutile de réfuter cette calomnie et de montrer la doctrine du Verbe s'épanouissant plusieurs siècles avant Platon, dans plus d'un livre de l'Ancien Testament dont on essaie en vain de « moderniser » la date. Du reste, on proclamera que jamais soupirs vers la Vérité ne furent plus nobles que ceux de Platon. Ils ont tellement séduit les âmes que certains ont préféré ces soupirs à la Vérité même vers laquelle ils étaient jetés. Les beautés de Platon et celles de Cicéron, qui est le plus grand de tous les platoniciens (quoiqu'il ait été un peu de toutes les écoles), ces beautés ont fermé certains yeux aux beautés mille fois plus pures, plus simples, plus vraies de l'Évangile. On en est venu à aimer jusqu'aux erreurs du philosophe grec qui a mérité par là d'être appelé « le patriarche de tous les hérétiques. » Aux esprits qui s'éprendraient d'un aussi périlleux amour pour le disciple de Socrate ou pour l'auteur des *Tusculanes*, il faut montrer, d'un doigt sévère, les innombrables pages où Platon et Cicéron ont servi d'interprètes aux doctrines les plus folles. Il faut surtout citer ces mots de l'Évangile qui s'appliquent si bien aux philosophes de l'antiquité : « *Ex fructibus eorum cognoscetis eos.* » Qu'ont produit, dans le monde ancien, les théories, les vaines théories d'un Platon et d'un Cicéron? Ce monde a-t-il changé de face après la mort de ces grands hommes? Hélas! une si belle philosophie a pu consoler quelques âmes : elle n'a pas arrêté un seul instant la décadence de la société païenne. Un vertige épouvantable, châtiment de tant d'erreurs et de tant de vices, poussait inexorablement cette société coupable aux derniers abîmes. Mais, sur le bord du précipice, l'humanité fut arrêtée par un homme dont la tête était couronnée d'épines, dont les mains étaient percées, dont les bras vainqueurs étaient couverts de sang. Ce n'était pas un philosophe.

IX.

S'IL est vrai que la foi catholique a transporté toutes les sciences dans une région supérieure, cela est vrai surtout de l'histoire. Se peut-il imaginer rien de plus banal et de plus vain que l'histoire qui n'est pas animée du souffle catholique, qui n'est pas soulevée par lui jusqu'aux célestes hauteurs ? Bizarre assemblage de faits qui ne se relient pas entre eux et qui ne se relient à rien, l'histoire, chez les anciens qui ne connaissaient pas le Verbe incarné, l'histoire, chez les modernes qui ne veulent pas le reconnaître et le saluer, est trop souvent empreinte d'un caractère de petitesse qui fait mal, ou de folie qui révolte. Voyez les historiens de la Grèce et de Rome. Sauf quelques rares accents où l'on devine un écho des révélations primitives, jamais ils ne sont tournés vers le ciel, jamais ils ne s'élèvent : ils rampent. Du reste, gens de phrase pour la plupart, gens de style et qui savent rendre agréable, par la forme, la pauvreté de leur fond. Salluste, Quinte-Curce, le bon Tite-Live lui-même, racontent de grandes choses avec un petit esprit. Tite-Live met dans la bouche de ses personnages tous les discours qu'il aurait voulu prononcer, s'il eût été en leur place ; c'est un merveilleux artiste qui crée tous les acteurs de son histoire à son image et ressemblance, qui peuple de rhéteurs une Rome bavarde qui n'exista jamais. Je fais volontiers une exception en faveur de Tacite : il y a un cœur qui bat dans le corps de ce vigoureux historien, mais ce n'est pas encore pour l'éternelle Vérité que sont ces honnêtes et nobles battements. Et cependant la grande lueur venait de se faire à l'Orient, et il y avait déjà plusieurs milliers de martyrs parmi ceux dont l'historien latin disait avec mépris : « On les nomme chrétiens. »

Entre le paganisme de l'antiquité et celui des historiens modernes, entre ces deux systèmes qui défigurent également et rappelissent l'histoire, l'histoire catholique apparaît. Nous avons ailleurs essayé d'en donner la définition. Elle nous semble toujours être « le récit des efforts de Dieu pour sauver tous les hommes et les amener au partage de son éternelle béatitude. » A quelle hauteur ne sommes-nous pas transportés ? O Tite-Live, ô Salluste, et vous, historiens de notre temps, l'entendez-vous ? L'histoire n'est pas l'agitation, sur un petit coin de terre qu'on appelle forum, de quelques citoyens passionnés pour de petites causes et bavards autant que petits. L'histoire n'est pas le récit des nobles aspirations et des exploits d'une seule race, dût-elle être, comme la celtique, favorisée des plus rares qualités du corps et de l'esprit. L'histoire n'est pas le tableau, à travers les siècles, du progrès de ce qu'on appelle le peuple. Pourquoi la restreindre à ces dernières classes seulement, que, lui seul d'ailleurs, le Christ libérateur a véritablement fait entrer dans la voie du progrès ? Encore une fois, l'histoire est le récit des efforts de Dieu pour sauver tous les hommes : c'est le tableau, à travers tous les temps, de la lutte engagée entre la puissance de Dieu qui veut nous sauver et notre misérable liberté qui ne veut pas se laisser sauver ; entre le sang divin qui coule toujours et notre âme qui ne veut pas y être lavée ; c'est le récit éternellement attachant de la lutte du Saint-Esprit contre le mauvais Esprit, du Bien contre le Mal, du christianisme contre le paganisme, de la lumière contre la nuit. L'histoire, comprise de la sorte, est un grand drame dont la création est le premier acte, la chute le second, la réparation le troisième, et dont le dénoûment sera l'éternelle douleur des réprouvés dans l'enfer ou l'éternelle félicité des élus dans le ciel.

C'est avec ces saines et grandes idées, que nous commencerons et poursuivrons l'examen des historiens de l'antiquité, leur appliquant d'ailleurs la même méthode qu'aux philosophes, lisant leurs pages les plus élevées, les plus chrétiennes ; laissant les autres dans l'ombre qu'elles méritent. Nous montrerons, d'ailleurs, d'après Klaproth, que la certitude historique n'a commencé que fort tard chez les Chinois, les Perses, les Arméniens, les Thibétains, les Arabes et les Turcs. L'Inde, qui a beaucoup de poètes et beaucoup de philosophes, n'a pas un historien digne de ce nom. M. Barthélemy Saint-

Hilaire, traduisant exactement les idées de Max-Müller, a donné à cette affirmation la force d'un axiome. Il a même établi, d'après l'érudit Allemand, que les Hindous n'ont jamais eu et n'ont pas le sens historique. Et ce sont ces mêmes Hindous dont nous sommes les frères, nous qui avons à un si haut degré ce sens historique qu'on leur refuse ! Et les Sémites ont ce même sens à un degré de rare perfection, eux qui sont une race si profondément distincte de la race indo-européenne ! Que devient donc la théorie des races ? On s'y perd.

Restent les historiens grecs et latins. On montrera que la philosophie de l'histoire n'a été, chez les meilleurs, qu'un amour étroit de la patrie. L'amour de l'humanité n'a jamais éclairé une seule de ces intelligences, n'a jamais brûlé un de ces cœurs. Leurs annales ont de l'attrait : elles devaient émouvoir un Grec ou un Romain. Elles nous laissent charmés, mais froids. Le catholique cependant y constate souvent les exécutions sévères de la justice divine et s'attache par là à ces livres où jamais n'est prononcé le vrai nom de son Dieu. C'est à ce point de vue surtout que l'on peut conseiller à un jeune chrétien la lecture des grands historiens de l'antiquité, et ce point de vue, après tout, n'est autre que celui de saint Augustin et de Bossuet.

X.

IL n'y a réellement que trois façons d'être poète ; il n'y a que trois *genres* de poésie.

L'homme est dominé par un grand souvenir historique ; mais, chez lui, ce souvenir est confus, il se mêle à la légende. C'est à une époque où l'histoire et le sens historique ne sont pas encore nés au sein de l'humanité. Placé devant son souvenir, l'homme veut le raconter, et le raconter avec cette fièvre, avec cette ardeur qui le brûlent. Il raconte, IL DIT : Ἔπω, disaient les Grecs. C'est la poésie ÉPIQUE.

Mais l'homme trouve qu'il y a des longueurs dans ce récit de ses souvenirs légendaires. L'épopée ne frappe pas assez l'esprit mobile de l'humanité. Le poète alors essaie de reproduire l'action même ou les actions dont il avait entrepris le récit devenu insuffisant. S'il veut célébrer les héros de la guerre de Troie, il dit à quelqu'un : « Tu représenteras Agamemnon, » et à un autre : « Tu seras Oreste. » Il leur dit à tous les deux : « Vous allez dire et faire devant les autres hommes ce que probablement ont dit et fait le véritable Agamemnon et le véritable Oreste. » Vous allez AGIR : δράω, disaient les Grecs. C'est la poésie DRAMATIQUE.

Cependant ces deux genres de poésie n'ont pas, suivant nous, été les plus anciens. Quand le premier homme ouvrit les yeux et que la douce lumière y entra pour la première fois ; quand il aperçut pour la première fois la magnificence des trois règnes ; quand il contempla cette incomparable fraîcheur de l'univers primitif, cette énergique végétation qu'aucun hiver n'avait encore entamée ni flétrie, ces fleuves, ces montagnes, ces bois qui semblaient encore porter la trace récente des doigts divins qui les avaient formés ; l'homme alors ne pouvant contenir dans les limites de sa chair la prodigieuse admiration dont il était saisi, ouvrit les lèvres et entonna sans doute un cantique pour rapporter à Dieu l'honneur de toute cette beauté, de toutes ces harmonies de la création. Les anciens ont rabaissé le chant de l'homme en ne le concevant qu'accompagné de la lyre. Et ce sont ces chants de louange, d'admiration, d'action de grâces qui forment ce qu'on est convenu d'appeler la poésie LYRIQUE.

Nous ne pouvons consentir à considérer comme un quatrième genre de poésie ce que des civilisations avancées ou à demi corrompues ont appelé : poésie *descriptive*. Il n'y a véritablement que la poésie lyrique qui est le chant de l'homme devant la nature et devant Dieu ; la poésie épique, qui est le récit légendaire et enthousiaste des grands souvenirs de l'humanité, et la poésie dramatique qui est la mise en action des grands faits qui ont donné naissance à ces souvenirs. Nous étudierons tour à tour ces trois genres chez tous les peuples qui ont précédé la venue du Réparateur.

L'épopée est par excellence la poésie des peuples qui n'ont pas d'histoire. Il faut bien se garder de confondre les véritables épopées, telles que le *Mahabharata* chez les Indiens, l'*Iliade* chez les Grecs, la *Chanson de Roland* chez nous, avec les fausses épopées, avec les épopées artificielles et d'imitation, telles que l'*Énéide* chez les Latins, ou la *Jérusalem délivrée*, et tant d'autres. Quel que puisse être le génie de Virgile, il n'a rien de véritablement épique. Il écrit d'une plume élégante, au milieu d'un monde plus que civilisé : il ne chante pas, il écrit. Il ne se formera pas près de lui une école de rapsodes ou de jongleurs qui iront de ville en ville chanter quelque extrait de ses poëmes en les accompagnant de la lyre ou de la harpe. Ses œuvres resteront dans la bibliothèque des fins connaisseurs et ne descendront pas jusqu'au peuple pour lequel elles ne furent pas faites. L'*Iliade* a été la nourriture intellectuelle de tout un peuple pendant plusieurs siècles; la *Chanson de Roland* et les poëmes de Guillaume d'Orange ont été le charme puissant de plusieurs générations françaises. Mais Virgile, le pur, l'admirable Virgile, n'est connu que des lettrés.

Nous nous arrêterons longuement devant Homère après avoir bien fait saisir les caractères de la véritable épopée. Nous parlerons de cette propagation des chants homériques par les rapsodes, que nous comparerons à la propagation de nos chansons de geste et de nos romans par les jongleurs et les ménestrels. La versification du poëte grec devra même nous retenir quelques instants. Nous montrerons que la *mesure* des Grecs et des Latins, le système des brèves et des longues n'est qu'un reste fort affaibli de la musique primitivement attachée à ces poëmes. Nous établirons qu'après avoir été une réalité chez les Grecs et les premiers Latins, cette versification, du temps d'Horace et de Virgile, n'était plus guère qu'un système de convention que l'on avait beaucoup de peine à concilier avec les exigences de l'accent tonique. Mais c'est à la poésie d'Homère, considérée en elle-même, que nous consacrerons une étude plus développée. Dans ces chants plus voisins de l'origine du monde, on retrouve plus visiblement les vestiges de la révélation primitive. Nous lirons, dans quelque bonne et chaude traduction, les passages les plus beaux, les plus vivants d'Homère, ceux surtout qui sont les plus catholiques dans l'acception que nous avons déjà donnée à ce mot. Nous ferons la même étude sur les épopées de l'Inde, et, immédiatement après, pour montrer quel progrès incalculable le Christianisme a fait faire à la poésie épique, après avoir lu dans la *Bhagavata-Purana* l'épisode de la mort de Suyadjna (1), et dans l'*Iliade* celui de la mort d'Hector, nous ouvrirons notre *Chanson de Roland* et y lirons la mort du héros ; nous ouvrirons notre *Aliscans* et y lirons la détresse de Guillaume et la mort de l'*enfant* Vivien. Entre les deux épopées, entre celle du Paganisme et celle de l'Église, les larmes de nos auditeurs décideront.

Eschyle, chez les Grecs, est le vrai poète dramatique : il a écouté, il a entendu la voix des traditions originelles, et il les a fait entendre sur la scène. Il nous sera permis de comparer ici ce théâtre des Grecs, si profondément national, si profondément religieux, avec notre théâtre qui, depuis trois siècles, n'a presque plus rien de national et, à peu d'exceptions près, rien de religieux. Rendons cette comparaison plus vive par une image. Représentons-nous la scène des Grecs en pierre et en marbre, ayant la mer pour horizon ; pour spectateurs, tout un peuple. Asseyons-nous sur ces bancs avec cette population frémissante. Quels sont ces personnages qui, soudain, paraissent sur la scène ? Ah ! je les reconnais : ce sont des Grecs, ce sont les héros de la patrie, et cet autel que j'aperçois est un véritable autel consacré aux dieux de la cité. Ces dieux sont faux, et je les abhorre ; et cependant je ne puis me défendre d'une certaine admiration pour un peuple qui sait être en même temps si religieux et si national. Maintenant, transportons-nous dans un de nos théâtres. Quel triste spectacle que celui de cette salle enfumée, de ces décors de carton, de ce ciel en méchante toile ! Avant que le drame ait commencé, j'éprouve un je ne sais quel malaise. Il commence. Je ne connais pas ces personnages, je ne connais pas cet Hector, cette Rodogune, ce Mithridate, ce Cid lui-même ? On me répondra que l'âme humaine est partout la même, et que sa peinture est faite pour nous intéresser toujours et partout. Mais est-ce que l'histoire de ma France n'était pas assez riche pour fournir d'autres sujets qui eussent parlé à mon cœur ? C'est une honte, que les grands tragiques de la France n'aient pas seulement soupçonné les gloires dramatiques de la patrie. Ils avaient Charlemagne, ils avaient Roland, ils avaient Jeanne d'Arc, et ils leur ont préféré

---

1. Livre VII, p. 21-23 de la traduction de Burnouf.

Agamemnon, Achille et Phèdre. Le peuple (même celui de Paris) ouvre les oreilles et ne comprend pas. Le peuple athénien comprenait son Eschyle et, en le comprenant, il se comprenait lui-même. Car c'était le même peuple qui vivait, les mêmes dieux qu'on adorait, les mêmes héros qu'on chantait, les mêmes idées, enfin, qu'on professait sur la scène et dans la cité. La Grèce tout entière était dans la grande âme d'Eschyle, dans celle de Sophocle, dans celle d'Euripide lui-même.

Nous lirons beaucoup d'Eschyle, un peu moins de Sophocle, beaucoup moins d'Euripide, et pas d'Aristophane. Si la joie est essentiellement chrétienne, rien n'est moins chrétien qu'une certaine gaieté des comiques. Les chrétiens aiment le rire et détestent la grimace.

Pindare, chez les Grecs, Horace, chez les Latins, ne représentent guère mieux la poésie lyrique dans sa primitive nature que l'*Énéide* ne représente l'antique et véritable poésie épique. Il faut louer le feu savant et les élans travaillés d'Horace, mais il les faut louer avec quelque mesure. Un psaume de David contient plus de poésie que tout Pindare et tout Horace. Cependant le poète grec est supérieur au latin. Il a un vigoureux amour de la patrie uni à une morale d'une incontestable élévation. Mais Horace lui-même n'est pas sans avoir été forcé durant sa vie à jeter quelques cris d'origine et de nature chrétienne. Ce débauché fut notamment contraint de constater le péché originel, lorsqu'un jour, après un bon repas, il s'écria : *Delicta majorum immeritus lues.* Et il y a aussi quelques éclairs dans ses vers qui nous font voir en cette âme corrompue un sincère amour de la patrie que d'autres poètes n'ont pas connu. Nous lirons quelques-unes de ses odes, et aussi ces fragments des *Métamorphoses* d'Ovide qui reproduisent avec une si singulière netteté les premiers chapitres de la Genèse, défigurés par trente siècles. Mais, pour nous donner une idée sincère de la poésie lyrique, nous remonterons plus haut. Et, tour à tour, nous lirons les hymnes de Vedas, celles du Zend-Avesta, celles des Égyptiens et les extraits orphiques. La vérité n'y est plus entière, mais quels riches fragments ! A ces magnifiques débris, on reconnaît encore les proportions et la beauté de la statue brisée. Oh ! les beaux bégayements de la mémoire humaine, se rappelant vaguement et essayant de chanter le Dieu des dieux ! Au-dessus de ces poèmes, il n'y a que celui de Dieu, il n'y a que la Bible.

XI.

NOUS avons achevé l'histoire proprement dite de la littérature catholique avant Jésus-Christ. Nous avons admiré le livre de Dieu, nous avons étudié les livres des hommes : ceux des historiens, des philosophes, des poètes. Notre tâche est loin d'être terminée. Il importe que nous tentions ici un généreux effort en faveur d'une méthode encore bien nouvelle de critique littéraire, que nous appelons la méthode de l'Art comparé. Cette étude doit être et deviendra bientôt l'indispensable complément de toute histoire littéraire.

Nous l'avons déjà montré : la Parole n'est qu'un des modes de l'Art ; la Peinture, la Musique, la Sculpture, en sont d'autres. Peut-on se flatter de connaître l'histoire intellectuelle d'un peuple quand on ne connaît que sa parole ? Peut-on, d'après cette seule étude, affirmer quel a été l'idéal de ce peuple, quelle a été sa manière de concevoir et d'atteindre le Beau, quelle traduction enfin il a donnée à tous les sentiments de l'âme humaine ? Pourquoi mépriser ainsi, à l'avantage de la parole, ces autres traductions de nos sentiments que la peinture jette sur la toile et la sculpture sur le marbre ? Ce fut un crime de séparer absolument l'histoire de l'art de l'histoire de la littérature. L'éloquence et la poésie d'un peuple sont dans un merveilleux accord avec son architecture et sa musique. Ici, tout se tient, tout s'enchaîne. Si je n'ai pas vu les temples de l'Égypte, je ne saisirai pas bien la philosophie de ce peuple étrange. Le Parthénon m'aide singulièrement à comprendre Euripide et Platon. De même, dans les temps modernes, les cathédrales du treizième siècle, leurs vitraux, leurs statues sont l'explication figurée et vivante de toute la littérature, de toute la théologie de cette époque. Au lieu de séparer ces études, réunissons-les au contraire en une forte et indissoluble unité. Et que bientôt il y ait dans nos collèges, ou tout au moins dans nos facultés, une Chaire de littérature et d'art comparé.

Nous essaierons d'indiquer ici, sans sortir de notre sujet, le plan général qui pourrait être suivi. Il faudrait, pensons-nous, étudier l'un après l'autre tous les sentiments de l'âme humaine, et citer, en les commentant, toutes les interprétations qu'en ont données tour à tour les peintres, les sculpteurs, les musiciens, les orateurs et les poètes de toutes les nations et de tous les siècles. Il s'agirait pour nous d'interroger ici ceux qui ont précédé la venue de Jésus-Christ.

Une telle méthode ne sera bien comprise que par un exemple.

Malheureusement, dans l'antiquité, le champ de l'art comparé est bien loin d'être aussi vaste que dans les temps modernes. Deux éléments capitaux nous manquent presque absolument : la peinture et la musique. La sculpture, qui a présenté au temps une résistance plus victorieuse, est à peu près le seul art dont il nous soit permis de comparer les monuments à ceux de la parole. Essayons néanmoins cette comparaison qui, pour être moins vaste, n'en sera peut-être pas moins attrayante.

Prenons comme sujet la victoire de Dieu (ou celle d'un Dieu) contre ses ennemis ; et esquissons un chapitre qui pourrait recevoir ce titre : « Dieu vainqueur ».

Nous avons ici à rapprocher l'un et l'autre, nous avons à comparer une statue grecque, un fragment des épopées indiennes, un psaume de David.

La statue grecque est le célèbre Apollon du Belvédère, l'Apollon vainqueur, l'Apollon triomphant. Le dieu est tout éblouissant de jeunesse. Il lève un front qui paraît sûr de la victoire, avant même que le combat soit engagé. Cependant le combat s'engage : le voilà terminé. La flèche victorieuse vient d'atteindre le but de sa victoire : le monstre est vaincu et se tord, plein de rage et sans pouvoir se débarrasser de la flèche qui le tue. L'orgueil du vainqueur est un orgueil tellement élevé qu'il est tranquille. Apollon ne se pavane pas : il triomphe. Sa fierté se réfugie dans les coins de sa bouche dédaigneuse et dans le regard de ses beaux yeux. Il constate son triomphe plutôt qu'il n'en jouit. Et il attend l'occasion de triomphes semblables, sans les provoquer, et surtout sans les craindre.

Telle est, si nous ne nous trompons, l'analyse de ce chef-d'œuvre de la sculpture antique. Tout le génie grec est contenu et résumé dans ce marbre. Est-il nécessaire d'ajouter que cet art est tout matériel, et n'est pas l'art chrétien? Il y aurait à faire une statue mille fois plus belle que celle de l'Apollon du Belvédère : ce serait celle du chrétien vainqueur de ses ennemis spirituels et triomphant du monstre infernal qui l'attaque. Mais revenons plus directement à notre sujet, et voyons ce que le génie hindou peut opposer au génie grec.

Il s'agit de la célèbre victoire d'Hari, le dieu des dieux, contre l'Asura. Ce magnifique passage est tiré du *Bhagavata-Purâna*, et nous en empruntons la traduction à l'incomparable travail d'Eugène Burnouf, le plus grand de nos orientalistes.

Hari s'empara de son adversaire qui s'agitait en tous sens dans les douleurs de cette étreinte, et, le renversant sur la cuisse à sa porte du palais, il déchira en se jouant cette peau impénétrable à la foudre, comme Garulda déchire un serpent venimeux.

Roulant des yeux dont la fureur qui l'animait rendait l'aspect épouvantable, léchant de sa langue les coins de sa large bouche, Hari, avec sa tête entourée d'une crinière rougie par le sang qui en dégouttait, semblable au lion qui, après avoir égorgé un éléphant, s'est fait une guirlande de ses entrailles,

Quitta son ennemi dont il avait arraché le cœur avec ses ongles, et armé de la multitude de ses bras secondée par des griffes semblables à des glaives, il mit à mort les serviteurs de l'Asura qui, brandissant leurs armes, se levaient par milliers de toutes parts à la suite de leur maître.

Dispersés par les mouvements de sa chevelure, les nuages se dissipèrent ; les constellations furent privées de leur éclat par le feu de ses regards ; les océans s'agitèrent émus par son souffle ; effrayés par ses rugissements, les éléphants qui soutiennent le monde poussèrent des cris lamentables.

Le ciel rempli de chars divins bouleversés par sa crinière se déplaça ainsi que la terre écrasée sous ses pieds ; les montagnes furent renversées par la rapidité de sa course ; le ciel et les points de l'horizon cessèrent de briller à la vue de sa splendeur.

Le vainqueur entra ensuite dans l'assemblée, et, modérant sa splendeur, parce qu'il ne rencontrait plus d'ennemi, il s'assit sur le siège royal ; mais personne n'adressa la parole au maître furieux, dont le visage respirait la colère (¹).

---

1. *Bhagavata-Purâna*, VII (tome I, p. 85).

AVANT JÉSUS-CHRIST.

Nous arracherons maintenant nos lecteurs au charme puissant de cette terrible poésie, et nous les transporterons dans le pays de la Vérité. Examinons comment cette conception d'un Dieu vainqueur, d'un Dieu triomphant, aura été interprétée par la poésie hébraïque, par cette poésie qui seule a eu l'étonnant privilège de n'être jamais au service de l'erreur. Nous allons être élevés à une distance infinie au-dessus du génie grec et du génie hindou. Nous rampions, nous allons voler.

La terre a été agitée, elle a tremblé.
Les racines des montagnes ont été ébranlées elles ont frémi d'effroi :
C'est que Jéhovah est irrité.

De ses narines s'élève la fumée de sa colère,
De sa bouche divine sort le feu ;
L'incendie s'est embrasé soudain.

Dieu abaisse les cieux, il descend,
Sous ses pieds sont les ténèbres.

Il s'est élancé sur les chérubins, il vole,
Il vole sur les ailes du vent.

Il a fait sa citadelle des ténèbres,
Il les a déployées autour de lui comme une tente,
Il s'est enveloppé dans l'obscurité des eaux supérieures, dans les nuées.

Mais les nuées se fendent à cause de la splendeur de la présence divine.
Il en sort de la grêle et des charbons de feu.

Du haut du ciel, Jéhovah a tonné,
C'est la grande voix de Dieu qui retentit dans les nues,
Il en sort de la grêle et des charbons de feu.

Le Très-Haut a lancé ses flèches qui sont les éclairs, et ses ennemis ont été dispersés,
Le divin archer les lance en plus grand nombre,
Et voilà les impies en déroute.

La terre est déchirée par la foudre : alors apparaissent les abîmes d'eau qui sont dans ses profondeurs.
Alors sont mis à nu ses fondements.

Et qu'est-ce que tout cela ? C'est Jéhovah qui menace la terre,
C'est la colère de Jéhovah qui passe [1].

---

1. *Psaume* XVII, traduction nouvelle.

Ainsi pourrait se terminer le chapitre, que nous avons voulu esquisser, de ce livre sur l'art comparé. Tous pourraient être conçus d'après la même méthode, et nous voulons laisser à nos lecteurs le délicat plaisir de trouver eux-mêmes cent comparaisons analogues. Le champ est vaste, les horizons sont séduisants, le voyage est beau. Puissent-ils se mettre vaillamment en chemin, et aller rendre une visite à toutes les littératures, à toutes les poésies des anciens peuples. Et puissent-ils, après les avoir longuement comparées les unes avec les autres, s'arrêter enfin dans la poésie et dans l'art de la Vérité, c'est-à-dire à Jérusalem, dans le temple où éclatent les cantiques du roi-prophète sur les lèvres des ancêtres du Christ !

XII.

NOUS en arrivons maintenant à la troisième et dernière partie de cette *Histoire de la littérature catholique* avant Jésus-Christ. Il ne sera pas inutile de faire ici une halte de quelques instants et de saisir par le regard tout l'espace que nous avons parcouru.

Après avoir, en d'indispensables prolégomènes, établi clairement quel est le sens des mots *Art*, *Parole* et *Style*, nous sommes entré en notre sujet et avons présenté à nos lecteurs une division générale de l'Histoire que nous entreprenions. Nous avons montré qu'avant comme après Jésus-Christ, il y avait eu dans le monde, même en dehors du peuple de Dieu, une littérature, un art véritablement catholiques, et c'est à l'étude de cette littérature et de cet art antérieurs au Calvaire, que nous avons jusqu'ici consacré notre attention. Déjà, deux parties de notre ouvrage sont esquissées: la première, que l'on pourrait intituler : « Histoire littéraire proprement dite ; » la seconde : « Art comparé. » Seule, la première de ces deux parties était assez vaste pour recevoir une division.

Nous y avons d'abord considéré le livre de Dieu, puis les livres des hommes ; et, parmi ceux-ci, nous avons tour à tour passé en revue les œuvres des philosophes, celles des historiens, celles des poètes, comme s'adressant à trois facultés de l'âme humaine, la raison, la mémoire et la sensibilité. Rien, ce semble, n'est plus clair que tout ce plan qui sera également adopté pour l'histoire des lettres chrétiennes après l'incarnation de Jésus-Christ.

Mais à cet édifice il faut un couronnement. Ce que nous avons dit jusqu'ici ne suffit pas à bien faire connaître la catholicité des littératures anciennes. Quelle que soit d'ailleurs l'étude d'histoire littéraire que l'on entreprenne aujourd'hui, nous pensons qu'il est bon de terminer son œuvre par un dernier livre intitulé : « *Examen des doctrines religieuses et morales* particulières à telle époque et à tel peuple. » A plus forte raison, devons-nous nous livrer à cet examen dans un travail qui embrasse, durant quarante ou cinquante siècles, l'histoire intellectuelle du monde entier.

Quel ordre suivre dans cette dernière partie de notre cours ?

Nous proposerions ici de parcourir tour à tour toutes les littératures de l'antiquité et d'examiner successivement, chez tous les peuples, l'expression de leur pensée sur la création, sur l'homme et sur Dieu. Nous aurions ainsi une série de chapitres intitulés : *Dieu, les Anges, l'Homme, l'Enfant, la Femme, l'Épouse, la Mère, le Prêtre, le Soldat, le Vieillard, la Nature, la Mort*, et, dans chacun de ces chapitres, nous citerions, en les reliant entre eux, les passages de tous les philosophes, de tous les historiens, de tous les poètes, qui pourraient nous donner une idée exacte de ce qui a été pensé ici-bas de plus rationnel, de plus noble, de plus catholique, sur chacun de ces importants sujets. Chateaubriand, dans son *Génie du christianisme*, a donné l'idée de ce plan qu'il s'agirait aujourd'hui d'élargir et de mettre en rapport avec les progrès surprenants de l'archéologie et de la critique historique. Il y aura sans doute quelque charme à entrer dans ces galeries, dans ce musée, et de contempler, reproduits par la main de tant de peintres qu'on se réjouira de comparer entre eux, le portrait de la Femme, celui de la Mère, celui du Soldat, et tant d'autres types immortels, qui ont toujours subsisté et ne périront jamais.

XIII.

ENFIN, nous avons terminé, pour les temps qui précèdent Jésus-Christ, la tâche que nous nous étions donnée. Nous avons ébauché à grands traits une histoire des lettres catholiques avant la venue de « Celui qui devait venir » : nous avons hâte d'en venir aux siècles qui ont possédé la vérité, au lieu de soupirer vers elle. Car enfin, jusqu'ici, nous n'avons entendu que des soupirs ; nous n'avons constaté que des aspirations et des désirs mêlés de larmes ; nous avons vécu, même chez le peuple de Dieu, au milieu de demi-ténèbres qui nous font, de lassitude, jeter un grand cri vers la lumière. Nous avons assez de ces ombres traversées par hasard de quelque beau rayon, nous avons assez de la caverne de Platon. Le jour, le jour, nous voulons le plein jour !

Il semble que nous ayons uniquement assisté, jusqu'à cet instant, à une cérémonie du temple de Jérusalem et à un entretien de Platon au cap Sunium : et ces deux scènes, en effet, résument tout l'ancien régime de l'humanité. Qu'avons-nous entendu au cap Sunium ? Des paroles imagées, vives, harmonieuses, ardentes, où l'on préférait la lumière à la nuit, mais sans bien connaître l'objet de cette préférence ; des paroles où l'on faisait un généreux appel à la conscience et à la raison, mais sans avoir le droit de compter pleinement sur l'objet de cet appel ; des paroles enfin où l'on se souvenait des traditions originelles, communes à toute l'humanité, mais sans bien préciser l'objet de ces salutaires souvenirs. Et qu'avons-nous vu sur la montagne de Sion ? Des autels en pierre sur lesquels on égorgeait des bêtes innocentes, avec la prévision que cet autel grossier et ce grossier sacrifice feraient place quelque jour à un autel spirituel, à un sacrifice infiniment plus pur et qui laverait l'humanité tout entière dans les flots d'un sang infiniment plus précieux.

Eh bien ! tout cela, en vérité, ne nous satisfait pas. Encore un coup, ce ne sont que des soupçons, et c'est de la certitude que nous avons besoin. Laissons, laissons la période des aspirations et des larmes : entrons enfin dans la période de la possession et de la joie. Nous allons maintenant étudier l'histoire de l'Art en des temps et chez des peuples qui ont plus parfaitement connu le Vrai, goûté le Beau et pratiqué le Bien. Et nous pouvons nous écrier avec un des plus grands poètes du moyen âge :

>   Umbram fugat veritas,
>   Vetustatem novitas,
>   Luctum consolatio !

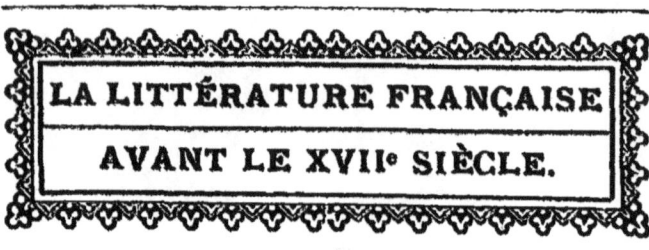
LA LITTÉRATURE FRANÇAISE AVANT LE XVIIᵉ SIÈCLE.

I. — Le Génie français.

N a beaucoup disputé, beaucoup écrit sur le *génie* français. Il est en effet reconnu que chaque nation a son caractère particulier, sa tournure spéciale d'entendement et d'imagination, sa manière enfin de concevoir et d'exprimer le Beau. C'est Dieu qui a voulu cette admirable variété. Elle atteste hautement que le Beau est inépuisable. S'il y avait sur notre terre mille races différentes, leurs mille points de vue, très divers et en apparence opposés, ne nous donneraient pas de l'éternelle Beauté une idée suffisamment complète. Puis, quelle source délicate de jouissances, sans cesse nouvelles, pour l'esprit qui veut successivement connaître tous ces aspects si variés ; et comme Dieu est bon de n'avoir point *tourné* toutes nos intelligences de la même façon ! Il en est du Beau comme de ces nobles montagnes de la Suisse qui, sans doute, restent toujours les mêmes, mais qui, suivant le côté d'où on les considère, paraissent tout autres aux yeux de cent voyageurs. J'ai vu le bel Oberland changer ainsi de physionomie vingt fois en une journée. Le Beau, lui, est essentiellement *un* et invariable ; mais il a une multitude de faces qui ne se ressemblent point, et que, fort heureusement, nous ne pouvons voir que l'une après l'autre.

L'esprit français se distingue par trois qualités essentielles qu'on ne trouve nulle part au même degré, et surtout qu'on n'a pas coutume de rencontrer à la fois dans le même entendement : il a le bon sens, il a la clarté, il a la rapidité. Il est rapide dans la conception, clair dans l'expression, solide dans le jugement. L'Allemand, l'homme du Nord, cherche encore quand le Français a trouvé ; il est nébuleux quand le Français est translucide, et son admirable bon sens est parfois obscurci par les nuages de sa pensée. Il est plus réfléchi et moins vif ; il a besoin de plus de préparation, et se trompe moins souvent ; mais, par malheur, quand il se trompe, c'est fort profondément, et ses erreurs sont plus « essentielles ». Quant aux peuples du Midi, leur conception est plus rapide que la nôtre ; leur expression est plus poétique, plus brillante, plus sonore, mais quelquefois moins précise ; leur jugement enfin, est presque toujours moins sûr. Entre ces deux races, nous nous tenons avec un ensemble de qualités qui est peut-être plus riche et plus heureux. Nous ressemblons à notre climat, qui participe un peu de ceux du Nord et du Midi : nous empruntons quelques traits aux qualités et aux défauts des races les plus opposées ; nous avons, par exemple, quelque chose du bon sens de l'Allemand et du *brio* de l'Italien. Il en est de même de notre cœur et de notre volonté. Dans notre cœur, la vivacité, la joie et le dévouement sont les qualités dominantes ; dans notre volonté, c'est l'entrain : ce mot dit tout. Parmi les peuples du Nord, on aime plus solidement ; on aime plus follement parmi ceux du Midi ; mais on ne poussera nulle part le dévouement aussi loin que chez nous. Plusieurs nations sont aussi braves que nous le sommes ; aucune ne l'est de la même façon, aucune ne combat avec un élan plus discipliné, et nous le ferions bien voir. Mais, ce qui nous caractérise par dessus tout, c'est notre ardeur de prosélytisme : il semble que, dans la longue histoire des missions catholiques, la première place nous appartient sans conteste. Ce prosélytisme, nous le portons d'ailleurs dans tous les domaines de la pensée ; nous aimons en toutes choses à « pousser notre pointe » chez les autres races et à leur imposer notre manière de voir, même quand elle est fausse. Je ne pense pas qu'aucune nation soit plus *influente* que la nôtre, et trois ou quatre fois déjà, en moins de mille ans, elle a imposé ses idées au monde entier.

De graves défauts troublent l'harmonie de ces rares vertus : notre esprit est volontiers railleur, caustique, mordant, et, s'il faut tout dire, sceptique. Lorsque l'on suit d'un œil attentif la filière française (d'autres disent *gauloise*) dans l'histoire de notre littérature, on a la douleur de trouver tout un ensemble d'œuvres qui, à travers les siècles, offrent la même physionomie et ont conquis le même succès. Or, ces livres, auxquels on attribue le caractère le plus profondément national, sont surtout sceptiques et gouailleurs : tels sont, au moyen âge, les fableaux, les romans d'aventures et cet abominable Roman de Renard, œuvre qui est tout près d'être infâme à force d'être « voltairienne ». Plus tard, c'est Rabelais, Montaigne, La Fontaine, Molière, Voltaire et Béranger. Je veux ici protester, de toutes les forces de ma voix et de mon cœur, contre ceux qui considèrent ces écrivains comme les véritables et les seuls représentants de l'esprit français. Je suis, par la grâce de Dieu, intimement convaincu que l'auteur inconnu de la *Chanson de Roland*, Villehardouin, Joinville, saint François de Sales, Bossuet, Chateaubriand et Lamartine, sont tout aussi français. Je me défie de cette ridicule et niaise épithète de *gaulois*, et pour tout au monde je ne voudrais pas en être affublé. Mais il est certain qu'il y a en France un courant français dont Molière donne peut-être l'idée la plus complète, et que ce courant n'est pas vraiment chrétien. J'ai prononcé tout à l'heure le mot de scepticisme : il me paraît convenir aux illustres dont je viens de parler, et qu'après tout je sais admirer... comme ils le méritent.

Il ne manque point, parmi nous, d'historiens et de critiques qui rapportent à la race celtique toutes les qualités comme tous les travers de notre intelligence. Suivant ces juges étranges, nous serions encore aujourd'hui de véritables Celtes que le Christianisme, Rome et les Germains auraient à peine touchés et n'auraient point entamés. Tous les traits de notre physionomie, toutes les grandes figures de notre histoire seraient absolument « gaéliques ». Jeanne d'Arc est une gauloise : gardez-vous d'en douter ; M. Henri Martin, qui l'affirme, est un gaulois... bien que son premier nom soit d'origine germaine et le second d'origine latine. Singulière doctrine et que tout semble contredire, l'histoire et le bon sens ! Il est trop évident que notre civilisation tout entière se compose de quatre éléments distincts : celtique, romain, germanique et chrétien. Nous avons conservé, je le veux bien, le caractère général de nos premiers ancêtres, leur parole rapide et volontiers abondante, leur engouement, leur joie, leur pente à la raillerie, leur ardeur, leur impétuosité, leur courage. Le peu de documents authentiques qui sont parvenus jusqu'à nous *semblent* confirmer cette assertion. Mais les Romains nous ont communiqué aussi quelque chose de leur précision de juristes, de leur force d'organisateurs, de leur discipline, de leur clarté, et ils nous ont fait présent de presque toute notre langue. Quant aux Germains, ils avaient à peu près les mêmes qualités que les anciens Celtes, et ils rajeunirent notre caractère : nous leur devons une partie notable de nos libertés du Moyen Age et de notre droit coutumier. Est-il besoin de dire tout ce que le Christianisme nous a apporté de logique, de vigueur, de bon sens, d'ardeur au prosélytisme et principalement de clarté ? Il importe singulièrement de tenir compte de tous ces éléments qui sont entrés en des proportions très diverses dans la composition de notre naturel français. C'est être par trop injuste de n'accorder d'importance qu'à un seul de ces éléments, et à celui-là même que nous connaissons le plus imparfaitement.

Quoi qu'il en soit, il faut s'attendre à ce que notre littérature reflète exactement la physionomie intime de notre intelligence. La littérature, ou pour mieux parler, l'Art, n'est pas, comme le XVIIe siècle l'a cru, une petite amusaille inventée pour distraire les rois et les grands : c'est le miroir de la vie humaine, c'est sa photographie vivante. Si donc nous possédons le bon sens, la clarté, la rapidité, l'entrain, unis à quelque scepticisme et à je ne sais quel sel de plaisanterie peu attique, nous pouvons être sûrs que nous retrouverons le même caractère dans notre poésie, dans notre philosophie, dans notre art.

C'est ce que nous allons essayer de faire voir.

II. — L'époque celtique.

LES archéologues établissent dans l'histoire de notre architecture trois grandes périodes : *latine, romane* et *gothique*, qui paraissent se reproduire exactement dans l'histoire de notre littérature. Il nous semble qu'il y aurait tout avantage à se servir de ces mots, dont le dernier sans doute est peu précis, mais qui sont généralement reçus et parfaitement compris dans notre langue. Toutefois, avant ces trois époques, il faut placer les temps celtiques, et, après elles, les quatre périodes de la Renaissance, des XVIIe, XVIIIe et XIXe siècles. Telle est la division que nous adopterons.

On ne connaît guère la littérature celtique, et l'on sait de quelle persévérance méritoire sont obligés de faire preuve les philologues qui cherchent aujourd'hui à reconstruire cette langue si imparfaitement connue, et dont il nous est resté si peu de textes authentiques. Tout ce que l'on sait, c'est que la poésie des Gaulois fut sans doute leur seule littérature ; c'est que cette poésie était orale, didactique, mnémotechnique et sacerdotale. Les Druides paraissent en avoir été les seuls dépositaires, et l'on n'en a pu scientifiquement en reconstruire aucun chant. Mais quand l'influence romaine eut étouffé le druidisme, il ne resta de cette vieille poésie qu'un certain nombre de légendes religieuses et nationales, dont le recueil s'enrichit à travers les siècles et sur la date desquelles les érudits ne sont pas d'accord. Nous allons tout à l'heure constater leur influence dans les romans de la Table ronde.

Aucun peuple, d'ailleurs, ne s'est jamais laissé plus complètement et plus volontiers absorber par un autre peuple que les Celtes par les Romains. Ils se précipitèrent, ils se ruèrent dans la servitude et devinrent chez nous plus Romains que les Romains eux-mêmes. Ils mirent tout aux pieds de leurs heureux vainqueurs : leur religion, leur culte, leur langue, leurs mœurs, leur liberté. Ils furent soumis, ils furent serviles. A la période celtique succède rapidement la période latine.

III. — La période latine.

LA période *latine* de notre Histoire littéraire appartient presque tout entière au Christianisme. Ce qui relève un peu les Gaulois de leur abaissement aux pieds de Rome païenne, c'est leur soumission intelligente et méritoire aux pieds de Rome catholique. Il est, en effet, certaines conquêtes qu'il est honorable d'accepter et qu'on serait coupable de ne pas subir : telle fut celle de la Gaule par le Christ. Les nombreux martyrs gallo-romains, ceux de Lyon principalement, couvrirent de gloire toute notre race, que trop de servilité politique avait déshonorée. Une noble et brillante littérature vint alors s'épanouir sur un sol qui semblait condamné à la stérilité, et c'est surtout la langue latine qui fut appelée à être l'expression vivante du génie gallo-chrétien. Le type le plus parfait de cette nouvelle littérature, c'est saint Hilaire de Poitiers, c'est ce grand défenseur de l'orthodoxie contre toutes les hérésies de son temps. Qui pourrait dire ce que serait devenue la Gaule sans les œuvres de cet adversaire de l'Arianisme, et si la conversion de Clovis, plus d'un siècle après, eût été réellement possible ? Ce qu'il y a de certain, c'est que la langue de ce docteur de l'Église est ferme, claire, logique; mais ce qu'il y a de non moins évident, c'est qu'elle ressemble étrangement à la langue des autres Pères de l'Église latine. Si parmi les poètes nous choisissons Fortunat pour exemple, nous serons légitimement amenés à faire la même remarque. Les vers de Fortunat sont élégants et d'une lecture aimable ; mais il est facile de se persuader qu'ils n'ont rien d'original, et que les jolis distiques de l'évêque de Poitiers auraient pu tout aussi bien être écrits dans toute autre partie de l'ancien Empire. L'originalité : voilà ce qui manque aux meilleurs esprits de cette période encore trop peu connue. Il est vrai que ce défaut est racheté par la haute portée religieuse de cette littérature uniquement préoccupée du Christ et consacrée à l'Église. Il est vrai que ces poètes, ces philosophes et ces historiens, qui n'ont pas de traits saillants dans l'intelligence, nous ont enfantés à la véritable Lumière, et qu'à cause de ce grand bienfait, nous pouvons leur pardonner l'uniformité d'un style où le génie individuel n'a pas assez de place. Mais encore ont-ils été trop loin. Rien de plus beau, sans doute, que les poèmes de saint Avit sur les commencements du monde et la chute originelle et ils mériteraient, à notre gré, d'être mis, dans nos collèges, aux mains de nos enfants; mais c'est, en définitive, une copie trop visible de l'antiquité classique. Plusieurs siècles après, Alcuin, les yeux fixés sur les mêmes modèles, méritera encore le même reproche, et ce sera le caractère des IXe et Xe siècles, comme celui des IVe, V^e et VIe siècles de notre ère. Les vers surtout sont un calque servile de ceux de Virgile ou d'Ovide. Quant à la prose, on ne saurait en général lui adresser la même critique ; elle est plus chrétienne, plus indépendante de l'antiquité, qu'elle ne veut pas imiter d'aussi près et à laquelle elle est parfois supérieure. Elle possède la clarté et la précision ; mais, du reste, elle est à peu près la même en Italie, en Espagne et en Gaule. Nous ne saurions trop le répéter : c'est l'originalité qui fait défaut.

Cependant, quelques symptômes de réaction se font sentir. La race celtique n'est pas tellement anéantie que son esprit et ses légendes ne puissent traverser victorieusement ces siècles difficiles, et cependant ce n'est pas de là que viendra la littérature de l'avenir. Non, ce sera de l'élément germain. Les Barbares, peuples jeunes et fougueux, ne se sont pas anéantis devant la civilisation latine. Ils ont beaucoup emprunté à Rome ; mais il est deux choses qu'ils ont voulu garder avec une rigueur jalouse : leur droit et leur poésie. Leurs lois seront bientôt la base de notre droit coutumier ; quant à leur poésie, essentiellement nationale et religieuse elle deviendra la source de notre grande épopée française du Moyen Age, de nos Chansons de Geste, de notre *Roland* et de notre *Aliscans*. Pendant toute la période latine on a chanté des poèmes en tudesque, que Charlemagne se donnera plus tard la peine de réunir en un corps d'ouvrage ; on n'a pas tardé durant la même époque, à chanter des poèmes analogues en langue romane. Mais alors même que la langue n'est pas la même, l'esprit et la nature de ces chants sont germaniques. Charlemagne, dont nous venons de prononcer le nom, est celui qui peut-être a le mieux compris les besoins de la littérature en son temps. Il aime passionnément la belle langue latine et les traditions de l'antiquité ; il imite les anciens, et même il les copie ; mais en même temps il écrit une grammaire tudesque et rassemble avec sollicitude les chants nationaux de la race germanique : *Barbara et antiquissima carmina scripsit memoriæque mandavit* ([1]). C'était se montrer intelligent jusqu'au génie, et, il est regrettable que ce grand exemple n'ait pas été mieux suivi.

Quoi qu'il en soit, lorsque nous arrivons au Xe siècle, nous avons affaire à des idiômes puissants, qui, parlés depuis quel-

---

1. Eginhard, *Vita Caroli Magni*, cap. XXIX.

ques centaines d'années, ont enfin conquis leur forme presque définitive. Nous sommes en présence de la langue romane du Nord et de celle du Midi. Toute la littérature changera dès que ces deux langues, au lieu d'être uniquement parlées, seront écrites. Le latin sera de plus en plus abandonné. Une inévitable originalité éclatera dans notre poésie d'abord, puis dans notre prose véritablement transformée. Nous ne serons plus les copistes de l'antiquité ; nous serons *nous*, c'est-à-dire la France. La langue classique elle-même subira l'influence vivante de notre langue et de la nouvelle littérature. Tout va rajeunir, tout rajeunit déjà, *revirescunt omnia*.

Malgré l'existence de quelques poésies françaises évidemment antérieures à l'an mille, et bien qu'il y ait eu avant cette date une tendance notable à une littérature nationale, nous ne pensons pas que l'époque *romane* proprement dite ait commencé avant le XIe siècle. C'est alors que la France, ne craignant plus la fin du monde, se couvre, comme le dit Raoul Glaber, « de la robe blanche des églises ; » c'est alors surtout qu'elle donne la parole à ses poètes et leur dit : « Chantez en ma langue. » Et ils chantèrent.

IV. — La Renaissance du XIe siècle et l'âge roman.

L'ÉPOQUE latine laissait un bel héritage aux siècles romans. Quelle qu'ait été, en effet, la profondeur de la décadence romaine, un nouveau principe triomphait depuis mille ans dans cette littérature trop oubliée : c'était le principe chrétien. L'âme avait détrôné les sens, l'esprit régnait. Les petites et mesquines idées de l'antiquité, qui, sauf cette glorieuse exception, Platon, avaient seulement considéré l'Art comme la plus noble de toutes les voluptés, ces idées n'avaient plus cours. On ne consentait plus à aspirer vers le Beau que pour faire triompher le Vrai ; on ne se consumait plus dans les laborieuses et inutiles recherches d'un style harmonieux et parfait : on tenait uniquement à exprimer avec netteté une pensée que l'on consacrait toute à Dieu. Toutefois, il était à souhaiter que la beauté de la forme vînt un jour s'unir à cette beauté du fond, et qu'un grand style fût un jour l'expression adéquate de la grande pensée chrétienne. Par malheur le Moyen Age ne devait que rarement connaître cette harmonie si désirable, et, pendant longtemps encore, l'Antiquité devait avoir sur nos siècles chrétiens cette supériorité de la forme qu'on a trop vantée, mais dont il faut faire estime.

Cependant, sur toute la surface de la France, on peut constater l'accélération d'un grand mouvement. Notre langue est presque mûre. Chantée, parlée depuis de longs siècles déjà, elle peut désormais être écrite ; elle l'est. Il ne nous reste guère des IXe et Xe siècles que la charmante cantilène de sainte Eulalie et les poèmes de Clermont ; mais, au XIe, nous possédons les plus magnifiques monuments, et voici la *Chanson de Roland*.

La première poésie qui naît au sein d'un peuple primitif, c'est la poésie épique : or, les Français de l'an mille peuvent, par de certains côtés, être considérés comme un peuple primitif. Ce sont les invasions, ou, pour dire le vrai mot, ce sont les Germains qui leur ont donné ce caractère, et, quoi qu'on en ait dit, notre Epopée est d'origine barbare. C'était une race chanteuse que celle de ces envahisseurs : le vieil Empire, lui, ne chantait plus depuis longtemps, et les Gallo-Romains, dépouillant de plus en plus leur nature celtique, chantaient moins que d'autres. Mais les Germains, race brutale et amoureuse du sang répandu, possédaient de toute antiquité certains poètes guerriers, ceux-là même dont Charlemagne recueillit les œuvres. Ils continuèrent à chanter sur le sol qu'ils avaient conquis ; ils le firent dans leur langue d'abord, puis dans celle que les vaincus leur imposèrent, et qui était le roman ou le français. Leurs héros étaient ceux de la patrie ; l'éternel sujet de leurs chants était la guerre. Les érudits reconnaissent aujourd'hui que l'époque Mérovingienne eut ses épopées ; mais Charlemagne parut, et fonda décidément la poésie nationale en lui fournissant, dans sa vie, un sujet digne d'elle.

Pendant toute la seconde race, les épiques se groupèrent autour de certains héros et de certaines familles de héros : c'est ce qu'on appelle des cycles ou des *gestes*. Le plus important de tous les cycles, chez nous, c'est celui de Charlemagne, et la *Chanson de Roland* en est le type le plus parfait. C'est un poème de quatre mille vers décasyllabiques, assonnancés par la dernière voyelle, d'une versification et d'une langue véritablement primitives. Mais, sous ce grossier vêtement, que de beautés ! Pour la première fois, le Christianisme éclate dans une épopée sincèrement populaire et tout à fait spontanée. Il se donne librement carrière : il élève, il transfigure tout. Charles et son neveu Roland sont des héros qui ont cent coudées de plus que ceux de l'antiquité ; ils ont l'âme plus large, la vue plus longue ; ils sont plus naturels, plus *hommes*, et cependant ce sont des géants. Ils ne combattent plus pour de petites causes, pour d'étroites patries ; non, mais pour Dieu. Inaccessibles à la mollesse, ils laissent à peine quelque place auprès d'eux à la femme qui d'ailleurs, dans nos plus anciennes Chansons, est virile et sait rudement supporter le malheur. Une seule pensée les anime durant leur vie qui dure cent ans : c'est celle d'écraser les Infidèles et de chasser cette race maudite des frontières de la chrétienté délivrée. Vaincue à Roncevaux, la France nous apparaît plus grande dans sa défaite que dans ses triomphes, et la mort de Roland est le plus sublime épisode de toute notre épopée nationale. Mais, au reste, cette défaite fut effacée par cent victoires.

Autour de la geste du Roi, autour de ce centre glorieux se forment d'autres cycles. Il convient de citer en première ligne les poèmes consacrés à ce Guillaume d'Orange, qui peut passer pour le Charlemagne du Midi : *Aliscans* n'est pas loin d'égaler la *Chanson de Roland*, et c'est ainsi que deux défaites ont inspiré à nos trouvères leurs deux plus beaux, leurs deux plus célèbres ouvrages. Un troisième grand cycle c'est celui de Doon, où éclatent les deux rébellions d'Ogier et de Renaud de Montauban. Mais de tous côtés et dans chacune de nos grandes provinces, on voit se constituer des gestes qui en raison même de leur origine, méritent le nom de provinciales : c'est *Girars de Roussillon* et *Aubri le Bourgoing*, ce sont les *Lorrains*, c'est *Raoul de Cambrai* et vingt autres romans qui ont un sincère parfum d'antiquité. Enfin, le XIe siècle ne s'écoulera point sans que les Croisades aient donné naissance à un dernier cycle, qui ne sera ni le moins étendu ni le moins glorieux.

En résumé, la France possède à l'époque romane une véritable épopée que la Renaissance n'a pas voulu connaître et devant laquelle elle a, de parti pris, fermé les yeux. Quand Voltaire a prétendu que les Français n'ont jamais eu la tête épique, il a avancé une proposition qui est prouvée par la *Henriade*.

V. — Transition entre l'âge roman et l'époque gothique.

Il est temps de faire halte au milieu du moyen âge, et de nous demander « quels étaient alors les types de la littérature romane ». Prenons le règne de Philippe-Auguste pour le théâtre de cette halte. C'est bien là — dans l'histoire littéraire, mais non pas dans l'art — le moment précis de la transition entre l'âge roman et l'époque gothique.

Commençons par l'Épopée.

A la fin du XIIe, au commencement du XIIIe siècle, nos épopées nous apparaissent sous la forme de longs couplets monorimes, d'un nombre indéterminé de vers, tantôt alexandrins et tantôt décasyllabiques, et qui sont munis de césures soit après la sixième, soit après la quatrième syllabe sonore. A l'assonance par la dernière voyelle a succédé la rime. D'ailleurs, ces romans épiques ont déjà reçu de singuliers développements ; ce sont déjà, en plus d'un cas, des *rifacimenti*, des remaniements, des délayages. Si les poèmes du commencement du XIIe siècle renfermaient quatre mille vers, vous pouvez être certains que ceux du temps de Philippe-Auguste en contiendront près de huit mille. Tout est plus littéraire et plus long, moins héroïque et moins sublime. Le type, c'est notre version d'*Aspremont* que nous voudrions résumer ici en quelques mots...

Charlemagne tient sa cour à Paris, un jour de la Pentecôte ; six rois le servent, splendeur sans pareille, et le grand empereur fait ses largesses à tout le monde chrétien. Tout à coup, au milieu de cette sorte d'adoration muette et de cette apothéose anticipée, on entend un grand bruit. C'est un Sarrazin ; c'est l'ambassadeur du roi Agolant qui vient solennellement défier Charlemagne au nom de son maître ; il est lui-même stupéfait de la grandeur du roi chrétien et songe intimement à se convertir. Quant au fils de Pépin, il contient sa colère et jette son cri de guerre. Peu de temps après, à la tête de sa grande armée, il passait à Montloon, se dirigeant vers les Alpes : Roland n'avait encore que douze ou quinze ans, mais c'était déjà Roland. C'est en vain qu'on veut l'enfermer au château de Laon : il tue son *portier* et rejoint l'armée de son oncle. La guerre commence : elle est longue, elle est rude. Par bonheur, le vieux Girard de Fraite, qui est le type du vassal sans cesse révolté, s'est enfin décidé à faire acte de féauté et à secourir son seigneur Charles. Mais les deux héros, c'est le jeune Yaumont, fils du roi païen Agolant, et Roland, neveu de l'empereur de Rome. Le poète s'est même permis, par un vol sans pudeur, de calquer servilement son personnage d'Yaumont sur le type de Roland à Roncevaux. Les deux héros en viennent aux mains, comme il s'y fallait attendre, et le jeune Français conquiert enfin son *adoubement*, sa chevalerie, en donnant le coup mortel au jeune païen que plaignent sincèrement tous les lecteurs de la chanson. Une dernière bataille s'engage entre les deux armées, entre les deux religions, entre les deux races ; l'archevêque Turpin porte entre ses mains le bois de la vraie croix, qui tout à coup, comme un autre soleil, lance d'immenses rayons sur tous les combattants ; saint Georges et saint Maurice se mêlent aux soldats chrétiens, montés sur de beaux chevaux blancs ; Agolant est tué, les Sarrazins mis en pièces, leurs femmes baptisées, et le fils du roi de Hongrie, Florent, reçoit le royaume de Pouille et de Calabre. Le poème se termine par de nouveaux blasphèmes du vieux Girard qui prend de nouveau son allure de rebelle et menace une dernière fois Charlemagne et l'Église... Et tel est le type des Chansons de geste au commencement du XIIIe siècle.

D'autres romans, cependant, faisaient aux Chansons de geste une concurrence redoutable : on les appelait dès lors les Romans de la Table-Ronde. Leur origine est celtique. Il est aujourd'hui prouvé que les Bretons insulaires et ceux du continent possédaient des traditions légendaires, et qu'ils chantaient ces légendes nationales et religieuses ; mais il parait également certain qu'aucun de ces chants n'est textuellement parvenu jusqu'à nous. C'est la période celtique. Vers la fin du X⁰ siècle, un chroniqueur du nom de Nennius, fit entrer dans le domaine de l'écriture et de l'histoire un certain nombre de ces contes, dont nous ne possédons plus l'original. « C'est là (comme le dit l'un des historiens les plus autorisés de notre littérature nationale), c'est là qu'est nommé pour la première fois Arthur, qui est, non pas un roi, mais un chef militaire et le vainqueur des Saxons en douze combats. » L'œuvre de Nennius, cependant, n'aurait pas eu une profonde influence, si elle n'avait été exploitée et développée au XII⁰ siècle par Gaufrei de Montmouth dans son *Historia regum Britanniæ*. Ce Gaufrei n'a pas inventé la gloire d'Arthur qui était avant lui le centre des contes et des chants Bretons ; mais il a fait de cet Arthur le conquérant de l'Europe et le vainqueur de Rome, qui, après avoir épousé la belle Guanhumara, est trahi par son neveu Modred et qui, mortellement blessé dans une bataille contre ce traître, est transporté dans l'île d'Avalon où il vit encore en compagnie des fées [1]. A la période latine succède la période romane, et c'est alors que la légende bretonne va successivement se diviser en plusieurs cycles qu'il importe de connaître. Gaufrei avait donné dans son *Historia* une place considérable à l'enchanteur Merlin et à ses prophéties qu'il avait audacieusement fabriquées. Ce fut là comme un cycle nouveau ; mais l'*Historia* elle-même avait rapidement conquis une belle popularité, et on la traduisit plusieurs fois en notre langue. Le *Brut* de Wace fut, en 1155, une de ces traductions libres ou imitations intelligentes : c'est dans le *Brut* qu'on trouve la première mention de cette fameuse Table-Ronde où s'asseoient « en parfaite égalité » les meilleurs chevaliers de la cour d'Arthur. A côté de ces longs poèmes, les *lais*, petites compositions plus parfaites et d'un parfum plus antique, mettent en lumière un nouveau personnage, Tristan de Laonnois, ce fiancé d'Iseut qui mourut avec elle. Nous n'avons pas cependant parlé encore du Saint-Graal, dont les origines celtiques sont assez mal connues, mais qui finit par se transfigurer en un

---

1. Pour tout ce qui concerne la Table-Ronde, voy. Gaston Paris, *Littérature française au moyen âge*, p. 87 et ss.

vase sacrosaint qui, entre les mains de Joseph d'Arimathie, aurait servi à recueillir sur le Calvaire le sang libérateur de l'Homme-Dieu. Tous ces cycles — ceux d'Arthur, de Merlin, de la Table-Ronde, de Tristan et du Saint-Graal, — étaient et demeurèrent assez longtemps indépendants l'un de l'autre. Un homme d'esprit et de talent conçut l'idée de donner à la plupart d'entre eux l'unité qui leur manquait et d'en faire une synthèse. Cet audacieux fut le poète franc-comtois Robert de Boron, qui, au commencement du XIII° siècle, rattacha le Graal au cycle d'Artus en écrivant une trilogie dont les trois parties portent ces titres significatifs : « *Joseph d'Arimathie, Merlin, Perceval.* » Par malheur, tous les poèmes qui ont pour objet le Saint-Graal ont eu cette étrange destinée de n'être pas achevés. On ne sait, d'ailleurs, ce qu'est devenu ce précieux réceptacle du sang divin, et plusieurs chevaliers se sont mis vaillamment à sa recherche : c'est Perceval, c'est Gauvain, c'est Lancelot, et voilà pour ainsi dire, trois cycles nouveaux, trois derniers cycles...

La forme de ces poèmes de la Table-Ronde est toute différente de celle de nos Chansons de geste. Ce sont des vers de huit syllabes à rimes plates, légers, rapides, sautillants. Rien de primitif, rien de grossier dans ces légendes d'origine celtique, qui sont romanisées et christianisées au point d'être méconnaissables. Chrétien de Troyes est le plus parfait de ces poètes de la nouvelle école qui furent plus amusants que les vieux trouvères, et par conséquent plus recherchés, surtout par les femmes. Rien n'égale l'élégance de l'auteur de *Perceval* et du *Chevalier au lion :* c'est un charme qui a le seul défaut de durer trop longtemps. La langue est pure et limpide ; le style excellent: la grâce domine. Dans la plupart de ces romans, nous assistons tout d'abord à quelque banquet d'Arthur et de ses chevaliers : un inconnu, revêtu d'armes étranges, se présente soudain et défie quelqu'un des barons du Roi : il est vainqueur et se précipite dans les aventures. Ce ne sont désormais que châteaux mystérieux, dames inconnues, enchantements de tout genre ; les fées pullulent, et le héros parvient enfin « à épouser une jeune fille qui lui apporte en dot un royaume »... Et tel est, au commencement du XIII° siècle, le type de nos romans de la Table-Ronde.

Tout à côté des romans de la Table-Ronde, il faut citer les romans d'aventures, qui ont généralement reçu la même forme littéraire et dont le sujet est souvent emprunté à quelque vieux conte, véritablement universel, qui se retrouve chez tous les peuples. C'est la *Manekine*, c'est l'histoire touchante de cette femme vertueuse qui ne veut pas se remarier, que l'on condamne à être brûlée vive, et au lieu de laquelle on brûle un mannequin. C'est *Meraugis de Portlesgues*, par Raoul de Houdan; c'est *Blanche d'Oxford et Jehan de Dammartin*; c'est surtout ce charmant poème de *Flore et Blanchefleur*, c'est la légende si touchante de ces deux enfants qui s'aiment tendrement, qui ont été nourris et élevés ensemble. Mais hélas! quand Flore revient de Montoire où il a été faire ses études, on le conduit à un tombeau magnifique : « Blanchefleur est morte, lui dit-on, et c'est là qu'elle repose. » Et Flore, à cette nouvelle, de sentir qu'il va mourir, qu'il meurt. Cependant il se défie de cette mort de son amie à laquelle il voudrait ne pas croire : il ouvre le tombeau, et le trouve vide. C'est alors que, comme un chevalier errant, il se lance à la recherche de sa fiancée. Ses voyages furent longs, et rudes furent ses peines; mais il eut la joie de retrouver enfin sa Blanchefleur à Babylone... Et tel est, sous le règne de Philippe-Auguste, le type des romans d'aventures.

A la même époque circulaient avec une vogue encore puissante, plus d'un roman tiré de l'antiquité, tel que l'*Alexandre* dont la rédaction originale remonte aux premières années du XIIe siècle. L'*Alexandre* se transforma plus tard en une véritable chanson de geste, pour laquelle on composa des suites trop nombreuses et trop longues. Benoît de Sainte-More fut attiré par d'autres épisodes de l'antiquité grecque et, sur le modèle des romans d'aventures, composa les *Romans de Thèbes*, de *Troie* et d'*Eneas*. Il est d'ailleurs aisé de voir que le moyen âge, qui n'a jamais eu le sentiment de la couleur locale, n'a jamais compris l'antiquité.

Le détestable mouvement des fableaux ne prit une accélération notable que sous le règne de saint Louis. Il est néanmoins certain qu'on en composait dès la fin du XIIe siècle et que les plus anciennes branches de *Renart* remontent au même temps. Les contes pieux avaient cependant beaucoup plus de vogue, et Gautier de Coincy, né en 1177 et mort en 1236, contribua à leur assurer pour longtemps une puissante popularité. Les *Miracles de Notre-Dame* sont un type auquel on peut ramener de nombreuses compositions de la fin du XII°, du commencement du XIII° siècle. Écoutez la traduction d'un de ces charmants récits : « Je vous veux conter un beau miracle sur un humble moine. Simple était, et simplement servait Dieu. Ce n'était pas un grand clerc comme était saint Anselme. Le *Miserere* et les Sept Psaumes, qu'il avait appris d'enfance, il les disait par bonne créance, selon sa simple intention; mais il était très dévot à la Mère de Dieu, qu'il aimait fort : à nu-genoux il la priait, tout en pleurant par maintes fois. Il était cependant tout angoisseux en son cœur et tout troublé, parce qu'il ne savait aucune prière pour faire spécialement mémoire de la Dame de Gloire. Il y pensa si longtemps qu'il en trouva une de sa façon. Il prit cinq lettres, M A R I A, et eut assez d'intelligence pour attacher un psaume à chacune des lettres de ce mot. Il n'y chercha d'autre philosophie, et au nom de la Vierge Marie, qu'il aimait et tenait chère, il faisait souvent cette prière. Ces psaumes, il les savait fort bien. C'était *Magnificat, Ad Dominum, Retribue, In convertendo* et *Ad te levavi*. Tant que dura sa vie il récita cette psalmodie en l'honneur du doux nom très saint. Et quand il plut à Dieu de faire venir sa fin, il advint un bien beau miracle après sa mort. Car dans sa bouche on trouva cinq fraîches roses, claires, vermeilles, feuillues, comme si on venait de les cueillir. Ce miracle nous fait voir bien clairement combien est aimable et débonnaire la douce Mère du Roi de gloire. »

Et tel est le type des contes pieux durant les premières années du XIII° siècle.

Chose étonnante, notre poésie lyrique fut aussi peu primitive, aussi quintessenciée, aussi fausse que notre épopée était naturelle, spontanée et vraie. Les provençaux y furent nos maîtres. Race élégante, molle, efféminée, sentant encore la décadence romaine à laquelle elle était restée fidèle, elle eut quelques poètes énergiques et batailleurs comme Bertrand de Born ; elle eut quelques satiriques passionnés et violents comme Pierre Cardinal ; mais elle posséda surtout cent beaux diseurs de fadaises, cent beaux faiseurs de madrigaux obscurs et monotones. Parmi les trois mille chansons des troubadours qui nous sont restées, on en peut compter plus de deux mille consacrées à de faux sentiments, artificiellement et péniblement amoureuses, froides, ennuyeuses, énigmatiques, médiocres. Les poètes du Nord n'imitèrent que trop servilement cette servile littérature. Sans doute, on pourrait composer une belle Anthologie avec leurs chansons guerrières et religieuses ; sans doute, on peut retenir quelques rudes accents de Thibaut de Champagne et surtout de Quenes de Béthune. Mais, somme toute, cette poésie n'avait rien de naturel, rien de vrai. Elle méritait de mourir, elle est morte.

Cependant, si nous entrons un jour de fête dans quelque église du XIe ou du XIIe siècle, nos regards y sont frappés d'un étrange spectacle. La liturgie y a presque partout revêtu le caractère dramatique, et les prêtres sont devenus les acteurs de ces drames vivants qui s'appellent la *Nativité*, l'*Epiphanie*, le *Sépulcre*, la *Résurrection*. Tout est encore latin dans ces œuvres primitives, et ce sont les paroles mêmes de l'office sacré qui en composent uniquement le texte vénérable. Ces deux clercs en vêtements blancs que vous voyez là-bas représentent les deux anges du tombeau, et ce prêtre est le Christ ; ces trois autres qui se penchent sur le sépulcre représentent les trois Maries. La prose *Victimæ paschali* est chantée par ces personnages qui se répondent. C'est un Mystère...

Eh bien ! ces Mystères liturgiques, qui sans doute sont dérivés des anciens Tropes, ces Drames naïfs sont l'origine de notre théâtre. La langue vulgaire y pénètre dès le XIIe siècle : témoin le beau drame d'*Adam* et le chant des *Vierges folles*....

Au sein de l'Eglise, d'ailleurs, la période latine semble s'être pacifiquement continuée. Il n'y a pas eu chez elle de rupture, de solution de continuité, de nouvelle ère ; mais le mouvement des intelligences s'y est particulièrement activé. Dégagée des entraves féodales, justement enrichie par les restitutions de ces seigneurs qui l'avaient ruinée aux siècles précédents, sentant enfin que l'avenir lui appartient, l'Eglise frappe alors de son pied divin le sol de la France : un grand génie en sort, saint Bernard. Il a la fougue disciplinée qui est le propre de notre race ; il a l'ardeur, il a l'amour, il a le style. Sa belle langue latine, si claire, abonde en antithèses et surtout en images ; son raisonnement est revêtu d'une forme littéraire qu'il n'a jamais cherchée, et il est par là supérieur aux grands scolastiques du XIIIe siècle. A côté de lui, deux grands hommes se tiennent qui ne sont français que par adoption, c'est saint Anselme, c'est Hugues de Saint-Victor. Le premier est celui qui a donné le signal de la grande régénération théologique ; c'est le plus aimant et peut-être le plus hardi de tous les saints. Quant à Hugues, il est la plus illustre figure de cette célèbre Ecole victorine qui a eu l'immense mérite d'être encyclopédique et de donner à son siècle tout entier et aux suivants la passion de l'encyclopédie. Sans Hugues de Saint-Victor, nous n'aurions peut-être possédé ni saint Thomas d'Aquin ni saint Bonaventure.

L'Histoire, pendant les XIe et XIIe siècles, est une sœur de la théologie et parle latin comme elle. Le sentiment de la réalité devient plus vif, le goût de la légende s'affaiblit. De belles chroniques latines, rédigées avec la tranquille passion de la vérité, sortent de presque toutes les abbayes de ce temps. Parmi tous ces annalistes, ceux des Croisades se distinguent par une plus grande hauteur de vues, par la vivacité d'un récit plus dramatique. Mais enfin l'Histoire se sent plus forte, elle peut marcher seule, elle répudie la langue latine, elle ouvre ses lèvres, elle parle français. Son premier essai est un chef-d'œuvre. Cet historien au rude langage, cet Hérodote, c'est notre Villehardouin. On ne connaît pas assez ce grand homme dont nous aurons lieu de reparler plus loin. Les Français n'estiment pas assez cet historien très français, et il en est beaucoup qui ont lu Thucydide et n'ont pas ouvert la *Conqueste de Constantinople*...

Nous arrivons à l'époque gothique.

V. — L'époque gothique.

C'EST le XIII⁰ siècle qui a le plus vivement attiré les regards et le plus aisément conquis l'enthousiasme des érudits contemporains ; c'est à lui qu'on a voulu rapporter tout l'honneur de cette réconciliation encore toute récente de l'esprit français avec le moyen âge mieux connu. Il ne faut pas s'en étonner : c'est certainement l'heure la plus éclatante, la plus radieuse d'une époque si longtemps laissée dans les ténèbres : tant de lumière devait un jour triompher des aveuglements les plus opiniâtres.

Au sommet de ce siècle se tient saint Louis, qui mérite en vérité de lui donner son nom : saint Louis, type incomparable de justice et de grandeur, de courage et de sainteté, modèle des rois chrétiens, arbitre de l'Europe, politique habile parce qu'il n'eut d'autre politique que l'honneur et la bonne foi, soldat de l'Église, confesseur et martyr. Sur d'autres trônes brillent alors d'aussi lumineuses vertus ; il y a un saint Ferdinand en Espagne, une sainte Elisabeth en Allemagne. Les Papes de ce temps ont une taille de géants : Innocent III est véritablement le roi du monde chrétien, et le centenaire Grégoire IX résiste avec des ardeurs juvéniles aux envahissements de Frédéric II. Cependant, on entend partout le bruit délicieux des Universités qui parlent le langage de la science chrétienne ; les écoles s'ouvrent partout ; l'ignorance s'enfuit, mais à pas encore lents. Les ouvriers et les marchands, dans un mouvement qui remonte à deux cents ans, s'organisent partout en corporations auxquelles il faut accorder de larges libertés. De grandes bibliothèques se forment de toutes parts ; les copistes ont de la besogne, grâce à Dieu, et reproduisent allègrement les chefs-d'œuvre antiques ou chrétiens. La passion de la science, et de la science encyclopédique, dévore tous les bons esprits qui deviennent de plus en plus nombreux. L'humanité sainte et savante se divise alors en deux grands groupes qui ne doivent plus jamais se réunir, se fondre entièrement. D'une part, sont les esprits mathématiques, exacts, lucides, qui ne veulent que de la vérité déduite par d'invincibles raisonnements, par de savantes et irréfutables déductions ; à leur tête brille la robe blanche de saint Thomas, et l'ordre de Saint-Dominique marche aux premiers rangs de ce bataillon glorieux qui trouve dans Aristote non pas un appui nécessaire, mais un allié précieux. D'un autre côté sont les esprits ardents, contemplatifs, aimants, qui lèvent leurs regards vers le ciel pour y trouver Dieu dans l'amour, dans l'extase, dans la vue face-à-face ; à leur tête est la robe grise de saint Bonaventure, et l'ordre de Saint-François semble former le noyau de cette autre école qui n'est pas sans avoir quelque lien avec l'école platonicienne. L'art, cependant, continue sa marche en avant. Grâce au système de l'arc-boutant, qui, découvert au XIIe siècle, est d'un emploi universel au siècle suivant, les cathédrales peuvent atteindre le ciel ; au lieu de la pénible ornementation des Romans, on voit l'imitation exacte de la nature triompher dans tous les édifices gothiques, et les feuillages de la vigne ou du lierre remplacer les acanthes défigurés. Beauvais, Paris, Amiens, Le Mans, Strasbourg bâtissent leurs sublimes basiliques. La sculpture, qui est véritablement notre art national, taille l'admirable portail de Saint-Étienne à Notre-Dame de Paris, et les belles statues en grès rouge de Strasbourg. La peinture, avec Cimabué, se sépare de Byzance, et, avec Giotto, va s'en affranchir tout à fait ; les manuscrits s'ornent de miniatures encore grossières, mais qui le sont de moins en moins. La musique trouve un jour le *Dies iræ*, et un autre jour le *Stabat*. Les poètes n'abdiquent pas : les troubadours et les trouvères chantent toujours, les uns au midi, les autres au nord de la France ; mais c'est de l'Italie que va venir la grande lumière. Saint François d'Assise donne le ton : « L'amour m'a mis dans le feu, s'écrie-t-il, l'amour m'a mis dans le feu de l'amour ; » l'école franciscaine imite, sans les égaler, les accents de celui qui arrêtait la fureur des loups et faisait des sermons aux petits oiseaux. Enfin, Dante va naître, Dante qui, par ce seul début d'un de ses petits poèmes : « *Morte villana, di pietà nemica, — Di dolor madre antica,* » montre la force nouvelle du véritable style, fait sentir la valeur d'un mot mis à sa place et ouvre l'ère littéraire des temps modernes. Rien, rien n'a manqué au XIIIe siècle : il a possédé l'épanouissement de la politique chrétienne ; il a vu de grands papes donner la main à de grands rois ; il a connu la beauté encore toute nouvelle des associations ouvrières ; il a eu tout à la fois le géant de la déduction, saint Thomas, et le géant de la contemplation, saint Bonaventure ; il a vu tomber les roses miraculeuses de la robe de sainte Élisabeth, qui embrassait les lépreux ; il a cueilli les fleurs de la vraie poésie sur les lèvres du Bienheureux d'Assise ; il a fait entrer de fortes et pieuses générations dans la nef de cent cathédrales nouvelles, resplendissantes d'or et de vitraux. Quel siècle, quel siècle du moyen âge lui pourrait être légitimement comparé ?

Voilà ce que disent les admirateurs du temps de saint Louis, et volontiers ma voix leur fait écho. Toutefois, et pour ne parler aujourd'hui que de notre littérature nationale, je pense qu'il y aurait peut-être quelque exagération à aller plus loin dans la voie de ces éloges, et, pour dire nettement toute ma pensée, je me persuade que le XIIe siècle est, parmi nous, véritablement supérieur au XIIIe. Mais il convient de développer cette pensée, qui, d'ailleurs, commence à devenir celle de la plupart des historiens et des critiques...

Je consens donc à voir dans l'admirable règne de saint Louis le sommet incontesté de la politique chrétienne, mais à la condition toutefois de remarquer qu'un de ses contemporains s'appelait Frédéric II ; que déjà le roi de France lui-même, ce roi si catholique, était entouré de légistes païens, et que son propre petit-fils, quinze ans après sa mort, en plein XIIIe siècle, fut l'un des souverains les plus césariens, les plus absolutistes, les plus ennemis de l'Église et de la vraie liberté. Personne n'admire plus que moi le génie universel d'un Innocent III et la fermeté sublime d'un Grégoire IX : personne ne reconnaît plus volontiers leur évidente influence sur les hommes et sur les choses de leur temps ; mais j'ai le droit de faire observer que, dès la fin de ce même siècle, la Papauté allait être méconnue, outragée, déshonorée par un roi de France dans la personne d'un Pape indignement calomnié. Certes, je tombe à genoux devant l'autel radieux des basiliques de ce temps-là, l'œil inondé de lumière, l'âme inondée d'amour ; mais je dois me rappeler que c'est au XIIe siècle qu'appartient, de l'aveu de tous les archéologues, l'honneur d'avoir *inventé* le gothique et de lui avoir donné ses premiers et peut-être ses meilleurs développements. Enfin, c'est surtout au XIIe siècle qu'a commencé le grand mouvement des Universités : saint Bonaventure, après tout, procède de saint Anselme, et l'école dominicaine n'aurait pas fait ces nobles et rapides progrès sans l'essor qu'avaient imprimé aux esprits saint Bernard d'une part, et, de l'autre, l'école encyclopédique de Saint-Victor de Paris. Voilà ce que la vérité me contraint d'avouer. L'Église, d'ailleurs, ne peut rien perdre à ce que l'on transporte ainsi d'un siècle sur un autre une gloire qui, de toute manière, lui appartient entièrement.

Quant à la littérature de la France, nous croyons que le doute n'est plus permis sur la véritable et profonde supériorité du XIIe siècle.

La poésie épique, tout d'abord, ne jette plus au XIIIe siècle que de pauvres lueurs. Elle était jadis sauvage, farouche, spontanée, primitive, et, pour tout dire en un mot, naturelle : elle est désormais travaillée, alambiquée, fausse, prétentieuse, et, pour tout dire en un mot, artificielle. Les trouvères ne se livrent plus guère à une inspiration vraiment originale : gens habiles, et désireux surtout d'enfler leur bourse, ils se contentent généralement de délayer en dix mille vers ce que leurs prédécesseurs ont décrit en deux mille ; leurs longs poèmes, d'ailleurs, vont bientôt être lus au lieu d'être chantés. Victorieux dès la seconde moitié du siècle précédent, les Romans de la Table-Ronde et les poèmes d'aventures sont ceux qui, partout, ont le plus de vogue ; la femme y tient beaucoup, et même trop de place ; les âmes sont amollies et efféminées par la lecture de ces petits vers où l'invraisemblable triomphe. Les chansons d'amour et les fableaux pullulent : mauvaise herbe et qu'il eût fallu énergiquement arracher. Les fableaux, imités de l'antiquité païenne et qui seront à leur tour imités par La Fontaine, sont particulièrement méprisables : c'est l'esprit gaulois dans sa fleur ; c'est spirituel, bien dit, grossier, charmant, mais surtout païen et plus que païen. Comme d'ailleurs il est impossible que le sens abject soit honoré dans une nation sans que tout aussitôt elle perde le sens de la foi, il est arrivé que nos pères sont devenus incroyants dans le même temps qu'ils devenaient moins purs. Nous possédons une œuvre où ces deux vilenies de l'incrédulité railleuse et de la liberté gauloise se sont rencontrées et fondues : c'est ce *Roman de Renart*, dont nous avons parlé ; c'est cette œuvre pour laquelle on n'a pas assez de « ces haines vigoureuses que doit donner le vice aux âmes vertueuses. » Le *Roman de Renart*, c'est Voltaire montrant au XIII® siècle la grimace de son sourire, c'est le triomphe anticipé de Voltaire. Cependant, avec toutes ces tendances, il ne faut pas s'étonner si notre esprit littéraire perd un peu de sa netteté première, de son bon sens, de sa lucidité. Nous arrivons à cette longue, obscure et ennuyeuse composition qui a usurpé un succès si étrange pendant tous les siècles du moyen âge ; nous arrivons à ce *Roman de la Rose*, si scandaleusement surfait et que Gerson fut plus tard obligé de combattre avec la vigueur d'une belle âme noblement indignée. Nous voilà dans l'allégorie, dans le raffiné, dans l'allusion, dans les ténèbres : Dieu nous en fasse sortir au plus vite !

Un seul genre poétique prend véritablement quelque développement au XIII® siècle : c'est le théâtre. Encore est-ce au prix de certains sacrifices qu'un chrétien peut difficilement accepter. Le Drame, qui jusque-là était resté dévotement dans l'Église, en sort enfin ; la langue française y avait pénétré, elle s'y installe et en chasse le latin ; les anciens Mystères qui étaient consacrés les uns à la Nativité, les autres à la Passion, les autres enfin à la Résurrection du Christ, tendent à se rapprocher et à se fondre entièrement les uns avec les autres. Ce travail est long, il est remarquable. Attendez, attendez quelque cent ou deux cents ans, et vous verrez ce qu'il a produit. Il a produit ce grand, ce prodigieux, cet immense Drame qu'on appelle la *Passion de Notre-Seigneur Jésus-Christ*, qui contient en réalité tous les anciens Mystères liturgiques harmonieusement condensés, qui commence à la création du monde et s'achève au jugement dernier. On le joue, non plus dans les cathédrales qui n'en pourraient aisément subir toutes les libertés, mais sur les *échafauds* élevés devant les églises ou à la porte des villes. La scène est divisée en plusieurs étages, et chaque étage en plusieurs compartiments : en haut est le Père éternel avec ses anges ; en bas, Satan rampe avec ses démons. C'est le monde en abrégé ; l'auditoire est une ville tout entière. Pourquoi faut-il que le style de ces *Passions* ne soit pas à la hauteur de leur pensée ? C'est le reproche qu'on peut adresser à presque toutes les œuvres du XIIIe siècle et des siècles suivants. Il ne doit pas nous empêcher de rendre justice à une littérature si profondément originale et d'où est sorti le théâtre de Shakespeare.

Tous les autres *genres*, du reste, tombent aux XIVe et XVe siècles, dans une décadence de plus en plus difficile à guérir. Le mouvement lyrique aboutit aux couplets d'Eustache Deschamps et aux jolis, aux trop jolis vers de Charles d'Orléans.

Le mouvement épique s'arrête court après Philippe le Bel, et c'est alors qu'on assiste au triste spectacle de nos vieilles épopées mises en méchante prose par les plus pédants, les plus médiocres et les plus avides de tous écrivains. Oui, on disloque ces vieux vers, on étouffe ces rimes, on délaie ces poèmes qui étaient eux-mêmes extraordinairement délayés. On y jette de la mythologie (et quelle mythologie !), du sentiment, des amourettes, de la politique, de la scolastique, de la science : on en fait enfin quelque chose de si plat, de si souverainement ennuyeux, qu'on parvient à endormir et à dégoûter de ces fictions l'Europe tout entière, qui les avait empruntées à la France. Et quand la Renaissance arrivera, elle aura seulement sous les yeux ces ridicules romans en prose, ces *Mille et Amys*, ces *Meurvin*, ces *Mabrian*, où elle s'imaginera voir toute la poésie épique de l'ancienne France, et pour lesquels elle se prendra d'une haine irréconciliable. Il faut pardonner à Ronsard d'avoir tant méprisé la littérature poétique du moyen âge : il ne la connaissait pas. Il ne lui fut donné que de lire *Huon de Bordeaux* ou *Galien restoré*.

L'Histoire ne fut pas entraînée dans le même abîme de ridicule. Sans doute elle ne se maintint pas à la hauteur où l'avait placée le grand Villehardouin ; mais elle fut simple, anecdotique, naturelle, naïve, vivante avec Joinville ; brillante, chevaleresque, aventureuse, narrative, guerrière, charmante avec Froissart ; politique, matoise, fine et profonde avec Comynes. Il eût fallu que ce beau mouvement fût continué ; mais la

Renaissance et les guerres de religion le suspendirent pour un siècle. Aux *Histoires* du moyen âge succédèrent les *Mémoires* du XVIe siècle. Avons-nous gagné au change ?

Nous n'avons ici à faire halte que devant Villehardouin et Joinville, que nous prendrons pour types des deux époques romane et gothique, opposées l'une à l'autre...

Ce sera l'étonnement de l'équitable postérité que nous ayons, à l'aurore de notre histoire nationale, possédé de tels historiens, et que nous ayons mis, durant trois siècles, tant d'ingratitude à les oublier. Je ne pense pas qu'aucune nation ait jamais été ingrate à ce point, et c'est un des crimes de la Renaissance. Les Renaissants, en réalité, ont été de grands révolutionnaires. Le caractère propre du révolutionnaire est de faire table rase de tout ce qui l'a précédé. C'est ainsi que Ronsard a biffé le moyen âge ; Malherbe, Ronsard ; Descartes, saint Thomas et dix siècles de philosophie religieuse. « Le monde, se sont dit tous ces orgueilleux, le monde commence avec nous, et il faut tout faire à nouveau. A l'œuvre ! » C'est ainsi qu'en France on dédaigne depuis trois cents ans tous ses devanciers. On eût bien fait rire Boileau, si on lui avait parlé d'un certain Villehardouin et si l'on avait eu la témérité de comparer cet inconnu à Hérodote. Fi donc! Un Français valoir un Grec ! Et l'empereur Baudouin être aussi intéressant que Crésus ! A d'autres. Il était axiomatique qu'avant Villon (pourquoi Villon ?) la littérature française = zéro.

Ceux qui méprisent le XIXe siècle doivent souvent se trouver dans l'embarras. Ils ne peuvent, en définitive, lui refuser certaines grandeurs que les autres siècles n'ont pas connues. C'est nous, gens de ce temps trop méprisé, qui avons été pieusement recueillir les reliques littéraires des siècles chrétiens : c'est nous qui les avons rendues à la lumière et à la gloire ; c'est nous qui avons réparé les dédains de Boileau et de Voltaire. Je me souviens en ce moment de ce passage incomparable du Prologue de la loi salique où il est dit de nos pères les Franks : « C'est cette nation qui, forte et courageuse comme elle était, a rejeté vigoureusement de sa tête le joug odieux des Romains, et qui, après avoir reçu le saint baptême a recueilli les corps des martyrs que les Romains avaient consumés par la flamme et tranchés par le fer. Et elle les a enchâssés dans l'or et dans les pierres précieuses. » C'est exactement ce que notre siècle a fait pour les poètes et les historiens du moyen âge.

Il faudrait pourtant lui en tenir compte.

Si cette réhabilitation était nécessaire, c'était certes pour notre vieux Villehardouin. On n'a jamais été si fièrement Français, ni si fièrement chrétien que l'historien de la quatrième croisade. Je suis de ceux qui espèrent qu'un tel livre fera un jour partie de l'enseignement classique, d'où la routine sera chassée. Villehardouin est classique ; il l'est bien davantage que Joinville. Sa simplicité héroïque est un premier titre à notre admiration. Il ne connaît pas ce virus qui empoisonne notre littérature, l'épithète. On n'a jamais moins chevillé. C'est là de la littérature spontanée au premier chef, et l'on ne se figure pas le vieux baron « vingt fois sur le métier remettant son ouvrage ». Il raconte ce qu'il a vu, comme un vieux colonel raconterait aujourd'hui Leipsick et Waterloo ; comme Marbot en ses Mémoires. Il le raconte avec animation, et même avec chaleur, mais sans jamais cesser d'être simple, et le scribe qui écrit sous sa dictée reproduit très exactement ces narrations militaires d'où tout boursouflage est banni. Puis, il ne fait pas de commentaires, ou il en fait le moins possible. S'il se laisse aller çà et là à la philosophie de l'histoire, c'est bien sans le savoir, et c'est rond. Il tient par-dessus tout à l'exactitude, et il faut croire qu'il avait une mémoire excellente, tant son récit contient de détails minutieux et précis. Il va jusqu'à reproduire certains discours qui véritablement sont très fiers et très beaux. Il m'est arrivé à moi-même, il y a quelques années, de composer avec ces discours de Villehardouin une sorte de *Conciones* français et chrétien. J'affirme qu'il valait peut-être l'autre, et qu'il n'est pas de nature à produire toute une race, toute une pullulation de petits Brutus. Ce serait le *Conciones* du respect, et on y apprendrait (chose qui n'est pas toujours inutile) à aimer Dieu et la France. D'ailleurs, le vieil annaliste cherche, dans ces discours même, à reproduire exactement ce qu'il a entendu. Il ne faut pas voir en lui un artiste en parole, fabricant de belles oraisons factices, comme ce

Tite-Live auquel il ressemble si peu. Ses discours, ô bonheur ! ont rarement plus de dix lignes, et ne renferment pas un mot de trop. L'argumentation est serrée : pas de phrases, pas de fleurs.

Le seul reproche que l'on pourrait adresser à Villehardouin, c'est de n'avoir pas ce certain côté joyeux de l'esprit français, que Joinville représente si bien. Ce grand baron féodal ne sourit guère sous son heaume. Il n'est pas empesé, il n'est pas froid : il est sévère. On sent avec bonheur toutes les énergies de la franchise au fond de cette belle âme : il est surtout sincère, et, n'ayant pas beaucoup ri dans sa vie, ne rit pas beaucoup dans son livre. Il raconte, d'ailleurs, une des plus étonnantes choses qui se soient accomplies sous le soleil, et n'a pas souvent l'occasion d'être léger. Son siècle avait encore un peu de roideur, qui se comprend. Et, quand je dis son siècle, c'est du XIIe que je parle : car Villehardouin, malgré la date de sa mort, appartient bien au XIIe siècle, comme Joinville au XIIIe. Nous avons cette heureuse fortune de posséder, pour quatre siècles de notre histoire, quatre historiens typiques : Villehardouin, Joinville, Froissart, Comynes. Où est la nation qui nous montrera de tels chroniqueurs ?

Au moment où Joinville écrivait, la féodalité était disloquée ; elle était, si vous l'aimez mieux, coupée en tronçons qui cherchaient à se rejoindre ; qui, sous Louis X, s'agitaient déjà et allaient, sous les Valois, retrouver un semblant d'unité. Le siècle de Joinville est un siècle délicat, élégant, j'allais presque dire raffiné. Il ne faut jamais oublier, en lisant Joinville, qu'il fut contemporain des auteurs de ce *Roman de la Rose*, de cette œuvre quintessenciée et malsaine. Il ne leur ressemble en aucune façon ; mais c'est un bonhomme, et un bonhomme qui a déjà dans l'âme quelques petits côtés prosaïques, et, faut-il le dire, bourgeois. Esprit charmant, cœur ouvert, il a presque toujours aux lèvres un bon et franc sourire qui fait plaisir à voir. Il est mille fois plus fin que Villehardouin et se meut plus prestement ; son esprit est plus léger, comme son armure moins lourde. Il raconte un peu plus pour le plaisir de raconter. Il va de çà de là ; il s'interrompt pour narrer un épisode ; il ouvre de longues parenthèses ; il les oublie et s'endort parfois comme le bon Homère. Il a de la naïveté, mais ce n'est plus une naïveté héroïque. On l'aime davantage, on le relit plus volontiers, et sa lecture ne porte jamais à la tête. L'héroïsme vous tient essoufflé, vous fatigue, vous épuise : Joinville n'a pas ces inconvénients, et jamais on ne s'est plaint d'une fatigue en le quittant. Je ne pense pas qu'il ait eu le regard aussi pénétrant ni l'âme aussi ferme que Villehardouin. C'est une fine intelligence plutôt qu'une intelligence élevée. Villehardouin eût vu dans l'âme de saint Louis certaines choses qui ont échappé à Joinville, et il serait injuste de juger le grand Roi d'après ce seul annaliste, si aimable qu'il puisse être. Entre ces deux historiens, il y a moralement l'intervalle de deux siècles.

La langue, dans leurs deux œuvres, offre les mêmes contrastes que leur esprit et leur style. Je n'hésite pas à proclamer que la langue de Villehardouin est vingt fois plus parfaite. Sa perfection consiste dans son unité. A l'époque où il écrit, on n'a pas encore remis véritablement notre langue sur le chantier ; on n'a pas encore commencé cette seconde formation, cette formation savante qui va nous donner tant de mots nouveaux et médiocres à côté de nos antiques vocables spontanément formés. Déjà, dans Joinville, on sent cette mosaïque un peu criarde, et quelques nouveaux matériaux y font tache sur les anciens. La langue de Joinville est plus abondante, elle est moins riche que celle de Villehardouin. Le français, avec Joinville, entre déjà dans la période de sa décadence : Villehardouin, tout au contraire, en représente la meilleure époque. Il est plusieurs fois classique......

Il nous reste à parler des philosophes et des penseurs. Le XIIIe siècle fut le temps de leur gloire ; car c'est un siècle essentiellement théologique, et nous avons essayé de parler plus haut, avec équité, de saint Thomas d'Aquin, de saint Bonaventure et des deux Écoles qu'ils avaient fondées. Aucun génie n'a jamais paru que l'on puisse mettre au-dessus de saint Thomas ; aucun génie n'a jamais été plus *influent* et n'a entraîné plus de siècles dans son orbite. Il a tout embrassé, tout étreint dans les bras de son génie. Il a tout vu, et c'est l'esprit le plus catholique, c'est-à-dire le plus universel qui ait peut-être jamais brillé, dans le ciel de l'Église. Son raisonnement est serré, et nul ne peut lui échapper. Il met le genou sur la poitrine de tous les adversaires de la Vérité, et c'est un poids invincible qui les étouffe. Son argumentation impitoyable se déroule ; il marche, vainqueur, de syllogisme en syllogisme, de déduction en déduction, de corollaire en corollaire. Ce n'est pas un philosophe, c'est un mathématicien. Il ne parle que pour prouver, et il ne cesse de prouver. Or, c'est précisément ce caractère de son génie qui, peut-être, a donné à saint Thomas, et, en particulier, à sa *Somme Théologique* une influence malheureuse sur la Littérature, sur l'Art. Ce grand homme a dédaigné la forme. Il n'a vu dans la beauté artistique qu'un ornement inutile de la théologie. Grâce à l'élévation et à la vigueur de son intelligence, il y a de belles et grandes lueurs littéraires dans sa *Somme aux Gentils* et dans tous ses ouvrages autres que la *Somme théologique ;* mais par malheur, ses élèves ont exagéré le seul et inévitable défaut de ce dernier ouvrage : ils ont donné à la théologie un aspect de plus en plus scientifique, de moins en moins littéraire. Ils en ont fait une suite de théorèmes. Ils ont consommé enfin le divorce entre la Théologie et l'Art, et ce divorce a été un malheur. Lorsque sont arrivés les esprits trop libres de la Renaissance, ils ont été prévenus contre des doctrines qui étaient enveloppées d'un style si rugueux, si sec, si plein de formules. Méprisant la forme, ils ont méprisé le fond, et n'ont pas compris tous les trésors qui étaient renfermés dans ces livres dont la seule enveloppe était à dédaigner. C'est peut-être là qu'il faut chercher le secret de cette ingratitude dont la scolastique a trop longtemps été l'objet.

Par bonheur, l'école franciscaine n'a pas voulu suivre le même chemin. Saint Bonaventure et son école ont trouvé une forme, un style plus dignes de leurs contemplations et de leurs extases. C'est une heureuse fortune qui arrive à toutes les écoles où l'influence des idées platoniciennes se fait quelque peu sentir. Les grands mystiques du moyen âge, qui d'ailleurs n'avaient pas besoin de Platon pour s'élever à Jésus-Christ, sont nés souvent de l'inspiration franciscaine. Toutefois, le beau latin chrétien se décompose de plus en plus entre leurs mains, et la langue de saint Bonaventure est déjà loin d'être aussi précise, aussi claire que celle de saint Bernard. Elle est flasque et trop systématiquement bourrée d'antithèses qu'on rime trop souvent pour les accentuer davantage. Mais le jour vint où un génie inconnu (¹), s'élevant au-dessus de tous ces petits accidents de langage, résuma en un livre incomparable tous les livres mystiques qui avaient été écrits avant lui. Il leur donna leur forme définitive et les abrégea si parfaitement, si substantiellement, qu'on n'a presque fait que le répéter, alors même que l'on s'est imaginé être original ou citer d'autres écrits. Qui a lu ce livre a lu tous les bons livres du moyen âge. La langue en est imparfaite peut-être ; mais la pensée en est si juste et si condensée, qu'on n'a pas le temps de penser à la langue. Le fond n'a jamais si bien emporté la forme avec lui. L'auteur connaît si profondément l'Évangile et les Pères, qu'il semble les citer toujours. Il est si chrétien, qu'on ne saurait signaler, en dehors de l'Écriture, une œuvre qui le soit plus complètement. Chacune de ses phrases contient une vérité si nettement exprimée qu'on en pourrait faire autant de proverbes ayant cours dans tout l'univers catholique.

Ce grand philosophe n'a oublié qu'une chose : c'est de signer son livre. C'est précisément ce que les autres philosophes n'ont jamais oublié.

Et c'est pourquoi nous ne savons pas s'il faut faire honneur de l'*Imitation de Jésus-Christ* à la littérature de la France. Mais nous serons très fier et tout à fait joyeux le jour où l'on démontrera mathématiquement qu'un Français est l'auteur de ce livre, qui résume tout le moyen âge et vaut mieux que toute la Renaissance.

VI. — La Renaissance.

LORSQU'ON raconte l'histoire de la Renaissance, on a toujours l'air de raconter une légende, et, qui pis est, une légende invraisemblable.

Qu'un peuple, que tout un groupe de peuples ait soudain renié avec horreur tout son passé, toute son histoire, toutes les idées et toutes les traditions de ses pères pour remonter avec une sorte de volupté fébrile et d'avidité maladive vers

---

1. Où plusieurs génies inconnus.

des peuples qui avaient vécu mille, quinze cents, deux mille ans auparavant, et qui n'avaient de commun avec lui ni la religion, ni la philosophie, ni la politique, ni aucune idée vraiment fondamentale ; que des races chrétiennes se soient tournées avec des cris de désir, d'admiration et d'amour vers les races les plus obstinément païennes et leur aient emprunté d'un air suppliant toutes leurs institutions, toute leur littérature et tout leur art ; que des pays libres aient adopté avec ardeur, avec enthousiasme, le césarisme qui leur venait de Rome ; que des nations où le servage était depuis longtemps si singulièrement adouci, se soient éprises de ces nations antiques qui pratiquaient si passionnément l'esclavage ; qu'on ait, en une seconde, oublié mille ans de vie chrétienne ; qu'on ait regardé comme non avenu tout ce qui s'était passé dans l'Occident catholique depuis la conversion de Constantin ; qu'on ait admis enfin, oui, universellement admis, que, durant le millénaire du moyen âge, sous le règne de l'Église, il n'y avait pas eu un seul penseur, un seul écrivain, un seul artiste digne de ce nom..., véritablement cela passe tout ce qu'on peut imaginer, et les *Mille et une Nuits* sont plus vraisemblables.

C'est cependant ce que l'Italie a vu au XVe siècle, et nous au XVIe. Rien n'est plus historique.

D'ailleurs, la Renaissance n'est point morte : elle respire encore, elle a encore je ne sais quelle étrange jeunesse. Elle s'épanouit partout : elle vit dans nos institutions politiques où l'absolutisme païen tient tant de place ; elle vit dans les lointaines possessions des nations chrétiennes où l'ignoble esclavage païen, hélas ! est encore en vigueur ; elle vit dans les marbres païens de nos musées et de nos jardins publics, devant lesquels nos enfants sont forcés de baisser les yeux ; elle vit dans les livres élémentaires et dans tout l'enseignement de nos collèges où nos fils puisent tant d'idées païennes. Elle n'est pas encore vaincue, elle étale partout le scandale de son triomphe.

Il convient néanmoins de confesser que les hommes de la Renaissance, aux XVe et XVIe siècles, méritent, en une certaine mesure, le bénéfice des circonstances atténuantes, et la vérité nous amène à les invoquer en leur faveur.

Tout d'abord, ce mouvement païen avait en réalité commencé beaucoup plus tôt. On ne l'a pas assez remarqué. Lorsqu'au douzième siècle le premier exemplaire des Pandectes de Justinien pénétra chez nous, ce fut en définitive le premier signal de la Renaissance. Les légistes matois qui entourent nos rois du treizième siècle, et surtout Philippe le Bel, ce sont, gardez-vous bien d'en douter, ce sont des gens de la Renaissance. C'est par le sommet de la société qu'elle a commencé à nous dévorer. Frédéric II en Allemagne et le petit-fils de saint Louis en France, sont jusqu'à la moelle de vrais Césars païens ; la politique, ici, a devancé la littérature, la philosophie et l'art, qui devaient à leur tour avoir sur la politique une influence si considérable. Mais enfin il est certain qu'avant de voir tous les philosophes et tous les artistes du seizième siècle se promener un Virgile ou un Platon à la main, on avait vu les rois chrétiens méditer longuement les Constitutions des empereurs de Rome. Nous tenons à le constater.

Autre circonstance atténuante. Il est trop vrai que les réformateurs païens des XVᵉ et XVIᵉ siècles avaient sous les yeux, quand ils ont commencé leur œuvre, les seuls monuments d'une littérature et d'un art soit trop jeunes, soit décrépits. S'ils se sont si vivement passionnés pour l'Antiquité, c'est que rien ne semblait plus rester debout autour d'eux. L'architecture, depuis la fin du XIVᵉ siècle, était en pleine décomposition : à force d'aimer le vide et d'abhorrer le plein, on en était venu à faire du plus bel édifice gothique une sorte de cage de verre où les proportions étaient insolemment violées. La sculpture et la peinture, au contraire, nous consolaient par des essais admirables qui allaient bientôt aboutir à des œuvres parfaites. Ces arts étaient, ainsi que la musique, sur la pente d'un excellent progrès, et, comme nous le dirons plus loin, il n'y avait plus qu'à les perfectionner avec une activité prudente, sans qu'il fût aucunement nécessaire de faire une révolution. Il n'en était pas de même de l'éloquence et de la poésie : elles en étaient arrivées au dernier terme d'une vieillesse qui n'avait plus rien d'honorable. La philosophie était trop souvent réduite à des formules sans vie ; la poésie était subtile, obscure, pédante et d'une désespérante longueur ; la chaire elle-même était déshonorée par le mauvais goût. En vérité, cela ne pouvait durer, et il fallait sortir de la honte de cette décadence.

Qu'y avait-il à faire ? Qu'a-t-on fait ?

Deux partis se présentaient aux hommes de la Renaissance.

Ils pouvaient, d'une part, faire preuve de sagesse et de modération, en se contentant de corriger ce qu'il y avait de défectueux dans les œuvres de leurs devanciers; en conquérant peu à peu la beauté de la forme sans renoncer jamais à la beauté du fond, et en conservant précieusement toutes les traditions nationales et chrétiennes. C'est ce qu'avaient si heureusement tenté une foule de grands artistes en Italie et en France; c'est ce dont les nouveaux païens ne voulurent pas.

Les Renaissants pouvaient d'autre part, se permettre un coup d'État violent, écraser d'un talon irrité toute la Littérature et l'Art contemporains, et recommencer hardiment, sur des bases tout à fait nouvelles, la construction d'un édifice littéraire dont on demanderait tous les matériaux à l'Antiquité, et non pas au moyen âge. C'était le système de la table rase. « Le moyen âge n'existe pas littérairement; il faut l'oublier, l'effacer, l'annihiler et supposer enfin que l'humanité, endormie pendant plus de mille ans, s'est réveillée tout à coup, comme une sorte de Belle-au-bois-dormant, telle qu'elle était dans les palais et les basiliques de Rome, sous le règne d'Auguste ou sous celui d'Adrien ». Tout refaire : telle était la devise de cette école. Et c'est elle qui a triomphé, c'est elle qui triomphe encore.

VII. — Ronsard.

EN poésie, le révolutionnaire s'appelle Ronsard. C'est un grand, un puissant, un charmant esprit, qui était digne de transformer notre littérature nationale au lieu de la tuer. Il fut entraîné par un torrent qu'il eût dû contenir. Nul n'a plus naïvement ignoré ou oublié du moyen âge. Je pense qu'en vérité il ne savait pas s'il y avait eu quelque intervalle entre l'antiquité païenne et le règne du christianisme. Il chante si volontiers les dieux antiques, que l'on peut s'imaginer qu'il y croit. Il a des odes, il a des hymnes, il a des épodes, des strophes, des antistrophes. Il a même un poème épique. Il faut lire ce poème pour savoir quelles ont été la largeur, la hauteur et la profondeur de ces idées nouvelles ; mais on croirait difficilement aujourd'hui que l'on ait pu jadis aller si loin. Cette résurrection du paganisme est si complète, si absolue, si ingénue, qu'on est stupéfié de tant d'audace et surtout de tant de succès. Un jour Ronsard écrivit ces quatre vers qu'on ne saurait trop citer :

> Les Français qui mes vers liront,
> S'ils ne sont et Grecs et Romains,
> En lieu de ce livre, ils n'auront
> Qu'un pesant faix entre leurs mains (1).

C'est l'épigraphe naturelle, non seulement de toutes les œuvres de Ronsard, mais de toutes celles de la Renaissance. Il fallait se faire grec ou romain : tout était là. La *Franciade* est composée tout entière dans ce sentiment : « Muse, entends-moi des sommets du Parnasse, — Guide ma langue et me chante la race — Des rois français issus de Francion, etc., etc. » C'est une très servile imitation du Μηνιν αειδε θεα et de l'*Arma virumque cano;* mais, désormais, tout sera aussi servile, et voilà notre littérature nationale chargée pour trois siècles de chaînes ridicules. Dans l'ancienne épopée, il y avait une invocation à la Muse, des songes, une scène d'amour, une ou deux prosopopées : nous aurons tout cela, nous aussi, et, s'il vous plaît, nous mettrons toutes ces choses à la même place qu'elles occupaient dans le poème épique des Grecs et des Romains. Le mieux, après tout, serait de les traduire, et Ronsard fut sans doute accusé d'irrévérence envers les anciens pour avoir choisi Francion comme héros de son poème, qui, d'ailleurs, ne réussit pas On en vint, on en revint aux héros antiques, qui avaient une bien autre majesté, qui se drapaient avec bien plus de noblesse et qui portaient des noms d'une sonorité incontestable. C'est le théâtre, en particulier, qui souffrit de la nouvelle réforme. Les amis, les idolâtres de l'antiquité, ne s'aperçurent

1. *Œuvres de Ronsard*, éd. Buon, I, 670.

pas un seul instant qu'ils avaient à côté d'eux un excellent modèle de drame national, les *Mystères*, et en particulier la *Passion*. Ils eussent haussé les épaules, si l'on avait eu la prétention de leur signaler dans ces platitudes quelque trace de littérature. Non, non; il n'y avait d'acceptable que la tragédie latine et grecque : et, vite, on coucha sur ce lit de Procuste toutes les œuvres dramatiques. Alors parurent ces fameuses Unités qu'on devait si légitimement renverser de nos jours et dont une seule était véritablement nécessaire ; alors on ne voulut admettre que des sujets antiques, sur lesquels on n'eut même pas le mérite de faire des vers nouveaux ; alors arrivèrent les confidents, les héros armés de songes, et même les chœurs et les demi-chœurs de la Grèce. Cependant, on n'était pas complètement satisfait. Il y avait encore cette langue barbare, appelée « le français », et cette versification, plus barbare encore, fondée sur la grossièreté de la rime et le calcul niais des syllabes. On essaya bien de se défaire de cette dernière barbarie, et l'on fit des vers « français » en spondées et en dactyles ; mais le succès, hélas! ne fut pas à la hauteur de cette généreuse hardiesse. On s'en vengea sur la pauvre langue qui, depuis plus d'un siècle, d'ailleurs, avait eu singulièrement à se plaindre des novateurs. On l'avait trouvée tellement vile, qu'on l'avait voulu changer entièrement : on l'avait remise sur l'enclume, et l'on avait forgé bravement toute une série de mots nouveaux. Rien ne fut moins ingénieux, du reste, que ce trait d'esprit. On oubliait, ou plutôt on ignorait que notre langue avait été déjà faite une fois sur le latin, et l'on se mit alors à la refaire sur le même type ; mais sans tenir compte des dispositions naturelles de notre gosier, et sans penser surtout à cette grande règle de l'accent tonique qui avait dominé la première formation de notre idiome. Les nouveaux vocables ne furent qu'un calque, et un calque inintelligent des vocables latins. De *porticus* nos pères avaient tiré *porche* : on en tira *portique*, et l'on fut fier. On eut *intègre*, quand nous avions *entier* ; *natif*, quand nous avions *naïf* ; *epistole* et *capitule*, quand nous avions *épître* et *chapitre* ; si bien qu'aujourd'hui notre langue offre encore aux yeux de l'observateur attentif une singulière marqueterie composée de pièces de valeur et d'aspect fort différents, dont les unes ont été grossièrement juxtaposées près des autres... à cinq cents ou à mille ans d'intervalle. Mais encore, n'avons-nous pas, sur ce point, accepté tout l'héritage du XVIe siècle, et avons-nous eu la sagesse de renoncer aux neuf dixièmes des prétendues richesses que nous avaient laissées Ronsard et Rabelais.

Tel fut le sort de la poésie aux mains de Ronsard, de Du Bellay, de Baïf et de la Pléiade. Il serait souverainement injuste de ne pas ajouter qu'elle présente un grand nombre d'éclatantes et profondes beautés. Ronsard n'est peut-être pas loin d'être un génie. Il a la fécondité, qui est presque toujours la preuve d'un fort esprit; il a la grâce, la variété, le charme enfin. C'est le roi d'une époque littéraire où cette royauté fut disputée par beaucoup de beaux esprits. On a dit, on a répété que Malherbe eût voulu biffer d'un coup de plume toutes les œuvres de Ronsard: ce coup de plume nous paraît sévère. Malgré tous ses défauts, Ronsard est un géant près de ce nain qu'on appelle Malherbe. Ce n'est certes pas lui qui eût prononcé ces abominables paroles: « Un bon poète n'est pas plus utile à l'État qu'un bon joueur de quilles. » Ronsard est un païen, sans doute, et son paganisme impur nous révolte jusqu'au plus profond de notre cœur; mais, enfin, c'est un païen intelligent. Avec l'énorme recueil de ses œuvres, on arriverait aisément à composer un volume agréable, et la postérité ne retiendra guères que vingt vers de Malherbe.

VIII. — Montaigne et Rabelais.

A CÔTÉ du nom de Ronsard, deux autres noms brillent d'un éclat qui n'est pas moins vif: Montaigne, Rabelais. Ce sont, à nos yeux, deux gloires surfaites.

Montaigne est le type exact de la plupart des hommes de la Renaissance: Ronsard était plutôt une brillante exception. L'homme des *Essais* est un esprit enjoué, aimable, plaisant dans les vraies limites de la bonne plaisanterie; c'est une âme mobile et qui ne connaît pas l'unité d'une œuvre littéraire; mais surtout c'est une intelligence païenne, dans le meilleur sens que puisse recevoir un tel mot. Non, je ne pense pas que l'on puisse être plus naïvement un bon païen de Rome. Je viens de relire, avec une attention scrupuleuse son long chapitre sur l'éducation, et ai eu le chagrin de n'y pas trouver un mot, un seul mot qui fût chrétien. Je sais bien que d'excellents critiques ont découvert que Montaigne fut au fond un catholique sincère et dévoué ; je connais toutes les citations que l'on peut apporter à l'appui de ce fait consolant et dont je ne conteste pas l'évidente réalité. Mais, enfin, l'auteur des *Essais* était surtout chrétien dans son intime et, le plus souvent, n'en laissait rien paraître au dehors : ce qui est une méchante façon d'être chrétien, suivant notre humble façon de penser. Quoi qu'il en soit, Montaigne est peut-être le fondateur le plus influent, le plus autorisé de cette doctrine détestable que nous avons appelée le *séparatisme*. On est catholique le matin, en assistant à la messe ; le soir, en disant ses prières d'un cœur vraiment droit. Mais dès qu'on est sorti de l'église, dès qu'on a essuyé ses genoux, on redevient « un aimable païen ». En politique, en science, en littérature, en philosophie et en art, on est... tout ce qu'on a la fantaisie d'être : ce n'est plus l'affaire de la religion. Très respectueusement on la met à la porte de ces domaines, où l'on croit qu'elle serait déplacée. Voilà le sentiment de Montaigne et de son école où pullulèrent des élèves moins respectueux et plus hardis ; voilà cette doctrine qui devait être celle de trois siècles. Bref, la pléiade de Ronsard avait fait triompher la Convention dans l'art ; Montaigne y fit triompher le Séparatisme. Ce furent longtemps, ce sont encore aujourd'hui les deux fléaux de notre littérature nationale.

« Rabelais a fait cette trouvaille, le ventre ! » Tel est le résumé de plusieurs pages que Victor Hugo a consacrées dans son *William Shakespeare* à la gloire de l'auteur de *Gargantua*. L'auteur des *Chansons des Rues et des Bois* n'hésite pas à y proclamer que Rabelais est l'un des *quatorze* grands génies de l'humanité, et il le place à côté de Moïse. Ce qu'il y a de certain, c'est qu'en effet Rabelais est pleinement le littérateur du ventre et des ventrus. Personne peut-être n'a jamais eu tant d'esprit, et personne n'a pris autant de plaisir à traîner cet esprit dans une boue plus laide. Ce Rabelais est une sorte de Voltaire réaliste qui jette de la fange (et quelle fange !) sur tout ce qu'il y a de sacré ici-bas. On n'a jamais aimé à ce point l'ignoble, les odeurs mauvaises, les sales spectacles, les laideurs physiques et morales. Aimer Rabelais, c'est le signe d'un esprit qui n'est pas et qui ne sera jamais élevé. Cette lecture abaisse, avilit, dégrade : c'est un châtiment, et ce n'est pas une leçon. Cet homme a peut-être haï l'Église autant que Voltaire lui-même ; il n'en a saisi, il n'en a fait voir que les abus passagers ; il a fermé les yeux à la Beauté éternelle. Il n'a cessé de cracher sur sa mère. C'est par milliers qu'il a perdu les âmes. Son livre est vivant, d'ailleurs, mais d'une mauvaise vie ; on y respire la mauvaise senteur d'une volupté qui n'est même pas élégante. Tout aussi séparatiste que Montaigne, il est venimeux jusque dans son indifférence, et dévoré contre la Vérité d'une passion que n'a jamais connue l'honnête et spiritualiste auteur des *Essais*. S'il fait rire, c'est d'un méchant rire, et sa gaîté même a quelque chose de lugubre. Entre tous les hommes de la Renaissance, nul peut-être n'a été chez nous aussi loin que lui ; nul aussi n'a plus brutalisé notre langue. Son vocabulaire est plus nouveau encore que celui de Montaigne ou de Ronsard, et il semble qu'il ne veuille rien devoir à ce Moyen Age dont il déteste toutes les institutions et toutes les idées. Encore est-il possible qu'il se serve de ces mots rajeunis pour se moquer de son public : on ne sait jamais s'il est sérieux, et réellement il n'y a de sérieux en lui que son ironie et sa haine...

Ce sont là les principales figures de notre seizième siècle. Cependant tout s'affranchit, tout devient indépendant : Calvin, rude et correct écrivain, secoue dans son *Institution chrétienne* le prétendu joug de l'Église ; Ramus sépare violemment la philosophie de la théologie, ou, plutôt, fonde une école de philosophie païenne ; l'histoire en est presque uniquement réduite à des Mémoires qui, à défaut d'élévation et de grandeur, ont du moins un intérêt puissant ; l'Art, d'un bond, se jette dans l'antiquité et n'en veut plus sortir ; de la blancheur du marbre jaillissent les divinités païennes, et sur la toile s'étalent les triomphes de la mythologie ressuscitée. Quant à l'architecture, elle devient toute charmante, mais la raison en est simple : c'est qu'elle conserve tout le plan gothique et ne modifie que les détails : heureuse conciliation, que les autres arts n'ont pas imitée et qui nous a donné des chefs-d'œuvre tels que le Louvre et Saint-Eustache. Ah! si la sculpture, si la peinture, si la poésie avaient fait preuve de cette excellente modération !

IX. — Jugement sur la Renaissance.

NOUS venons de voir ce qu'on a fait au seizième siècle. — Qu'y avait-il à faire ?

Au lieu de se livrer à la brutalité d'un coup-d'État, au lieu de piétiner le Moyen Age, au lieu de l'insulter, et, ce qu'il y a de plus cruel, de l'oublier entièrement ; au lieu d'arrêter brusquement tout le mouvement de cette époque, il y avait à la continuer.

Au lieu d'évoquer les figures dangereuses des dieux et des déesses antiques, il y avait à continuer en France l'école du Pérugin et de Fra Angelico.

Au lieu de changer notre sculpture, de la *paganiser* entièrement, il fallait seulement en améliorer les procédés et y faire entrer l'étude de l'anatomie humaine. Il y a des statues du XIV° siècle, dans nos cathédrales de France, qui sont déjà des merveilles de proportions, comme il y a chez nous des vitraux du XV° siècle qui sont des merveilles de composition, de dessin et de coloris. Au lieu de briser ces vitraux et de mépriser ces statues, il fallait en conserver le sentiment, en continuer le style, en parfaire la forme.

Au lieu de renier toute notre épopée, toute notre poésie du Moyen Age, il en fallait ramasser les débris avec respect ; il fallait noblement s'entêter à ne choisir que des sujets vraiment nationaux ; il fallait se décider à ne consacrer d'autre gloire que celle des héros chrétiens et français.

Au lieu de faire, comme nos tragiques français qui jetèrent un œil de dédain sur nos *Mystères*, il fallait faire comme Shakespeare, qui en accepta la forme et sut en tirer vingt œuvres immortelles.

Au lieu de séparer la Religion et l'Art, il fallait les unir éternellement, en donnant au Vrai la splendeur du Beau.

Le Moyen Age, enfin, avait conquis la beauté de la pensée ; l'œuvre de la Renaissance eût dû consister uniquement dans la conquête de la forme. Puisqu'elle n'a pas voulu de cette tâche, puisqu'elle l'a laissée à notre temps, sachons nous montrer dignes d'une telle gloire.

X. — Caractère général du XVIIᵉ siècle.

LE XVIIᵉ siècle n'est que le XVIᵉ siècle aligné. C'est la Renaissance organisée, régularisée, et surtout tempérée. Ronsard avait admiré l'antiquité avec des convulsions désordonnées, sans méthode, sans tempérament, et les gens de son temps avaient presque tous imité sans réflexion cet enthousiasme aveugle et passionné. Tout va changer avec Malherbe, avec Balzac, avec « le législateur du Parnasse ». Voyez un monument du XVIᵉ siècle, comme le château d'Anet, par exemple, ou celui de Fontainebleau : il y règne une agréable fantaisie, une fécondité gracieuse et je ne sais quoi qui ressemble à un demi-désordre plein de charme. Tel est l'art, telle est aussi la littérature de la première Renaissance. Voyez ensuite Versailles et la majesté de ses jardins : c'est le XVIIᵉ siècle tout entier, c'est son art, c'est sa littérature. Leur principal caractère est la régularité, l'ordre poussé jusqu'à la monotonie, l'alignement enfin.

Je ne dis pas, notez-le bien, qu'il ne fallût pas mettre de l'ordre dans les affaires de la Renaissance, et surtout dans sa langue et dans son style. Il est certain que la fantaisie, surtout chez les écrivains de génie médiocre, avait trop souvent dégénéré en pathos, et l'amour de l'antique en pédantisme ; mais puisqu'au XVIIᵉ siècle, on voyait si nettement les défauts du siècle précédent, pourquoi ne sut-on pas profiter de cette leçon pour revenir aux théories catholiques, à l'Art chrétien ? Rien n'était, sinon plus aisé, du moins plus naturel qu'un tel retour. On gardait de l'antiquité tout ce qu'elle avait de légitime, d'approuvable, de beau ; on conservait pour l'art grec et latin ce respect intelligent et modéré qu'un chrétien peut et doit raisonnablement lui accorder ; on arrivait, enfin, à se montrer tout à la fois supérieur à l'antiquité qui n'avait pas possédé la vérité du fond, et au Moyen Age qui n'avait pas connu la perfection de la forme. C'était, certes, une noble tâche et bien digne des grands chrétiens de ce temps-là. Quelques-uns seulement consentirent à y travailler ; un petit nombre parvinrent à l'accomplir; mais, il faut le dire, la plupart des écrivains et des artistes conservèrent le pli païen ; le Séparatisme et la Convention triomphèrent plus absolument que jamais dans la littérature et dans l'art amoindris. On rougit d'être catholique en vers, et même en prose. Dieu fut abandonné aux théologiens : les poètes n'en voulaient plus, les philosophes voulaient avoir le leur. De la Renaissance, on tint surtout à garder cette haine profonde, irréconciliable, niaise, qu'elle avait eue contre le Moyen Age. On souriait de pitié en passant devant Notre-Dame et la Sainte-Chapelle, et le mot : « barbare » montait aux lèvres. Les « ténèbres » de la scolastique n'excitaient pas un moindre mépris. Quant à la poésie de ces siècles délaissés, était-il bien certain qu'ils en eussent possédé une, et que l'on pût être poète sans imiter Horace ? Boileau croyait fort sincèrement à la priorité de Villon. Oui, Villon était une sorte de soleil qui frappait les yeux de Boileau après tant de siècles grossiers. Avant, c'était le chaos, la nuit, le néant.

Cependant, sur les limites du seizième et du dix-septième siècle, la miséricorde de Dieu avait placé le plus charmant, le plus aimable, le plus persuasif de tous les bons esprits, pour nous enseigner la littérature et l'art chrétiens. Dieu, en effet, ne demeure pas plus étranger aux destinées de l'art qu'aux péripéties de l'histoire. On s'est beaucoup occupé de la philosophie de l'histoire: il serait peut-être temps d'écrire « la philosophie de l'histoire littéraire ». Donc, en pleine Renaissance, la Providence nous envoya une intelligence qui, fort éprise des beautés antiques et les connaissant à fond, fut cependant très intimement pénétrée de christianisme. J'ai nommé saint François de Sales. Les critiques ont, suivant nous, fait preuve d'une révoltante injustice à son égard, et je connais certains « Cours de littérature » où l'on daigne à peine le nommer. Où trouver néanmoins un charme plus vif, un style plus imagé et plus vivant, un amour plus brûlant pour les âmes et qui se traduise en une langue plus passionnée et plus ardente ? Il n'emprunte à l'antiquité que des images et des anecdotes, qu'il transfigure en les touchant. Il baptise en quelque manière les hommes et les choses du paganisme, et sous ses doigts on trouve tout chrétien. O bonté de Dieu! saint François de Sales et l'*Introduction à la vie dévote* nous furent donnés, ce beau présent nous fut fait au commencement d'un siècle où le jansénisme devait presque triompher. La tendresse de Dieu a permis, a voulu que les vrais catholiques de ces temps rigoureux fussent soutenus par la lecture d'un livre suave et où éclatait surtout le sentiment de l'espoir. Je me représente volontiers les âmes fidèles du dix-septième siècle, celles que le courant de l'hérésie n'emportait point, celles qui ne se lassaient pas d'espérer en la bonté céleste ; je me les représente, après quelques victoires des jansénistes, lisant les livres de l'évêque de Genève et y puisant une confiance nouvelle en même temps qu'une consolation délicieuse.

Saint François de Sales, hélas ! n'eut pas sur le dix-septième siècle une action assez décisive, et la théologie janséniste, malgré tout, donna naissance à une littérature janséniste. C'est un des traits principaux du siècle de Louis XIV, et c'est pourquoi nous serions volontiers amenés à le juger parfois avec une sévérité qui n'aurait, croyons-nous, rien d'injuste ni même de passionné. Rendre justice à ses adversaires n'est qu'un acte fort élémentaire de justice ; mais c'est en outre, pour certains esprits, une jouissance profonde et délicate. Nous voudrions être un de ces esprits-là.

La poésie fut plus atteinte qu'on ne saurait le croire par le rigorisme janséniste. Il faut, en effet, se le persuader: si Boileau ne veut même pas qu'on prononce en vers les mots « Dieu » et « Jésus ; » s'il écrit que « de la foi du chrétien les mystères *terribles* — d'ornements égayés ne sont pas susceptibles » ; s'il commet cette énormité, c'est par l'effet d'un respect mal entendu. A ses yeux, Dieu est tellement au-dessus de l'Art humain, que, par convenance, l'Art humain ne doit jamais parler de Dieu. C'est sur ce beau raisonnement que Boileau, avec la plupart de ses contemporains, s'est jeté dans la mythologie antique. Ils sont devenus païens... par dévotion. Ah! s'ils avaient été imbus des saines doctrines de l'Église;

si, levant les yeux au ciel, ils y avaient vu un Père plein de miséricorde et tendant les bras au monde, au lieu d'y voir avec obstination un Juge formidablement implacable, ils n'auraient pas tant redouté d'élever leur pensée vers lui dans leur poésie heureusement transfigurée:« Je suis indigne de célébrer tant de miséricorde et tant d'amour, se seraient-ils dit; mais enfin j'essayerai, et Dieu, qui m'a pardonné toutes les imperfections de ma vie, voudra bien me pardonner toutes les imperfections de ma plume ». Voilà ce qu'ils auraient pu, voilà ce qu'ils auraient dû se dire. Et alors, que fût-il arrivé ? Ce siècle, déjà si grand, eût encore grandi aux yeux de l'équitable postérité. Le style fût devenu, deux cents ans plus tôt, l'expression réelle de la nature de chaque écrivain; on eût parlé exactement sa pensée et écrit exactement sa parole; la sincérité souveraine fût devenue la loi de l'art. Au lieu d'hésiter entre les siècles d'Auguste, de Périclès et de Louis XIV, on eût, d'une seule voix, donné l'empire à ce dernier. Et la France enfin y eut gagné autant que l'Église.

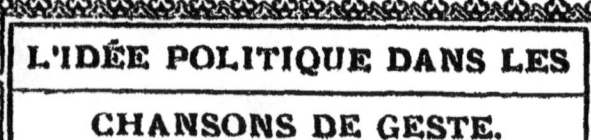

L'IDÉE POLITIQUE DANS LES CHANSONS DE GESTE.

I.

UAND Dieu fonda cent royaumes, le meil« leur fut douce France, et le premier roi
« que Dieu y envoya fut couronné sur l'or« dre de ses anges... Et voici que, depuis
« Charlemagne, toutes terres relèvent de la
« France : la Bavière et l'Allemagne, la
« Bourgogne et la Lorraine, la Toscane, et le Poitou, et la
« Gascogne jusqu'aux marches d'Espagne. Mais le roi qui
« de France porte couronne d'or doit toujours être un
« brave et un vaillant. Il doit aisément mener cent mille
« hommes jusqu'aux ports de l'Espagne. Qui fait tort au roi
« de France doit être poursuivi par bois et par vaux, jusqu'à
« ce qu'il soit mort ou repentant. Et, si le Roi ne le fait pas
« ainsi, France est déshonorée : c'est à tort qu'on l'a cou« ronné (1). » C'est avec cette belle fierté que nos pères parlaient de leur pays. Ces vers excitaient sans doute des applaudissements frénétiques toutes les fois qu'un jongleur les chantait, et les jongleurs devaient les chanter souvent. C'était une sorte de chant national auquel il a manqué seulement une mélodie entraînante et populaire. La *Marseillaise* est moins vigoureuse, elle est moins noble.

Quoi qu'il en soit, il nous sera permis d'opposer ces beaux vers, comme un argument de quelque valeur, à ceux qui prétendent que l'amour de la patrie est un sentiment tout nouveau parmi nous et datant tout au plus de la seconde moitié du dernier siècle. Il nous sera permis également d'opposer ce magnifique exorde d'une de nos plus vieilles Épopées à ceux qui affirment que le Christianisme a assoupi,

---

1. *Couronnement Looys*, Bibl. Nat., fr. 774. f° 18. Cf. l'édition d'E. Langlois qui offre plus d'une variante.

La Littérature cath.

dans le cœur de toutes les nations modernes, la vivacité légitime de leur amour pour la patrie.

Le texte que nous venons de citer n'est pas le seul où l'on sente passer ce souffle ardent. En général, plus une Chanson de geste est ancienne, plus elle est *française*, dans l'acception la plus forte de ce mot. Le plus français de nos poèmes est certainement la *Chanson de Roland*.

Deux grands peuples se disputent Charlemagne, et l'on comprend cette émulation; mais, dans notre *Roland*, Charlemagne n'est jamais représenté que comme l'empereur de France. De même, dans nos autres Chansons. Ce n'est pas là, sans doute, une raison critique qui puisse faire pencher la balance en faveur de notre pays ; mais il est digne de remarque que tant de poèmes, si profondément populaires, aient été consacrés chez nous à la gloire de Charles, tandis qu'il a inspiré si peu de poètes originaux en Allemagne. Charles, donc, est tout français aux yeux de nos poètes, qui ne conçoivent pas là-dessus le moindre doute, et l'amour qu'ils témoignent au grand empereur n'est autre chose, en réalité, qu'une des formes de leur amour pour la France.

Au-dessous de Charlemagne, représentant suprême, ou, pour mieux parler, représentation souveraine de la France, se tient Roland [1]. Roland, sans aucune exagération, c'est la France faite homme. Rien ne peut arriver à Roland qui n'arrive en même temps à la France. Quand Roland se prépare au combat, la France espère ; quand il est vainqueur, elle éclate en joie ; quand il est vaincu, elle pleure et meurt de douleur. Au moment où va décidément commencer le désastre de Roncevaux, il se passe en France quelque chose d'analogue à ce qui s'est réellement passé dans le monde entier à la mort de l'Homme-Dieu. Le poète, qui certes était un profond chrétien, n'a pas craint d'imaginer, ou plutôt de constater (car il croyait à ce miracle) tout un ensemble de présages surnaturels. Il s'écrie : « En France, il y eut alors une merveilleuse tourmente; un tremblement de terre depuis Saint-Michel du Péril « jusqu'à Xanten, depuis Besançon jusqu'à Wissant; à midi « la terre se couvrit de ténèbres [2] ». Ne croirait-on pas, en

---

1. V. notre *Chevalerie*, p. 61 et ss.
2. *Chanson de Roland*, vers 1423-1437.

vérité qu'il s'agit du Calvaire ? Mais non, ajoute notre poète: « *C'est li grans dols pur la mort de Rollant !* »

Roland, d'ailleurs, ne pense lui-même qu'à l'Empereur et à la France. A chacun de ses grands coups d'épée, il se demande « Qu'en dira la France ? » L'honneur de sa famille le préoccupe beaucoup moins que l'honneur de son pays. S'il se refuse si énergiquement à sonner du cor pour appeler son oncle à son secours, s'il commet cette admirable imprudence dont la sagesse d'Olivier cherche en vain à le dissuader, c'est uniquement à cause de sa patrie : « A Dieu ne plaise, » s'écrie-t-il à deux reprises, « que douce France soit abaissée à cause de « moi ! A Dieu ne plaise, à ses Saints et à ses Anges, que France « perde pour moi de son honneur [1] ! » Et il se lance, éperdu, dans la mêlée. Pendant toute la durée de ce Waterloo, il a la bouche pleine de ce mot : *France*. Quand les barons chrétiens sont presque tous morts, une parole touchante vient se placer sur ses lèvres : « Terre de France, dit-il en pleurant, terre de « France, mult estes dulz païs [2] ! » Enfin l'heure de sa propre mort vient à sonner. Il meurt comme il a vécu, en Français, et, c'est alors qu'avec une fierté, — qui n'est pas, comme on le voit, d'origine espagnole, — il s'écrie : « Il n'y aura jamais « d'homme tel que Roland *en France la solue* [3] ». Un des traducteurs de notre Chanson n'a pas craint de rendre ces derniers mots par ceux-ci : « En France, la terre de la liberté. » La nuance est forcée, mais « France la solue » n'est pas moins beau. Et quand Roland mourant sent enfin la nuit envahir ses yeux ; quand il s'aperçoit à ces affreuses ténèbres des suprêmes approches de la mort, un de ses derniers regards est encore pour la France. « De pluseurs choses à remembrer « lui prit, de dulce France. [4] » *Et dulces moriens reminiscitur Argos.*

Aucune nation ne pourrait, même dans les temps les plus voisins du nôtre, nous offrir un type, un idéal plus glorieux de cet amour de la patrie. Mais Roland n'est pas le seul qui soit brûlé de ce beau feu. Tous les Français de nos Chansons

---

1. *Chanson de Roland*, vers 1062-1092.
2. *Ibid.*, vers 1861.
3. *Ibid.*, vers 2311.
4. *Ibid.*, vers 2375-2381.

sont autant de Charlemagne et de Roland. D'ailleurs ils sont partout représentés comme une nation choisie, comme une race d'élite. L'auteur de notre *Roland* énumère quelque part les différents corps de l'armée chrétienne, de même qu'Homère fait l'énumération de tous les vaisseaux de la flotte grecque. Dans l'*ost* de Charles, trois *échelles*, trois corps d'armée, sur dix, sont composés de Français; mais il faut lire le portrait que le vieux trouvère en trace: « La dixième *échelle*, dit-il, est formée des barons de France. Ils sont cent mille, de nos meilleurs capitaines. Ils ont le corps gaillard et fière la contenance, la tête toute blanche et la barbe chenue. Ils montent à cheval et demandent la bataille: « Montjoie! Montjoie! » crient-ils; Charlemagne est avec eux (1). » Et, voulant les définir en un seul mot, le poète dit: « Ce sont là ceux de France qui conquièrent les royaumes (2). » Roland est fier de ses Français, et s'arrête de temps en temps à les considérer: « Pas un, lui crient-ils, pas un ne vous fera défaut pour « mourir (3). » Et, plein d'admiration pour les hommes de la « Terre majur (4) », le neveu de Charles s'écrie: « Français sont bons, ils frappent en vassaux (5), » et il ne craint pas de renouveler souvent ces exclamations admiratives. Les autres chansons de geste ne présentent pas nos Français sous un jour moins avantageux. Partout on les reconnaît à leur courage souvent téméraire, à leurs discours souvent trop longs, et particulièrement à leur gaieté. Le caractère national n'a pas changé. Les poètes ont un mot pour peindre nos héros, un mot qui les peint bien: « Des chevaliers gaillards (6). » Sous leurs heaumes apparaissent des figures fines, facilement souriantes, légèrement railleuses. Ils font volontiers quelque plaisanterie; ils se permettent le bon mot, même devant le corps de leurs ennemis expirants. Ils s'avancent au combat grands, superbes, terribles, et toujours avec ce même sourire

---

1. *Chanson de Roland*, vers 3084-3092.
2.   « Suz cel n'ad gent que Carles ait plus chière,
   Fors cels de France ki les regnes conquièrent. »
                     (*Ibid.*, vers 3031-3032).
3. Vers 1048.
4. Vers 600: « Terre Majur remaindreit en repos. »
5. Vers 1080.
6. « Rolant s'en rit, le chevalier gaillard. » (*Entrée de Spagne.*)

gaillard et cette même contenance fière. Leur entrée au champ de bataille est la même à Roncevaux et à Waterloo. Les Sarrasins eux-mêmes, comme plus tard les Anglais, ne peuvent s'empêcher de les admirer : « Certes, qui pourrait être fait comme ces Français, leur ressembler et avoir leur contenance, il en devrait vivre plus longuement (1). » La parole est énergique, et le poète la met sur les lèvres d'un païen.

Si les Français soulèvent un tel enthousiasme, leur pays n'excite pas moins vivement les regrets de tous ceux qui le quittent. Les adieux de Marie-Stuart ne sont pas plus touchants que ceux de nos héros. Avec quelle joie on va en France ! avec quelles larmes on en revient ! « Douce mère, dit Berte à Blanchefleur au moment de son départ, il semble que j'aie au cœur comme un coup de couteau. — Fille, répond sa mère, soyez joyeuse et gaie. Vous allez en France. » Et elle ajoute : « C'est là ce qui me console : car en aucun pays il n'y a gent si douce ni si vraie (2). »

Mais il faut en venir à ceux qui s'éloignent de la terre de France ou qui en sont éloignés depuis longtemps. Aye d'Avignon, prisonnière des Sarrasins, demande à Garnier, son mari, qu'elle ne reconnaît pas : « Parlez un poi à moi, car de France sui née. — Si me dites nouvelles de la *douce contrée* (3). » Les étrangers, les païens, éprouvent le même regret. L'ambassadeur des Sarrasins, Balan, quittant la cour de Charles « se retourne plusieurs fois, afin d'apercevoir encore les Français. Il regrette Charles, et son riche *barné*, et les Français qui tant ont de beauté (4). » Rien n'est plus émouvant que les adieux de Guillaume-au-Court-Nez : « Vers douce France il s'est retourné. Un vent de France le frappe au visage. Il ouvre son sein pour le laisser entrer plus à plein. Placé contre le vent, il se met à genoux : « O doux souffle qui vient de France ! c'est là que sont tous ceux que j'aime. Je te remets entre les mains du Seigneur Dieu ; car, pour moi, je ne pense plus te revoir. » Du cœur du ventre, il

---

1. *Chanson d'Aspremont*, édition Guessard, p. 8, vers 6-8.
2. *Berte aus grans piés*, édit. P. Paris, p. 13.
3. *Aye d'Avignon*, éd. F. Guessard et P. Meyer, v. 1992, 1993.
4. *Chanson d'Aspremont*, édition Guessard, p. 7, vers 140-44.

se met à soupirer ; de ses beaux yeux il commence à pleurer. L'eau lui coule en ruisseaux sur la face ; tout son *bliaut* en est arrosé (¹). » C'est ce même sentiment qu'un troubadour (²) a si bien rendu dans ces quatre vers que nous avons nous-même bien souvent répétés, quand nous étions loin de France :

> Quan la doussa aura venta
> Deves nostre païs,
> M'es veiaire que senta
> Odor de Paradis.

Il n'est pas étonnant que la France (³) ait excité chez ses enfants un amour aussi énergique. Entre tous les peuples, les Français sont encore aujourd'hui un de ceux qui voyagent

---

1. *Charroi de Nîmes*, B. I. 1448, f° 948.
2. Bernard de Ventadour.
3. Nous trouvons ici une objection sur notre passage. Plusieurs savants ont prétendu que, dans nos premières Chansons de geste, et notamment dans le *Roland*, le mot FRANCE n'a pas le sens actuel, et représente seulement une province du grand pays français, l'Ile-de-France. Il est certain que le mot *Francia*, antérieurement à nos premiers poèmes, a signifié tour à tour tous les pays successivement occupés par les Francs. Dans la *Table de Peutinger*, il est appliqué aux différents peuples de la Confédération franke, établis alors dans le territoire que leur avait concédé Probus. Sous la première race, on appelle *Francia*, tantôt les terres occupées par les Saxons, tantôt le pays occupé par les Ripuaires ; il y a néanmoins tendance à donner plutôt le nom de France à la Neustrie. Sous la seconde race, il est arrivé que ce même nom fut surtout attribué au duché de France. Nous avons longuement étudié la même question dans la *Chanson de Roland*, et nous croyons pouvoir scientifiquement établir les propositions suivantes : « 1° Le mot *France* et *Franceis*, dans la plus ancienne de nos Épopées, sont employés 170 fois pour désigner TOUT L'EMPIRE DE CHARLEMAGNE, lequel, en dehors de la France proprement dite, renferme la Bavière, l'Allemagne, la Normandie, la Bretagne, le Poitou, l'Auvergne, la Flandre, la Frise, la Lorraine et la Bourgogne. 2° Dans les mêmes poèmes, le mot *France* est également employé en un sens beaucoup plus restreint pour désigner les pays qui correspondent à l'ancienne Neustrie (moins la Normandie) et à presque toute l'Austrasie. 3° Dans l'énumération des différents corps de l'armée chrétienne, les Français proprement dits forment les 1re 2e et 10e *échelles* ; la 3e est composée de Bavarois, la 4e d'Allemands, la 5e de Normands, la 6e de Bretons, la 7e de Poitevins et d'Auvergnats, la 8e de Flamands et de Frisons, la 9e de Lorrains et de Bourguignons. La même division se retrouve dans la liste des Barons qui sont appelés à juger Ganelon. D'où nous conclurions volontiers que la Bavière, la Normandie, l'Allemagne, la Bretagne, le Poitou, l'Auvergne, la Flandre, la Frise, la Lorraine et la Bourgogne peuvent être ici considérés comme des pays feudataires ou conquis. Roland se vante en effet d'en avoir soumis un grand nombre : il y joint l'Aquitaine. En résumé, le pays tant aimé par le neveu de Charlemagne, c'est NOTRE FRANCE DU NORD AVEC SES FRONTIÈRES NATURELLES DU CÔTÉ DE L'EST, ET AYANT POUR TRIBUTAIRE LA FRANCE DU MIDI. C'est donc à peu près pour le même pays qu'a battu le cœur de Roland et que battent les nôtres.

le moins, parce qu'ils ont pour leur terre natale un attachement heureusement indestructible. Du reste, un tel pays mérite bien un tel amour. La France est comme une reine assise sur un trône au pied duquel deux Océans se rencontrent : sous un ciel d'une douceur et d'une égalité charmantes, elle étale la beauté de ses grands fleuves, la fécondité de ses plaines immenses, la majesté de ses Alpes, de ses Cévennes et de ses Pyrénées; elle a tous les arbres, tous les vins, tous les fruits ; sa table royale est servie avec une richesse plantureuse qu'aucune nation n'a jamais connue à un tel degré. Beau peuple, d'ailleurs, essentiellement jeune et vivant, et dont on se demande comment il pourrait vieillir. Il a dans l'intelligence une clarté merveilleuse; dans le cœur, un amour joyeux; dans la volonté, une énergie qui s'éteint facilement mais qui se rallume plus facilement encore. Parlant bien et aimant à parler longtemps, écoutant moins volontiers, il étonne le monde entier par la rapidité de ses résolutions et de ses entreprises. Il a le courage spirituel et l'esprit courageux ; il possède l'élan, qui est la première qualité militaire. Dieu s'est servi de tant de nobles facultés qu'il avait fait naître, et qu'il a pris soin de développer : il a donné pour mission à la nation française de sauver, en toutes les attaques extraordinaires, les destinées de la Vérité sur la terre. C'est la France qui, par Clovis, a mis le pied sur l'arianisme et l'a étouffé ; c'est la France qui, par Charles Martel, a chassé de l'Occident le danger toujours menaçant des invasions musulmanes ; c'est la France qui, par Charlemagne, a délivré l'Europe et la chrétienté des redoutables excès de la barbarie germaine; c'est la France qui, par Godefroy de Bouillon, par saint Louis, par les Croisades, a décidément procuré à l'Occident chrétien la sécurité, le salut et le triomphe. Et c'est pourquoi les Papes du moyen âge n'ont pas craint de faire à haute voix, devant toutes les autres nations, l'éloge de la nation française ; c'est pourquoi un grand Pape, contemporain de nos derniers épiques, n'a pas craint de s'écrier dans un magnifique langage : « Le Fils de Dieu, aux ordres duquel tout l'univers est soumis et à qui obéissent les bataillons de l'armée céleste, a établi ici-bas, comme un signe de la puissance divine, un certain nombre de royaumes, divers par leurs peuples et divers par leurs langues. Et de même qu'autrefois la tribu de Juda reçut d'en haut une bénédiction toute spéciale parmi les autres fils du patriarche Jacob, de même le royaume de France est au-dessus de tous les autres peuples, couronné par la main de Dieu lui-même de grâces et de prérogatives toutes particulières ([1]). »

II.

PLUS une épopée est primitive, plus la Royauté s'y montre avec une auréole brillante. La Monarchie, en effet, frappe aisément l'esprit des peuples nouveaux, comme elle frappe l'esprit des enfants. A l'origine, le Roi leur apparaît presque infaillible, et il a fallu quelque scepticisme pour le supposer dans l'erreur. Homère est déjà sceptique à l'endroit d'Agamemnon, qui ne joue pas toujours dans l'*Iliade* un rôle très glorieux. Il en est de même dans nos Chansons de geste. Les plus anciens de nos poètes ont pour la royauté un respect qui tient presque de l'adoration ; les plus récents, au contraire, s'amusent volontiers aux dépens des princes et ne craignent pas de les placer en vingt situations ridicules. Charlemagne lui-même n'est pas épargné, et certains trouvères rient au nez du grand empereur devant lequel s'étaient inclinés en tremblant les premiers auteurs de nos Épopées. Si donc nous voulons connaître l'idée que les trouvères se sont faite de la Royauté, il faut ici diviser notre matière et chercher tour à tour quel a été le type du Roi aux différentes époques de notre histoire littéraire.

Le *Couronnement Looys*, poème qui appartient à une bonne époque, s'ouvre d'une façon très noble et très imposante. Le vieux Charlemagne, tout blanchi, tout courbé par l'âge, sent que ses épaules fléchissent sous le gouvernement du monde. Il convoque ses barons à une assemblée solennelle. Le Pape,

1. « Dei Filius, cujus imperiis totus orbis obsequitur, cujus beneplacito celestis exercitus agmina famulantur, secundum divisiones linguarum et gentium in signum divine potentie diversa regna constituit, inter que, sicut tribus Juda inter filios Patriarche ad specialis benedictionis dona suscipitur ; sic regnum Francie, pre ceteris terrarum populis, prerogativa honoris et gratie insignitur. » (Bulle de Grégoire IX, Anagni, 21 octobre 1239.) = Le passage ci-dessus, relatif à Roland et à la France, — écrit en 1869 — est, avec quelques variantes, reproduit dans notre *Chevalerie* (pp. 62 et 63).

quatre rois, près de quarante évêques et de trente abbés viennent se grouper autour du grand Empereur ; quatorze comtes distribuent dans le palais les plus abondantes aumônes à tous les pauvres qui se présentent. La messe est célébrée par l'*Apostole* et la couronne impériale est solennellement placée sur le saint autel. Un silence se fait dans cette foule : quelque chose de grand va se passer. Charles, sur le point d'abdiquer, veut couronner son fils Louis et lui donner publiquement ses derniers conseils avec sa bénédiction dernière. Ce sont ces conseils mêmes que nous allons entendre, et ils suffiraient à nous faire connaître l'idée que nos premiers poètes se faisaient de la Royauté et du Roi :

« Charlemagne a moult usé son temps. — Il ne peut plus maintenant mener cette vie. — Il ne veut plus la couronne porter ; — mais il a un fils auquel il veut la donner ([1]). » — Quand les barons entendent, en ont eu grande joie ; — toutes leurs mains en ont tendu vers Dieu : — « Père glorieux, soyez béni, — de ce que nous ne sommes pas tombés aux mains d'un roi étranger ! » — L'Empereur alors appelle son fils : « Beau fils, dit-il, écoutez-moi bien. — Voyez cette couronne qui est sur l'autel, — et sachez à quelles conditions je vous la veux donner : — Vous ne commettrez ni injustice, ni péché ; — jamais vous ne ferez de trahison à qui que ce soit ; — vous rendrez justice aux femmes veuves ; — vous ne dépouillerez pas les orphelins de leur fief. — Si vous agissez ainsi que je le veux, je bénirai le Seigneur Dieu. — Vous pouvez prendre cette couronne, et vous allez en être couronné. — Sinon, mon fils, laissez-la où elle est : — je vous défends d'y porter la main.

« Fils Louis, voyez ici la couronne. — Si vous la prenez, vous serez empereur de Rome. — Vous pourrez aisément mener à l'*ost* cent mille hommes, — passer par force les eaux de la Gironde, — abattre et confondre toute la gent païenne, — et joindre toute leur terre à la nôtre. — Si vous le voulez faire, je vous donne la couronne ; — sinon, je ne vous la baillerai jamais ».

« Et l'enfant Louis n'osa remuer le pied, tout ébahi de ce qu'il entendait ; — n'osa aller chercher la couronne. — A cette vue, les barons chevaliers — furent moult dolents et courroucés, — et l'Empereur fut en grande tristesse et en grande ire, — quand il vit ainsi son fils tout couvert d'infamie. — Charles, d'une voix forte que tous les barons entendent : — « Ce serait grand péché, dit-il, de faire un roi de ce couard héritier. — Allons, faisons lui rogner les cheveux ; — il sera moine dans un moutier, à Aix ; — il tirera les cordes, il sera marguillier, — et, il aura prébende pour ne pas mendier son pain ([2]).

1. Ces premiers vers sont placés par le poète dans la bouche d'un archevêque, qui monte en chaire pour annoncer cette nouvelle aux barons.
2. *Couronnement Looys*, l.c., couplets 6, 7 et 8.

On voit si cette scène manque d'énergie et de grandeur. C'est bien là le poème épique dans toute son élévation et dans toute sa rudesse. Un peu plus loin le vieil Empereur renouvelle encore ses conseils : il exhorte particulièrement son fils à bien servir l'Église « pour que le Diable n'ait point de pouvoir sur lui ». Il l'exhorte aussi à faire par ses largesses le bonheur de tous ses chevaliers : « Être libéral, c'est le moyen d'être bien servi et de se faire aimer (¹). » Enfin, il veut résumer une dernière fois toutes ses recommandations suprêmes, et l'âme du grand vieillard s'élève encore davantage dans ces derniers éclats de sa voix :

« Fils Louis, je ne veux pas vous le celer : — Quand Dieu créa les
« rois, ce fut dans le but de grandir le peuple, — et non pas pour qu'ils
« se missent à prononcer de faux jugements, — à faire luxure, à com-
« mettre le mal. — Les Rois ne sont pas faits pour enlever leurs fiefs aux
« enfants héritiers, — ni pour arracher seulement quatre deniers aux
« pauvres veuves ; — mais leur devoir est d'abattre toute injustice
« sous ses pieds, — de la jeter bas et de la dompter. — Avec les pau-
« vres il faut, mon fils, vous faire tout humble : — vous leur devez aide et
« conseil. — Par amour pour Dieu, vous leur devez toujours rendre justice
« et droiture ; — mais avec les orgueilleux, il faut vous faire aussi fier, —
« qu'un léopard sur le point de dévorer sa proie. — L'un d'eux veut-il
« vous faire la guerre ? — Mandez en France vos nobles chevaliers, —
« ayez-en plus de trente mille. — Avisez votre ennemi, là où il se fie le
« plus. — Dévastez, pillez toute sa terre, — et, si vous pouvez le saisir et
« mettre la main sur lui, — pas de merci, pas de pitié : faites-le couper
« en morceaux, — brûler dans le feu ou noyer dans la mer. (²) »

Nous ne dissimulons rien, comme on le voit. A côté des plus sages paroles, on trouve, sur les lèvres de l'Empereur, des conseils d'une brutalité sanglante. Des éclairs passent encore dans les yeux du vieux Roi, et il pense à la guerre avec une sorte de volupté sauvage. Ces mêmes contrastes se retrouvent dans plusieurs autres poèmes que nous ne voulons

---

1. « Sainte Église pense de bien servir,
    « Que jà Deables ne te puisse honnir.
    « Tes chevaliers pense de resbaudir :
    « Par eulx seras honorez et servis,
    « Par totes terres et amés et cheris . »
    (*Couronnement Looys*, couplet 9.)

2. *Ibid.*, couplet 12.

point citer ici pour ne pas fatiguer l'esprit de nos lecteurs (1), et parce que le testament politique de Charlemagne dans le *Couronnement Looys* nous paraît être le plus complet et le plus remarquable de tous ces documents. Si nous voulions maintenant résumer avec exactitude tous ces conseils de l'Empereur et en composer le type de notre Royauté épique, il nous serait facile d'établir, d'après les textes invoqués plus haut, quel était le code et quels étaient les devoirs de cette royauté aux yeux de nos trouvères : « Être humblement soumis à l'Église, — conserver la chasteté ; — haïr l'injustice ; — faire droit aux plaintes des petits ; — venir en aide à tous les pauvres, et en particulier aux veuves et aux orphelins ; — ne pas dépouiller les enfants de leurs fiefs ; — se montrer sans cesse libéral et généreux ; — faire aux Sarrasins une guerre sans relâche et poursuivre sans pitié les vassaux rebelles. » Ce Code est, comme on le voit, d'une grande simplicité, et les Pères de l'Église, sans aucun doute, ont tracé aux princes leurs devoirs d'une façon cent fois plus haute, plus claire et plus complète ; mais, tout simple qu'il est, ce même Code n'aurait jamais pu être conçu avant Jésus-Christ. Sans doute il renferme encore quelques articles farouches qui sont facilement explicables si l'on pense aux déchirements de l'époque féodale ; mais il est beau de voir, en des poèmes sincèrement populaires, les Rois représentés comme les défenseurs de toutes ces faiblesses que le paganisme avait jadis abandonnées à elles-mêmes, de l'enfance, de la vieillesse, du veuvage. Il est beau de voir la chasteté recommandée aux princes, et recommandée avec raison comme une vertu qui appartient réellement à l'ordre public, comme une vertu politique. Il est beau, enfin, de voir les princes soumis ici-bas à une Autorité spirituelle qui doit prononcer sur tous leurs différends et faire régner entre eux la concorde et la paix. Toutes ces idées d'ailleurs se retrouvent dans le magnifique Office liturgique

---

1. Au début d'*Huon de Bordeaux*, on voit aussi le vieux Charles donner ses derniers conseils à son fils Charlot qui va lui succéder : « Fiex, vien avant, n'aies soing « d'atargier — Et si retien en terre et t'iretier. — Si m'aït Dix, tu tenras si franc « fief —Com Damedix, qui pot tuet justicier. — Tient Paradis le regne droiturier... — « Fiex, n'aies cure de traitor lanier. — As plus preudomes vous alés acointier... — « A sainte Glize pensés du repairier. — Donnés du vostre as povres volontiers. » *Huon*, éd. des Anciens poètes de la France, p. 7.)

que l'Église a consacré au Couronnement des rois (¹) et que les catholiques eux-mêmes n'admirent pas assez.

D'ailleurs, si l'on veut bien connaître les idées de nos trouvères sur la royauté, c'est Charlemagne qu'il faut considérer; et nous devons tenir compte de ses actions beaucoup plus que de ses paroles. Il faut le voir à l'œuvre. Charlemagne, c'est la Royauté chevauchant, combattant, triomphant ; c'est la Royauté visible et tangible. Il s'avance en tête de la grande armée: « Avec emportement chevauche le roi Charles ; — sur sa cuirasse repose sa barbe blanche (²). » Pas n'est besoin de demander où est l'Empereur. Du premier coup d'œil on le reconnaît, tant son corps est beau, tant fière est sa contenance (³). Dans les batailles, au plus fort de la mêlée, sa barbe chenue paraît à côté des jeunes barbes de Roland et d'Ogier. Il a des mouvements sublimes de jeunesse et de témérité. Personne ne se présente pour conquérir Narbonne : « J'irai, moi, dit-il, et j'irai seul. » Et si l'on vous demande : « Où est le roi Charles ? » Vous répondrez : « Nous l'avons « laissé faire tout seul le siège de Narbonne (⁴). » La Royauté, dans Charles, nous apparaît surtout comme conquérante. D'une extrémité à l'autre de son Empire il fait, en quelque sorte, de grandes enjambées, présentant sa face terrible à tous les Sarrasins, sur toutes les frontières. Charles est l'empereur des Croisés. Mais en temps de paix, c'est un Nestor chrétien. Contemplez-le après le discours des ambassadeurs de Marsile : contemplez cette majesté pacifique, après avoir admiré cette majesté guerrière : « L'Empereur tend ses

---

1. PONTIFICALE ROMANUM, *De Benedictione et Coronatione regis* : « Regiam hodie suscipis dignitatem, et regendi fideles populos tibi commissos curam sumis. Præclarum sane inter mortales locum, sed discriminis, laboris atque anxietatis plenum ! Verum si consideraveris quod omnis potestas a Domino Deo est, per quem reges regnant et legum conditores justa decernunt, tu quoque de grege tibi commisso ipsi Deo rationem es redditurus. Primum pietatem servabis. Dominum Deum tuum tota mente ac puro corde coles. Ecclesiasticam libertatem non conculcabis. Justitiam, sine qua nulla societas diu consistere pote..., erga omnes inconcusse administrabis, bonis præmia, noxiis debitas pœnas retribuendo. Viduas, pupillos, pauperes ac debiles ab omni oppressione defendes. Omnibus te adeuntibus benignum, mansuetum atque affabilem, pro regiâ tuâ dignitate, te præbebis. Et itâ te geres ut, non ad tuam, sed totius populi utilitatem regnare, præmiumque benefactorum tuorum, non in terris, sed in cœlo expectare videaris. »

2. *Chanson de Roland*, vers 1842-1843.
3. *Ibid.*, vers 114-119.
4. *Aimeri de Narbonne*, édition Demaison, II, p. 27.

mains vers Dieu, il baisse la tête, Il commence à réfléchir. Il garde longtemps la tête inclinée, il ne se hâte point de parler. C'est sa coutume de parler à loisir. Puis, il se dresse, le visage plein de fierté (¹). » Du reste, si le courage téméraire et la lutte à outrance contre les Sarrasins sont le caractère de notre Royauté épique durant la guerre, la libéralité est la marque à laquelle on reconnaît cette même royauté pendant la paix. Charlemagne ne manque jamais de tenir, à Pâque et à la Pentecôte, des Cours plénières dont la magnificence est vraiment digne des anciens Empereurs. A droite, à gauche, le roi de France est entouré de plusieurs autres rois qui le servent. Il y a des rois qui attendent, en quelque sorte, dans ses antichambres, comme il y en aura plus tard dans celles de Napoléon Iᵉʳ. Sept mille chevaliers forment la cour ordinaire du grand empereur (²) et de toute cette foule, il sort un seul cri qui exprime l'admiration, l'obéissance, presque le culte : « Il n'y a pas de terre sous le ciel qui ne puisse, à « votre volonté, être conquise par le fer de nos lances (³). » C'est presque une cour d'Orient, avec une certaine grandeur énergique qui révèle l'Occident. Pendant ces fêtes somptueuses, l'Empereur tient table ouverte : les pauvres chevaliers arrivent de toutes parts ; on les nourrit, on les vêt, on les comble de présents. Des milliers de pauvres, d'orphelins, de veuves, se pressent aux alentours du palais : pas un n'est repoussé. La plus grande honte pour les Rois de nos épopées, c'est, sans doute, de reculer dans un combat, mais c'est ensuite de ne pas faire largesse.

Au-dessus de tous ces caractères de la Royauté, il en est un autre que nous avons déjà cherché à indiquer : cette Royauté est surnaturelle. Charles est sans cesse dans l'atmosphère du miracle. Il a un Ange spécialement attaché à sa personne, et ils ont ensemble des conversations tous les jours (⁴). Nous le voyons, comme un autre Josué, arrêter le soleil dans les cieux. Dieu lui envoie des songes prophétiques ; Dieu lui communique ses ordres par le ministère glorieux de saint

---

1. *Chanson de Roland*, vers 137-142.
2. *Chanson d'Aspremont*, édit. Guessard, p. 3, vers 29.
3. *Ibid.*, p. 3, vers 35 et suiv.
4. *Chanson de Roland*, vers 2452.

Gabriel. Entre le ciel et le palais de Charles il y a un perpétuel va-et-vient de messagers célestes. Il ne faut pas s'étonner, après cela, si la Royauté offre une apparence presque sacerdotale, et ce n'est pas en vain que les vêtements impériaux affectent tant de similitude avec les vêtements du Souverain Pontife. Charles est presque un évêque sur le trône, et on le voit, dans la *Chanson de Roland*, donner, avant le combat, une bénédiction solennelle à son armée.

Tel est le premier type de Charles et de l'Empire dans nos Chansons de Geste. Pourquoi ce type n'est-il pas toujours resté le seul ?

D'assez bonne heure, il arriva que certains trouvères se repentirent d'avoir « peint Charlemagne en beau ». Ils se plurent à retoucher l'ancien portrait pour enlaidir l'original ; ils éteignirent ces yeux terribles, ils firent grimacer ce grand visage. D'un roi qui se mouvait si librement dans une légende si voisine de la vérité, ils firent je ne sais quel automate se mouvant mécaniquement au milieu de fables ridicules. Pour tout dire, ils dessinèrent la caricature du grand empereur. Faut-il voir dans ce fait regrettable une intention formelle de rabaisser la Royauté française au bénéfice de cette société féodale où nos poètes trouvaient leurs auditoires les plus nombreux et leurs profits les plus certains ? Il ne faudrait peut-être pas aller jusque-là. En France, on a toujours aimé la parodie. L'esprit national est gouailleur ; il ne supporte pas longtemps la vue de la Majesté ; il aime à dépouiller l'autorité de son prestige et à la faire descendre de son trône. Charlemagne, plus que tout autre, a souffert de ces fantaisies, de ces caprices, de ces retours bizarres. On le plaisanta d'abord sur ce qui aurait dû être l'objet d'un respect universel, sur sa vieillesse. Dans *Jehan de Lanson*, Roland dit à son oncle : « Il « y a cent ans que vous avez, pour la première fois, chaussé « l'éperon. Quand l'homme vit trop, il n'a sens ni raison [1]. » Dans *Girars de Viane* (poème où se révèle parfois une tendance féodale assez marquée), Renier rappelle à l'Empereur qu'il l'a vu, de ses propres yeux, en plus d'un mauvais cas : il l'a vu renversé de cheval ; puis, jeté par des *garçons*

---

1. *Jehan de Lanson*, Bibl. de l'Arsenal, anc. B., L., I, 186, f° 109.

dans un fossé dont il a fallu le retirer par les *grenons* (¹). Dans *Gaidon*, le pauvre Empereur se laisse corrompre par deux tonnes d'argent et fait grâce aux complices et aux otages de Ganelon : lui, Charles, qui s'est montré si magnifiquement impitoyable dans la *Chanson de Roland*. Dans *Gui de Nanteuil*, il n'est pas plus incorruptible, mais il est encore plus niaisement poltron. Dans l'*Entrée de Spagne*, il est odieusement insulté par ses barons ; il « mouille » d'angoisse et de sueur, il n'ose parler (²) ». Dans *Gui de Bourgogne*, le piteux monarque se laisse dire par Ogier les plus insolentes, les plus cruelles injures. « On prétend que vous « conquérez les royaumes ; ce n'est pas vrai. Les vrais « conquérants, c'est Roland, c'est Olivier, c'est Naimes, et « c'est moi, qui suis Ogier. Pendant ce temps, vous êtes moel- « leusement couché dans votre lit, et vous mangez les gâ- « teaux, les paons et les pluviers (³) ». Il ne manquait plus à Charles le Grand que d'être transformé en une sorte de Vitellius, à la fois paresseux et goinfre. D'ailleurs, comme tous les hommes faibles, ce second Charlemagne a de grandes colères ; le sang monte trop facilement à la tête de ce Prusias ; il donne aisément un soufflet, sauf, un instant après, à en demander pardon presque à genoux (⁴). Certains souvenirs de Charles le Chauve, ou même de Charles le Gros ont dû dominer involontairement nos trouvères ; c'est la seule excuse, ou plutôt, la seule circonstance atténuante qu'on puisse leur accorder, pour avoir ainsi abaissé dans le monde chrétien l'idée du Roi et celle de la Royauté chrétienne.

Est-il nécessaire d'ajouter que ce Charlemagne défiguré et que les rois faits à son image et ressemblance manifestent en toute occasion une défiance coupable à l'égard de l'Église et de ses ministres ? Ce sont eux qui regardent d'un œil d'envie les biens ecclésiastiques ; ce sont eux surtout qui mettent volontiers la main sur ces richesses, qui n'épargnent pas les vases sacrés, qui vont jusqu'à plaisanter leurs victimes, et ajoutent le crime de cette plaisanterie à celui de leurs brigandages.

---

1. *Girart de Viane*, édit. Tarbé, pp. 29 et 30.
2. *Entrée de Spagne*, ms. fr. de Venise, XXI, f° 218.
3. *Gui de Bourgogne*, édition des Anciens poëtes de la France, vers 38 et suiv.
4. Voir *Entrée de Spagne*, l. c., f° 105-135.

Ici encore de tristes souvenirs historiques ont pu servir d'inspiration à nos poètes. Charles-Martel, il est vrai, était bien loin du temps où ils vivaient, mais les déprédations des IX⁰, X⁰ et XI⁰ siècles étaient beaucoup plus près. Et, d'ailleurs, c'est sous les yeux mêmes des trouvères que l'esprit de révolte contre l'Église prenait, au milieu de la chrétienté, de formidables développements. Parmi nos poètes, beaucoup vécurent au temps de Philippe-Auguste, adversaire d'Innocent III, et les derniers écrivaient sous Philippe le Bel ennemi de Boniface VIII.

III.

La Royauté et la Législation, dans nos Chansons de geste, sont presque entièrement germaines d'origine et germaines d'allures. Les jurisconsultes qui ont essayé de faire pénétrer quelque lumière dans la nuit du Droit barbare ont peut-être eu tort de ne pas invoquer les textes de nos poèmes à l'appui de leurs doctrines : nous aurons lieu de le constater tout-à-l'heure en parlant de la procédure. Mais en politique, les origines barbares sont encore plus visibles, et le Charlemagne de la *Chanson de Roland* est tout à fait un chef de grande tribu germaine.

On connaît parfaitement aujourd'hui les Assemblées nationales des deux premières races : les Champs de mars, les Champs de mai. Ces derniers surtout durent avoir sur l'esprit de nos poètes une influence qui se trahit souvent dans leurs chansons. Les Conseils tenus par Charlemagne au début de tant d'épopées françaises ressemblent à ces anciennes Assemblées de la nation dont le souvenir était demeuré vivant. Dans les poèmes, comme dans l'histoire, ces Assemblées se composent d'hommes libres et d'évêques : car il ne faudrait pas croire que, dans nos Romans, Charlemagne consulte uniquement ses pairs : « De ceuls de France en i a plus de mil, » dit l'auteur de notre *Roland* [1]. Et, ailleurs, le même poète dit plus explicitement : « L'Empereur s'est levé matin; il mande ses barons pour tenir son conseil; il ne veut

---

1. *Chanson de Roland*, vers 1177.

rien faire sans ceux de France (¹) ». Quant aux évêques et aux abbés, il suffit de se rappeler le début d'*Aspremont* et les paroles du bon abbé Fromer, pour se convaincre que, sans être pairs du Roi comme Turpin, ils avaient néanmoins, aux yeux de nos poètes, le droit d'assister au grand Conseil.

En ce qui concerne la périodicité de ces Assemblées il faut avouer qu'elle n'est pas tout à fait la même dans la poésie épique et dans l'histoire. Néanmoins, presque tous les Conseils importants se tiennent, dans nos Chansons, soit à Pâques, qui peut tomber à la fin d'avril, soit à la Pentecôte, qui tombe souvent en mai. Il n'y a pas très loin, comme on le voit, de ces deux dates à celle des véritables Champs de mai ; mais il faut ajouter que les rois de nos Epopées tiennent plus fréquemment leur Conseil privé. Il ne faudrait pas, d'ailleurs, s'étonner à l'excès de ces séances ainsi multipliées. Les trouvères écrivaient, après tout, dans un temps où le Conseil du roi était véritablement organisé. Nos derniers poètes virent même les anciennes Commissions provisoires du Conseil devenir un jour le Parlement et la Chambre des comptes. Il n'est donc pas étonnant que le souvenir des anciennes Assemblées nationales se soit un peu mêlé et confondu dans leur esprit avec la notion du Conseil du roi, tel qu'il fonctionnait dès les XIIᵉ et XIIIᵉ siècles.

C'est dans nos plus vieilles Chansons que l'on trouve la plus exacte ressemblance entre les Conseils tenus par Charlemagne et les Champs de mai carolingiens. Dans les uns comme dans les autres, les conseillers n'ont qu'une autorité toute consultative : non seulement le pouvoir exécutif, mais la décision elle-même appartient à l'Empereur. Par gracieuseté, il peut charger ses barons de prendre sur tel ou tel point une détermination plus ou moins importante (²) ; mais, en définitive, il n'agit qu'à sa tête, tout en feignant parfois de faire honneur de sa résolution à l'initiative de ses conseillers (³). Il en était de même aux Assemblées de la seconde race.

Il est temps de faire assister notre lecteur à l'un de ces Conseils qui occupent tant de place dans nos Chansons

1. *Chanson de Roland*, vers 163, 166, 167.
2. PAR CELS DE FRANCE VOELT-IL DEL TUT ERRER, *Roland*, vers 1671.
3. *Chanson de Roland*, vers 319-321.

de geste. Entrons donc avec lui dans les rangs de cette assemblée que Charlemagne a convoquée pour délibérer sur les propositions de paix que vient de lui faire le roi Marsile (1). Dans *Roland*, dans ce poème primitif, l'Empereur est ici enveloppé de je ne sais quelle splendeur presque surnaturelle : on ne lui parle qu'avec tremblement. Il domine l'assemblée des barons comme Jupiter dans l'*Iliade* domine l'assemblée des dieux, et l'on pourrait presque lui appliquer le fameux *annuit et totum nutu tremefecit Olympum*. Or, il y a sept longues années que Charles est en Espagne : Français et Sarrasins sont épuisés par les rigueurs de cette horrible guerre. C'est dans ces circonstances que le roi Marsile envoie une ambassade à l'Empereur : il demande la paix et se déclare tout prêt à recevoir le baptême : « Que lui répondra-t-on ? » Certes, la question est d'une importance considérable, et l'Empereur ne veut pas la décider par lui-même. Il le pourrait sans doute, mais par prudence il consultera ses barons. Le Conseil, ou, plutôt l'Assemblée se réunit : plus de mille Français sont présents. Quand le silence s'est établi autour du trône impérial, Charles se lève et, d'une voix nette, expose lucidement l'affaire : « Le « roi Marsile, dit-il, m'envoie ces messagers ; il me promet de « grands trésors, mais ses intentions ne m'inspirent pas « confiance. » Quand l'Empereur a parlé, nouveau silence, qui est bientôt rompu par l'impétuosité de Roland. Deux partis se dessinent clairement dans le Conseil : celui de la paix, celui de la guerre, et l'on devine à quel parti Roland va se ranger. D'ailleurs, en tous ces discours, les caractères se révèlent, les âmes se dévoilent : « Faites la guerre comme vous l'avez en- « treprise, dit Roland, conduisez votre armée sous les murs « de Sarragosse, assiégez cette ville toute votre vie, s'il le « faut, et vengez les chrétiens que le félon Marsile a fait oc- « cire. » Cette parole énergique va soulever des orages. Le parti de la paix veut parler à son tour, et c'est Ganelon qui porte la parole au nom des pacifiques, au nom des modérés : « Il est temps que l'orgueil ne triomphe plus. Laissons les « fous, dit-il, et soyons sages. » Le duc Naimes, dont la vieille sagesse est tant vantée par nos trouvères, partage l'avis de

---

1. *Chanson de Roland*, vers 168 et suiv.

Ganelon : « Ce serait grand péché, dit-il, de continuer la guerre. » Cette voix de l'expérience est écoutée avec respect, cet avis prudent est approuvé par la majorité de l'assemblée. « Le Duc a bien parlé, » disent les Français, et il es' facile de voir que, si l'on allait aux voix, le parti de la paix l'emporterait sur celui de la guerre; mais on ne délibère plus, on se tait. L'Empereur va décider : il se prononce pour la paix. Surgit alors une nouvelle question : « Quel ambassadeur enverra-t-on à Marsile ? » L'Empereur, ici, n'interroge plus son Conseil, et se réserve entièrement le choix du messager qui sera chargé d'une mission aussi dangereuse et aussi délicate. Roland offre ses services, Charles les repousse vivement : « Vous êtes trop violent, » dit-il. Naimes se présente, Charles le refuse plus énergiquement encore : « J'ai trop besoin de vos conseils. » Olivier et Turpin ne sont pas acceptés, et c'est Ganelon qui est enfin choisi par le vieil Empereur. Le nouveau messager se révolte en vain contre cet honneur qui l'effraye : « C'est la décision de Charles, » ajoute le poète. On croit presque entendre saint Augustin: *Roma locuta est, causa finita est* ([1]). »

Ces conseils tenus par l'Empereur sont très nombreux dans nos Chansons de geste : ils se ressemblent tous. Seulement, il est aisé de voir que, dans les Chansons plus récentes, le rôle de l'Empereur est de plus en plus effacé. Charles s'y montre aussi faible dans son Conseil, qu'il est absolutiste et violent, quand il s'agit de prendre une décision. Il ressemble aux enfants qui écoutent avec attention les remontrances paternelles, mais qui, tout aussitôt après, retournent à leurs premiers errements. L'absolutisme est d'origine païenne : il abaisse les âmes, mais il abaisse surtout l'âme de celui qui l'exerce.

Il serait intéressant de comparer à la scène de *Roland*, que nous avons citée plus haut, une scène analogue qui se trouve au commencement de l'*Entrée de Spagne*, de cette compilation singulière dont nous possédons un manuscrit italien du XIVe siècle. Il est évident que l'auteur de la seconde Chanson a connu et imité la première ; mais il est certain aussi que, pour être plus moderne, la scène du second poème n'en con-

---

1. *Chanson de Roland*, vers 168-341. Comme on le voit par cette indication, la scène du Conseil occupe ici près de deux cents vers.

tient pas moins d'admirables beautés... Charles vient d'avoir un songe miraculeux : saint Jacques lui est apparu et, de son doigt céleste, lui a montré l'Espagne : « Il est temps, a dit « l'Apôtre, d'accomplir ton ancien vœu, et de rendre libre le « chemin des pèlerins. » C'est une grande guerre qu'il s'agit de commencer ; Charles consulte ses barons, et les barons hésitent. Ils étaient agréablement occupés à chasser dans leurs bois, à pêcher dans leurs rivières, à dépenser tout leur bien. Ces délices de Capoue les retiennent, et le parti de la paix semble d'abord l'emporter. Un orateur habile, Gales de Vermandois, fait un discours assez insolent contre la proposition de Charles. « Qui veut tout perd tout, » dit-il en guise de péroraison et en terminant par un proverbe. Mais, encore ici, Roland se lève, terrible comme un lion ; il prend le pauvre Gales entre ses terribles bras, et, au lieu de le dévorer, joue avec sa proie : « Que Gales parle donc bien, dit-il ironiquement, « lui et tous ceux qui pensent comme lui ! — Don Gales, « ajoute Roland qui ne rit plus, sachez que nous vous con-« naissons, vous et votre lignage. Vous n'avez jamais aimé « l'honneur de Jésus-Christ. Maudit soit qui vous fit duc de « son conseil privé ! » Richard de Normandie partage l'avis de Roland, mais Ganelon embrasse celui de Gales : « Terminons cette affaire par un traité, et pas de guerre. » A ces mots, Roland ne se contient plus, et lance à tous ces lâches conseillers ce terrible discours, un des plus fiers qu'on puisse lire dans nos Épopées nationales :

« Il y a bien, dit-il, cinq ou six ans passés, — qu'en périlleux repos et plein de vanité, — nous demeurons ici, nous et tout cet *estor*. — Et à quoi êtes-vous occupés ? A déshériter les pauvres orphelins. — Les péchés et les crimes sont amassés sur vos têtes. — Vos âmes et vos corps sont engagés — aux diables d'enfer. Quand les rachèterez-vous, — si vous n'y pensez en ce moment ? — Donc je dis et je conseille que vous soyez les premiers à entrer en Espagne. — Et n'en sonnez plus mot, — ou je ne vous aimerai plus à cause de votre vilenie. — Mais il vaut mieux souvent se taire qu'être trop verbeux. — Barons, si je vous ai offensés par mes paroles, — je vous prie d'aviser au mieux entre vous. »

De telles paroles devaient terminer la discussion. Naimes qui, dans ce second poème, est partisan de la guerre, fait alors voter nos barons par assis et levé : la guerre est décidée à l'unanimité, et il se passe alors une scène touchante. Gales de Vermandois, qui avait parlé pour la paix, va demander pardon à Roland : « Il met au cou son baudrier et, en pleurant de ses yeux, crie merci. Et Roland lui pardonne, tant l'en prie Olivier (1). » Et telle est cette scène du Conseil, dans l'*Entrée de Spagne*. Elle nous semble aussi remarquable que celle de *Roland*. C'est à dessein d'ailleurs que nous avons donné l'une et l'autre. Tout en se ressemblant, elles se complètent.

Néanmoins, c'est dans cette même *Entrée de Spagne* où éclatent de si vraies beautés, c'est dans ce même poème que le personnage de Charlemagne est peut-être le plus singulièrement avili. On y voit le vieil Empereur, ridiculement emporté par la colère, frapper son neveu d'un coup de son gant au visage, et le laisser sortir du camp français. Les onze pairs vont alors trouver le roi de France et Hestous prend la parole en leur nom : « Est-ce le gré, et l'honneur que « tu nous portes ? Quand nous conquérons pour toi bourgs « et cités à grands périls de bataille et de mêlée, quand « nous sommes pour toi au premier rang des combattants ; « quand nous allons à la mort pour accroître ta gloire, tu « restes, toi, tranquille à demeure. Si tu m'avais frappé « comme tu as frappé Roland — je sais bien que le pire en « serait tombé sur moi, — mais ton titre d'empereur ne t'eût « pas empêché de recevoir un coup de mon épée. » Voilà à quelles violences, dans les Chansons de la dernière époque, se laissent entraîner les conseillers de Charlemagne. Et le pauvre empereur ne répond rien : il tremble, il sue d'épouvante, il « n'ose parler por ceus qui sont entor. » Un si grand abaissement ne calme pas, d'ailleurs, les compagnons de Roland : Girart de Roussillon et Olivier ne sont pas moins outrageux. Hestous (qui est l'insulteur comme il est le plaisant attitré de toute la cour) reprend une dernière fois la parole et déclare qu'il va retourner en France : « Et je vais, dit-il, y brûler tout le pays de Charles (2). » Les douze pairs formant le noyau de ce Conseil privé de l'Empereur, nous devions esquisser tout au moins une séance de

---

1. *Entrée de Spagne*, f° 1, v° — 6, r°.
2. *Ibid.*, f° 218, 219.

cette assemblée. C'est ce qui explique la citation précédente.

Il ne nous reste plus qu'à signaler, au sujet de ces Conseils de la Royauté, l'emploi d'un des procédés épiques dont nos poètes ont été le plus prodigues. Les trouvères ont très souvent prêté aux Sarrasins les mœurs, les habitudes, les allures même des peuples chrétiens. Ils n'ont pas manqué de supposer, à la cour des rois païens, la présence d'un Conseil absolument semblable à celui de Charlemagne. L'auteur de *Roland* [1] et celui d'*Aspremont* [2] nous font assister à une des séances de ce conseil. Dans l'un et l'autre de ces deux poèmes, tout est servilement calqué sur le tableau des Assemblées chrétiennes. Cette imitation, d'ailleurs, n'a rien de choquant ; mais elle est beaucoup plus coupable quand elle s'applique aux passions, aux caractères, aux âmes. Trop souvent nos épiques, surtout les plus récents, n'ont pas su établir de différence entre la parole des chrétiens et celle des mécréants. Ils ont jeté dans le même moule les discours des uns et des autres, ils les ont tous réduits à la même formule, croyant les avoir suffisamment différenciés en mettant le mot *Dieu* sur les lèvres des uns, le mot *Mahom* sur les lèvres des autres.

Tout ce qui précède s'applique scientifiquement aux conseillers officiels de la royauté, soit au grand Conseil et à la nation, soit au Conseil privé et aux douze Pairs. Mais, en dehors de ce Conseil politique, il y a dans tous nos poèmes une autre classe de conseillers : ce sont les favoris, ce sont les courtisans du Roi qui jouent un grand rôle dans l'action de nos épopées. Ils sont partagés en deux bandes très distinctes : d'une part, les traîtres, qui presque toujours appartiennent à la race de Ganelon : les Hardré, les Alori, les Macaire, misérables qui sont faits d'une seule pièce comme les tyrans de mélodrame. D'autre part, les vrais et probes chevaliers. Ces deux partis s'emparent tour à tour de la faveur de l'Empereur, et beaucoup de nos Romans ne sont guère que le récit de cette lutte. Nous ne savons, comme on le pense, rien de précis sur ces personnages assez mal dessinés. Objet de la haine universelle, les traîtres sont peints uniformément en

---

1. *Chanson de Roland*, vers 2646 et suiv.
2. *Chanson d'Aspremont*, éd. Guessard, p. 8, vers 16 et suiv.

noir, et en mauvais noir. Une seule page de nos Chansons mérite d'être citée, parce qu'on y voit éclater nettement le contraste entre les bons et les mauvais conseillers de la Royauté. Cette page appartient à la grande geste de Guillaume d'Orange :

« Écoutez ce que le comte Guillaume a fait dans son verger. Il tient en main un grand pieu très aigu ; il marche droit aux plantes qu'il a plantées lui-même. Il n'y resta ni rose, ni rosier, ni fleur de lis, ni églantier ; il n'y resta ni poirier, ni pêcher, ni fleur de glaïeul, ni olivier ; pas une seule bonne plante n'y resta. Le Comte les a toutes enlevées avec son pieu. Il les arrache avec fureur et, plein de rage, les jette sur un fumier. Pas une n'est demeurée en tout le jardin. Anséis l'a vu faire et s'en ébahit ; il n'eût pas dit un mot pour tout l'or de Montpellier, et, surtout, il n'ose rien lui demander, ni le retenir, car il a grand peur, le Marquis, que Guillaume ne le perce lui-même de la pointe de son pieu. Et, quand Guillaume eut tout arraché, quand il eut ainsi dévasté son jardin, il y planta des ronces, des épines, des chardons, des orties, tout ce qui ne peut servir à rien. Bref, le Comte a planté dans son verger tout ce qu'il put trouver de pire en mauvaises herbes. . . . . Et maintenant je vous dirai pourquoi, à mon sens, le comte Guillaume a ainsi arraché les plantes et les arbrisseaux de son jardin, et soyez bien certain que rien n'est plus vrai. « Roi, tu as dépouillé ta terre de tout ce qu'il y avait d'hommes sages, nobles et vaillants : tu les as laidement chassés loin de toi ; tu as ruiné les pères et les fils. Qu'est-ce qui fait la puissance d'un roi ? Ce sont les hommes libres. Eh bien ! tu n'as plus autour de toi ni nobles, ni hommes libres. Tu as vraiment eu tort de les perdre ainsi, et voici que toute la France en souffre très douloureusement. Le comte Guillaume n'a pas tardé à l'apprendre, et c'est pourquoi il a arraché les plantes de son courtil : je t'ai expliqué le sens de cette action. Quant aux mauvaises herbes qu'il a plantées, voici leur signification. Par le Dieu Tout-Puissant, elles désignent les perfides, les traîtres, les fourbes, les *gloutons*, ceux qui ne te content que mensonges, et que tu as trop longtemps retenus auprès de toi. Tu leur as donné ta terre et ton argent. Si ce n'est la juste volonté de Dieu, ce sera leur amitié qui te perdra.(¹)»

IV.

QUE nos Épopées françaises soient d'origine germanique ; qu'elles soient barbares par leurs héros, par leur action, par leur esprit, c'est ce qui a déjà été démontré plusieurs fois. Et néanmoins il semble que la plus forte dé-

---

1. *Maniage Guillaume*, éd. Conrad Hoffmann, p. 621 ; traduction nouvelle.

monstration n'ait pas encore été donnée ; Il reste, en effet, à prouver le germanisme de nos vieilles chansons par le germanisme de la procédure qui est exposée dans ces poëmes.

Or, dans cette procédure, rien de romain ; rien qui, de près ou de loin, porte la trace de la législation romaine ou du droit canonique. Tout est emprunté aux lois barbares. Un exemple suffira pour le démontrer, et nous choisirons le procès de Ganelon, dans la *Chanson de Roland*. Nous suivrons avec soin toute la marche de cette procédure criminelle et politique, la plus ancienne que nous trouvions dans nos Chansons de geste. Et nous n'aurons pas de peine à établir, par une comparaison attentive, que chacun des vers de notre poëme se rapporte à quelque *titre* des lois germaines.

Il semble que dans ce Drame intitulé « le Procès de Ganelon, » on puisse distinguer sept « actes » ou sept « tableaux » s'il est permis de se servir d'une expression aussi moderne à l'occasion d'un poëme aussi antique. Ces sept actes pourraient recevoir les titres suivants : *la Torture*, — *le Plait royal*, — *le Duel*, — *les Champions*, — *la Messe du Jugement*, — *la Mort des Otages*, — *le Supplice de Ganelon*. Et, pour chacun de ces sept tableaux, nous avons sept familles de textes empruntés aux législations barbares .....

La belle Aude vient de mourir ; elle n'a pu supporter la douleur de Roncevaux: « Ne plaise à Dieu qu'après Roland je vive encore ! » Et elle est tombée sans mouvement aux pieds de l'Empereur. Charlemagne, les yeux pleins de larmes, se tourne avec fureur vers Ganelon et se promet de donner au supplice du traître un éclat plus terrible encore. Tout d'abord, des serfs s'emparent de Ganelon qui est chargé de fers : « Ganelon, le traître, tout enchaîné — est dans la cité devant le palais. — Les serfs l'attachent à un poteau, — lui lient les mains avec des courroies en cuir de cerf, — et le battent à coups de bâton et de corde. (1) » Ce supplice est d'origine purement germanique. « Les coups de discipline, dit à ce sujet Davoud-Oglou, étaient pour toutes les classes, et le nombre en pouvait monter jusqu'à trois cents. Ils étaient administrés *publiquement* au coupable *qui avait été préalablement*

---

1. *Chanson de Roland*, vers 3734-3741.

attaché et étendu sur un chevalet (¹). » Ce que cet érudit avance ici au sujet des Wisigoths peut s'entendre de tous les autres peuples germains : le même supplice se retrouve dans la loi des Bavarois (²), chez les Bourguignons (³), chez les Franks-Saliens (⁴), chez les Lombards (⁵), chez les Frisons (⁶). Nous ferons seulement remarquer que, dans notre Chanson, Ganelon est châtié, de même qu'il est emprisonné, *préventivement*. N'y a-t-il pas encore un travail à faire sur la législation barbare, un travail que l'on pourrait intituler : *De la pénalité préventive chez les Germains ?*

A peine Ganelon a-t-il été détaché tout sanglant du pilori, de l'*estache*, que Charlemagne convoque son plaît : « Il est « écrit dans l'ancienne geste — que Charlemagne mande « ses hommes de plusieurs terres : — Alors commence le « plaît (⁷). » Personne n'aura de peine à reconnaître ici le *placitum palatii*, qui s'était sensiblement modifié à travers les âges, mais dont les plaits féodaux donnaient encore une certaine idée aux gens des XIᵉ et XIIᵉ siècles. Dans le plaît de la première et de la seconde race, l'Empereur était assisté par ses *optimates* : dans notre poème il est assisté par ses comtes et ses ducs au nombre d'environ quarante. Toutes les parties de l'Empire sont, d'ailleurs, représentées au Plaît impérial et, parmi les assistants de Charles, on signale des Bretons, des Poitevins, des Saxons, des Normands, des Français, des Allemands et des Auvergnats (⁸). Il faut encore observer que, dans la Chanson de geste comme dans la véritable procédure de nos deux premières races, l'Empereur n'a que le droit de présider le tribunal, et n'a même pas voix délibérative : « Seigneurs barons, « dit le roi

---

1. Davoud-Oglou, *Histoire de la législation des anciens Germains*, I, 161. Il est bien entendu que nous ne citons de ce livre imparfait que les textes des lois germaines, et non pas les théories. C'est à l'ouvrage de Davoud-Oglou que nos renvois et nos chiffres se rapportent.

2. Liv. VIII, ch. vi, etc. On se servait de fléaux pour administrer ce châtiment.

3. 30 et 33, 2 ; 4, 4 ; 5, 6, 38, 63, etc. On se servait du bâton.

4. Constitution de Childebert, Davoud-Oglou, etc., *loc. cit.*, I, 580.

5. Luitp., 6, 26, c ; 6, 88 ; 6, 50.

6. 3, 7.

7. *Chanson de Roland*, vers 3742 et suiv.

8. *Ibid.*, vers 3792 et suiv.

Charlemagne, jugez-moi le droit de Ganelon. » Il leur expose lucidement toute l'affaire: Ganelon présente librement sa défense, les barons prennent le parti de l'accusé, et Charlemagne enfin se trouve désarmé devant ces juges: « Quand Charles voit que tous lui font défaut, — il en cache sa tête et son visage, et, à cause de sa grande douleur : « Malheureux que je suis ! » dit-il (¹). Encore une fois, tout cela est barbare, et rien ne nous donne ici l'idée d'un tribunal romain. C'est bien là le tribunal germanique où le président était presque réduit à l'impuissance, comme Charles dans l'affaire de Ganelon. L'Empereur est heureusement tiré de sa douleur par le frère du duc d'Anjou : « Beau sire roi, dit le chevalier, trêve à vos lamentations ! » Et il défie en champ clos les parents de Ganelon : Pinabel accepte le défi. Les deux champions accomplissent les formalités légales (²), et Ogier de Danemark proclame à haute voix qu'elles ont été remplies. Pinabel et Thierry se revêtent alors de leurs armes ; le jugement de Dieu va commencer (³).

Ici encore le doute n'est pas possible, et nous sommes en pleine Germanie. Le *campus* ou duel est, en effet, commun à toutes les tribus barbares, excepté aux Anglo-Saxons. Cette *ordalie* recevait deux noms, celui de *wehadinc*, quand les deux parties combattaient en personne, et celui de *camfwic*, quand elles étaient représentées par des champions à gages. Il arrivait souvent qu'un parent se proposait pour combattre à la place d'une des parties, et c'est le cas de notre *Chanson de Roland*. Toutes les lois germaines offrent d'ailleurs des dispositions remarquables sur le combat judiciaire (⁴).

Nous n'avons rien à ajouter touchant les champions qui se substituaient souvent aux véritables intéressés dans l'é-

---

1. *Chanson de Roland*, vers 3815 et suiv.
2. Pinabel, répondant au défi de Thierry, « met li el' puign de cerf le destre guant. » L'Empereur exige trente *pleiges* du parent de Ganelon, et enfin Thierry « sur destre guant en ad presentet Carle. » (*Chanson de Roland*, vers 3838-3851).
3. *Chanson de Roland*, vers 3852-3857.
4. *Loi des Bavarois*, 17, 1, *Decr. Tass.* ch. 11. — *Loi des Alamans*, 44, 1 ; 84. — *Loi des Bourguignons*, tit. 80, 1-3. — *Loi des Lombards*, Roth., 164, 165, 166, 198, 203. — *Loi des Thuringiens*, 15. — *Loi des Frisons*, 14, 7 ; 5, 1. — *Loi des Saxons*, 16. — *Loi des Anglo-Normands*, Guill.; II, 1-3 ; III, 12, etc.

preuve du duel ou *campio*. Quand ils n'étaient pas les parents de l'une ou de l'autre des deux parties, les champions étaient l'objet d'un mépris universel. Ils s'en étaient montrés bien dignes. C'étaient de misérables hercules qui se mettaient platement aux gages du plus enchérissant. Chez les Bavarois ([1]) et les Frisons ([2]), le wergheld du champion est inférieur à celui de l'esclave : or, chez les Germains c'est là le grand critérium de l'estime publique. Dans notre poëme rien de semblable : Pinabel lui-même ne manque pas d'une certaine grandeur, et Thierry nous apparaît moins comme le champion de Roland que comme celui de la Justice et de la Vérité.

Le cinquième tableau de notre drame épique s'ouvre d'une façon imposante. Sur le point d'engager la lutte, les deux champions se confessent, reçoivent l'absolution, sont bénis par le prêtre, entendent la messe et y reçoivent la communion ([3]). Puis, ceux qui tout à l'heure étaient humblement prosternés devant Dieu et qui avaient ouvert doucement leurs lèvres pour le recevoir, se relèvent tout à coup, le regard allumé et terrible. Ils chaussent les éperons d'or et les blancs hauberts, couvrent leurs têtes de heaumes étincelants, suspendent leurs écus à leurs cous et placent à leurs ceintures leurs épées à garde d'or. Les voilà enfin qui se lancent sur leurs chevaux rapides, et cent mille chevaliers se mettent à pleurer « qui pour Roland de Thierry ont pitié ([4]) ». Comme pour les quatre tableaux qui précèdent, rien n'est plus facile que de découvrir ici l'origine germanique. L'Église, qui a le regard clairvoyant, qui comprend les hommes, qui lit si bien dans leurs âmes, l'Église condamnait ces combats judiciaires dans l'intime de son âme maternelle, et c'est grâce à son influence, n'en doutons pas, que dans la loi des Lombards furent écrites ces remarquables paroles : « Si, par respect pour les usages de la nation lombarde, nous ne pouvons défendre le jugement de Dieu, il ne nous en paraît pas moins incertain,

---

1. *Loi des Bavarois*, 17, 1, 2.
2. *Lois des Frisons*, 14, 7 ; 5, 1.
3. *Chanson de Roland*, vers 3858 et suiv. Pinabel et Thierry font également des offrandes aux moûtiers. Cette coutume était encore en usage au XIIe siècle. C'est ce qui résulte d'une charte de Manassès, évêque de Langres, en 1191. Voir Ducange, au mot *Campio*.
4. *Chanson de Roland*, vers 3862 et suiv.

ayant appris que beaucoup de personnes avaient injustement perdu leurs causes par un combat singulier ». Mais l'Église s'était aperçue qu'elle ne pourrait aisément déraciner une telle coutume, et elle avait pris le sage parti de la pénétrer de christianisme, autant qu'il était possible. C'est pourquoi elle avait institué cette messe et ces cérémonies liturgiques qui devaient précéder le combat judiciaire. Rien n'est plus beau que ces prières (¹). Après la « Messe du jugement » on chantait devant le champion le symbole de saint Athanase : touchante idée de faire une dernière fois professer publiquement toute la foi chrétienne par celui qui peut-être allait mourir (²) !

Nous ne suivrons pas toutes les phases du combat entre Pinabel et Thierry. Toutes les sympathies des Français sont évidemment pour l'avoué de l'Empereur et de Roland. Les yeux de tous les barons sont trempés de larmes, et le poète prend plaisir à constater plusieurs fois cette douleur (³). Les deux champions, d'ailleurs, s'interpellent à la façon des héros d'Homère : « Pinabel, dit Thierry, tu es un vrai baron ; tu es « grand, fort et beau ; les pairs connaissent ta valeur. Laisse « ce combat, je te réconcilierai avec l'Empereur et lui ferai « telle justice de Ganelon que jamais on n'en parlera plus. » Et Pinabel, qui mérite véritablement de défendre une cause meilleure, s'écrie avec une belle fierté : « Ne plaise à Dieu ! je « veux soutenir toute ma parenté. Pour aucun homme vivant « je ne renoncerai à ce combat. Mieux vaut mourir que d'en- « courir un tel reproche (⁴). » Et ils se précipitent de nouveau dans la fureur d'une lutte qui ne peut se terminer sans homme mort. On connaît, d'ailleurs, la fin de ce combat : Thierry tue Pinabel, et les trente otages de Ganelon sont pendus. Ce terrible châtiment infligé à la famille du traître et à

---

1. M. Léopold Delisle a publié, dans la *Bibliothèque de l'École des Chartes*, le Cérémonial d'une épreuve judiciaire au commencement du XIIe siècle (XVIII, p. 253 et suiv.) Quand le Champion allait entrer en champ, on disait pour lui la Messe de Résurrection, ou celle de saint Étienne, ou celle de la Trinité : « *Missa de la Resurrectiun, missa de sancta Trinitate, missa de sancto Stephano* deit l'om dire por le Campiun quant il entret el' camp. »

2. *Cérémonial d'une épreuve judiciaire au* XIIe *siècle*, p. 257.

3. *Chanson de Roland*, vers 3880 et suivants.

4. *Ibid.*, vers 3892 et suiv.

ses otages ne se retrouve pas dans les lois barbares, bien qu'il soit entièrement dans leur esprit. Le principe de la solidarité de la famille est un principe absolument germain, et la coutume des *plaiges* ou garants vient certainement de la même source. Mais, encore une fois, un châtiment aussi cruel ne se retrouve dans aucune législation : on ne tue pas ainsi trente hommes judiciairement. Il s'agit donc ici d'une pénalité extraordinaire, parce qu'il s'agit d'un crime extraordinaire. Charles appelle ses Comtes et ses Ducs : « Que me conseillez-vous « de faire de ceux que j'ai retenus, qui sont venus au plaît « pour Ganelon et se sont rendus otages de Pinabel ? — « Qu'ils meurent, » répondent les Français. » Et les trente otages sont pendus. « Ainsi meurent tous les traîtres ([1]) ! »

Quant à la mort de Ganelon, elle est vraiment horrible dans notre poëme. Vaincu et déclaré coupable par la mort de son champion, Ganelon ne peut lui-même échapper à la mort. Le jugement de Dieu s'est déclaré contre lui : il faut qu'il périsse et lave dans son propre sang son crime de lèse-majesté. Dans la rigueur du droit féodal qui est évidemment issu du droit germanique, celui dont le champion était vaincu devait périr : les *Assises de Jérusalem* ne laissent aucun doute à cet égard : « Si la bataille est de chose qu'on a mort deservie et le garant est vaincu, *il et celui pour qui il a fait la bataille seront pendus* ([2]). » En 1248 la peine de mort n'était plus réservée au vaincu, mais seulement une amende de cent sous. Dans la chanson de geste, qui est au moins contemporaine de la première rédaction des Assises, Ganelon est puni de mort, et le supplice décerné contre lui ne sera pas la pendaison : ce sera le grand supplice réservé plus tard aux traîtres, à ceux qui livrent leur pays, à ceux qui offensent la Majesté du Roi : ce sera l'écartèlement. Bavarois et Allemands, Poitevins, Bretons et Normands, Français surtout, sont d'avis que Ganelon meure d'un supplice extraordinaire ([3]). On fait venir quatre destriers ; on lie Ganelon par les pieds, par les mains. Les chevaux sont sauvages et forts

---

1. *Chanson de Roland*, vers 3947 et suiv.
2. XXXVII et XCIV.
3. Ce supplice de l'écartèlement n'est indiqué spécialement dans aucune loi germanique.

coureurs : quatre sergents les excitent. Tous les nerfs du misérable sont effroyablement tendus, tous ses membres sont déchirés, sur l'herbe verte coule le sang clair : Ganelon meurt en vrai felon (¹). »

Tels sont les sept actes de notre *Supplice de Ganelon*. Nous aurions voulu rendre aussi transparente aux yeux de nos lecteurs qu'elle l'est à nos propres yeux, l'origine germanique de toute cette procédure. On la retrouve d'ailleurs en un assez grand nombre de poëmes, que nous avons eu lieu d'énumérer ailleurs (²). Le jugement de Dieu fut peu à peu supprimé — mais beaucoup plus tard qu'on ne le croit généralement — par la sagesse de l'Église et la prudence de nos rois.

Il n'entre point dans notre plan de tirer de nos chansons tout un cours de Droit féodal, quoiqu'il y soit implicitement contenu. Nous n'irons pas plus loin dans cette voie.

V.

LES Chansons de geste sont-elles véritablement animées par un esprit de révolte et d'indépendance féodales ? Sont-elles, en général, l'expression de la résistance des grands vassaux à la Royauté de plus en plus triomphante ? Quel tableau nous offrent-elles des rapports entre le roi et les seigneurs ? Et ce tableau n'a-t-il pas été conçu et exécuté par nos trouvères tout à l'avantage de ces seigneurs qui composaient leur plus brillant et leur plus lucratif auditoire ? Questions délicates, et qui ont été parfois résolues avec quelque exagération. Nous les résoudrons, quant à nous, en ces deux propositions qui nous semblent contenir toute la vérité : « Il y a deux classes de Chansons de geste : les unes sont royales, et les autres féodales d'inspiration. Mais les Romans *royalistes* (s'il nous est permis de se servir de ce mot) sont les plus nombreux et, dans les autres, la liberté féodale est beaucoup moins étendue qu'on pourrait le croire. »

Tout d'abord, dans les plus anciens de nos poèmes, la Royauté domine tout. La *Chanson de Roland* pousse jusqu'à

---

1. *Chanson de Roland*, vers 698-710.
2. *La Chevalerie*, 2ᵉ édition, p. 806.

la naïveté l'expression de l'obéissance entière, absolue, que le vassal doit à son seigneur : « Pour son seigneur on doit souffrir grands maux, endurer le froid et le chaud ; pour son seigneur on doit perdre de son sang et de sa chair (¹). » Cette rudesse de soumission n'apparaît pas seulement une fois dans le *Roland*, et tel est certainement l'esprit de tout le poëme. C'est ainsi qu'une des dernières pensées de Roland est pour son seigneur, pour Charles « qui l'a nourri. » Nous avons exposé ailleurs ce qu'étaient les *nourris* et par quel lien étroit ils étaient unis à leur seigneurs et au Roi.

Si de la geste de Charles nous passons à celle de Guillaume, la scène change. Nous ne sommes plus en présence du grand empereur dont la main de fer savait contenir toutes les résistances : nous nous trouvons devant ce Louis, qui reste toujours un peu enfant. Eh bien malgré cette faiblesse du roi, la Royauté conserve son prestige. Le *Couronnement Looys* est l'histoire d'une grande lutte entre l'Empereur et ses barons rebelles : Guillaume s'arme pour la défense du roi et fait le tour de l'Empire en écrasant toutes les rébellions. On n'a peut-être pas assez fait ressortir la valeur de cette belle chanson : le *Couronnement Looys* est le poëme royal par excellence; c'est avec *Roland*, la plus antiféodale de toutes nos épopées. Néanmoins l'Empereur y est traité assez outrageusement ; mais on se tromperait singulièrement si l'on attachait trop d'importance aux discours de nos héros épiques. Ils sont volontiers insolents, nos « chevaliers gaillards », et les gros mots remplissent aisément leurs bouches militaires ; mais c'est à l'œuvre qu'il faut les voir. Étudiez dans *Aubri le Bourgoing*, le personnage d'Orry, roi de Bavière. Ce Régulus des épopées françaises est fait prisonnier par les Sarrasins : « Renie ton Dieu, lui crient ces ennemis du nom chrétien, « renie ton Dieu et ton roi. » Écoutez la magnifique réponse du Bavarois : « Jamais, jamais, dit-il « on ne me verra commettre ce crime abominable, de renier à la fois « mes deux seigneurs, Jésus le Glorieux et Pépin notre roi (²) ! » Et il meurt dans les plus effroyables tortures.

---

1. *Chanson de Roland*, vers 1117 et suiv.
2. *Aubri le Bourgoing*, édition Tarbé, p. 31.

Puisque nous en sommes à parcourir rapidement la plupart de nos cycles, comment ne pas citer ici un admirable exemple du dévouement légitime d'un vassal à son seigneur? Nous voulons parler de ce début de *Jourdain de Blaives*, où l'on voit Renier de Vautamise et sa femme substituer leur propre fils au fils de leur seigneur, Girart de Blaives : et cette substitution doit nécessairement entraîner (ils le savent bien) la mort de leur propre enfant. On nous objectera qu'il s'agit ici de l'obéissance d'un vassal quelconque à son seigneur et non pas à son roi ; mais ces deux obéissances s'enchaînent et ces deux questions se confondent. Dans le système féodal, en effet, toute rébellion contre un seigneur, à quelque degré que ce fût, rompait non seulement un des anneaux, mais tous les anneaux de la chaîne. La fidélité au roi était tellement considérée comme le premier devoir d'un vassal que toute une geste, celle de Doon de Mayence, a été connue au moyen âge sous le nom de « geste des traîtres, » parce que c'était celle de Ganelon, et aussi parce qu'elle était la plus anti-royale. Tout au contraire, la geste de Garin de Montglane a sans cesse été regardée comme la plus noble de toutes, parce que l'épée de tous ses chevaliers a toujours été dévouée à la cause royale. Et l'auteur de *Girars de Viane* le dit en propres termes : « Les chevaliers de cette geste, « s'écrie-t-il au début de sa Chanson, furent de sages et har- « dis chevaliers ; ce ne sont pas eux qui ont jamais été félons « envers le roi de France [1]. »

Quant aux poèmes *féodaux*, nous affirmons qu'on a singulièrement exagéré leur esprit d'indépendance et de révolte. Cet esprit ne se fait jour parfois que dans un seul épisode de tout un poème: telle est la *Chanson d'Aspremont*, où nous lisons l'étrange aventure de Girart de Fraite, de ce terrible vassal qui se refuse obstinément à venir au secours de Charlemagne et qui veut assassiner à coups de couteau l'archevêque Turpin, ambassadeur du roi. Trois beaux poèmes, trois poèmes d'antique origine et qui sont véritablement féodaux, c'est *Girars de Roussillon*, c'est *Ogier*, c'est *Renaus de Montauban*. Voilà de grands héros, sans aucun doute, et que nos poètes ont peints

---

1. *Girars de Viane*, édit. Tarbé, p. 2.

sous de brillantes couleurs : l'un d'eux, Renaud, est un saint, et Ogier même n'a pas été sans recevoir quelque culte. Néanmoins ils bataillent contre l'Empereur et résistent à leur suzerain. On ne saurait nier qu'il y ait là un souvenir puissant des grandes rébellions féodales des Xe et XIe siècles et, *a priori*, il est impossible que nos romans n'aient gardé aucune trace d'événements aussi considérables ; mais il ne faut rien pousser à l'excès. Ces terribles guerriers, qui combattent si énergiquement contre les armées impériales, ne se dépouillent pas de tout respect pour l'Empereur, leur seigneur légitime. Ils ne font que se défendre, et tous les torts semblent imputables au Roi. Et malgré tout, ces rebelles éprouvent dans leurs âmes de violents remords au sujet de leur rébellion. Leurs cœurs battent vivement sous leurs hauberts, les larmes coulent sous leurs heaumes. Ils ont hâte enfin de revenir à leurs liens, à leur sujétion injustement brisée. Une scène magnifique, — la scène capitale peut-être de *Girars de Roussillon*, — c'est la confession du héros à l'ermite : « Avez-vous, dit le saint homme, manqué « de soumission au Roi ? — Oui, répond Girart, par folie « et enfance. — Il faut donc vous en repentir de grand « cœur. — Non, non, s'écrie le vieux rebelle, jamais, jamais « je ne ferai pénitence jusqu'à ce que je le fasse mourir. Si « je puis jamais avoir lance et épée, où que ce soit, je me « vengerai de lui. » Voilà le cri d'une nature sauvage, indomptable. Mais la femme de Girart se met alors à fondre en larmes : « Girart, dit-elle, quelle folie ! Pardonnez plutôt « tout le mal qu'on vous a fait ; pardonnez à Charles, notre « empereur. — Eh bien, dame, ainsi fais-je pour l'amour de « Dieu » Il en est de même pour Ogier. S'il lutte contre Charles, ce n'est pas comme vassal, c'est comme père, et le récit de ses malheurs, qui est profondément épique, se termine par une réconciliation [1]. Jamais il ne serait venu à l'esprit de nos trouvères d'attribuer aux rebelles un véritable bonheur au sein de leur rébellion, et ils terminent rarement leurs poèmes autrement que par une prestation d'hommage à l'Empereur.

---

1. A la fin de la *Chevalerie Ogier*, Charlemagne et son fils tiennent l'étrier à Ogier. Celui-ci s'en aperçoit trop tard et s'écrie : « Or, Sire, me voilà bien déchu. Vous « m'avez déshonoré, moi, et vous encore plus. On ne pourra plus désormais me voir à « la cour, sans m'estimer trop vieux, puisque le roi de France m'a tenu l'étrier. » (Vers 12982 et suiv.)

Leurs romans, par ce côté comme par tant d'autres, ressemblent aux mélodrames du boulevard où la vertu est toujours récompensée et le vice définitivement puni.

Que n'a-t-on pas dit au sujet des quatre fils Aymon ? Suivant quelques critiques, Renaud de Montauban et ses frères représentent et résument profondément l'esprit féodal ou plutôt la féodalité elle-même résistant à la Royauté, à l'Empire.

Mais en réalité, Renaud n'a que l'apparence, et non pas le cœur d'un rebelle. Il se défend, sans doute, contre les attaques iniques de son seigneur, mais il soupire ardemment vers le baiser de paix et tombe avec une belle simplicité aux genoux de l'Empereur. Il arrive même un moment où ce persécuté tient entre ses mains la vie de son obstiné et redoutable persécuteur. Placé en face de Charlemagne endormi et pouvant le tuer, il se refuse à commettre une telle félonie et recule devant ce crime, comme on reculerait devant un parricide : « Charlemagne est mon seigneur, » dit-il. Ce cri, qui n'a jamais été celui d'un révolté, éclate alors sur ses lèvres indignées. Et l'on assiste, quelques pages plus loin, à une scène touchante : les quatre fils Aymon vont se jeter aux pieds de l'Empereur et demander humblement la paix à celui-là même dont, tout à l'heure, ils pouvaient se rendre à jamais indépendants.

Nous ne voulons pas aller plus loin dans la démonstration de notre thèse. Elle nous semble suffisamment prouvée.

VI.

LES conclusions de ce travail sont faciles à préciser. Il est évident, pour tous nos lecteurs, qu'un sentiment très vif de la patrie éclate dans nos plus anciennes Chansons de geste et que la France était aimée au XIe siècle avec autant d'ardeur que de nos jours. La France, en effet, fut aimée avant d'être *une*, et cette affection même que lui ont portée ses enfants a servi à constituer cette unité profonde, enviée par tous les autres peuples. Sur cette terre française qu'on appelait la *terre solue* vivaient et prospéraient des institutions germaniques que l'Église achevait de christianiser. La royauté française était germaine d'origine et germaine d'allure, et les hommes libres de la nation avaient encore un certain pouvoir qui tendait, hélas ! à s'effacer de plus en plus pour laisser un jour toute la place à l'absolutisme triomphant. Cette royauté, d'ailleurs, était catholique en même temps que barbare, et « l'empereur de France », véritable chef d'une armée permanente de croisés, vivait, suivant nos poètes, dans la conversation journalière des Anges et des Saints. Les devoirs de ce roi sont exactement tracés par nos trouvères : ce sont avant tout des devoirs militaires, d'où toute cruauté n'est pas absente. Sous le roi on sent toujours le chef de klan germain qui n'est pas encore suffisamment adouci par le baptême. Quoi qu'il en soit, ce type, qui se rencontre dans nos plus anciens poèmes, est bien supérieur à la parodie ridicule, à la vile caricature que les derniers trouvères ont tracée de Charlemagne et de ses successeurs. Autour de cet empereur, — à l'une comme à l'autre de ces deux époques, — se tient un Conseil dont l'origine est également barbare. Les Cours plénières de nos romans rappellent les Champs de mars et de mai; mais il faut distinguer « la Cour plénière » et le « Conseil » proprement dit. Dans le Conseil, l'Empereur prend encore l'avis de ses barons, mais n'est point forcé de le suivre. Ce Conseil, du reste, se transforme plus d'une fois en Haute-Cour, quand il s'agit de juger un des hommes du roi : c'est l'ancien *Placitum palatii*, tribunal de privilégiés, devant lequel comparaissaient seulement les hommes de la *truste* royale. La procédure suivie par cette cour est ultragermanique en même temps qu'ultraféodale : nous croyons l'avoir rigoureusement démontré. Du reste, ces grands procès sont rares, et nous venons de prouver qu'on a singulièrement exagéré l'esprit d'indépendance, gratuitement attribué à tous les barons féodaux. Beaucoup de nos trouvères sont « royalistes », et ceux-là mêmes qui sont le plus *féodaux* rendent finalement hommage au grand Suzerain, à l'Empereur.

Telles sont nos conclusions, où nous ne voudrions rien exagérer. Comme on le voit, le tableau n'est pas sans ombres, et la société des XI° et XII° siècles est bien loin d'être absolument chrétienne; mais, enfin, il existe alors, dans toutes nos institutions nationales, d'admirables éléments, soit chrétiens, soit susceptibles de le devenir. Ces éléments sont presque tous d'origine germaine ; mais ils ont eu, ou auront besoin d'être transformés par l'Église. Malgré tous ses défauts, cette société est jeune, elle est forte, elle est enfin mille et mille fois préférable à la corruption du Bas-Empire et à ce Césarisme romain dont elle nous a, je l'espère délivrés pour toujours.

L'IDÉE RELIGIEUSE DANS L'ÉPOPÉE FRANÇAISE.

I. — Introduction. — Objet de cette étude.

TOUT le monde sait aujourd'hui, grâce à Dieu, que la France a été la plus épique des nations modernes. Tout le monde sait que, sous le nom de Chansons de geste, elle a possédé cent épopées, dont la plupart sont des poëmes de second ordre, mais dont quelques-unes sont d'incontestables chefs-d'œuvre.

Quoi qu'il en soit, les Chansons de geste sont de véritables épopées, des épopées primitives. Ce n'est pas à l'*Énéide*, c'est à l'*Iliade* et à l'*Odyssée* qu'elles sont comparables; c'est encore aux grandes épopées de l'Inde. De tels poëmes ne peuvent être produits qu'à de certaines époques, alors particulièrement que le sens historique n'existe pas encore au sein d'un peuple, ou n'y existe plus.

Ce caractère de nos Romans est bien fait pour nous les rendre incomparablement plus précieux. Ils appartiennent visiblement à la littérature spontanée, à la littérature populaire. Donc, ils réfléchissent avec une certaine exactitude les idées vraies d'un peuple, même celles d'une époque et d'une race tout entières.

Mais, d'un autre côté, depuis l'Inde et depuis Homère, rien n'est plus rare que de tels poëmes. Depuis l'*Iliade* jusqu'à la *Chanson de Roland* on peut franchir environ vingt siècles d'un seul bond sans avoir peut-être à passer par-dessus une seule épopée primitive et naturelle.

Le saut est rude, la distance est longue.

Quelle ne sera donc pas la vivacité de notre émotion, lorsque nous ouvrirons quelqu'une de ces épopées populaires que la France a eu l'honneur de créer en si grand nombre, et d'imposer à l'admiration de tout le monde moderne!

Un immense événement, le plus considérable de tous ceux dont la terre ait été le théâtre, sépare les Épopées homérique et indienne de l'Épopée française : cet événement, c'est le Christianisme. Il a dû nécessairement laisser son empreinte sur la poésie populaire. Et, à vrai dire, nos vieilles Chansons sont le premier essai d'épopée populaire qui mérite d'être signalé dans l'Occident latin depuis le triomphe de l'Église.

Sans nous préoccuper ici de la forme, examinons le fond de nos Chansons de geste. Étudions les caractères, les personnages, les types.

Faisons concurremment le même examen dans Homère. Et, tout d'abord, comparons l'idée de Dieu dans l'*Iliade* et l'*Odyssée* avec cette même idée dans nos Romans.

Toutes les différences, ou peu s'en faut, *résulteront de l'influence chrétienne*. Nous verrons comment et avec quelle difficulté le christianisme a triomphé du paganisme et de la barbarie. Cette constatation sera notre pensée dominante, et c'est elle qui donnera peut-être quelque intérêt à cette étude.

II. — Idée de Dieu d'après nos Chansons de geste.

NOS Chansons de geste ne sont pas des Traités de théologie, et il ne convient pas de demander à leurs auteurs de longues dissertations sur la nature, les attributs et les perfections de Dieu. Elles contiennent d'ailleurs quelque chose de plus péremptoire qu'une dissertation : elles nous offrent presque à chaque vers la constatation simple et naïve, sans affectation, sans apprêt, de la croyance universelle des siècles pendant lesquels elles ont été écrites. Le mot « Dieu » est presque toujours suivi, dans nos Épopées nationales, d'une ou de plusieurs épithètes qui varient suivant les besoins de la versification, mais qui peuvent se réduire à un certain nombre de formules d'une beauté véritablement incomparable.

Avec la liste complète de ces très nobles épithètes on pourrait réellement composer toute une Théodicée.

Une des qualifications le plus souvent accolées au mot « Dieu » est celle-ci : *Diex l'espirital*. On trouve mille et dix mille fois cette belle parole dans nos Chansons de geste. Elle suffit à jeter un abîme entre les épopées chrétiennes et les poëmes païens. Résumez tous les poëtes de l'antiquité : à eux tous, en leur adjoignant la plupart des philosophes, ils n'ont pu trouver ce simple mot qui est devenu une cheville dans nos vers du douzième et du treizième siècle : « Dieu qui est pur esprit, *Diex l'espirital*. »

Le Dieu de nos Chansons de geste est réellement le Dieu « adoré en esprit et en vérité » ; c'est le Dieu que célèbrent à l'envi les liturgies catholiques de l'Orient et de l'Occident et qui est le « seul vrai Dieu, ami des hommes, ineffable, invisible, incompréhensible, sans commencement, éternel, hors du temps, insondable, immuable, créateur de tous les êtres et rédempteur universel ». C'est le Dieu dont saint Bernard, contemporain d'un grand nombre de nos trouvères, a dit avec un enthousiasme si exact : « Il est la toute-puissante Volonté, la Force souverainement aimante, l'éternelle Lumière, la Raison immuable et la suprême Béatitude. » C'est le Dieu dont saint Anselme et Hugues de Saint-Victor parlaient avec tant de profondeur au moment même où nos vieux poëmes étaient chantés dans nos châteaux et sur nos places publiques. Mais c'est ce Dieu compris et exprimé par des poëtes populaires. L'*Entrée de Spagne* va cependant jusqu'à l'appeler « la divine Substance (1) », et l'auteur savant de la *Prise de Pampelune* lui donne des noms aussi théologiques : « *L'autisme Sustance, l'autisme Vertu* (2). » Dans la *Chanson de Roland* (3) et dans presque tous nos poëmes, Dieu est surtout qualifié de *glorieux*, et par ce mot il faut entendre à la fois la suprême Béatitude, la suprême Puissance, la suprême Invisibilité. On peut rapprocher de cette expression les suivantes, qui sont à peu près synonymes : « Le Dieu de majesté, le Roi du monde, le Dieu du paradis, le Roi très grand qui est au-dessus de nous (4). » Les autres attributs de Dieu ne sont pas exprimés avec moins de clarté. Le Dieu de nos épopées est tout-puissant ; nos héros le savent bien dans leurs angoisses, et Roland qui va engager contre

---

1. Mss. français de Venise, XXI, f° 43.
2. *Prise de Pampelune*, édition Mussafia, vers 514 et 813.
3. « Tutes vos anmes ait Deus li glorieus. » *Roland*, vers 2196, etc. etc.
4. *Berte aus grans piés*, éd. P. Paris, p. 27. — *Girars de Viane*, éd. P. Tarbé, p. 17. — *Prise de Pampelune*, éd. Mussafia, vers 553 et 4193.

le géant Ferragus une lutte très inégale : « Sa force, dit-il, « n'est qu'un souffle de vent, et un peu de pluie en vient à « bout ; mais toute force réside en Dieu (¹). » Ce Dieu est éternel, et à tout instant nos poètes s'écrient : *Cil Damedex qui fu et est et iert* (²) ; et encore : *Diex fu tot tens et ne doit fins avoir* (³). Un mot presque sublime sert à affirmer, dans nos poëmes, la providence de ce Dieu *qui haut siet et loin voit* (⁴) ; dans *Girars de Viane* on lit ce beau vers : *Se m'aïst Diex qui establit les lois* (⁵). Nous pourrions multiplier ces citations et prouver jusqu'à la dernière évidence la profonde orthodoxie et l'élévation populaire de notre théodicée épique.

Parmi tous les titres que les poètes français prodiguent à Dieu dans leurs vers, ils se complaisent surtout à répéter celui de Créateur. Rien n'était en réalité plus utile. Le dogme de la création avait été inconnu de toute l'antiquité païenne, et la triste croyance à l'éternité de la matière se retrouve au fond de presque toutes les cosmogonies et de toutes les philosophies anciennes. Il fallait vigoureusement protester contre cette erreur désastreuse, et c'est ce que firent presque involontairement les auteurs de nos Épopées nationales. Il est peu de pages dans leurs œuvres où l'on ne lise ces mots : *Por Deu le Creator ; por Deu qui tot forma* (⁶).

Il nous serait encore facile de citer ici plusieurs milliers d'exemples ; mais il nous suffira de répéter que les plus grandes erreurs du paganisme et de la philosophie antiques, le poly-

---

1. *Charlemagne* par Girard d'Amiens, Bibl. Nat. fr. 778, f° 144, v°.
   « Quar tele force n'est fors c'un trespas de vent
   « C'un pol de pluie abat assez legièrement,
   « Et c'est Diex desus tous où toute force apent,
   « Et je l'aim, dit Rollant, et le croi fermement. »
2. *Ogier de Danemarche*, éd. Barrois, vers 4102, etc.
3. *Entrée de Spagne*, ms. fr. de Venise, XXI, f° 69.
4. *Renaus de Montauban*, éd. Michelant, p. 257, v. 12.
5. *Girars de Viane*, éd. P. Tarbé, p. 5. On retrouve les vers précédents dans un certain nombre d'autres Chansons de geste.
6. Cinquante, cent périphrases sont consacrées dans nos poèmes à rendre cette idée de la création. C'est Dieu « qui fist pluie et gelée — Et le chaut et le froit, ciel, terre, mer salée. — Et si fist home et fame par sa bonne pensée. » (*Renaus de Montauban*, édition Michelant, p. 14). — « Qui nos fist à s'image. » (*Ogier*, édition Barrois, vers 4991). « Qui fist la rose en mai ; par qui li soleus raie. » (*Berte aus grans piés*, édition P. Paris, p. 13). — « Qui féist florir l'ente. » (*Renaus de Montauban*, l. c. p. 400). — « Qui fait croistre les arbres, les vignes et les blés » (*Simon de Pouille*, Bibl. Nat. fr. 368, f° 144), etc., etc.

théisme, la matérialité de Dieu, l'éternité de la matière, loin de se retrouver dans nos poèmes nationaux, y sont vigoureusement rejetés à chaque page. En résumé, le mot DIEU y est toujours au singulier, et les deux épithètes qu'il y reçoit le plus souvent sont celles de *espirital* et de *creator*. Et ce qu'il y a de plus remarquable, c'est que nos poètes parlent de la sorte sans avoir la prétention de lutter contre aucune doctrine, ni de faire aucune apologie. Ils sont naïvement dans la plénitude de la lumière.

Il est toute une autre famille d'épithètes qui sont unies au mot « Dieu » : ce sont celles qui expriment, non plus les attributs, mais les perfections de Dieu. Parmi ces perfections, celles que nos poètes signalent le plus volontiers sont celles qui devaient plus particulièrement servir de modèle aux dures générations de leur temps, aux seigneurs, aux chevaliers. Si Dieu est surtout appelé : « *Cil Damedeus qui ne faut ni ne ment* », ou bien : « *Qui onques ne mentit* », ou bien : « *le droiturier* », c'est que la première vertu recommandée aux chevaliers était la sincérité, la droiture, l'horreur du mensonge. Il faut bien croire que la Providence s'occupe des œuvres littéraires, et qu'elle y dépose souvent les idées et les mots qui sont le plus utiles à tel ou tel peuple du monde, à telle ou telle époque de l'histoire. C'est ce qui est arrivé dans nos Épopées françaises.

En vérité, ces Épopées sont pleines de Dieu. Il en est un grand nombre qui commencent par une bénédiction que le trouvère donne à ses lecteurs, ou plutôt à ses auditeurs : *Oïs, barons, que Diex vos bénéie, li glorieus du ciel, li fils sainte Marie*. Ce n'est pas une vaine formule. On a dit avec raison que nos poèmes épiques avaient eu trois sources d'inspiration : « Dieu, la guerre, la femme. » Plus un poème est ancien, plus Dieu y tient de place. Ces chevaliers, toujours rudes et souvent féroces, deviennent de tout petits enfants quand ils pensent à Dieu. Ils se mettent à genoux tout d'une pièce et prient avec une ferveur pleine de sincérité. Ils sont souvent tout couverts d'un sang plus ou moins cruellement répandu, mais enfin ils sont francs, et prient bien. D'ailleurs, ils ne sont le plus souvent armés et ne versent leur propre sang que pour la cause de Dieu. L'esprit de nos poèmes est l'esprit des croisades. « Conquérir le monde au vrai Dieu, défendre l'Église contre les païens, » tel est leur but unique, et rien n'est plus odieux que certaines chansons dont les héros ne sont pas animés par cette noble inspiration. C'est ce qui rendra à jamais haïssables *les Lorrains* et *Raoul de Cambrai*, ces poèmes sauvages où l'esprit de la guerre privée remplace si déplorablement le souffle de la grande guerre contre les Infidèles. Nos épopées véritablement chrétiennes sont peut-être les seules où l'on voit les hommes s'armer et combattre uniquement pour la défense de leur foi. Et c'est encore un avantage de nos poèmes sur ceux de l'Inde et de la Grèce.

Mais d'ailleurs, en tout ce qui touche l'idée de Dieu, nos épopées sont d'une incontestable supériorité.

III. — Comparaison entre la théodicée d'Homère et celle de nos épopées.

C'EST surtout avec les poèmes homériques que nos poèmes offrent des analogies frappantes. L'épopée grecque a été aussi profondément populaire que l'épopée française. Comme nos chansons de geste, l'*Iliade* et l'*Odyssée* ont été chantées partout ; partout elles ont été comprises, admirées, aimées. Les grands ne les ont pas moins vivement saisies que le peuple, ni le peuple que les grands. Elles ont été faites pour tous, et, chose rare, elles sont allées à leur adresse. Nous l'avons dit déjà : dans l'Occident civilisé, si l'on veut trouver l'épopée sincère, spontanée, véritable, il faut faire un bond de vingt siècles et remonter de nos poèmes français jusqu'aux deux chefs-d'œuvre du poète aveugle. Virgile lui-même ne saurait nous arrêter : sa poésie est la perfection même, mais, on y sent le travail ; elle est incomparable, mais n'a rien de spontané. Nous n'avons point à nous préoccuper au point de vue populaire de ce que Virgile a pensé de Dieu, de ce qu'il a écrit sur Dieu. Mais ouvrons Homère, et ne l'ouvrons pas sans respect ; car ce poète est de ceux qui, malgré leurs erreurs, font honneur à la race humaine.

« Dieu : » c'est sur ce grave objet que les contradictions abondent le plus dans l'épopée homérique. Homère, en effet, écoutait tour à tour deux voix, et écrivait naïvement ce que ces deux voix lui dictaient tour à tour. L'une était celle de son imagination ; l'autre celle des traditions primitives, qui, en ce temps-là, était encore puissante et nette. Tout ce que l'immortel auteur de l'*Iliade* a conçu de grand, tout ce qu'il a écrit de beau sur la nature divine, il le doit à un écho des révélations originelles ; tout ce qu'il a, au contraire, conçu de petit et écrit de méprisable sur le règne divin, il le doit aux déplorables inspirations d'une imagination trop vive et mal réglée. De là ces magnificences de la théodicée homérique, qui forment un contraste si étonnant avec les pauvretés dangereuses du polythéisme homérique. Pour faire plus vivement sentir un tel contraste, des exemples sont nécessaires.

A lire certains passages de l'*Iliade* et de l'*Odyssée*, on croirait aisément qu'Homère est monothéiste. C'est alors que l'admiration peut se donner carrière ; c'est alors qu'on éprouve dans l'âme et jusque dans les cheveux ce frémissement produit par le Sublime. Jupiter est proclamé cent fois « le roi des dieux ». Les autres dieux tremblent devant lui comme de petits garçons ; ils se lèvent à son approche comme des écoliers devant leur maître (1). « Je me glorifie, leur dit Jupiter « avec une insolence divine, d'être le plus puissant et le pre-« mier-né (2). » Et devant cette parole les pauvres dieux s'inclinent, tout tremblants. Il est beau à voir, ce maître des nuées, ce « Jupiter aux vastes regards » : on comprend aisément qu'il ait inspiré Phidias et les grands sculpteurs de la Grèce. Il a un corps, mais quel corps ! La majesté en est la substance ; un sang léger y circule puissamment, et non pas « un sang épais comme celui des hommes (3) ». Ce corps, parfait modèle des proportions, de la beauté et de l'harmonie de nos propres corps, se meut librement et superbement dans l'air esclave. Les yeux de Jupiter embrassent tout autour d'eux : « sa chevelure divine frémit sur sa tête immortelle, et le vaste Olympe est ébranlé (4) ». Du haut de l'éther, il dicte aux hommes ces coutumes qui sont les lois de l'humanité (5). Lorsqu'on le prie, on l'appelle « Jupiter très grand, très glo-

---
1. *Iliade*, chant I.
2. *Ibid.*, chant XV, traduction Giguet.
3. *Ibid.*, chant V.
4. *Ibid.*, chant I.
5. *Ibid.*, chant I.

rieux (¹) ». Il y a plus : très souvent, dans l'*Iliade*, Jupiter reçoit simplement le nom de « dieu » au singulier. O magnifique singulier, et montrant jusqu'à quel point la notion d'un Dieu unique avait persévéré dans toutes les religions ! « Lors « même, dit Phénix à Achille, lors même que *Dieu* me pro-« mettrait de me délivrer du fardeau de la vie, je ne voudrais « pas rester loin de toi, mon cher enfant (²). » Et ailleurs, Ménélas se laisse aller à dire : « *Dieu* lui-même nous a envié cette félicité (³). » Mais un jour Jupiter a voulu donner aux dieux assemblés une idée de sa toute-puissance et de leur faiblesse. Il ouvre ses lèvres divines et, par une superbe image, leur fait comprendre la force de sa divinité. Qui pourra jamais lire ces admirables vers sans frémir, et même sans pleurer d'admiration ? « Écoutez-moi, dit Jupiter, écoutez-moi « vous tous, dieux et déesses : je veux vous dire ce qu'en mon « sein m'inspire mon cœur... O divinités, faites une épreuve. « Laissez tomber du ciel une chaîne d'or, suspendez-vous « toutes à son extrémité : vos plus pénibles efforts n'attireront « pas du ciel vers la terre Jupiter suprême arbitre. Mais lorsqu'à « mon tour il me plaira de vous entraîner, j'attirerai la terre « elle-même et la mer ; j'attacherai ensuite la chaîne autour « du sommet de l'abîme, et les choses resteront à cette hauteur: « tant je suis supérieur aux hommes et aux dieux (⁴). » Cette parole, si belle qu'elle soit, est cependant bien dépassée par une autre parole que prononça un jour le Dieu chanté par nos trouvères : « Lorsque je serai en croix, j'attirerai tout à moi », dit Jésus-Christ. La première parole nous donne la notion de la puissance, mais la seconde l'idée de l'amour.

Certes, si nous en restions là, on penserait avec raison qu'Homère a eu des croyances presque chrétiennes et une connaissance fort nette de l'unité et des perfections divines. C'est là, en effet, un des côtés de la médaille ; mais regardons l'autre. Hélas ! tout est changé. Ce n'est plus la tête auguste de ce Jupiter qui ressemblait de loin à notre Jéhova ; c'est l'image de je ne sais quel roi puissant, mais colère et débauché.

---

1. *Iliade*, chant II.
2. *Ibid.*, chant IX.
3. *Odyssée*, chant I.
4. *Iliade*, chant VIII.

Jupiter a des sens, comme l'homme le plus matériel. Il a le sens du goût, il mange, et n'est pas sans aimer les beaux repas : « Hier Jupiter, suivi de tous les autres dieux, s'est rendu jusqu'à l'Océan, chez les irréprochables Ethiopiens, à un festin splendide (1). » Il a le sens de l'odorat : « Jamais, dit-il, mon autel n'a manqué du fumet des chairs rôties. *Telle est la récompense qui nous est échue en partage* (2). » Il n'est pas d'ailleurs le maître unique de la terre (3). Il est une puissance dont il dépend, dont tout dépend; c'est le Destin : « Le père des dieux et des hommes déploie les balances d'or, y pose deux sorts mortels, celui des Troyens, habiles écuyers, celui des Grecs cuirassés d'airain, et les soulève en levant le milieu. Aussitôt le sort des Argiens l'emporte (4). » C'est là, comme on le voit, cette idée de la Fatalité dont on constate l'influence dans les tragédies de ce grand Eschyle qui est, par tant de côtés, comparable à Homère. En outre Jupiter n'est jamais représenté comme muni de la puissance créatrice, et c'est le fleuve Océan qui nous est montré dans l'*Iliade*, comme « l'origine de toutes choses (5) ». Nous sommes bien loin de « Dieu le créateur » qui, ainsi que nous l'avons dit plus haut (6), se trouve tant de milliers de fois dans toutes nos Chansons de geste.

Il semble que les deux tableaux que nous venons de tracer suffisent pour faire voir quelle distance infinie sépare, au seul point de vue de l'idée de Dieu, l'Épopée homérique de l'Épopée française et chrétienne. Oui, la distance est infinie : c'est un abîme. Le mensonge d'une part, la vérité de l'autre. D'une part, un Dieu plein d'appétits humains et tout à fait homme par les plus méprisables côtés; de l'autre, un Dieu immatériel, créateur, indépendant, parfait. Et néanmoins, nous ne pouvons nous défendre d'admirer cet Homère, père de tant de poètes. Nous quittons à regret la lecture de ces chants si merveilleusement primitifs. La poésie humaine n'a peut-être jamais

---

1. *Iliade*, chant 1.
2. *Ibid.*, chant XXIV.
3. Ailleurs, au contraire, Jupiter dispose à son gré du sort des humains. (*Iliade*, trad. Giguet, p. 360.)
4. *Ibid.*, chant VIII.
5. *Ibid.*, chant XIV.
6. Voy. plus haut, p. 120.

eu de lignes plus harmonieuses ni plus pures ; jamais poème n'a mieux ressemblé à un bas-relief classique. Dans le palais de Jupiter, dans la « cour pavée d'or » voici tous les Olympiens assemblés : Jupiter, fils de Saturne, maître des sombres nuées ; Minerve aux yeux glauques ; Vulcain, l'artisan illustre; Mars, le dieu sanglant, le destructeur des remparts ; Cérès la blonde, l'Aurore au voile doré ; Thétis aux pieds d'argent, et tant d'autres, dont pas un n'offre un seul trait de laideur. Quant à la terre, elle se résume dans la Grèce elle-même, dans ce coin de terre où s'agitent, également beaux et superbes, les Argiens à la brillante chevelure, aux élégantes cnémides, et les Troyens habiles à dresser les coursiers. Les rois, élèves de Jupiter, conduisent les bataillons splendides. Les dieux descendent, armés, sur des chars que dirigent leurs mains divines : ils se partagent entre les deux camps rivaux ; le sang plus qu'humain coule sur cette noble terre. Les héros se défient, s'interpellent, se frappent, mais toujours avec des gestes pleins de beauté. Le vieux Priam embrasse les pieds du divin Achille et lui dit : « Souviens-toi de ton père, Achille semblable aux dieux. » Tout est beau, tout est noble, tout est correct et harmonieux. Mais, hélas ! Dieu est absent presque toujours ; presque partout l'âme humaine est absente. Et nous ne saurions, avec toutes les magnificences de la matière, nous consoler de cette double absence. Quittons Homère, et ne le regrettons plus.

IV. — Comparaison entre la théodicée de nos Chansons de geste et celle des Épopées indiennes.

LES poèmes de l'Inde nous retiendront moins longtemps. Tout d'abord, il faut observer que ces terribles épopées, pour être spontanées et vraies, ne sont pas cependant aussi populaires que les poèmes de la Grèce et les nôtres. Les épopées indiennes ne s'adressent qu'à certaines classes, ou plutôt à certaines castes : à celle des nobles et surtout à celle des prêtres. Ce sont des épopées ecclésiastiques, et on ne peut leur attribuer de popularité que dans les palais et dans les temples. Elles n'ont certes pas été faites pour les parias, comme les nôtres l'ont été pour le peuple. C'est une évidente infériorité.

Quant à la théodicée de ces redoutables poèmes (le *Mahâbhârâta* ne contient pas moins de 107,389 slôkas ou distiques), elle est bien autrement confuse et contradictoire que celle des épopées homériques. Les magnifiques travaux de Burnouf et de ses élèves ont à peine jeté quelque rayon dans ces ombres indécises. Voulez-vous saisir la supériorité de l'Occident sur l'Orient, ou du moins apprécier justement la différence des deux civilisations et des deux poésies, comparez l'*Iliade* et le *Mahâbhârâta*. Dans le poème hindou, c'est une abondance plantureuse, une richesse, une fécondité excessives ; des répétitions, des amplifications, de la confusion, de la diffusion, de la profusion. Dans la poésie occidentale, c'est une belle concision, une clarté transparente, une fécondité tempérée, une richesse réglée, une fougue disciplinée...

La théologie des hindous n'est pas ce que ce peuple a de moins obscur. Sans doute il y a çà et là quelques beaux restes de la tradition primitive, et l'on ne peut lire sans émotion ces magnifiques épithètes que l'auteur du *Mahâbhârâta* prodigue à Vichnou dans le fameux épisode d'Adivança :

« Pour le bien des mondes, Vichnou, à la grande gloire, qui est adoré par le monde, naquit de Dêvaki et de Vasoudêva, le dieu éternel, immuable, le créateur de l'univers, qu'on a nommé aussi Avyakta (invisible), Akchara (inaltérable), Brahma (l'essence divine), Pradhâna (le dieu suprême), Trigounâtmaka (ayant lui-même les trois qualités), Atmâna (âme de l'univers), Avyaya (impérissable), Prakriti (la nature passive), Prabhava (la cause créatrice), Prabhou (maître suprême), Pouroucha (l'âme, le principe de vie), Viçvakarman (créateur de tout), Sattvagôga (dont l'essence est la bonté), Dhrouvâkchara (éternel et inaltérable), Ananta (sans fin), Atchala (immobile), Dêva (Dieu), Hansa (cygne), Nârâijana (allant sur les eaux), Dhâtri (nourricier), Adja, (qui n'a pas eu de naissance), Para (prééminent), Kâivalya (l'unique), Nirgouna (dénué de propriétés), Viçva (universel), Anâdi (sans commencement), Adja (non né). Lui, le Pouroucha excellent, le créateur, le grand'père de tous les êtres, dans le but d'accroître la loi, naquit au milieu des Andhakas et des Vrichnis (1). »

Il serait facile, dans cette admirable nomenclature, de signaler déjà quelques erreurs, quelques hérésies déplorables, et nous avons lieu de nous défier des mots *Prakriti* (la nature

---

1. Voir le *Mahâbhârâta*, trad. Foucaux, pag. 121-122.

passive) et *Atmâna* (âme de l'univers), ainsi que de la naissance trop mortelle de Vichnou. Mais encore sommes-nous ici dans un des plus lumineux passages de la grande épopée hindoue ; et, si nous voulons vraiment connaître l'idée de Dieu d'après les poèmes de l'Inde, il nous faut lire l'exorde du *Mahâbhârâta* :

« J'offre tout d'abord mes adorations à Içâna, le premier des hommes, loué par la multitude, honoré de sacrifices par la multitude ;

« A Brahma, véritable, unique et inaltérable, visible et invisible, éternel, n'étant pas, ou étant et n'étant pas à la fois, toujours supérieur à tout ce qui est ou n'est pas, créateur des grands et des petits, antique, suprême, impérissable,

« Et à Vichnou, qui est heureux et donne le bonheur, éminent entre tous, sans péché, pur, nommé aussi Hari, maître de ses sens, seigneur de ce qui est mobile ou immobile.... »

Voilà les ténèbres et surtout les périls de la contemplation hindoue : « Brahma étant ou n'étant pas à la fois [1] ! » Mais allons un peu plus loin :

« Dans ce monde inférieur, privé de lumière, enveloppé de tous côtés par les ténèbres, était un grand œuf, GERME IMPÉRISSABLE DES CRÉATURES, qui, au commencement, est proclamé le signe grand et divin DANS LEQUEL SONT, dit-on, la vérité, la lumière, Brahma, l'essence éternelle, admirable, incompréhensible, répandue partout également ; cause invisible, subtile, ayant en elle-même ce qui est et ce qui n'est pas, DE LAQUELLE NAQUIRENT le grand Père, le seul prééminent, le maître des créatures, Brahma, Souragourou, St'hânou (Çiva, troisième personne de la trinité hindoue), Manou, Kas et Paramêcthi. Puis, apparurent les Prâtchêtasas, Dakcha, ainsi que les sept fils de Dakcha, et les maîtres des créatures, au nombre de vingt-et-un ; puis, le Pouroucha à l'âme incommensurable [2]... »

En ces quelques lignes est contenu tout le monstre des erreurs indiennes : la préexistence et l'éternité de la matière, et pour mieux parler, le panthéisme. D'un œuf sortent les créatures et le créateur lui-même. Brahma, l'essence éternelle, sort « de ce germe impérissable ». Triste rôle pour un créateur ! A côté de ce panthéisme qui serait si ridicule s'il n'était si mortel aux âmes, s'étale un polythéisme laid. Au-dessous de Brahma, le dieu né et créateur, au-dessous de Vichnou qui

---

1. Foucaux, t. I, pag. 6-9.
2. Le « Pouroucha à l'âme incommensurable », c'est Vichnou, la seconde personne de la trinité hindoue. (*Mahâbhârâta*, trad. Foucaux, *Exorde*, p. 10.)

gouverne et conserve, au-dessous de Çiva qui détruit, s'étagent dans une trop savante hiérarchie « trente-six mille trois cent trente-trois dieux ». Ces dieux pullulent, grouillent, frétillent sur une terre affreuse à voir. Ils sont représentés sous des formes monstrueuses, moitié hommes, moitié bêtes. Il y a Indra, le dieu de l'air, le Jupiter hindou ; le dieu du feu, Agni ; le dieu des eaux, Varouna ; le dieu des richesses, Kouvera ; Kartileya, le dieu de la guerre ; Marouta, le dieu du vent ; Yama, le dieu des morts ; la femme de Brahma, Sarasvati, déesse de l'éloquence ; Gangâ, la déesse du Gange ; les Daikyas ou Asouras, titans de l'Inde, dont le chef sera un jour vaincu par le terrible Vichnou « armé d'une multitude de bras [1] » ; sans parler des Richis qui sont les saints de la mythologie hindoue, ni des 60,000 Balakhilyas, nains qui sont nés des pores de Brahma [2]. Aucune de ces figures divines ne mérite l'effort de notre regard. La beauté humaine n'apparaît nulle part. Elle ne s'épanouit jamais sur ces corps monstrueux, comme elle éclate dans les divinités grecques. Figurez-vous, d'ailleurs, la grande pagode de Jaggernath et le Parthénon : vous aurez une idée de la différence qui sépare ici la Grèce de l'Inde.

Mais surtout il vous est aisé de voir, d'après tout ce qui précède, combien *la théodicée de nos chansons de geste est supérieure à celle des épopées grecques et indiennes*. C'est ce que nous voulions démontrer.

V. — Idée de Jésus-Christ d'après nos Chansons de geste.

NOUS aurons plus d'une fois l'occasion d'insister sur cette idée qui nous paraît fondamentale : « Les Chansons de geste ne sont pas une œuvre cléricale, mais laïque et presque militaire. » Tout contribue à le prouver.

A quelle époque en effet ont été composés la plupart de nos Romans ? Aux douzième et treizième siècles ; précisément dans le temps où vivaient, où écrivaient les Anselme, les Bernard, les Hugues et les Richard de Saint-Victor, les

---

1. *Bhagavata-purana*, VII (tome I de la trad. Burnouf, pag. 65).
2. *Mahâbhârâta*, trad. Foucaux, passim.

Thomas d'Aquin et les Bonaventure. Jamais il n'y a eu d'éblouissement pareil à celui dont tant de génies frappèrent le monde illuminé et ravi. Toutes les questions furent alors généreusement abordées, nettement résolues. On ne peut lire sans admiration les Traités de ces grands hommes, notamment sur le mystère de la Trinité et sur celui de l'Incarnation. Peut-on comparer de telles richesses aux pauvretés théologiques de nos chansons de geste ?

Prenons pour exemple la Trinité.

Les Docteurs nous font voir dans le Père l'Infinie Puissance et le Principe suprême ; dans le Fils, la Parole, le Verbe, l'Intelligence, la Raison, le Discours intérieur de Dieu ; dans le Saint-Esprit enfin, l'Amour qui unit entre eux le Père et le Fils. De là d'admirables développements ; de là d'étonnantes doctrines, qui avaient passé jusque dans les prières extra-liturgiques :

« Père suprême et suprême Principe, qui n'avez pas eu de commence-
« ment et ne devez rien qu'à vous-même, créateur de la lumière, créa-
« teur de l'espace et de tout ce qui se meut dans l'espace : *Kyrie, eleison.*

« Christ, éternelle splendeur de l'éternelle lumière, Christ réparateur
« des chutes de l'homme, Christ qui avez restauré l'univers tout entier
« par votre merveilleuse incarnation : *Christe, eleison.*

« Esprit-Saint, qui procédez du Père et du Fils ; Esprit-Saint, qui êtes
« leur coopérateur en toutes choses ; lumière des âmes, lumière qui ne
« doit jamais s'éteindre, délicieuse lumière : *Kyrie, eleison* (¹). »

Rien de pareil dans nos poèmes. La Trinité y est un dogme admis et confessé, mais ce n'est pas un dogme approfondi. Lorsque Roland, dans l'*Entrée de Spagne*, veut convertir le géant Ferragus par d'autres arguments que par les coups de Durandal, il lui fait un cours de théologie élémentaire où les naïvetés abondent. Arrivé au dogme de la Trinité, le neveu de Charlemagne n'emploie que des images pour faire bien entrer ce mystère dans l'intelligence un peu dure de son redoutable adversaire : « Prends, lui dit-il avec une
« gravité étrange, prends ton grand bouclier rond que j'ai
« brisé et crevé à coups de pierres. Choisis trois de ces trous,
« *ceux que tu voudras.* Tourne maintenant ton bouclier du
« côté du soleil, tu verras trois soleils ; mais si tu retires ton

---

1. Bibl. Nat., lat., 3719, XIIIᵉ s.

« bouclier, il ne restera qu'un soleil ; rien n'est plus certain.
« Eh bien ! comprends par là la Trinité en un seul Dieu (¹). »
L'argument n'est pas des plus forts, et néanmoins c'est le
seul que nous ayons jamais rencontré dans nos Chansons de
geste.

De même pour Jésus-Christ. Les scolastiques ici nous font marcher de clartés en clartés ; mais aucune de ces splendeurs n'a passé dans nos Épopées nationales. Ce n'est pas dans nos Chansons de geste que l'on trouvera la conception magnifique de ce Verbe incarné qui représentant, résumant en lui l'univers tout entier, le monde des esprits et le monde des corps, la nature humaine et la nature divine, s'agenouille dans la splendeur d'un culte souverain, et agenouille avec lui l'univers tout entier, Dieu adorant devant un Dieu adoré, Dieu glorifiant devant un Dieu glorifié. Ce n'est pas dans nos Chansons de geste que l'on trouvera la notion de ce Rédempteur qui est apparu dans le monde avec le principe de l'Expiation à sa droite, le principe de la Solidarité à sa gauche ; qui a expié solidairement pour tous les hommes et qui les a lavés dans son sang libérateur. Ce n'est pas dans nos Chansons de geste que l'on trouvera la doctrine qu'a si bien exposée un poète théologien de l'école de Saint-Victor, dont nous avons publié jadis les œuvres inédites : « L'Infini, l'Immense, Celui
« qu'aucun espace ne circonscrit, qu'aucune intelligence ne
« comprend, Dieu, pour restaurer l'univers tout entier, entre
« de l'éternité dans le temps. Dieu, qui était sans limites, se
« localise. Il ne se revêt pas du péché, mais des apparences
« du péché. L'immortalité se fait mortelle, la spiritualité
« suprême prend un corps. Qui le pénétrera, ce grand et re-
« doutable mystère (²) ? » Encore une fois, rien de pareil dans nos poèmes. Ils sont évidemment l'œuvre de simples fidèles qui savent bien leur petit catéchisme, et non pas de théologiens dont les yeux sont habitués à fixer humblement le soleil de la Vérité.

Mais cette infériorité même de nos poèmes est à nos yeux ce qui les rend le plus précieux. Ce sont des œuvres *populaires*, et c'est leur plus grand titre à notre attention. Les

---

1. *Entrée de Spagne*, ms. de Venise, XXI, f° 71.
2. Adam de Saint-Victor, prose *In natali Salvatoris*.

dogmes chrétiens n'y sont pas savamment approfondis, mais ils y sont sincèrement et naïvement exposés, tels que le peuple les croyait au moment même de la composition de ces poèmes.

Heureuse ignorance, heureuse sincérité que celles de ces auteurs de nos épopées nationales! Par elles nous pouvons constater quelle était exactement la croyance populaire aux douzième et treizième siècles, ou, pour mieux parler, la croyance des laïques à cette époque. Tout historien des dogmes catholiques sera désormais forcé de consulter nos poèmes s'il veut savoir ce qui s'est passé, en matières de croyances, non seulement sur les hauteurs où se tiennent les théologiens et les docteurs, mais aussi dans cette vallée où vit et s'agite la presque totalité du peuple chrétien. Et, disons-le nettement : ce dernier point de vue n'est certes pas celui qui intéresse le moins vivement l'intelligence de l'érudit et le cœur du croyant.

Qu'est-ce donc que le peuple chrétien, aux douzième et treizième siècles, croyait touchant la divinité de Jésus-Christ, touchant ce centre auguste, ce cœur de toute la doctrine catholique ? La réponse est facile. Le peuple chrétien, avec une profondeur et une unanimité indicibles, CROYAIT QUE JÉSUS-CHRIST EST DIEU. Il n'y avait pas à ce sujet une possibilité de doute ni d'incertitude. L'humanité chrétienne confondait, comme il convient, Jésus-Christ et Dieu. L'humanité chrétienne, aussi nettement que les docteurs, attribuait à Jésus-Christ l'Infini, l'Absolu, la création et le gouvernement du monde, la rédemption des hommes. Il fut un jour où l'humanité s'était presque réveillée arienne : ce jour était bien loin. Le nom et les doctrines d'Arius étaient tombés dans le plus obscur de tous les oublis : c'est ce que nos Chansons de geste prouvent jusqu'à la dernière évidence. Elles sont à la fois la protestation la plus forte contre les doctrines d'Arius et une des preuves les plus décisives de l'heureuse défaite de ces doctrines. Ils n'avaient pas en vain versé leur sang, ces martyrs des premiers temps ; ils n'avaient pas en vain ouvert leurs lèvres d'or et parlé pour la Vérité, ces grands évêques du quatrième siècle qui s'opposèrent à l'invasion des sophismes ariens. Ils avaient vaincu.

Nous pourrions produire à l'appui de ce qui précède des milliers de vers tirés de toutes nos Chansons de geste et où Jésus-Christ est proclamé Dieu. Dès le début de leurs chansons, nos poètes, sans ostentation et avec un naturel parfait, attestent là-dessus la vivacité de leur foi.

> Or, faites pais, seignour, que Dieus vous benele,
> Li glorious del' chiel, LI FIEUS SAINTE MARIE (¹).
> Signors, or escoutés, que DIEUS vos soit amis,
> Li Rois de sainte gloire qui en la crois fu mis,
> Qui le ciel et la tere et le mont establi,
> Et Adam et Evain forma et benei (²).

Et, dans le cours de nos poèmes, on ne trouve pas, sur la divinité de Jésus-Christ, des professions de foi moins énergiques :

> Foi que doi DEU, LE FILS SAINTE MARIE (³).
> Si m'aides-tu, sire, COM TU HONS ET DIEUS IES (⁴).

Mais qu'est-il besoin de tant d'exemples? Toujours et partout, les mots *Dieu* et *Jésus* sont employés dans nos poèmes comme absolument et complètement synonymes. Les monuments figurés sont ici d'accord avec nos romans. Quand on a eu, durant le moyen âge, à représenter Dieu par la peinture ou par la mosaïque, on a souvent reproduit les traits de Jésus-Christ ornés du nimbe crucifère. Et cela, même dans les épisodes de l'Ancien Testament. Les mosaïques de Saint-Marc, à Venise, qui sont intéressantes à tant de titres, nous offrent l'image vingt fois répétée de Jésus-Christ faisant sortir le monde du chaos et créant l'homme à son image. C'était d'ailleurs admirablement comprendre les mots célèbres : *Adam qui est forma futuri.*

Donc, la divinité de Jésus-Christ est candidement et perpétuellement affirmée dans nos romans : c'est un fait qu'il n'est pas permis de mettre en doute. Mais il faut aller plus loin.

Nous irons jusqu'à dire que le Fils de Dieu est le véritable centre de toutes nos Épopées nationales. Oui, tous nos poèmes gravitent autour de Jésus-Christ : car tous sont animés de

---

1. *Elie de Saint-Gilles*, éd. Raynaud, vers 1 et 2.
2. *Aïol*, éd. Normand et Raynaud, v. 1-4.
3. *Girars de Viane*, éd. P. Tarbé, p. 27. Cf. *Ogier*, éd. Barrois, v. 49, etc.
4. *Gui de Bourgogne*, éd. Guessard et Michelant, v. 690.

l'esprit des croisades, et le mot *croisade* vient du mot *croix*. La haine des musulmans enflamme toutes les poitrines de nos héros, et leurs yeux sont unanimement cloués sur le saint sépulcre de Jérusalem. L'amour de Jésus-Christ et la haine de l'islamisme : tels sont les deux pôles sur lesquels tourne toute notre poésie épique. Godefroi de Bouillon se reflète dans tous les personnages de nos gestes, dans Charlemagne, dans Guillaume d'Orange, dans Ogier, dans Roland. Ce sont d'autres Godefroi. Historiquement, ils ressemblent bien davantage aux soldats de la première croisade qu'aux héros mêmes dont ils portent le nom. Roland est un Tancrède embelli et sanctifié. Sous les fureurs d'Ogier on retrouve les colères de Bohémond. Turpin est un Pierre l'Ermite ou un Adhémar de Monteil agrandi. Mais surtout le grand but de tant d'efforts, c'est Jésus-Christ maître du monde, ce sont les chrétiens maîtres du divin tombeau. Nos poèmes ne ressemblent en rien à ces Nibelungen, vieux chants païens sur lesquels on a greffé je ne sais quel christianisme sans vigueur et sans sève. Tout est chez nous imprégné de Jésus-Christ. Une légende que nous trouvons dans la *Chanson d'Antioche* résume admirablement toutes ces idées sur lesquelles nous aurons d'ailleurs l'occasion de revenir. Au moment même où le Sauveur va rendre sur la croix ce dernier soupir qui doit délivrer le monde, le bon larron Dimas élève la voix et lui dit : « O roi, fils de la Vierge, ta miséricorde est bien grande ; sauve-moi avec toi, quand tu seras au Ciel. Et tu devrais bien aussi te venger de ces félons Juifs qui te font tant de mal. » Et Jésus-Christ répond : « Il n'est pas encore né, le peuple qui viendra me venger avec des lances acérées et détruire les mécréants qui ont repoussé ma loi. Ce peuple qui exaltera la chrétienté, qui conquerra ma terre, qui délivrera mon pays, il ne sera baptisé que dans mille ans. Ils me serviront comme si je les avais engendrés ; ils seront mes fils, et je serai leur *avoué*. Leur héritage sera dans le Paradis céleste ([1]) »

Ce peuple que prophétise ainsi Jésus mourant, ce sont les Francs. Et l'*Iliade* des croisés français, ce sont nos Chansons de geste.

---

1. *Chanson d'Antioche*, couplets VI et VII.

VI. — **L'homme et sa destinée, nouveau parallèle entre Homère et nos vieux poèmes.**

« D'OU vient l'homme ? Quelle est sa nature ? Où va-t-il ? » A ces trois questions, les Épopées françaises ont fait les très claires et très simples réponses du catéchisme : « L'homme a été créé par Dieu. C'est une unité parfaite composée de deux éléments, l'âme et le corps. Il doit retourner à Dieu, d'où il vient. »

Il n'en faut pas demander davantage à nos poètes. Quelle que soit d'ailleurs leur simplicité, ces réponses suffisent pour mettre nos épopées, au point de vue philosophique, bien au-dessus de toutes celles de l'antiquité. Mais quelle que soit la netteté de ces solutions, elles demeurent bien au-dessous de tous les développements que leur a donnés la théologie catholique. Tels sont les deux points que nous allons tenter d'éclaircir.

L'infériorité théologique de nos poèmes est par trop visible, et il est d'autant plus aisé de la constater que nos poètes ne reculent pas devant l'exposé complet de leurs croyances. Nous avons plus de cent professions de foi qu'ils ont placées sur les lèvres de leurs héros. Or, tous ces symboles épiques peuvent se réduire à ces quelques mots : « Dieu a créé de rien l'univers tout entier et, en particulier, l'homme qu'il destinait au ciel. Le premier homme ayant péché, toute l'humanité fut précipitée dans l'enfer ; mais Jésus-Christ descendit parmi nous et nous délivra des Démons, contre lesquels, soutenus par les Anges, nous sommes sans cesse appelés à lutter. Depuis lors, sont sauvés et conduits au ciel tous les hommes qui sont baptisés et qui ne meurent pas en état de péché mortel ; mais tous ceux qui ne sont pas baptisés vont en enfer. » C'est là le résumé exact de tout ce qu'on pourrait appeler « le Traité de l'homme », dans notre théologie épique. Nous avons voulu conserver à ce résumé la nuance même de l'original.

Sans doute, les plus importantes vérités, celles qui soutiennent le monde, sont renfermées dans cet exposé de la foi ; mais elles ne sont pas mises en une bonne lumière, et il est regrettable que des poètes catholiques ne soient pas entrés plus avant dans les belles ombres de nos mystères. Il ne faudrait pas croire que la théologie n'est pas poétique : la théologie est au contraire la substance de toute poésie. Tout laïques qu'ils étaient, nos trouvères auraient pu, ce semble, profiter davantage des sermons qu'ils entendaient et de la théologie dont ces sermons étaient nécessairement pénétrés. Hélas ! aucun poète n'en a voulu profiter comme il l'eut fallu : Dante lui-même, qu'on se plaît à décorer du nom de poète théologien, est resté, à ce point de vue, bien au-dessous de saint Bonaventure, qui était presque son contemporain, et nos épiques sont notablement inférieurs à Dante.

Était-il donc contraire aux lois de l'épopée, était-il contraire aux exigences de la poésie de présenter, recouverte de la splendeur de l'image et accompagnée de l'harmonie du mètre, la véritable théorie de l'homme à l'oreille et aux yeux attentifs de tant d'auditeurs charmés ?

N'auraient-elles pas en effet été ravies, ces générations chrétiennes, si, au lieu de s'en tenir à des généralités vagues, à des formules toujours identiques, les poètes épiques de la chrétienté avaient raconté la création de l'homme comme le faisait naguères parmi nous le plus poète de nos théologiens et le plus théologien de nos poètes : « Dieu fit Adam de ses mains vivantes et l'anima du souffle propre de sa face. L'Église nous montre le premier homme armé du sceptre de Dieu, décoré de son verbe, ayant entre ses lèvres radieuses le glaive à deux tranchants de la parole. Et pendant que les oiseaux chantent leurs vives allégories, que les lions solennisent leurs rugissements, que les feuilles et les fleurs murmurent leur infinie musique, l'homme, au centre de ce concert universel, considère d'avance le Christ qui doit venir [1]. »

Quel enthousiasme n'auraient pas éprouvé les auditeurs de nos épopées, si on leur avait fait lever le front à la pensée des grandeurs de l'homme, qui est ici-bas le Représentant, le Prêtre, le Chantre intelligent de la nature matérielle tout entière, qui est le vicaire-né de Dieu, le Dieu du dehors. « Les petits enfants eux-mêmes qui vagissent dans leurs langes et qui déploient leurs bras délicats comme des guirlandes de roses, ces frêles et pures créatures, ce ne sont pas des êtres de

---

1. Mgr Berthaud, évêque de Tulle.

peu : ce sont des seigneurs plus grands que la terre, le soleil et les étoiles, qui doivent leur obéir (¹). »

Non contents d'exposer ainsi la dignité singulière de l'homme, nos poètes pouvaient parler noblement de ses facultés, et prêter à leurs héros ces admirables paroles d'une des plus belles prières du moyen âge : « J'ai comme vous, mon Dieu, la mémoire, l'intelligence et la volonté. Par la mémoire je me souviens de vous ; par l'intelligence je vous connais ; par la volonté je vous désire (²). »

Le Péché originel est naïvement constaté par nos trouvères: ne pouvaient-ils pas très poétiquement en montrer la transmission à travers tous les âges, et remonter avec nous le cours de ce grand torrent ? Mais comment se fait-il que la seconde création de l'homme en Jésus-Christ n'ait pas excité davantage l'inspiration de ces poètes ? Jésus-Christ, le type et l'idéal de l'homme nouveau ; Jésus-Christ renfermant en lui tous les règnes matériels, le règne angélique, le règne humain et le règne divin, et déposant aux pieds de son Père l'hommage de tous ces règnes divers, c'est-à-dire de l'univers tout entier ; l'homme pouvant imiter Jésus-Christ et contenir en lui tout cet univers pour l'agenouiller aux pieds du même Dieu ; le Culte parfait établi pour toujours sur la terre ; Dieu se substituant à nous pour expier nos crimes, prenant la place de tous les hommes coupables et faisant cesser par toute la terre tous les anciens sacrifices, toutes ces effusions cruelles d'un sang innocent, mais sans mérites ; l'âme humaine pouvant désormais entrer dans la béatitude éternelle et Dieu occupé à sauver sans cesse le plus d'âmes possible ; l'homme enfin, ce trait d'union des deux mondes visible et invisible, devant ressusciter un jour tout entier avec ses mêmes traits, avec son corps, et appelé par là à représenter immortellement la création matérielle dans la Béatitude et dans la Joie célestes... certes, il y avait dans tous ces grands spectacles, il y avait dans toutes ces nobles doctrines de quoi inspirer plusieurs générations de poètes catholiques. Nos trouvères avaient des yeux, et n'ont pas connu ces lumières ; ils avaient des oreilles, et n'ont pas entendu ces harmonies.

1. Mgr Berthaud.
2. Bibl. Nat., lat. 1196, XIVᵉ s.

Autant nos poètes sont théologiquement inférieurs aux Pères et aux Docteurs, autant ils sont supérieurs, dans le même domaine, aux poètes de l'antiquité classique. A coup sûr, ils ont une grande idée de l'humanité. « L'homme, disent-ils, est sorti des mains d'un Dieu unique, il en est sorti libre et responsable; il a une âme immortelle; il est sauvé par un Dieu qui s'est fait homme comme lui; il marche, avec la plénitude de sa liberté, vers la plénitude du bonheur céleste. » Ouvrons maintenant Homère, et comparons l'homme, tel que le comprend l'auteur de l'*Iliade*, avec l'homme, tel que l'ont compris les auteurs de nos Chansons de geste.

L'homme, d'après Homère, a une origine dont il n'a pas le droit d'être fier. Suivant d'anciens contes, cités par l'auteur de l'*Iliade*, la race humaine tout entière serait sortie du chêne et du rocher (1). Le fleuve Océan est signalé ailleurs comme l'origine de toutes choses (2). On voit que, déjà à cette époque, pèse sur le monde l'ignoble doctrine qui représentera un jour les hommes comme ayant été, à l'origine des temps, un *mutum et turpe pecus*. Combien, pour l'honneur même de notre race, nous préférons les beaux commencements de l'humanité d'après l'Église et d'après nos Chansons de geste ; combien nous préférons cet Adam fier, beau, triomphateur, promenant superbement, à travers la terre nouvelle, sa beauté maîtresse de tout l'univers visible, conversant avec Dieu, ayant Dieu pour professeur de langage et pour professeur de vérité, lisant clairement dans l'avenir, prophétisant l'Incarnation ! La destinée de l'homme n'est guère plus noble, d'après Homère, que son origine. L'homme, comme les dieux, est sous l'étroite dépendance du Destin. Un des derniers traducteurs de l'*Odyssée* et de l'*Iliade*, a fait remarquer avec raison que le vieux poète « cherche à se dégager des liens de ce vieux fatalisme oriental contre lequel il se sent la force de lutter (3) ». Les Grecs s'embarquent *malgré la destinée*. Patrocle est sur le point de prendre Troie *malgré le destin*. Tout l'Olympe descend parmi les guerriers pour empêcher Achille de renverser les remparts d'Ilion *malgré le destin*. Égysthe, ailleurs, immole

---

1. *Iliade*, chant XXII, p. 303 de l'édition P. Giguet, et *Odyssée*, chant XIX, p. 563.
2. *Iliade*, ch. XIV, p. 194.
3. Giguet, *Essai d'encyclopédie homérique*, page 634.

Agamemnon *malgré le destin.* » Ce sont là sans doute de belles exceptions à la loi générale, mais ce ne sont que des exceptions. L'homme d'Homère n'est pas vraiment libre comme celui de nos épopées nationales : il y a un poids de plomb sur son libre arbitre. C'est cette pression dont Jupiter dit lui-même : « Le destin l'a voulu (1). »

Les facultés et la nature intime de l'homme n'ont pas été mieux connues du poète grec que ses commencements et sa mission terrestre. Sans doute Homère découvre une âme sous les ténèbres du corps; il n'appartient pas en vain à cette grande race indo-européenne qui a trouvé de si beaux mots, dans son langage magnifique, pour exprimer les choses invisibles. Mais ce sont de pauvres âmes que celles qui animent le corps des héros grecs, et, pour laisser parler le commentateur que nous avons déjà cité et qui a vécu longuement dans la conversation d'Homère : « Qu'est-ce que la mort laisse subsister chez les héros homériques ? Une âme, une vaine image, qui, dès que la vie a abandonné les ossements, s'échappe et voltige comme un songe. Dans la demeure de Pluton, il est quelque âme, quelque image, mais il ne reste plus de sensation (2). » Cette ombre légère ne peut d'ailleurs franchir les portes de Pluton, si l'homme ne reçoit point les honneurs de la sépulture. Jusque-là elle souffre, elle gémit, elle revient sur la terre. Lorsque la flamme du bûcher a dévoré les chairs et les os que les nerfs ne soutiennent plus, elle entre dans l'empire des morts, et Proserpine lui ôte la science et la pensée. Pour rendre le souvenir à cette image *inerte et vaine*, il faut une cérémonie d'expiation. « Il n'y a, ajoute M. Giguet, rien de consolant, ni de moral dans cette doctrine informe qui semble née du besoin d'inculquer à l'âge héroïque l'usage des sépultures solennelles et des combats à outrance sur les corps des héros terrassés. Et que penser d'Orion qui, après sa mort, chasse encore dans la prairie d'Asphodèle les bêtes que jadis il a tuées ? Que penser du fantôme d'Hercule et de son arc toujours tendu qui épouvante la foule des morts (3) ?»

Quittons ces odieuses ténèbres, et laissons-nous consoler

---

1. *Iliade*, ch. XVI, p. 225.
2. *Iliade*, ch. XXIII.
3. Giguet, *Essai d'encyclopédie homérique*, page 626.

par le spectacle du paradis chrétien, tel qu'il nous est offert par les auteurs de nos Chansons de gestes. Il est vrai que nos poètes ne nous ont point laissé des descriptions détaillées de ce séjour de la joie éternelle ; mais s'ils n'étaient pas grands philosophes, on voit aisément qu'ils possédaient les éléments essentiels de la doctrine chrétienne. Le Paradis est bien pour eux le lieu des âmes saintes, le lieu où cette vue leur procure un bonheur sans fin (¹). Rien n'est plus beau que cette simplicité. Les Anges, saint Michel à leur tête, emportent au ciel les âmes des élus ; les Démons emportent dans l'enfer les âmes des damnés (²). Il est digne de remarque que nos poètes ont toujours professé très nettement la doctrine de l'éternité des peines :

> Diable emportent l'anme en enfer à TOUS DIS (³).

Quant aux images dont ils se servent pour peindre le Paradis, elles ne sont ni très diverses, ni très compliquées. La plus populaire de ces images est celle qui est si souvent employée dans la *Chanson de Roland* : les saintes fleurs du Paradis :

> Tutes vos anmes ait Deus li glorius,
> En Pareïs les metet en saintes flurs !

Se figurer le Paradis comme un jardin plein de belles fleurs ! cette conception est en vérité toute militaire et s'explique aisément par la loi des contrastes. Tous les vieux soldats aiment les fleurs.

VII. — Du sentiment de la nature dans l'Épopée française.

LES poèmes d'Homère et les Chansons de geste sont de véritables épopées : les uns et les autres sont populaires, sont spontanés. Et il y a néanmoins une distinction profonde à établir entre l'*Iliade* et la *Chanson de Roland*, entre nos épopées et celles de la Grèce :

« Homère a écrit à une époque *réellement* primitive ; nos poètes ont écrit à une époque *accidentellement* primitive : »

---

1. Devant Dieu ens es cius ert ses chiés coronés. (*Jérusalem*, fr. 12558, f° 150.)
2. L'anme de lui emportent aversier. (*Chanson de Roland*, v. 1510, etc., etc.)
3. *Chanson de Jérusalem*, Bibl. Nat., fr. 12558, f° 139.

nous voudrions faire comprendre cette différence qui nous
paraît considérable.

Les poètes français ont écrit à une époque primitive qui
avait été précédée d'une époque civilisée; ils pouvaient encore
constater autour d'eux les restes puissants de la civilisation
et de la corruption romaines, et c'est ce qui nous expliquera
tant de ténèbres, tant de cruautés, tant d'erreurs qui sont encore
accumulées dans nos poèmes. Leurs auteurs étaient chrétiens,
sans doute, mais ils avaient à se débattre contre toutes les
influences des vieux paganismes celtique, germanique et
romain. Voilà pourquoi, par exemple, — comme nous aurons
lieu de le démontrer un jour, — le type de la femme est encore
si imparfait dans nos épopées nationales.

De même pour le sentiment de la nature. Il ne faut pas
nous attendre à le trouver aussi vif, aussi frais dans nos
poèmes que dans les chants homériques. Homère, poète
primitif, se promène et chante au sein d'une nature primitive:
il respire à pleins poumons un air pur; il aime et doit aimer
les échauffements puissants du soleil oriental. Nos poètes,
eux, sont enfermés dans une société presque absolument
militaire, et leurs héros n'ont guère le temps d'admirer et
d'aimer la nature. D'un autre côté, ils ne sont pas assez chrétiens pour s'élever jusqu'à cette admirable théorie catholique
de la nature, qu'un saint de leur temps a si hardiment développée dans le monde : « La nature, enlaidie et troublée
par le péché originel, est embellie et réformée par Jésus-Christ
et les Saints. La discorde cesse entre les animaux et l'homme
régénéré par la grâce. Le paradis terrestre se reconstruit ici-
bas et la grande harmonie se rétablit. » Voilà pourquoi les
oiseaux écoutaient la voix de saint François d'Assise, voilà
pourquoi les bêtes sauvages se sont mises au service des saints!

Enfin, il ne faut pas s'attendre davantage à trouver dans
nos Romans ce sentiment moderne de la nature, quelque peu
chrétien, mais mélancolique, vague et rêveur, qu'un des plus
grands poètes de notre temps a exprimé en termes si admirables : « Il y a des moments où, couché au soleil, sur cette
terre qui semble me rendre les battements de mon cœur,
embrassant de mes deux mains les poignées d'herbe, le visage
tout enseveli dans les mauves et dans les trèfles de ce petit

enclos, au bourdonnement de ces milliers d'insectes dans mes oreilles, au souffle de cette foule de petites fleurs invisibles du printemps dans les mousses, je sens des frissons de vie et de mort sur tout mon corps, comme si le bon Dieu m'avait touché d'un de ces rayons de son soleil ; comme si mon père, ma mère, mes sœurs se ranimaient et palpitaient sous l'herbe pour me reconnaître et pour m'attirer dans leur sein. » Ainsi parle Lamartine, dans son *Tailleur de pierres de Saint-Point* ; mais un tel sentiment ne peut guère apparaître qu'aux époques de doute et de trouble. Il est essentiellement le fait des siècles philosophiques. Il n'a rien de primitif, rien d'épique.

Mais que trouvera-t-on dans les épopées françaises, si l'on n'y rencontre pas cet exubérant amour de la nature qui éclate dans les épopées les plus voisines des commencements de notre monde ; si l'on n'y trouve pas la philosophie catholique de la nature ; si l'on n'y trouve pas enfin les rêves et les mélancolies modernes ?

On trouvera dans nos Chansons quelques aspirations vers le printemps et vers les fleurs, qui, par malheur, ont de très bonne heure dégénéré en formules.

Dans la *Chanson de Roland*, qui est le plus profondément militaire de tous nos poèmes, un certain nombre de couplets, si je puis ainsi parler, commencent par un rayon de soleil : « Bels fu li vespres et li soleils fut clers. » Ce qui était si naturel dans cette belle épopée, devint dans les autres une véritable formule qui néanmoins ne manque pas de grâce. On ne saurait jamais décrire le printemps sans faire un peu battre le cœur. Or, nos poètes ne se lassent pas de décrire le printemps. Le mois qu'ils décrivent le plus volontiers, c'est avril, « fleur des mois et des bois; » c'est mai surtout « qui tout mouillé rit dans les champs. » Écoutez, écoutez la voix de ces amants du printemps :

Ce fut un jour de mai, que tous les oiseaux crient, — Que le rossignol chante, et le merle, et la pie, — Et que l'alouette prend son essor en l'air avec une voix claire [1].

Ce fut en mai, par une matinée : — Le soleil se lève qui abat la rosée, — Les oiseaux chantent par la forêt ramée [2].

---

1. *Chanson d'Antioche*, éd. P. Paris, I, p. 5.
2. *Aubri le Bourgoin*, éd. P. Tarbé, page 39.

C'est à l'issue d'avril, un temps doux et joli, — Quand les herbelettes poignent et que les prés sont reverdis, — Et que les arbrisseaux ont grand désir d'être en fleur (¹).

C'était à Pâques, quand hiver se finit, — Que les bois feuillissent,que les prés sont fleuris, — Que les oiseaux chantent et ont grande joie, — Et que le rossignolet dit : « Oci, oci (²) ! »

Nous pourrions avec ces commencements de poèmes ou de couplets épiques, composer, en beaucoup plus de strophes, une sorte d'hymne descriptif intitulé : « Le Printemps. » Nous nous en tiendrons là. Le sentiment de la nature ne se fait guère jour chez nos trouvères que dans ces vers presque toujours identiques. Triste puissance que celle de la formule : elle peut tout gâter, jusqu'au printemps !

VIII. — Du surnaturel et du merveilleux dans la poésie épique. — Deux écoles en présence.

IL y a deux écoles épiques, il y a deux familles d'épopées. S'il a jamais été nécessaire d'établir cette distinction fondamentale,c'est au sujet du Surnaturel et du Merveilleux. Les épopées primitives et spontanées,telles que l'*Iliade* et la *Chanson de Roland* sont en même temps des épopées *croyantes*. Les épopées artificielles, telles que l'*Énéide* et la *Henriade*, sont en même temps des épopées *sceptiques*. Il est difficile de mettre en doute la crédulité d'Homère, des poètes hindous, de nos premiers poètes nationaux. Comment se figurer au contraire que Virgile, Lucain, Stace, Voltaire ou Boileau aient cru un seul instant au merveilleux mythologique dont ils ont fait usage, dont ils ont abusé ?

Entre ces deux écoles notre choix n'est pas douteux. Pour préférer Homère à Virgile, *Roncevaux* à la *Henriade*, il suffit d'aimer la sincérité ; il suffit de se rappeler que la grande règle du style est contenue dans ces très simples mots : « Dire ce que l'on pense. »

Contemplons un instant et voyons à l'œuvre les poètes des deux écoles. Ne craignons pas de prendre des exemples d'une

---

1. *Berte aus grans piés*, éd. P. Paris, page 5.
2. *Aye d'Avignon*, éd. F. Guessard et P. Meyer, vers 2576-2579. Nous avons réuni dans notre *Chevalerie* (p. 455 et suiv.) un grand nombre de textes analogues. Ceux-ci suffisent et donnent une idée de tous les autres.

netteté décisive. Opposons entre eux les deux types les plus opposés : Boileau à l'auteur de la *Chanson de Roland.*

Boileau a exprimé, dans son *Art poétique*, toutes les idées de son temps à l'endroit du surnaturel chrétien ([1]). Il le bannit implacablement de la poésie :

> De la foi du chrétien les mystères terribles
> D'ornements égayés ne sont pas susceptibles.

La doctrine de Boileau n'est pas douteuse. Il y a, d'après lui, pour la Religion et pour la Poésie, deux domaines qui sont absolument distincts et bien clos. La Religion est parquée dans l'un, la Poésie dans l'autre ; entre les deux domaines toute communication est soigneusement interceptée. C'est ce qu'on a appelé la doctrine du Séparatisme. Nous en avons déjà parlé plus haut.

Le Séparatisme, d'ailleurs, ne fut pas uniquement appliqué à la poésie, et l'on peut dire que ce fut l'hérésie capitale des deux derniers siècles. On l'appliqua aux sciences, à la philosophie, à la morale, à la politique. Entre la religion et chacun de ces objets de la connaissance humaine, on éleva de grands murs qu'on n'a escaladés que de nos jours. Boileau s'était contenté de poser ce prétendu axiome : « La religion n'est pas poétique » ; et les poètes du dix-septième siècle furent presque unanimes à admettre cette théorie. Hommes honnêtes, souvent même chrétiens zélés, ils faisaient dévotement leurs prières et étaient l'honneur de leur paroisse ; mais à peine entraient-ils dans leur cabinet de travail, qu'ils devenaient tout autres et changeaient d'âme. Comme Boileau, ils avaient horreur des *tristesses* du dogme chrétien et ne croyaient pas à la joie chrétienne. Ce fut un des effets les plus désolants de la grande erreur janséniste. Les Jansénistes imaginèrent une religion si morose, si maussade, si désespérante, que pour échapper à ce fantôme, les poètes se jetèrent décidément dans les bras de la mythologie grecque et romaine. Boileau proclama sans rougir que cette mythologie est le but de la poésie. C'était proclamer, en d'autres termes, que la convention est la règle de l'art.

---

[1]. Il faut observer qu'il y a eu cependant de généreuses protestations contre Boileau et son école : telles sont surtout celles de Desmarets et de Perrault. V. l'*Histoire des poèmes épiques français du XVIIe siècle*, par Julien Duchesne.

Il n'est pas nécessaire de s'arrêter ici à réfuter la doctrine de Boileau, qui, pendant plus de deux cents ans, a eu parmi nous de si funestes conséquences, mais qui est aujourd'hui l'objet d'un juste dédain que la postérité ratifiera.

On s'étonnera longtemps que des hommes d'une intelligence élevée aient pu admettre le Christianisme comme la règle de leur conduite et de leur foi, en le repoussant comme la règle de leur imagination et comme la loi de l'art. Comment a-t-on pu dire : « Le Christianisme est vrai, mais il n'est pas beau » ? Comment a-t-on pu croire que la Vérité ne doit pas être revêtue de la splendeur du Beau ? N'était-ce pas dire : « Je crois au soleil, mais je ne crois point à ses rayons ? » Et introduire dans une littérature catholique les vieilles fictions, si mal comprises d'ailleurs, et les vieux mythes si mal étudiés des Grecs et des Romains, n'était-ce pas en réalité déclarer la Vérité impuissante ; n'était-ce pas à la lettre prononcer ce blasphème : « Le Beau est la splendeur du faux » ? En bonne logique, de telles doctrines ne sont pas un instant soutenables. Ceux qui repoussent le christianisme comme faux, sont parfaitement rationnels en le repoussant comme laid ; mais comment ne pas rire de ceux qui se prosternent devant sa vérité et qui, méconnaissant sa beauté, haussent les épaules devant elle et vont, hélas ! jusqu'à la tourner en ridicule ? Si la religion chrétienne est vraie, il est impossible qu'elle ne ressemble pas au soleil qui pénètre tout. Est-ce qu'il y a un séparatisme possible devant la lumière du soleil ? Elle inonde tout, elle franchit tous les obstacles, toutes les cloisons, tous les murs ; elle entre partout, elle réchauffe tout, elle embellit et réjouit tout. De même, la Vérité. Elle doit entrer à pleins rayons dans toutes les sciences, dans la politique, dans la philosophie, dans la morale, dans l'art. Cloisons ridicules, barrières inventées par les hommes, il faut que vous tombiez devant ce victorieux envahissement de la lumière. Il faut que l'art soit chrétien, qu'il ne fasse pas bande à part, si je puis parler ainsi, et qu'il entre dans l'harmonie et dans l'unité universelles !

L'auteur de la *Chanson de Roland* n'a pas eu de ces théories ; mais candidement, naïvement, sans chercher, il a trouvé la grande règle de l'art. Il s'est mis à genoux dans ses vers, comme il se mettait à genoux dans sa vie. Il a eu en poésie les mœurs, la foi, le langage qu'il avait tous les jours en son intime et devant les hommes. Il n'a pas eu deux religions, l'une pour ses heures de poésie, l'autre pour ses heures de méditation et de prière. Il n'a pas été double, mais il a été *simple* dans toute la beauté native de ce mot. Bref, il a été logique, et a dit ce qu'il pensait. Il a réalisé le mot de Montaigne : il a été « tel sur le papier qu'à la bouche, et tel à la bouche qu'au cœur. »

Or ce véritable poète faisait le matin ses prières à Dieu, à Jésus fils de Dieu et invoquait la Vierge Marie avec une confiance sans limites ; il savait aussi que la Bonté divine s'est réservé le droit de pouvoir, par le miracle, modifier les lois de la nature pour le plus grand bonheur de l'homme ; il croyait enfin notre air respirable traversé en tous sens par les démons et par les anges. Il le croyait, et il a tout naturellement fait de ses vers le miroir de sa foi. Il a transporté son catéchisme dans son poème, et la splendeur de la Vérité y a éclaté. Cette épopée est pleine de Dieu, pleine de Jésus, pleine de Marie, pleine de Saints ; elle est traversée de toutes parts par de beaux vols d'anges. On voit le chrétien sous le poète, comme on voit l'eau sous le cristal ; ou plutôt, le chrétien et le poète, c'est tout un. Voilà cette chère unité, voilà cette belle sincérité qui, suivant nous, est la vie de l'art, tandis que la convention en est la mort.

Et, qu'on nous permette de l'ajouter, voilà où était la véritable solution de ce grand problème du surnaturel et du merveilleux dans la poésie : « Être chrétien dans ses vers, franchement, nettement, simplement ». Au commencement de ce siècle, un grand homme, dont les écrits ont encore eu plus d'influence qu'ils n'ont de mérite, Chateaubriand, fit de magnifiques, mais de pénibles efforts pour restaurer, ou plutôt (du moins il le pensait) pour créer le Merveilleux chrétien en poésie. On le vit, dans ses *Martyrs*, se consumer en rudes et douloureux travaux, commenter l'Apocalypse, inventer de nouveaux anges et les doter de noms nouveaux ; décrire un Paradis compliqué et parfois peu théologique, et, après tant d'imaginations laborieuses, arriver seulement à induire en bâillement les plus héroïques de ses lecteurs. Pourquoi se donner tant de peines? Si Chateaubriand avait été dans son poëme ce qu'il était dans sa vie ; s'il avait, sans tant de descriptions accumulées, reflété dans ses œuvres son catéchisme et ses prières du matin avec une bonne simplicité, avec une clarté vraie, avec une joie saine, il n'eût pas autant ennuyé. Et ce même reproche, nous pouvons l'adresser à Milton qui s'est tellement tourmenté, lui aussi, pour imaginer son merveilleux, et qui a certainement gâté la beauté simple et noble de la doctrine chrétienne. L'auteur de la *Chanson de Roland* ne s'est donné la peine que d'ouvrir la bouche. Et il nous ravit, précisément parce qu'il ne se donne aucune peine et que sa sincérité n'a rien de laborieux.

D'où nous nous permettrons de conclure que le merveilleux dans la poésie chrétienne, c'est uniquement le surnaturel. Or, la science du surnaturel, c'est la théologie. La poésie chrétienne n'est donc que de la théologie chantée et peinte. Les livres sacrés, la liturgie catholique, les écrits des Pères et les vies des saints sont les différents chants d'un même poème. Rien n'est à trouver. Le plus grand poète chrétien est celui qui, connaissant le mieux la doctrine chrétienne, l'aime le plus, et traduit son amour par les sons les plus harmonieux et les images les plus parfaites.

Les poètes ne sont pas à plaindre d'avoir la théologie pour maîtresse. Où trouver une inspiration plus magnifique? Le chrétien est une créature auguste et privilégiée : de quelque côté qu'il se tourne, il a le désir de chanter les grandes merveilles qu'il aperçoit et qu'il comprend. C'est pour le chrétien seul que l'univers est un poème, dont il sait lire et aimer toutes les strophes. Le chrétien le plus ignorant est un grand poète au centre d'un vaste sujet de poésie. Au-dessus des cieux visibles, l'œil de ce poète-né découvre Dieu, « être un dans sa nature, trine dans ses personnes, absolu dans son existence, indépendant dans son action, tout-puissant dans sa parole, éternel dans sa durée, être toujours ancien et qui ne compte pas d'âge ; toujours nouveau, et qui ne connaît pas de commencement ; toujours libre, et qui ne change jamais ; toujours immuable, et qui opère toujours ; qui compâtit, mais sans faiblesse : qui se repent, mais sans regret ; qui récompense, mais sans partialité ; être toujours subsistant et qu'aucun temps ne mesure, présent partout et qu'aucun espace ne circonscrit, prévoyant tout et qu'aucune prévoyance ne trouble, mouvant tout et qu'aucun mouvement n'altère, donnant tout et qu'aucune donation n'appauvrit, se communiquant à tout et ne communiquant jamais aucune partie de lui-même (1) ». Si de Dieu l'homme reporte ses regards sur le ciel visible et sur la création matérielle, il voit dans la terre le centre théologique de l'univers entier, à cause qu'elle a été arrosée par le sang d'un Dieu ; et il regarde les astres comme des armées qui racontent la gloire divine. Si l'homme se considère lui-même, il se reconnaît comme le trait d'union admirable et nécessaire du monde spirituel et du monde visible, comme un résumé de l'univers entier, comme un petit monde, comme le représentant, le pontife et la voix intelligente de la terre, « comme *un Dieu en fleur*, comme une plante divine que Dieu doit transporter dans son Eden céleste ». Et, de même que l'homme a uni la nature matérielle et la nature angélique, de même Jésus-Christ apparaît au poète chrétien comme le trait d'union entre la nature humaine et la nature divine. « Le Verbe de Dieu s'est adjoint l'humanité et n'entend plus s'en séparer. Il a pu consentir un moment à ce qu'elle fût humiliée, conspuée, flagellée, crucifiée en lui-même, il a paru même se la laisser arracher ; on l'a jetée dans les ténèbres de la tombe, on l'y a oubliée ; mais Jésus était là avec l'humanité, et, au troisième jour, on l'a vu, comme un géant, la saisir, l'emporter dans les airs et, après l'avoir montrée durant quarante jours toute resplendissante à la terre, l'installer au ciel sur un trône d'or (2) ». Voilà ce que le chrétien peut considérer au ciel, sur la terre et en lui-même, si nous en croyons les plus austères enseignements de la théologie. N'y a-t-il pas là, encore une fois, une inspiration dont la force est éternelle? Encore avons-nous passé sous silence toute l'histoire de la vérité sur la terre, toute l'histoire du peuple de Dieu et de l'Église : histoire qui, depuis les ombrages du premier paradis où Dieu s'entretint si longtemps avec l'homme jusqu'à la vision béatifique du second paradis, est féconde en merveilles poétiques. Encore

1. Saint Augustin.
2. Mgr Berthaud.

n'avons-nous point parlé des anges qui remplissent l'air, des démons qui se dressent sans cesse devant nous, des saints qui sèment d'une main si libérale les miracles sur notre terre. Non, nous n'en n'avons pas parlé ; mais ce que nous avons dit suffira à montrer la fécondité poétique de la théologie.

Telle est la source à laquelle ont puisé les auteurs de nos Chansons de geste. La vérité nous force d'ajouter qu'ils ont eu peur d'y puiser trop largement, qu'ils sont loin d'avoir étanché la soif poétique des générations chrétiennes, que la poésie catholique n'a encore été complète à aucune époque ni chez aucun peuple, et que la source est encore là, nous offrant l'intarissable trésor de ses belles eaux...

IX. — Du surnaturel dans les Épopées françaises. — La Vierge Marie, les Anges, les Démons, les Saints.

NOS Épopées nationales sont intimement pénétrées par le surnaturel : à chacune de leurs pages s'épanouit le miracle. Plus d'ailleurs ces poèmes sont religieux, plus ils sont anciens. C'est un élément de critique.

Le cycle de Charlemagne n'est pas le moins fécond en merveilles ; la *Chanson de Roland* est pleine de miracles. Charlemagne nous y apparaît comme assisté perpétuellement d'un ange : *Es vu's un angle qui od lui soelt parler*. Ne serait-il pas beau pour un peintre chrétien de représenter, au milieu des grandes batailles, un ange éblouissant de lumière couvrant de ses larges ailes et protégeant le grand Empereur ? Au moment de la mort de Roland, d'effroyables prodiges épouvantent toute la France « depuis Saint-Michel du Péril jusqu'à Cologne, depuis Besançon jusqu'à Wissant ». Un tremblement de terre ébranle les fondements du vieux monde à la mort de ce grand défenseur de Jésus-Christ et de l'Église : « C'est le grand deuil pour la mort de Roland ». Enfin Charlemagne nous est offert, dans ce même poème, sous les traits d'un autre Josué : *Pur Karlemagne fist Deus vertuz mult granz ; car li soleils est remés en estant*. Encore un noble sujet de tableau. Voyez-vous l'Empereur géant debout sur ses étriers d'or, les yeux pleins d'éclairs, la main majestueusement étendue, le visage encore rougi par les pleurs qu'a fait couler la mort de Roland, le voyez-vous arrêter l'astre vainqueur dans sa course? Aux yeux du poète chrétien, venger Roland et vaincre les Infidèles était une œuvre qui méritait aussi légitimement un tel miracle que la conquête de la Terre promise et la défaite des Chananéens. A ses yeux, Charlemagne et Josué étaient deux saints qu'il voyait se donnant la main dans le ciel.

D'autres Chansons nous offrent autant de miracles. C'est ainsi que, dans *Aspremont*, on voit Turpin porter, en tête de l'armée, avec une piété téméraire, la très précieuse relique de la vraie croix. Cette croix, tout à coup, grandit entre les mains du courageux évêque; elle grandit, grandit encore, elle touche le ciel, elle se perd dans les nues, et en même temps elle lance autour d'elle d'éblouissants rayons, à tel point que le soleil est obscurci et paraît ténébreux. La croix le remplace et éblouit la terre (1)... Dans nos Épopées, comme dans la poésie primitive de tous les peuples, on entoure les songes d'un respect presque superstitieux. C'est pendant la nuit que l'apôtre saint Jacques, d'après l'*Entrée de Spagne*, apparaît à Charlemagne et le décide à franchir les Pyrénées (2): Roncevaux, et, avec Roncevaux, toute notre poésie épique sortira de ce songe. Et, après la mort de Roland, durant la nuit qui suit la victoire du grand Empereur contre les Sarrasins, Charles a encore deux songes où toute l'histoire future du châtiment de Ganelon est clairement retracée (3). Bref il y a autant de songes dans nos romans que dans nos tragédies. Ce n'est pas peu dire.

Pour être plus abondants dans la Geste du roi, les miracles ne font pas défaut aux autres gestes. Personne ne s'en étonnera, si l'on veut bien se rappeler que dans chacun de ces cycles il y a un héros central, et que ce héros est un saint. Guillaume d'Orange est le fils du miracle : le bras de saint Pierre, promené sur toutes les parties de son corps, les préserve, à l'exception d'une seule qui n'a pu être touchée. C'est la légende d'Achille. Guillaume, d'ailleurs, termine et couronne sa vie par d'épouvantables et triomphants combats contre le

---

1. *Aspremont*, Bibl. Nat., fr. 25529, f° 70.
2. *Entrée de Spagne*, mss. français de Venise, XXI, f° 1 et 2.
3. *Chanson de Roland*, vers 2525-2569.

Diable. Mais quoi de plus touchant et de plus miraculeux à la fois que les derniers jours de la vie de saint Renaud? Après avoir délivré des Sarrasins les deux chrétientés de l'Orient et de l'Occident, ce grand guerrier, qui va devenir un grand saint, rentre un jour chez lui vainqueur et pénitent. Il se livre à de très rudes austérités et, pendant une nuit, s'échappe de son château, comme un voleur, sans qu'on le voie, après avoir adressé tout bas les plus touchants adieux à sa femme Clarisse. Il n'aspire qu'à s'humilier, qu'à descendre. Ces mêmes mains qui ont frappé de si rudes coups d'épée et qui ont si efficacement protégé la Chrétienté, l'Église immatérielle, il les veut employer à construire humblement une église matérielle. Il se fait maçon à Cologne, et ce colosse étonne par sa force encore prodigieuse ses compagnons de travail déconcertés et jaloux. Ils l'assassinent, et jettent dans le Rhin le corps de ce martyr ; mais, tout aussitôt, les poissons se rassemblent et, avec une sorte de respect et de piété inattendus, soulèvent et maintiennent le corps à la surface de l'eau. Le lendemain matin ce corps apparaît, tout entouré d'un air lumineux ; il apparaît flottant entre des cierges sur le cours du Rhin ; et dans les cieux on entend les anges, par milliers, chanter la gloire du nouveau saint. Grand étonnement, grand tumulte dans toute la ville. L'archevêque s'approche du fleuve, met le corps saint dans une châsse ; cette châsse alors se met d'elle-même en route et ne s'arrête qu'à Trémoigne. Comme on le voit, le miracle ici appelle le miracle. Nous sommes en plein surnaturel.

Les petites gestes ont aussi leurs miracles. Qui ne connaît la légende d'*Amis et d'Amiles*? Sur l'ordre d'un ange, Amile tue ses deux petits enfants, afin que, dans l'horrible bain de ce sang fraîchement répandu, Amis recouvre la santé et la vie. Il détourne les yeux, il tranche les jeunes têtes de ses chers fils. Puis, il annonce à sa femme Belissent l'épouvantable nouvelle. La mère se précipite, sublime de rage et de terreur; elle ouvre la chambre où ses deux enfants viennent d'être frappés par la main de leur père. O miracle! ô mère au bonheur revenue! elle trouve les deux enfants qui jouent sur leur lit avec une pomme d'or : Dieu a fait un grand miracle et les a ressuscités. Comme à son serviteur Abraham, Dieu a demandé à ce père un sacrifice qu'il n'aurait pas demandé à une mère et ne veut pas laisser se consommer pour toujours. Dieu nous aime maternellement.

Le roman d'*Amis et Amiles* fut mis en drame, ou plutôt en *Mystère*, à la fin du quatorzième siècle. Dans cette dernière version, la résurrection des enfants d'Amile est attribuée à l'intercession de la Vierge Marie. Nous trouvons dans ce fait une transition suffisante pour en venir aux principaux personnages surnaturels de nos Chansons de geste ; tout d'abord à la Vierge, puis aux Anges, aux Démons et aux Saints.

Un écrivain de nos jours, qui n'avait nulle horreur pour le paradoxe ([1]), a prétendu naguère que le culte de la Vierge avait reçu, au temps de saint Louis, des développements jusques là inconnus et qui ne sont pas loin de le scandaliser. Toutes nos Chansons des onzième et douzième siècles protestent contre l'audace d'une telle assertion, et ne protestent pas sans éloquence. Il serait difficile de trouver, dans nos plus vieilles épopées, la Mère de Dieu moins honorée et moins aimée que dans nos poèmes les plus récents. La Vierge Marie nous apparaît lumineusement sous la même physionomie dans les uns comme dans les autres. La piété du onzième siècle envers Notre-Dame est beaucoup moins tendre, beaucoup plus militaire, je veux bien ; mais, à coup sûr, elle est aussi profonde. Dans la garde de l'épée de Roland, il y a une parcelle des vêtements de la Vierge ([2]), et c'est pourquoi Durandal est belle et *saintisme*. Mais d'ailleurs un mot commun à toutes nos Épopées est le principal honneur qu'elles aient pu rendre à la Vierge Marie : on y appelle partout Dieu de ce nom « LI FILS SAINTE MARIE ([3]) ». Ce mot passe à l'état de formule et de cheville. Et de même que l'expression *Dex l'espirital* prouve la croyance profonde et populaire de tout le moyen âge à la spiritualité de Dieu, de même ces mots : « Dieu fils de sainte Marie » attestent la croyance non moins profonde et populaire de toute la chrétienté à la virginité, à la maternité, à la dignité incomparable de Marie. Néanmoins il ne faut pas s'attendre à trouver dans nos

1. M. Michelet.
2. *Roland*, v. 2348.
3. « Ço duinset Deus, li filz sainte Marie. » (*Roland*, v. 2938), etc.

Chansons une doctrine très complète et des idées fort théologiques sur la Vierge immaculée, rien enfin qui approche des grandes vues d'un saint Anselme et des hymnes d'un Adam de Saint-Victor. Une seule fois nous avons trouvé dans nos vieux poèmes une affirmation nette de l'Immaculée Conception : c'est dans un poème du douzième siècle, dans les *Enfances Godefroi*. On y invoque :

>..... Le roi qui fist terre et rosée
> Et la sainte pucele QUI SANS PECIÉ FU NÉE ([1]).....

Un tel passage est décisif. Pourquoi faut-il qu'il soit le seul ? Il existe, d'ailleurs, sur ce dogme tant d'autres documents, tant d'autres preuves qu'on peut ici se passer de nos épopées. Quant au paradoxe de M. Michelet, nous n'y reviendrons pas. Qu'il nous cite, au treizième siècle, et durant les siècles suivants, les plus grands actes d'amour et les plus ardentes paroles en l'honneur de la Vierge, nous sommes prêts à leur opposer des actes aussi aimants et des paroles aussi ardentes durant tous les siècles qui ont précédé celui de saint Louis.

Chose étrange ! les trouvères, auteurs de nos épopées, ont eu plus de dévotion littéraire aux Anges qu'à la Vierge. Sur la mère de Dieu nous n'avons à relever dans nos poèmes que quelques épithètes, et la Vierge n'agit guère dans notre légende chevaleresque. On l'invoque, on la prie, mais on ne la voit pas descendre réellement dans les événements épiques, y prendre part, les décider. Il semble que nos Chansons s'adressaient surtout à des gens de guerre peu sensibles de leur naturel, et vénérant la Vierge plutôt qu'ils ne l'aimaient. Les Anges, au contraire, étaient mieux compris de ces rudes intelligences. Nos pères se les figuraient sans doute comme les chevaliers du ciel ; ils leur trouvaient je ne sais quelles allures militaires. A tout instant les Anges descendent dans nos épopées, les traversent, les animent et les transfigurent. Nous avons cité tout à l'heure l'Ange qui se tenait sans cesse à l'oreille de Charles, ayant avec lui ces conversations secrètes que l'antiquité avait supposées entre Socrate et son démon ; mais les esprits célestes apparaissent en foule dans toute notre action épique. Ils s'abattent par milliers autour de

---

1. Bibl. Nat., fr. 12558, f° 57, v°.

Roland qui expire ; saint Gabriel reçoit le gant du héros ; puis, ils attendent avec quelque impatience que le dernier souffle de ce martyr s'exhale de sa poitrine pantelante et de ses lèvres décolorées. A peine ce dernier souffle expiré, ils entourent l'âme sainte et la conduisent en Paradis (1). Et c'est là en effet une de leurs missions épiques : ils se tiennent pour ainsi dire à la bouche des héros chrétiens qui meurent dans la grande guerre contre les Sarrasins, ils saisissent doucement les âmes des chevaliers et les présentent à Dieu (2). Saint Michel est particulièrement chargé de cette honorable fonction (3). Voilà, voilà enfin le surnaturel revêtu de la beauté qui lui est propre.

Les Anges, d'ailleurs, ont porté bonheur à nos poètes. Saint Gabriel intervient dans le grand duel entre Charlemagne et Baligant : « Charles chancelle, et peu s'en faut qu'il tombe ; — Mais Dieu ne veut point qu'il meure, ni qu'il soit vaincu. — Saint Gabriel descend vers lui, et lui crie : « Grand roi, que fais-tu ? » — Quand Charles entend la sainte voix de l'ange, — Il n'a plus peur de la mort — Et il reprend vigueur (4). » C'est encore saint Gabriel qui, à la fin de la *Chanson de Roland*, vient donner l'ordre à Charlemagne, au nom de Dieu, d'entreprendre sur-le-champ le voyage de Syrie (5). L'Empereur voudrait bien n'y pas aller : « O Dieu, dit-il, que ma vie est peineuse ! » Il pleure des yeux et tire sa barbe blanche.... Dans *Ogier*, c'est saint Michel qui franchit l'espace entre ciel et terre pour apaiser le héros un peu sauvage de cette rude épopée et l'empêcher de tuer le fils de Charlemagne. Le Danois cependant frémit de fureur, grince des dents, il a la mort de son fils à venger : « Ogier, lui dit l'archange, ne touche pas à cet enfant, Dieu te le défend. Arme-

---

1. *Roland*, vers 2393-2396.
2. Quand meurt le petit Garnier de Vautanise, que ses parents ont substitué à Jourdain de Blaives ; quand Fromont a coupé la tête de l'innocent,
   Lors se pasmerent ilnec plus de mil :
   Au redrecier virent le ciel ouvrir
   Et les saints angles et aler et venir,
   Qui l'arme emportent dou damoisel gentil.
   (*Jourdain de Blaives*, Bibl. Nat., fr. 860, f° 114).
3. « Saint Michius prist les armes, devant Deu les en guie. » *Jérusalem*, Bibl. Nat., fr. 12569, f° 195. Etc., etc.
4. *Roland*, v. 3608 et suiv.
5. *Ibid.*, v. 3993.

toi, et combats les infidèles. *Dieu t'aidera, le roi omnipotent* (¹). »
N'est-ce pas là tout à fait, n'est-ce pas là le rôle que jouent les
divinités homériques autour des remparts de Troie ?

Les Saints jouent le même rôle, mais beaucoup moins
fréquemment. Dans la grande épopée lorraine, avant le combat décisif qui doit se livrer, sous les murs de Soissons, entre les Wandres et Charles Martel, le Roi aperçoit un beau chevalier couvert d'armes toutes blanches qui se tient debout au front de l'armée chrétienne. Une croix rouge brille sur son armure ; à ses côtés se dressent cinq cents hommes armés. C'est saint Georges, le chevalier du ciel, qui vient prêter aide et secours aux chevaliers de la terre (²). Nous avons déjà raconté l'apparition de saint Jacques à Charlemagne avant la grande expédition d'Espagne. De tels traits sont assez rares dans nos poèmes, et les Saints n'y prennent pas fréquemment une part directe à l'action épique. On les invoque, comme on invoque la Vierge. Il serait d'ailleurs curieux de relever le nom des Bienheureux qui sont le plus souvent invoqués ou sur les reliques desquels on prête le plus de serments. On verrait par là quels étaient, au moyen âge, les saints les plus véritablement populaires (³).

Plusieurs de ces formules nous sont encore précieuses, en ce qu'elles nous révèlent le développement immense qu'avait pris chez nos ancêtres, depuis une époque fort reculée, le culte des saintes reliques. Outre une parcelle du vêtement de la sainte Vierge, il y avait encore, dans la garde de Durandal, « une dent de saint Pierre, du sang de saint Basile et des cheveux de monseigneur saint Denis (⁴). » A chaque instant les chevaliers jurent « *par le corps* de tel ou tel bienheureux. » C'est ce que nous voyons encore aujourd'hui. Les corps des saints ont toujours reçu les mêmes honneurs au sein de l'Église.

---

1. *Ogier*, éd. Barrois, v. 10, 996.
2. *Hervis de Metz*, Bibl. Nat., fr. 19160, f° 45.
3. Il faudrait néanmoins faire la part de la rime : car les trouvères éprouvèrent le besoin, pour chacun de leurs couplets, d'avoir à leur disposition le nom d'un saint qui leur offrit une rime convenable. On avait « saint Richier » pour les couplets en *ier* ; « saint Denis » pour les couplets en *i* ; « saint Léonard » pour les couplets en *ard*, etc., etc.
4. *Roland*, vers 2346, 2347.

Les Démons ont leur place toute marquée dans nos épopées chrétiennes. Ils sont, en général, peints sans vigueur. Les trouvères n'ont pas eu la notion de l'orgueil satanique ; mais ils se sont élevés jusqu'à la belle doctrine de l'antiquité chrétienne qui a généralement vu dans les faux dieux autant de Démons perpétuellement occupés à séduire et à tromper les hommes. Dans la *Chanson de Roland*, Jupiter est représenté comme un diable (1); mais les trouvères postérieurs ont donné peu de développements à cette idée si féconde. Ils se contentent de peindre le Démon comme le roi, comme le suzerain de tous les mécréants. Roland, après avoir bien parlé théologie au géant Ferragus qu'il veut convertir, finit par ces mots: « Je t'en dirais volontiers davantage, mais tu te moques, à cause du Diable qui te tient en sa seigneurie (2). » Le principal rôle des esprits infernaux, dans l'Épopée française du moyen âge, est la contre-partie de celui que jouent les Anges au milieu des batailles. Les Démons se tiennent aux aguets près des Infidèles qui meurent, épient leur dernier soupir et se précipitent avec une joie féroce sur ces âmes infortunées pour les emporter avec eux dans l'éternel Enfer. (3) Cette conception est belle ; mais, pour tout le reste, il est aisé de voir combien nos poètes sont peu théologiens. Nous sommes loin du Lucifer de l'Écriture ; de ce grand combat céleste dont parle l'Apocalypse ; de cette grande cause de la chute des anges qui nous est indiquée par les Pères, et cette cause n'est autre que l'incarnation. Les trouvères, du moins, ont merveilleusement compris que le Diable est le type de toute laideur. Ils ne cessent de répéter que tel ou tel mécréant est aussi noir que « diable et aversier ». Pour être devenue un proverbe, cette comparaison ne fait pas moins d'honneur à nos poètes.

---

1. *Roland*, v. 1392.
2. *Entrée de Spagne*, mss. français de Vénise. XXI, f° 63.
3.   Li paiens chiet contreval à un quat,
      L'anme de lui emporte Sathanas. (*Roland*, v. 1267, 1268.)
Li tiers ciet mors à terre, s'a les arçons guerpis ;
    Diable emportent l'âme en enfer à tous dis. (*Jérusalem*, Bibl. Nat. fr., 12558, f° 139, etc.)

X. — Du culte et de la prière dans nos Chansons de geste.

DANS toutes les Épopées primitives, les héros parlent longuement; dans l'Épopée chrétienne ils prient sans cesse. A tout instant, ces soldats, couverts d'un fer pesant, se jettent à genoux tout d'une pièce. Et les voilà qui, avec une dévotion prolixe, réclament les secours de Dieu, de la Vierge et des Saints.

Presque toutes ces prières épiques se ressemblent, depuis la *Chanson de Roland* jusqu'au *Charlemagne* de Girard d'Amiens, et c'est surtout dans cette partie de nos poèmes que la formule a triomphé. Dans nos plus anciennes Chansons, les héros se contentent de demander l'aide du bras divin en rappelant à Dieu tous ses anciens miracles en des circonstances analogues, en énumérant toutes les délivrances illustres que Dieu a opérées dans l'Ancien, ou dans le Nouveau Testament, toutes les infortunes qu'il a miraculeusement soulagées. « Vrai Père, dit Charlemagne dans la *Chanson de Roland*: « défends moi en ce jour, toi qui préservas Jonas et le fis sortir « du corps de la baleine ; qui épargnas le roi de Ninive ; qui, « dans la fosse aux lions, délivras Daniel d'un merveilleux « tourment ; qui sauvas les trois enfants dans la fournaise « ardente. Que ton amour ne m'abandonne pas, Dieu miséri- « cordieux ; accorde-moi le pouvoir de venger mon neveu « Roland ([1]). » Cette prière est d'un beau caractère, et presque concise. Mais bientôt on ne la trouva plus assez développée, et alors apparut une nouvelle formule d'une longueur redoutable. Elle consiste dans un résumé complet de toute l'Histoire sainte, résumé que nos héros développent en termes très redondants. Dans le *Couronnement Looÿs*, une de ces prières qui peut servir de type, n'a pas moins de quatre-vingt-quatorze vers, et le poète la recommande tout particulièrement à ses lecteurs: « Qui la dira le matin à son lever ne sera jamais damné. » Malgré cette recommandation, nous n'osons pas faire subir à nos lecteurs l'audition de cette longue oraison. Nous préférons citer une prière plus courte, et dans laquelle le poète se contente de résumer seulement l'histoire

---

1. *Roland*, v. 3101-3109.

du Nouveau Testament. Elle abonde d'ailleurs en beautés originales :

Roland mit son cheval au petit pas, jeta les yeux au ciel, et dit : « O toi qui souffris sur la sainte croix, quand tu pardonnas à Longin qui te demanda merci d'un cœur si sincère;

« Tu écoutas celui qui était crucifié à ta droite et qui te disait: *Domine, memento mei quando in regno tuo eris*. Et tu tournas les yeux vers lui, et tu le réconfortas, et tu lui dis : « *Amen, amen*, je te dis que tu seras aujourd'hui dans le vrai Paradis avec moi. »

« Beau sire, avant l'heure de none tu demandas à boire: cela signifiait que tu avais une grande soif de boire la mort pour notre salut.

« Je crois, je crois que tu es ressuscité Dieu et homme tout ensemble, que tu es remonté au ciel au jour de l'Ascension, et qu'après Pâques, tu t'es montré à tes douze apôtres tout tristes, et que tu leur as rendu le courage par ces seules paroles : *Vobis pax !*

« Sire, je ne veux pas te faire des questions comme saint Thomas ; mais j'ai la ferme assurance que tu paraîtras au dernier jour dans la vallée de Josaphat. Les bons et les mauvais trembleront de peur, car tu leur montreras tes mains, tes pieds et ton côté percés ;

« Et tu diras : *Venite benedicti* aux élus, et tu maudiras les félons à ta gauche. Et ils s'en iront en enfer où l'on ne rit jamais.

« Oui, s'il est vrai que je croie à tout cela (comme tu le sais), sois mon bouclier contre ce Satanas...

« Tu es Dieu, tu peux frapper haut et bas, montre donc ton miracle...

« Mais je ne veux plus te dire qu'un mot en finissant: « Que ta volonté soit faite (¹). »

A la fin de la prière précédente, on aura peut-être remarqué les mots: « S'il est vrai que je croie à tout cela. » Ces mots sont de formule dans presque toutes nos oraisons épiques : elles se terminent presque toutes par ces vers: « Si com c'est voir, sire, et nous le creons », ou par des vers analogues. C'est la transition employée par nos poètes pour passer de leur résumé historique à leur prière proprement dite. Elle est ingénieuse, je le veux bien, mais c'est une formule. Les plus belles prières de nos Chansons, est-il besoin de le dire, sont celles où il y a le moins de formules. Et à cet égard rien n'égale peut-être, dans aucune littérature, les derniers cris de notre Roland agonisant sur ce rocher d'où il contemple l'Espagne en conquérant. On n'a jamais mieux prié.

Les professions de foi ne sont pas dans nos Romans plus

---

1. *Entrée de Spagne*, mss. fr. de Venise, XXI, f° 32.

rares que les prières. Nos héros chevaleresques savent leur *Credo* et le récitent volontiers. Il ne sera pas inutile de placer ici sous nos yeux une de ces professions de foi naïves, crédules même, mais qui sont bien faites pour nous donner la mesure exacte de la science théologique de nos trouvères. On verra par là, une fois de plus, que ces poètes n'étaient pas des clercs. Dans la *Chanson d'Aspremont* le duc Naimes, ce Nestor des poèmes carlovingiens, fait les plus nobles efforts pour convertir à la foi chrétienne Balan, ambassadeur du roi Agolant, et voici en quels termes il lui expose la vraie religion : « Après que Dieu eut donné naissance à ce monde. — Qu'il eut créé Adam et Ève, — Il leur octroya le séjour du Paradis. — Tout ce qu'il y avait dans ce Paradis, il le leur donna — Et leur défendit de manger d'un seul fruit. — Adam n'y devait pas porter la main, — Mais il n'en sut rien faire et en mangea. — Soudain tous deux furent chassés du Paradis — Et il leur fallut chercher de quoi soutenir leur vie. — Leur race cependant se multiplia sur la terre, — Mais dans la douleur et le péché. — Ils furent tous noyés dans le déluge; — Noé seul fut épargné — De qui nous tenons notre origine. — Quelles que fussent les victimes, les Diables en étaient joyeux. — Tous les hommes trébuchaient dans l'Enfer. — Tous, vifs et sains, ils y étaient poussés — Comme les bêtes qu'on mène au marché. — Mais enfin Dieu eut pitié de son peuple, — Pour nous sauver, il descendit en terre. — Oui, ce grand Dieu qui demeure en sa Trinité — S'appauvrit tant pour notre salut — Qu'il prit chair et humanité — Et naquit de la Vierge le jour de Noël. — Il a vécu parmi nous trente-deux ans, — Puis, fut au fleuve baptisé. — Qui sera régénéré par le saint baptême — Aura son lit tout préparé au Paradis. — Juifs le prirent, le torturèrent et le percèrent sur la croix. — Son cœur fut traversé d'un grand glaive acéré. — Aussitôt après sa mort, son âme descendit tout droit en enfer — Et en retira tous les saints qu'il y trouva, — Joseph, Jacob, Abraham et Noé. — Le troisième jour il remonta en Dieu. — Par sa mort, l'enfer fut violé — Et jamais plus les Diables n'eurent telle puissance. »

Voilà en réalité toute la science théologique des auteurs

de nos épopées (1) ; ils n'en savaient pas plus long. Comme on le voit, ils s'en tiennent au fait assez banalement et laissent le dogme dans l'ombre : c'est le propre des ignorants et des enfants. Les deux faits sur lesquels ils insistent presque uniquement, c'est le péché d'Adam et la mort de Jésus-Christ. On remarquera aussi la large part qu'occupent les Démons dans ces expositions de notre foi, qui sembleront sans doute trop enfantines.

Les sacrements, la liturgie et le culte ne sont pas, chez nos épiques, l'objet d'une étude plus savante. Les Sacrements de l'ordre, de l'extrême-onction, de la confirmation, ne sont jamais mis en lumière dans nos poèmes. Mais il n'en est pas de même du mariage et du baptême, qui sont le dénoûment le plus ordinaire de nos Chansons.

Presque toujours encore, le baptême est donné par immersion (2). Dans le *Roland*, il est très nettement question du baptistère comme d'un édifice encore distinct : *Meinent païen entres qu'à l' baptisterie* (3). Quand les païens sont baptisés, on leur laisse quelquefois leurs anciens noms. Ainsi dans *Gui de Bourgogne* : « Iluc sont bautisié, d'eve rengeneré ; — Mais lor nom ne lor sont changié ne remué (4). » Néanmoins de nouveaux noms sont presque toujours donnés aux nouveaux chrétiens. C'est ce qui a lieu pour Orable, qui reçoit le nom de Guibourc : « A nostre loy la fait Guibourc clamer. » La présence des parrains et des marraines est signalée dans plus d'un poème (5). Chaque baptisé peut en avoir plusieurs (6). Pourquoi faut-il ajouter qu'une horrible cruauté signale dans tous nos poèmes l'administration de ce sacrement? On tue implacablement tous les païens qui ne veulent pas se faire chrétiens. Cette doctrine féroce du baptême et de la conversion par force apparaît déjà dans la *Chanson de Roland* : « S'or i ad cel qui Carle contralie, — Il le fait pendre o ardeir ou occire. » Nous reviendrons sur cette question afin de l'éclaircir

---

1. *Aspremont*, édition Guessard, p. 6.
2. Dans les grandes cuves, et non dans le bassin des premiers siècles de l'Église.
3. *Roland*, v. 3668.
4. Vers 3113, 3114.
5. Orable a trois parrains : « Bertrans la tint et Guielins li bers, — Et Guilebers li preus et li senés. (*Prise d'Orange*, éd. Jonckbloet, v. 1870, 1871.)
6. *Roland*, v. 3980, 3981.

complètement. Mais nous ne voulions pas tarder davantage à exprimer notre très sincère et très profonde indignation.

Le mariage est toujours célébré dans l'église (¹), avant et pendant la messe (²) : il n'est jamais considéré que comme un sacrement. C'est presque toujours quelque évêque qui bénit les époux. Combien Turpin a consacré de ces mariages héroïques ! La cérémonie du couronnement se mêle souvent à celle des noces (³).

La principale dévotion des héros carlovingiens, c'est l'assistance journalière à une messe qui est ordinairement précédée des matines (⁴). Nos poètes ne manquent pas d'indiquer que le héros de leur Chanson fait son offrande à l'église, c'est-à-dire au moûtier où il entend les divins offices. On précise souvent la quotité de cette offrande qui, suivant l'usage liturgique, doit se faire après l'Évangile. Avant le duel judiciaire, les deux Champions entendent aussi une messe, et communient. C'est ce qui a lieu pour Thierry et Pinabel à la fin de la *Chanson de Roland* (⁵) ; c'est que nous avons eu lieu de commenter plus haut.

Quant aux fêtes catholiques, elles sont célébrées avec de véritables transports d'allégresse. Les chevaliers ne redoutent pas la joie chrétienne, et ne la croient point contraire à leur dignité militaire. C'est à Pâques ou à la Pentecôte que le grand Empereur tient sa cour à Aix, à Paris ou à Laon. C'est durant l'octave de ces fêtes que les veuves, les orphelins et les pauvres chevaliers reçoivent du roi de France tout ce dont ils ont besoin. Le duc Naime, qui représente près de Charles la sagesse et l'expérience (⁶), veut que personne ne sorte

---

1.   Tot maintenant sont au mostier alé,
    Et l'Arcevesques a la messe chanté :
    A la loi Dieu se sont entr'espousé.
(*Olinel*, édition F. Guessard et Michelant, 2091-2094.) Etc., etc.

2. L'ala li cuens Guillaumes espouser, — Messe lor chante li evesques Guimer. (*Prise d'Orange*, éd. Jonckbloet, v. 1875, 1876).

3. V., dans *Parise la duchesse*, le mariage d'Hugues et de Sorplante. Hugues est en même temps couronné roi de Hongrie, etc., etc., (éd. F. Guessard et L. Larchey, v. 3087 et ss.).

4.   Nostre emperers s'est vestuz et chauciez,
    Messe et matines vout oïr au moustier.
    Il fist s'offrande ; puis, s'en est repairiez.
Ces vers d'*Amis et Amiles*, (éd. Conrad Hoffmann, v. 233-235), peuvent servir de type.

5. Vers 3860.

6. *Aspremont*, vers 3 et suiv.

mécontent de la présence de l'Empereur (1). Les fils de Garin de Montglane s'écrient, dans *Girars de Viane* : « C'est aujourd'hui Pâques, *une feste joiant, que menent joie li petit et li grant* (2). » Ces vers, où se trouve deux fois l'idée de joie, peignent bien toutes les fêtes chrétiennes, telles que les comprenaient les auteurs de nos épopées nationales.

Avec les règles et les procédés excellents de la critique, aucun mot, j'allais dire aucune lettre n'est inutile dans aucun texte. De quelque mot que ce soit, on peut légitimement tirer une ou plusieurs conclusions scientifiques, et c'est ainsi que les théologiens eux-mêmes trouveront des arguments dans nos poèmes. En voici un exemple nouveau. Il est très souvent question, dans nos Romans, du sacrement de pénitence, et il est impossible de n'y pas constater à chaque page la pratique fréquente de la confession auriculaire. Quand Thierry et Pinabel vont se livrer à leur combat en champ clos, « ben sunt cunfès e asols et seignez (3). » Le comte Amis « à Verdelai se rendi vrai confès (4). » Nous pourrions, encore ici, multiplier les citations à l'infini.

Cependant il est une objection qu'il faut résoudre.

Dans l'admirable description de la bataille de Roncevaux, un des passages les plus pathétiques est certainement celui où l'archevêque Turpin, après un sermon d'une brusquerie sublime, fait agenouiller tous les Français et leur donne en bloc l'absolution sacramentelle. Il n'exige d'eux aucun aveu particulier, mais leur demande seulement un *Confiteor* en abrégé: *Clames vos culpes*: la contrition: *Si preies Deu merci*, et enfin une satisfaction, une pénitence d'un caractère tout particulier : *Pur penitence les cumandet à ferir*. Mais il est nécessaire de citer tout le passage. et de telles beautés ne s'analysent pas : « Seigneurs barons, Charles nous a laissés ici : nous devons mourir pour notre roi. Aidez, aidez à soutenir chrétienté. Vous aurez bataille, c'est certain, car de vos yeux vous voyez les Sarrazins. Clamez votre coulpe, demandez à Dieu merci. Je vais, pour guérir vos âmes, vous donner l'abso-

---

1. *Aspremont*, vers 50 et suiv. du ms. de la Bibl. Nat. fr. 8203.
2. *Girars de Viane*, éd. P. Tarbé, p. 6.
3. *Roland*, v. 3859.
4. *Amis et Amiles*, éd. Conrad Hoffmann, vers 51.

lution. Si vous mourez, vous serez saints martyrs, et vous aurez séjour dans le grand Paradis. » Les Français descendent de cheval, ils s'agenouillent, et l'Archevêque les bénit de par Dieu. Pour pénitence, il leur ordonne de bien frapper. Français se relèvent, se mettent sur pied. Les voilà bien absous et quittes de leurs péchés (1). »

Il est aisé de comprendre que cette singulière absolution est tout à fait exceptionnelle, et ne peut rien prouver contre la nécessité de la confession auriculaire. Sans vouloir entrer ici sur le domaine de la casuistique, il nous semble que la Miséricorde divine a dû s'émouvoir là haut du spectacle de ces vingt mille barons se frappant la poitrine en présence des Sarrasins qui vont en faire des martyrs. Vingt mille aveux particuliers sont impossibles en cet instant suprême : la bonté de Dieu a pu se contenter de cet aveu général, qui n'a rien de rigoureusement sacramentel. La nécessité de la vraie confession était d'ailleurs si bien reconnue par nos pères, qu'à défaut d'un prêtre, les héros chevaleresques se confessent à leur plus proche parent. Oui dans l'horreur de la mêlée, le chevalier tombé de son cheval, noyé dans les flots de son sang, agonisant enfin, se penche à l'oreille de son parent le plus proche et lui fait l'aveu de toutes ses fautes. Et notez que ce grand spectacle nous est offert par les plus anciens de nos poètes. Dans *Raoul de Cambrai*, Bernier se confesse ainsi à Savari :

> A icest mot apelle Savari,
> De ses pechiés à lui confès se fist,
> Car d'autre prestre n'avoit-il pas loisir (2).

Mais le plus bel exemple de ces confessions militaires est celui de l'enfant Vivien, qui, frappé mortellement dans la terrible défaite d'Aliscans, a encore la force de faire à la fois sa première confession et sa première communion sur le champ de bataille jonché de morts. Et c'est son oncle Guillaume qui le confesse et le communie. Il y a là un des plus beaux épisodes de toute notre poésie épique, et c'est le cas de rappeler ici cet admirable scrupule de Vivien et sa plus

---

1. *Roland*, v. 1140.
2. *Raoul de Cambrai*, éd. Leglay, p. 327. La confession à un laïque, en l'absence d'un prêtre, est autorisée par Pierre Lombard et un grand nombre de théologiens des XIIe et XIIIe siècles.

grande terreur au moment de paraître devant Dieu. Il avait fait le vœu de ne pas reculer d'une lance devant les infidèles, et il craint d'avoir, plus ou moins involontairement, reculé de ce très léger espace devant les ennemis de sa foi, devant cent mille Sarrasins. O grandeur du soldat chrétien !

Un autre rite, encore moins sacramentel que la confession faite à un laïque, est la communion eucharistique reçue par les chevaliers sous l'espèce de l'herbe ou de la verdure. A défaut de prêtres, à défaut d'hosties consacrées, les chevaliers se communient avec des feuilles d'arbres, avec des brins d'herbe. Élie de Saint-Gilles rencontre un chevalier mourant. Plein de charité, il s'élance vers lui : « Entre ses bras le prist, — Prist une fuelle d'erbe, à le bouce li mist. — Dieu le fait aconoistre et ses peciés gehir ; — L'anme part (¹). » Dans *Raoul de Cambrai*, Savari communie Bernier après l'avoir confessé : « Trois fuelles d'erbe maintenant li rompi. — Il les receut *per corpus Domini* (²). » Dans le même poème, c'est avant la bataille que tous les chevaliers de l'armée se donnent la communion sous la même espèce : « Chascuns frans hom de la pité plora ; — Mains gentishons s'i acumenia — De trois pous d'erbe, qu'autre prestre il n'i a. — S'arme et son cors à Jhesu comanda (³)... » Dans *Aliscans*, la communion de Vivien est beaucoup plus sacramentelle : Guillaume, par un étonnant privilège, a emporté avec lui dans la mêlée une hostie consacrée, et c'est avec cette hostie qu'il console et divinise les derniers instants de son neveu. Quant à la communion par le feuillage, il faut, pensons-nous, la considérer uniquement comme symbolique. Mais, comme nous croyons à l'infinie miséricorde de Jésus-Christ, il nous est doux de penser que cette communion, toute symbolique qu'elle puisse être, aura donné à nos héros certains titres de plus à la Béatitude céleste et qu'elle aura été pour eux un gage plus certain de la résurrection future.

1. *Élie de Saint-Gilles*, éd. G. Raynaud, vers 243-246, f° 77.
2. *Raoul de Cambrai*, l. c., p. 327.
3. *Raoul de Cambrai*, l. c., p. 95.

XI. — Notion de l'Église. — Le Pape.

UN petit poème du treizième siècle, publié déjà plusieurs fois, l'*Ordene de chevalerie*, nous fournit sur le symbolisme de la Chevalerie, sur son but et ses devoirs, les plus complets, les plus précieux détails. Il faut néanmoins se garder de considérer ce poème, dont la pensée est si élevée, comme l'expression exacte des idées militaires aux douzième et treizième siècles. Il convient en particulier de ne pas se représenter la doctrine subtile, délicate, quintessenciée, de l'*Ordene de chevalerie*, comme étant celle de nos Chansons de geste. Entre nos Épopées nationales et les délicatesses théoriques de l'*Ordene* il y a presque toute la différence qui existe entre l'idéal et le réel : car nos Romans sont le reflet peu embelli de la vie de leur temps et n'ont presque rien de théorique. Le petit poème dont nous parlons ne nous offre au contraire, si l'on peut parler ainsi, que la métaphysique de la chevalerie.

L'auteur de cette métaphysique, résumant et accentuant la pensée des esprits les plus hauts de son temps, affirme nettement que la Chevalerie a pour premier but la défense de l'Église. La Chevalerie doit être en effet la Puissance armée se tenant debout, la lance au poing, près de la Vérité désarmée : tel est l'idéal sublime que le christianisme a proposé et propose encore à la condition militaire. Le chevalier est couvert d'une robe vermeille, à cause, lui est-il dit, *Que vostre sang devez espandre, — Por la sainte Eglise deffendre.* Jamais on ne concevra pour le soldat un aussi grand, un aussi glorieux idéal. La force est appelée à soutenir la faiblesse ; l'Empire est destiné à être le bouclier de la Papauté ; la Chevalerie est le rempart de l'Église. Tandis donc que le soldat grec ou romain combattait avec l'égoïsme étroit d'un amour exagéré de sa patrie ; tandis qu'il ne rêvait trop souvent que l'oppression du monde, le soldat chrétien se place, lui, près de la Vérité et lui dit : « Envoie tes missionnaires, prêche, baptise, convertis, éclaire. Je suis là tout en armes, et personne n'aura devant moi l'audace d'empêcher la libre diffusion de ta parole et de ta lumière. » Voilà la notion de l'Église dans ses rapports avec la Chevalerie.

Cette notion se retrouve dans nos poèmes. Elle y est sans doute moins complète et moins brillante ; mais enfin elle s'y retrouve. Deux beaux vers du *Moniage Guillaume* pourraient être la devise des chevaliers chrétiens auxquels le vieux poète les applique : « Il se combattent as Turs molt volentiers — Et sovent sont en leur sanc baptisiez (1) ». Parmi tous les conseils qui sont adressés aux nouveaux chevaliers, il en est toujours un qui se rapporte à la défense de l'Église. Dans *Gaidon*, un évêque de la lignée des traîtres expose longuement ce que l'on pourrait appeler « le code Ganelon ». Il est inutile d'ajouter que ce code est précisément l'inverse de celui de la chevalerie chrétienne. Or, on y trouve en bonne place les vers suivants : « Les orphelins à tort desheritez — Et sainte Église adès déshonorez (2) ». L'amour de l'Église était si bien le premier devoir du chevalier, qu'il l'emportait sur le devoir féodal lui-même, sur l'obéissance au suzerain. Dans *Girars de Viane*, il est très lucidement spécifié que l'on doit partout aider son seigneur, puisque l'on tient de lui terres et fiefs, « pourvu cependant que ce ne soit pas pour détruire moutier », ni pour piller le pauvre peuple : « car nul ne doit guerroyer contre Dieu. » L'Église et Dieu, ne l'oubliez pas, c'est tout un aux yeux de nos épiques. Dans nos premiers poèmes, les mots « Église » et « Chrétienté » sont complètement synonymes. Quand l'archevêque Turpin, au début de son incomparable sermon de Roncevaux, s'écrie : « Aidez à maintenir chrétienté ; » c'est absolument comme s'il disait : « Soyez les soldats de l'Église. » L'allocution de Turpin est bien faite pour nous donner, à tous égards, l'idée du valeureux amour pour l'Église qui enflammait toutes les poitrines de nos chevaliers. A leurs yeux, la puissance du mal s'était condensée ici-bas dans le peuple musulman, dans l'Islam : la puissance du bien, au contraire, dans l'Église. Ils se faisaient les champions de cette faiblesse qui soutient le monde « et étaient souvent baptisés dans leur sang ! »

Cet amour pour l'Église n'est pas toutefois sans se contredire souvent dans nos épopées nationales. Vous venez de

---

1. Bibl. Nat. fr. 774, f° 187.
2. Bibl. Nat. fr. 860, f° 69, v°.

lire une page toute chrétienne, toute chaude de cette passion désintéressée pour la Vérité ; quelques vers plus loin, éclatera tout à coup je ne sais quelle haine farouche contre le pape et tous les clercs. D'où vient cette contradiction ? Ah ! c'est que le pape, les clercs et les moines possédaient de l'argent dans leurs coffres et des terres au soleil ; c'est que les rois et les barons regardaient ces trésors avec de grands yeux pleins de convoitise ; c'est enfin que les trouvères favorisaient volontiers les entreprises ou, tout au moins, les théories des rois et des barons. Nous allons voir tour à tour se produire cette haine et cet amour des chevaliers à l'égard du pape, des clercs et des moines. Nous allons surprendre nos poètes en flagrant délit de contradiction.

Nos chansons de geste (on l'a déjà vu plus d'une fois) sont profondément populaires et reflètent exactement les croyances du peuple à leur époque. Or, s'il est toujours possible de connaître, à tel moment donné, les idées de la classe lettrée dans tel ou tel pays, il est plus malaisé de pénétrer la pensée des petites gens qui n'écrivent pas et dont les écrivains ne daignent point parler. Nos Épopées répondent à ce problème. Les mots le plus souvent employés dans leurs vers et même passés à l'état de *chevilles* : « Dex l'espirital, » et « Diex fils sainte Marie, » nous ont déjà montré combien était profonde, dans la société d'alors, la croyance à l'unité d'un Dieu tout esprit et à la divinité de Jésus. Un autre mot, « l'Apostole, » perpétuellement employé pour désigner le Pape, nous montre assez à quelle hauteur le peuple des douzième et treizième siècles plaçait la dignité pontificale. Les théologiens qui ont le mieux, le plus convenablement parlé du successeur de saint Pierre, qui ont attribué légitimement l'Infaillibilité doctrinale à ses lèvres sacrées, ces théologiens n'ont guère trouvé d'expression plus louangeuse pour désigner le Siège romain, que celle-ci : « *Apex apostolicus*, le Sommet apostolique. » Par un seul mot bien simple, le peuple du moyen âge et ses poètes ont exprimé cette idée : ils ont appelé le pape « l'Apostolique », c'est-à-dire l'apôtre par excellence, l'apôtre suprême. Nous regrettons de n'avoir plus ce mot : il eût mieux conservé, à travers les temps modernes, l'idée qu'il traduit si exactement. On n'aurait peut-être pas osé contre l'Apostole ce qu'on a osé contre le Pape. En tous cas, les coupables eussent mieux senti l'énormité de leur rébellion et de leur crime.

Cette grande idée du Pape domine tout dans nos poèmes. « L'Apostole » y est placé très haut, au sommet de la hiérarchie ecclésiastique, et les évêques sont, par rapport à lui, *longo proximi intervallo*. Cela étant admis, il ne faut pas s'imaginer que le moyen âge français n'ait eu pour le Suppléant de Jésus-Christ que des hommages et des vénérations. Les siècles qui se rendirent coupables des fableaux et du *Roman de Renart* ne pouvaient pas toujours rester à genoux. Quelque scepticisme tourmentait quelques poètes. Cet esprit presque voltairien gagna les rangs de nos épiques eux-mêmes, d'où plus souvent encore il fut chassé. Et voilà comment il y a, dans nos Chansons de geste, deux façons fort différentes de considérer le Pape.

Nos trouvères, d'un côté, ont vu dans le Pape tout ce qu'ils voyaient dans saint Pierre et se sont plu notamment à signaler les crimes dont l'absolution était réservée à l'Apostole. Les héros de nos romans font les plus pénibles voyages pour aller à Rome se confesser au Pape de tous leurs péchés. Ameline dit à Girart du Fraite, dans *Aspremont* : « A votre « place, je vengerais Dieu de mon mieux ; puis, je reviendrais « par Saint-Pierre de Rome et serais entièrement absous de « tous mes péchés [1]. » Nos poètes populaires n'avaient pas été moins vivement frappés de l'esprit de pacification qui a toujours animé les Souverains Pontifes : les ambassadeurs des papes se sont souvent nommés *paciaires*, et non sans raison. Ce grand caractère des successeurs de Pierre leur est conservé dans le beau poème provençal de *Girart de Roussillon*. « Petits et grands, s'écrie le Pape à la fin de ce roman, écoutez-« moi. C'est moi qui suis le vrai pasteur de toute la sainte « Église. Eh bien ! je vous somme de sortir de la guerre et « de la haine, et de vous tourner en paix et en douceur. » Il leur donne pour pénitence la paix. Les bras se lèvent, l'accord se conclut [2]. Cet amour de la paix n'empêche pas d'ailleurs les Souverains Pontifes de montrer, d'un doigt énergique, les

---

1. *Aspremont*, éd. Guessard, p. 18, v. 14, 26.
2. Raynouard, *Lexique roman*, I, p. 122.

Sarrasins aux chrétiens irrités et de pousser, de leur main forte, toutes les nations de l'Occident contre la barbarie orientale. Écoutez plutôt ce petit sermon du Pape dans *Aspremont*: « Francs chrétiens, Dieu vous tienne en vertu ! C'est un grand bonheur, vous pouvez bien le dire, que la nécessité de cette guerre. Vous avez en vous grand péché qui vous confond et vous domine ; mais, par les grands coups de vos épées d'acier, vous allez être absous et purifiés. Pas de délai, je vous en prie. Vengez, vengez notre Seigneur Jésus. Ou je me trompe bien, ou vous serez vainqueurs (1). » Certes, cette harangue courte et bonne vaut celle de Turpin dans *Roland*. Le Pape y montre autant d'énergie contre les mécréants que de franchise avec les chrétiens. C'est une double grandeur.

Quant à cet amour pour les biens de la terre, qui est trop souvent reproché par les trouvères aux hommes d'Église, nous l'avons vu plus rarement attribué au Pape lui-même. Tout au contraire, dans le prologue de *Garin de Loherain*, dans cette partie du poème où sont rappelées d'une façon si vivante les antiques déprédations de Charles-Martel, le Pape joue un rôle sublime. C'est un saint Léon. Comme les hordes des Vandales s'approchent, comme tous les chrétiens s'enfuient devant ces barbares, le Pape se lève, *tendrement plore, s'a sa gent appelé*, et il ordonne à tous les clercs de sacrifier leur argent pour armer les chevaliers. Objections de l'archevêque de Reims qui ne veut pas « donner une maille » ; objections de l'abbé de Cluny qui veut bien, lui, donner quelque chose... pour ne point perdre tout. Mais l'Apostole indigné, faisant usage de cette puissance sans contôle qui lui appartient comme à l'administrateur suprême de tous les biens de l'Église, s'écrie alors d'une voix terrible, en s'adressant à Charles-Martel : « Je vous donne
« l'or et l'argent des clercs ; je vous donne le vair et le gris ;
« je vous donne leurs palefrois, leurs mulets, leurs *roncins*.
« Prenez tout. Je vous le donne et vous l'octroie. Et je vous
« prête encore les dîmes pendant sept ans et demi. Mais
« quand vous aurez vaincu, mon fils, vous me rendrez

---

1. *Aspremont*, p. 10, vers 82 et suivants.

« les dîmes, car il vous est interdit de les garder (1). » Ces derniers mots sont profondément historiques. On croirait en vérité lire le texte des lettres apostoliques par lesquelles Boniface VIII et Benoît XI ont accordé plus tard tant de dîmes et d'annates à leur royal ennemi, Philippe le Bel... qui les méritait si peu.

Avons-nous besoin de rappeler, pour achever ici ce portrait des Souverains Pontifes, que, plus d'une fois, dans nos Chansons de geste, nos héros, noyés à la fois dans leur sueur et dans leur sang, se sont rudement occupés à délivrer Rome et à sauver le Pape. Citons en particulier cette délivrance de Rome par Guillaume Fièrebrace, qui est racontée longuement, trop longuement même, dans le *Couronnement Looys*. Enfin, ne l'oublions pas : le premier de tous les héros chrétiens, le type de la chevalerie chrétienne, notre Achille, Roland est sénateur de Rome et commande, dans l'armée de Charlemagne, vingt mille chevaliers pour l'Église romaine (2). L'oriflamme, qui est l'antique drapeau de la France, a d'abord été consacrée à saint Pierre : elle a porté d'abord le nom de *Romaine* (3). On voit ici bien nettement quelles sont, à l'endroit de l'Église romaine, nos traditions nationales. Notre drapeau d'ailleurs méritera toujours le même nom que l'oriflamme de nos pères, et Roland n'est pas mort tout entier.

Les Papes ne sont pas toujours si favorablement traités par nos épiques. De temps en temps, le sens voltairien se réveille ; on n'est point fâché de lancer son petit trait contre la Vérité. Est-ce par malice, est-ce par sottise que l'auteur du *Couronnement Looys* prête au Pape des paroles telles que les suivantes ? L'Apostole veut allécher Guillaume pour l'engager à se charger de la défense de Rome : « Si vous faites aujourd'hui ce vasselage pour saint Pierre, vous pourrez manger de

---

1. *Garins li Loherains*, édit. P. Paris, I, p. 9.
2. Roland, s'adressant la parole à lui-même, se dit :
   Qi sc[l]iés avoir en le vostre demaine,
   Vint mil chevalier por la g[l]esie romaine.   (*Entrée de Spagne*, f° 223, v.)
   Il y a là une conception qui est particulière aux romans franco-italiens.
3. Gefreid d'Anjou lor portet l'oriflambe,
   Seint Pierre fut ; si aveit num Romaine,
   Mais de Munjoie iloec out pris escange.   (*Roland*, v. 3093.)

la chair tous les jours de votre vie (¹). » Et ce pape, digne du Dieu des bonnes gens, donne à notre héros l'absolution de tous ses péchés futurs, quelle que soit leur gravité, et ajoute que de toute manière le Paradis est assuré aux défenseurs de Rome. Si c'est une sottise, elle est forte ; si c'est une malice, elle est médiocre ; si c'est une calomnie, elle est odieuse. De toute façon, le bon Guillaume a raison de remarquer que jamais clerc n'a été si large (²). Je le crois bien.

Le pouvoir temporel, comme il est aisé de le deviner, n'est pas ménagé par ces poètes qui se plaisent ainsi à railler le pouvoir spirituel. Le même auteur du *Couronnement Looys* a ses idées faites sur le temporel des Souverains Pontifes : *Rome*, dit-il, *appartient à notre empereur Charles*. Et il ajoute : « C'est le Pape qui en est, *desous lui*, le gardien. » Par malheur, on n'attaque presque jamais un de ces pouvoirs du Pape sans attaquer l'autre. Aussi ne serons-nous pas surpris de trouver, dans nos poèmes, des attaques terribles, et même tout à fait sauvages, contre la primauté de l'Église romaine. Un singulier passage se trouve dans certains textes de la *Chanson d'Aspremont* : passage où toutes les idées de Frédéric II sont exprimées, et cela de son temps, avec une horrible crudité. Chose étonnante ! le passage n'existe pas dans tous les manuscrits, et c'est probablement une interpolation... Le vieux Girard du Fraite, ce barbare attardé dans son siècle et qui représente toute la première férocité des invasions germaniques, Girard est sommé par Turpin d'avoir à envoyer des secours à l'empereur Charles. Il s'y refuse énergiquement, et même veut assassiner le courageux évêque. Celui-ci échappe au danger, et, terrible, menace le meurtrier des foudres de Rome : « Le Pape, lui dit-il, va jeter sur ton pays l'interdit. » Écoutez la réponse de Girard, et dites si elle n'est pas digne des plus mauvaises inspirations de Frédéric II. Le vieux baron nie les droits, même spirituels,

---

1.   Se por lui, sire, fez hui cest vasselage,
     Char peux mengier les jors de ton aage...
     Ne feras mès pechié qui te soit aspres
     N'en soies quites en trestot ton aage ;
     En Paradis auras ton hebergage.   *(Couronnement Looys*, éd.
Jonckbloet, v. 392 et suiv.
2. Ains mès nus clers n'en ot le cuer si large.

du Souverain-Pontife. « Il y a, dit-il, trois grands sièges ecclésiastiques, Constantinople, Rome et cette cité. Il y en a même un quatrième qui est Toulouse, et Toulouse est à moi. J'ai mes clercs à moi dans tout mon royaume. Ni pour baptême ni pour chrétienté je n'ai besoin de ton pape. Et d'ailleurs, si c'est mon bon plaisir, J'EN FERAI UN (¹). »

« J'en ferai un » : parole farouche, parole d'un ennemi intime de l'Église romaine. Elle ne se lit que dans un poème, et ne pourrait se trouver que dans un nombre assez restreint d'autres Romans. Grâce à Dieu, cet horrible mot serait impossible dans la plupart de nos épopées nationales.

C'est ainsi qu'à nos yeux, il y a eu deux écoles de trouvères; l'une qui était en pente vers un scepticisme moqueur, vers le scepticisme des fableaux et du *Renart*; l'autre, au contraire, qui était toute religieuse et dont les poètes se considéraient comme des auteurs de *Vies de Saints*...

XII. — L'évêque. — Le prêtre.

NOS chansons de geste nous offrent, au sujet du Prêtre, toutes les contradictions que nous y avons constatées au sujet du Pape; mais, en général, la part n'a pas été faite aussi belle aux clercs qu'à leur souverain spirituel. Le Pape était loin de nos trouvères qui le respectaient à cause de cet éloignement même, *e longinquo auctoritas*. Tout au contraire les évêques, les prêtres, les moines étaient trop près de nos poètes, et les jongleurs prenaient un malin plaisir à les montrer d'un doigt railleur aux chevaliers et au peuple qui étaient leur public ordinaire.

Il faut bien l'avouer : nos épiques n'ont pas eu la notion catholique de l'Évêque, ni celle du Prêtre. L'idéal même leur a manqué, ou plutôt ils se sont créé un mauvais idéal. En vérité, c'eût été un immense malheur si tous nos évêques avaient ressemblé à Turpin. Et cependant Turpin, dans la plupart de nos vieilles chansons, passe pour le type du grand, du bon évêque.

Turpin a de hautes vertus, mais il se trouve que ces vertus ne sont pas celles d'un évêque. Turpin est un soldat entre

1. *Aspremont*, p. 14, vers 47 et suiv.

les mains duquel s'est égaré le bâton pastoral. Il n'a rien de sacerdotal, ni l'esprit, ni le cœur, ni la vie. Il est toujours armé, toujours à cheval. Au premier bruit de guerre il se précipite, et le voilà dans les camps d'où il sortira le dernier. « Mais pendant ce temps, que devient son diocèse ? » Nos poëtes eussent trouvé cette question singulière : ils s'occupaient bien de ces choses-là ! Les ouailles de Turpin, c'est la grande ost de Charlemagne ; son diocèse, c'est le camp ; on pourrait dire qu'il est le grand aumônier des armées de Charles ; mais ce titre ne lui convient qu'avant la bataille. C'est alors qu'il prononce ses magnifiques sermons, et que, du haut de quelque colline, il bénit solennellement toute l'armée chrétienne (1). Après quoi l'orateur disparaît, et il ne reste que le soldat. Dans cet ensemble de duels qui constitue alors une bataille, Turpin ne se conduit pas autrement que ses pairs. Il choisit un Sarrasin et se jette sur lui : « Il est allé le férir par grande vertu, brise l'écu et déconfit le haubert du païen, lui plante son grand épieu au beau milieu du corps et lui donne un tel choc que le corps du misérable chancelle, et, à pleine lance, est abattu roide mort sur le chemin (2). » Turpin ne manque pas d'injurier son ennemi mort et de crier à pleins poumons : « Montjoie ! Montjoie ! » Il examine ensuite, en profond connaisseur, les faits d'armes des autres chevaliers et, toutes les fois qu'il se donne un beau coup de lance, il est heureux et l'applaudit : « Dist l'arcevesques : Cest colp est de baron (3) ! » Au lieu de verser le chrême, il verse le sang ; au lieu de conserver, il tue ; de ses mains ne sort pas la vie, mais la mort. La bataille devient-elle plus dure, Turpin devient terrible. Il ne se possède plus, il se lance en furieux dans la mêlée : « Li arcevesques plus de mil colps i rent (4). » Il est entouré des cadavres qu'il a faits. A Roncevaux il atteint certainement les extrémités du sublime ; mais ce n'est pas comme évêque : « Seigneurs barons, dit-il, pas de mauvaise pensée ; — ne fuyez pas, au nom de Dieu — et que jamais on ne chante mauvaise chanson sur nous. — Il vaut bien

---

1. *Roland*, v. 1124-1137.
2. *Ibid.*, v. 1243 et ss. et suiv.
3. *Ibid.*, v. 1280.
4. *Ibid.*, v. 1414.

mieux mourir en combattant. — C'est chose sûre : nous allons mourir. — Passé ce jour, nous ne serons plus vivants ; — mais d'une chose je vous suis bien garant, — c'est que le saint Paradis est à vous, — et vous y serez assis auprès des Saints (1). » Pour rendre le courage à tous les Français qui fléchissent sous le nombre, il parcourt alors tout le champ de bataille : « Tel tonsuré jamais ne chanta messe (2). » Ces derniers mots sont vrais : « Il n'y a jamais eu de prêtre comme Turpin. » Heureusement !

Et cependant, rien, dans aucune langue, n'égale peut-être le récit de ses derniers moments. Lorsque tous les pairs sont morts à l'exception de Roland, celui-ci, qui a les yeux pleins de nuit, va chercher, sur le champ de bataille abandonné, les corps de tous ses compagnons. Roland les trouve, se charge à plusieurs reprises de ces précieux fardeaux, et dépose les corps à la rangette devant l'Archevêque expirant, afin que le représentant de Dieu leur donne de sa main défaillante une dernière bénédiction. Turpin prononce en quelques mots leur oraison funèbre. Quant à ses dernières paroles, elles sont belles, mais trop humaines : « Ma propre mort me rend trop angoisseux ; plus ne verrai le puissant Empereur (3). » Et il meurt ; et le poète lui fait sa propre oraison, qui est héroïque autant que brève : « Turpin est mort, Turpin le soldat de Charlemagne, lequel en tout temps, par grands exploits et par très beaux sermons, a été notre champion contre les païens (4) ! »

Tel est, uniquement d'après la *Chanson de Roland*, le portrait de Turpin. Dans plusieurs autres poèmes il apparaît le même, souvent moins grand. Au début d'*Aspremont*, le poète l'oppose à l'abbé Fromer, qui représente le clergé pacifique et thésauriseur, tandis que Turpin représente le clergé batailleur et dépensier. L'archevêque plaisante l'abbé qui n'ose pas lire le défi d'Agolant : « Alez, danz abes, vos matines chanter ; miels liriés la vie saint Omer (5). » Le pauvre Fromer n'a pas des idées beaucoup plus généreuses sur le rôle du clergé dans la société chrétienne : « Il est mauvais pour un prince de faire

1. *Roland*, v. 1472 et ss.
2. *Ibid.*, vers 1563.
3. *Ibid.*, vers 2198, 2199.
4. *Ibid.*, vers 2241-2245.
5. *Aspremont*, éd. Guessard, p. 4, vers 55 et suiv.

son conseiller d'un clerc, si ce n'est en ce qui concerne le métier de clerc, pour le confesser par exemple (1). » Triste et étroite doctrine, à laquelle nous ne serions pas éloigné de préférer même celle de Turpin. Celui-ci fait bon marché des biens ecclésiastiques. Il est d'avis « que les prélats achètent armes et chevaux, et qu'en temps de guerre ils effondrent leurs trésors pour les donner aux chevaliers (2). » Eh bien ! tout cela ne nous satisfait pas. Cet évêque porte-cuirasse et porte-épée, ce prêtre-soldat qui voit couler le sang avec un plaisir vif et qui rougirait de savoir chanter ses matines, nous déplaît autant que cet abbé avare et « amasseur » qui veut circonscrire le prêtre dans l'enceinte étroite de l'Église, afin qu'il puisse thésauriser plus à son aise. Est-ce l'évêque tel que le comprend l'Église, tel qu'il est apparu tant de fois dans l'histoire ?

L'évêque catholique, quelle figure majestueuse ! Et comment se fait-il que nos épiques n'en aient pas, une seule fois peut-être, compris ni exprimé la majesté ?

L'Évêque nous apparaît à la fois comme un pasteur, comme un roi, comme un défenseur de sa cité. Son arme, ce n'est pas l'épée de Turpin : c'est la crosse qui est aiguë d'un côté pour éloigner le loup, qui est recourbée à son autre extrémité pour retenir suavement les brebis. Sa tête blanche est surmontée de la mitre, qui est en vérité aussi noble que la couronne. Cette mitre est comme le casque de ce combattant divin : elle rappelle le front de Moïse d'où sortirent de si beaux rayons après ses entretiens avec Dieu. L'Évêque doit, lui aussi, s'élancer au combat contre les ennemis de l'Église, ayant autour de sa face les très éclatants rayons de la Vérité (3). Un anneau brille à ses doigts : c'est son anneau de mariage avec la sainte Église, union dont les chastes transports doivent être immortels (4). L'Évêque, nous disent les livres trop peu connus de la liturgie romaine (5), doit être constant dans sa foi, pur dans son amour, et c'est dans la paix qu'il

1. *Aspremont*, l. c.
2. Vers 61-68.
3. *Pontificale Romanum, Consecratio episcopi.*
4. *Ibid.*
5. *Ibid.*

doit surtout se complaire. Ses pieds ont la beauté de ceux qui évangélisent la paix. Sa sollicitude doit être infatigable, comme sa ferveur; mais, par dessus tout, il doit détester l'orgueil et aimer l'humilité d'un amour qui ne se laisse jamais vaincre ni par la louange ni par la peur. Il éloigne l'hérésie et le schisme des confins bien gardés de son royaume; il établit fortement la Vérité contre toutes les erreurs. Il corrige, il élève les mœurs; il purifie, il réchauffe les âmes. Administrateur prudent des biens de son église, il envoie ses diacres porter en tous lieux le pain, le vin et la consolation à toutes les veuves, à tous les orphelins, à tous les pauvres. Si le Siège romain est en butte à quelque attaque mauvaise, l'Évêque s'émeut; il se sent le cœur tout plein de brisures douloureuses, et voilà qu'il se rapproche du pape menacé, comme les poussins se réfugient sous les ailes de la poule. D'ailleurs, il ne craint rien. Ce monarque spirituel est tout puissant dans sa cité. Il a devant les ennemis de l'Église la fière attitude de Boniface VIII à Anagni. Il se revêt de ses habits pontificaux, et il attend. Si quelque Attila se présente, il y aura toujours un saint Léon; si quelque Théodose mérite une pénitence publique, il y aura toujours un saint Ambroise pour la lui imposer, et quelque Chrysostome ne manquera jamais aux souverains coupables. Tel est l'Évêque.

Le Prêtre n'a pas été mieux compris par les auteurs des Épopées françaises. Certes, ceux qui ont écrit nos poèmes n'étaient pas prêtres eux-mêmes pour avoir une si médiocre idée de la dignité sacerdotale. Combien peu nous avons rencontré, dans nos Chansons, de prêtres à la figure austère et aimable ! Il est trop aisé de voir que nos poètes étaient surtout désireux de plaire à la race militaire : ils ne manquent guère l'occasion d'établir, au bénéfice des chevaliers, un parallèle entre les soldats et les clercs : « Oui, dit Turpin, abdiquant sa gloire ecclésiastique, nous devons moult aimer les chevaliers. Tandis que nous sommes assis à notre beau dîner et que nous chantons matines, eux, ils combattent pour garder notre terre (1). » Voilà l'idée que ces poètes se faisaient d'un prêtre : « Un homme qui chante

---

1. *Aspremont*, éd. Guessard, p. 2, v. 61-68.

matines et qui dîne bien ! » Ils sont assez rarement allés au delà de cette conception triviale. Néanmoins on trouve bien des fois, dans nos Romans, cette idée fondamentale : « que la Chevalerie est particulièrement instituée pour la défense des prêtres. » L'évêque de la famille des traitres, qui expose dans *Gaidon* le Code Ganelon, se garde bien de ne pas donner un conseil tout contraire aux chevaliers félons : « Fuyez les clercs, évitez les prêtres et les moines ; volez-les ; battez les Jacobins et les Cordeliers (1). » Hélas ! ces conseils n'ont été que trop suivis. Nous avons déjà vu quelle trace avaient laissée dans notre poésie épique les déprédations de Charles Martel (2). Dans *Aspremont*, Charlemagne lui-même s'écrie brutalement : « Par la foi que je dois à sainte Marie, pas un denier ne restera en abbaye, pas une croix, pas un calice (3). » Tout ce roman d'*Aspremont* et celui d'*Hervis de Metz* se distinguent par une véritable passion anticléricale : « J'ai donné, dit Charles Martel, j'ai donné tout mon bien aux moines noirs. La France est réduite à rien (4). » C'est aussi le langage que tinrent les pillards de biens d'Église pendant les neuvième et dixième siècles. Nos poèmes ont gardé le souvenir de ces vols imparfaitement réparés.

Ce sont les moines qui ont surtout inspiré la verve maligne de nos romanciers. Le *Moniage Guillaume* et le *Moniage Rainoart* ne sont guères que des caricatures de la vie monastique. Le moins plaisant de ces deux poèmes est encore le *Moniage Guillaume*, où l'on trouve néanmoins un abbé, traitre à son pays et traitre à sa foi, entouré de bons moines qui vivent grassement, mangent finement et boivent sec (5). La conversion de Guillaume leur cause de véritables inquiétudes. Et pourquoi ? parce que le nouveau moine a un formidable appétit et qu'il épuise trop rapidement les provisions du couvent. Voilà ce que nos trouvères dégénérés avaient fait de cette

---

1. *Gaidon*, Bibl. Nat., fr. 860, f° 67, v.
2. *Hervis de Metz*, Bibl. Nat., fr. 19160, f° 41.
3. *Aspremont*, éd. Guessard, p. 11, vers 15-18.
4. *Hervis de Metz*, Bibl. Nat., fr. 19160, f° 42.
5. « Quand le repas fut bien disposé, les moines et les serviteurs en eurent leur large part ; ils burent abondamment le vin et le clairet ; tant ont mangé qu'ils sont bien rassasiés, » etc., etc. (*Moniage Guillaume, Ueber ein Fragment des Guillaume d'Orange*, par le Dr Conrad Hoffmann, p. 813).

incomparable légende de saint Guillaume du désert, que l'on peut lire dans les Bollandistes.

C'est à regret que nous constatons l'infériorité de nos épopées nationales: elle est d'ailleurs trop évidente.

En résumé, nos poètes n'ont jamais su ce que c'est qu'un prêtre (1).

Ils n'ont jamais assisté de cœur à une ordination. Ils n'ont jamais réfléchi à la majesté de celui qui tient tous les jours Dieu même entre ses mains et qui le force en quelque manière à descendre sur l'autel !

XIII. — Erreurs et superstitions.

« L'HOMME est de glace aux vérités, il est de feu pour le mensonge » ; cette pensée, hélas ! n'est que trop juste. Ce n'est pas seulement depuis la Renaissance que l'on a vu les hommes, tout inondés, tout enveloppés de lumière par l'Église, se tourner avec amour vers les ténèbres païennes. Au milieu même des siècles du moyen âge, ces mêmes hommes, plus profondément, plus entièrement illuminés par la Vérité, se sont plus d'une fois ennuyés dans cette lumière et ont soupiré vers la nuit. Les Hébreux regrettaient les oignons d'Égypte : les chrétiens ont regretté les idoles grecques et romaines. Nos Épopées ne portent que trop visiblement la trace de ces regrets, et l'on y trouve les vestiges désolants des grands paganismes qui tour à tour ont régné sur le sol de la France. Ce sont ces tristes restes que nous allons essayer de constater dans nos poèmes. « Influence du paganisme romain, influence des erreurs celtiques, influence des légendes apocryphes d'origine chrétienne, » telles seront les trois parties de cette nécessaire et rapide démonstration...

---

1. Dans le cycle de la Croisade, qui est le plus historique de nos cycles épiques, les prêtres tiennent une meilleure place. Dans la *Chanson de Jérusalem*, notamment, ils sont l'objet d'un respect qui ne se dément jamais. Au moment où va se donner le grand assaut de Jérusalem, on forme onze *échelles* ou corps d'armée. La neuvième se compose uniquement de prêtres.

Tot cele compaignie fu de blans dras vestie :
Chascuns a crois vermeille ens el pis atachie
Et devant en sa robe une espaue croisie.
Tot furent desarmé, n'ont haubert ne quirie.
A chascun a li vesques une oublie baillie :
Ch'est li corps Damelden que prestres sacrifie.
(*Chanson de Jérusalem*. Bibl. Nat., fr. 1621, f° 171.)

Le paganisme romain a été plus profondément vaincu parmi nous que le paganisme celtique. C'est que l'Église a dû faire et a fait pour triompher de Jupiter une plus grande dépense de sang et de martyrs que pour abolir le druidisme. Néanmoins, il est encore demeuré parmi nous bien des vestiges évidents de la vieille mythologie gréco-romaine. Si l'on voulait creuser toutes les superstitions du moyen âge, on s'apercevrait aisément que la plupart remontent à quelque erreur de l'antiquité.

Dans le poème qui a pour titre : *La bataille Loquifer*, nous pouvons lire une description assez longue de l'île d'Avalon. L'île d'Avalon ressemble aux Champs-Élysées des Romains, beaucoup plus qu'aux lieux enchantés des légendes celtiques. Les portes du palais sont en ivoire, le palais tout entier est en ébène, les pierres de la ville ont la vertu de guérir tous les maux du corps [1]... Et quand Rainoart veut énergiquement s'enfuir de cette île où il a rencontré Artus, Gauvain, Perceval et Roland, qui s'oppose à cette fuite ? qui vient se mettre en travers ? Ce sont les Sirènes, dont l'origine mythique n'est pas douteuse. Les *Bestiaires*, d'ailleurs, en disent plus long que nos romans sur ces sirènes qui, passées à l'état de symbole chrétien, figurent sur plus d'un chapiteau de nos églises romanes.

C'est dans ces *Bestiaires* que l'on trouvera peut-être le plus d'erreurs provenant de l'antiquité païenne. Nos pères, sans doute, la connaissaient mal, mais plusieurs épisodes en étaient parvenus jusqu'à eux. La guerre de Troie était de ce nombre. Le jugement de Pâris est brodé sur la voile du vaisseau qui conduit le messager de Guillaume d'Orange [2]. Les allusions de ce genre abondent dans la *Prise de Pampelune*, celui de tous nos poèmes dont l'auteur connaissait le mieux l'antiquité classique. Nous ne voulons pas approfondir ici la très délicate question de savoir si l'interprétation des songes, si l'oneiromancie nous est venue directement des païens ou des Juifs : cependant nous avons quelques raisons pour croire que cette pratique est d'origine directement romaine. C'est au paganisme latin qu'il faudrait, en ce cas, rapporter tous nos

---

1. Bibl. Nat., fr. 1448, f° 294.
2. *Foulques de Candie*. Bibl. Nat., fr. 25518, f° 7.

songes épiques, et en particulier ceux de Charlemagne dans la *Chanson de Roland* (¹).

Ce qui n'est pas douteux, c'est l'origine de certaines croyances superstitieuses et fatalistes, à propos de tels ou tels événements qui peuvent servir de bon ou de mauvais présage. Quand Charles tend son gant à Ganelon avant l'ambassade de ce traître, le gant tombe, et cet accident est considéré par tous les Français comme d'un fatal augure (²). C'est là du fatalisme de la pire espèce ; c'est, pour mieux parler, du paganisme sans mélange, et, ajoutons-le, sans excuse.

D'autres emprunts, bien plus nombreux et non moins inexcusables, ont été faits par nos poètes à la mythologie celtique. Ces heureux poètes, qui avaient à leur disposition et comme sous leur main tout le surnaturel chrétien, ces poètes auxquels venaient s'offrir les Anges et les Saints, ces riches se sont crus pauvres. Ils sont allés, couverts des richesses du christianisme, mendier les ridicules trésors de l'erreur. Ayant les anges, ils ont voulu avoir les fées. Ayant les saints, ils ont cru avoir besoin des nains. Ridicule et malheureuse innovation qui les a précipités pour tant de siècles loin de la grande voie de l'Art, dans les mauvais sentiers de la fantaisie ! Nos trouvères, d'ailleurs, ont abusé des nains et des fées. L'usage était mauvais, l'abus est véritablement impardonnable. Nous comprenons qu'un cycle tout entier, comme celui de la Table Ronde, soit né plus ou moins directement des légendes celtiques qui avaient une puissance et une fécondité réelles; mais dans nos épopées, ce mélange des légèretés et des grâces celtiques avec les lourdeurs et les rudesses du roman carlovingien, a vraiment quelque chose de singulier et de méprisable. Le nain Obéron, fils de la fée Morgue et de Jules César (³), fait une étrange figure auprès de ces gros héros carlovingiens tout chargés de fer. Le contraste même est impossible ou désagréable.

Les nains et les fées déshonorent d'ailleurs de leur présence tous les cycles de nos épopées nationales : pénétrant partout, troublant tout, infectant tout.

---

1. *Roland*, vers 718 et ss.
2. *Ibid.*, v. 333.
3. *Huon de Bordeaux*, vers 3492 et ss.

Au berceau de Garin de Montglane, de ce père de toute une grande geste, apparaissent trois fées, Ide, Morgue et Gloriande (1) : cette dernière est représentée comme protectrice de l'Aquitaine. O poètes ! Ils savaient que, d'après l'enseignement de l'Église, il y a des Anges préposés au gouvernement des peuples, et même des provinces; ils ont inventé Gloriande, et ont été très fiers de leur découverte. Dans la petite geste de Saint-Gilles, un nain joue presque le rôle principal, c'est Galopin : « A l'heure de ma naissance, dit-il, il m'advint un malheur. Il y eut quatre fées présentes. Quand vint le départ, l'une d'elles voulait me garder ; mais les autres ne le permirent pas et prièrent Dieu, qui jamais ne mentit, de faire que je ne grandisse jamais, que je fusse toujours petit, que je n'eusse que trois pieds et demi de long et que j'allasse plus vite que cheval ou *roncin* (2). » Nous avons déjà parlé de la *Bataille Loquifer*, qui n'est vraiment qu'un très médiocre conte de fées. Ce beau cycle de la croisade, cette geste presque historique, a été plus que d'autres enlaidie, déshonorée par la féerie. Dans une version d'*Hélias* (3), Elioxe, qui est fée, prophétise : « J'aurai, dit-elle, sept enfants qui viendront au monde avec des chaînes d'or au cou. » Sept fées assistent à la naissance des sept enfants. Six de ces derniers qui ont été dépouillés de leurs chaînes sont changés en cygnes, et c'est le seul enfant resté sous cette forme qui conduit un jour, comme un excellent pilote, le vaisseau de son frère Hélias (4). Il est difficile d'accumuler tant de fausses merveilles, là où l'on aurait pu accumuler tant de beaux, de simples, de catholiques prodiges. Si les romans que nous venons de citer étaient les seuls qui fussent parvenus jusqu'à nous, nous serions le premier à souhaiter tout haut que l'on oubliât toute cette littérature fabuleuse. Heureusement il n'en est rien (5).

Nous avons signalé plus haut une troisième source de

---

1. Bibl. Nat., fr. 1460, f° 9 v°.
2. *Elie de Saint-Gilles*, édition Gaston Raynaud, vers 1180 et ss.
3. B. I. ms. 540.
4. Bibl. Nat., fr. 2550.
5. Il ne faut pas oublier que ces niaiseries dangereuses se trouvent surtout dans nos chansons les moins antiques. C'est dans nos versions en prose qu'elles foisonnent le plus.

superstitions et d'erreurs dans notre poésie épique: ce sont les fausses légendes des premiers temps du christianisme, et notamment celles des Évangiles apocryphes. Un de ces prétendus miracles est celui qui est pieusement rappelé par Ogier dans sa prière avant la mort du géant Brehus... Les mages disent à Hérode que le roi des Juifs est né. Hérode leur montre un chapon qu'il se dispose à manger, et leur dit : « Je ne vous croirai point si ce chapon ne reprend ses plumes et ne va en chantant se remettre à sa perche. » Et voici qu'alors Dieu fit un grand miracle : le chapon reprit ses plumes et ses ailes. Il redevint vivant, s'élança hors du plat et s'en alla sur sa perche en chantant (1). »

A côté de ces superstitions qui nous paraissent, faut-il le dire, beaucoup moins dangereuses que les superstitions d'origine romaine ou celtique, il importe de signaler la place qu'occupent dans nos poèmes les vieilles traditions du magisme oriental étrangement mêlées avec les légendes celtiques ; la magie, puissance terrible, puissance occulte, puissance infernale, contre-partie du plan divin. Les magiciens sont presque aussi nombreux que les fées dans les Chansons de gestes : les uns et les autre n'apparaissent que dans les poèmes de la deuxième ou de la troisième époque. Le principal personnage de *Jehan de Lanson* est le magicien Basin de Gênes qui lutte avec un autre enchanteur du nom de Malaquin. Ce Malaquin fait tomber soudain les plus fortes armures et pénètre dans les places les mieux gardées. Il a l'audace de couper les *grenons* de Basin et d'escamoter les épées des douze pairs. Quant à Basin, il a un privilège qui lui est commun avec les mauvais livres : il endort. Il jette un sortilège sur son adversaire qui se croit transporté dans un palais enflammé : l'infortuné sent déjà le pétillement affreux de l'incendie qui le consume ; il va brûler, il brûle... mais ce n'est qu'un enchantement.

Orable, la fiancée de Thibaut l'Arabe, celle qui sera un jour, sous le nom de Guibourc la femme de Guillaume au court nez, est une magicienne aussi redoutable. Pour empêcher son mariage avec Thibaut, elle a recours aux plus bizarres

---

1. *Ogier de Danemarche*, éd. Barrois, v. 12616.

sortilèges. Elle fait sortir de terre quatre cents moines portant chacun un géant au cou; puis quarante lions et quarante ours; puis, d'un pilier, elle fait jaillir une source d'eau vive qui inonde tout le palais (¹). Que dire de Maugis qui a fait à Tolède, (remarquez bien la ville), toutes ses études de sorcellerie ? Ce Maugis a été élevé par une fée nommée Oriande, et sa puissance est grande. Il change d'un mot la couleur du cheval Bayard ; il transforme le visage de Renaud et le rend méconnaissable à tous les yeux : il endort Charlemagne et le transporte tout endormi à Montalban, où il le livre à la fureur des quatre fils Aimon (²). Triste figure que celle de ce larron et de ce sorcier à côté de la grande figure de Charlemagne, que le trouvère a si malheureusement avilie dans la plus grande partie de sa chanson ! Par bonheur, Renaud de Montauban se montre, devant l'Empereur désarmé, d'une magnanimité sublime : il ne veut point toucher à son seigneur et à son roi. Il ne fallait rien moins que cette beauté et cet héroïsme de Renaud pour nous faire oublier la laideur et la lâcheté de Maugis.

Et en général il ne faut rien moins que la belle allure chrétienne de la plupart de nos héros, il ne faut rien moins qu'Aliscans, Roncevaux et Jérusalem, Charlemagne, Roland et Godefroi de Bouillon pour nous faire oublier tant de superstitions et d'erreurs empruntées, comme nous venons de le voir, aux mythes du paganisme gréco-romain, aux légendes celtiques, aux évangiles apocryphes et aux vieilles traditions de la magie (³).

1. *Enfances Guillaume*, Bibl. Nat. fr. 24369, f. 41.
2. Bibl. Nat. fr. 24387, f° 14.
3. Quant au Mahométisme, il n'a eu aucune influence sur notre Épopée. Nos poètes s'imaginaient que les Sarrasins adoraient des idoles, comme les Grecs et les Romains. Les trois principales idoles des infidèles auraient été, d'après nos Chansons de geste, Mahom (Mahomet), Apollin (Apollon) et Tervagan. Comme on le voit, nos pères mettaient sur le compte de l'Islamisme toutes les erreurs des paganismes anciens. Néanmoins quelques trouvères plus instruits n'ignoraient pas qu'il y avait, entre l'islamisme et le christianisme, des points communs assez nombreux et assez importants. C'est ce que l'auteur de l'*Entrée de Spagne* (l. c. f° 69) fait dire au géant Ferragus, après que Roland a exposé au Sarrazin les dogmes de l'unité de Dieu et de la création : « Par mon chef, dit le géant ; tu dis voire ; tot autretal trovons en notre histoire. »

XIV. — D'une grande erreur propagée par nos Chansons de geste. — Ce qu'il faut penser du baptême et de la conversion par force.

L'IMPARTIALITÉ nous fait un devoir de nous élever ici, avec une énergie que nous aurons quelque peine à tempérer, contre l'intolérance et la cruauté de nos trouvères. Toutes les fois que, dans nos Romans, un royaume infidèle est conquis, toutes les fois qu'une ville infidèle est emportée d'assaut, l'empereur Charles ou ses pairs font baptiser DE FORCE tous les habitants : TOUS CEUX QUI REFUSENT LE BAPTÊME ONT LA TÊTE COUPÉE. Cette épouvantable barbarie est même passée à l'état de formule dans nos poèmes. Une chose qui passe à l'état de formule est une chose qui est acceptée, qui n'excite pas la répulsion générale. Est-il vrai que la théorie de la conversion sous peine de mort ait été à ce point admise et propagée par nos poètes ? Cette affreuse théorie était-elle à la même époque enseignée, ou seulement approuvée par l'Église ? Enfin, que devons-nous penser de ces doctrines sanglantes et implacables ? Telles sont les trois questions auxquelles nous nous proposons de répondre.

Que le baptême forcé ait été admis par les trouvères, c'est ce que nous prouverions aisément par cent textes accumulés. L'auteur de la *Chanson de Roland*, qui est le plus chrétien de nos poètes, n'a pas échappé à cette doctrine. « On mène les païens au baptistère. S'il en est un qui ne fasse pas la volonté de Charles, il le fait pendre, tuer ou brûler. On en baptise ainsi plus de cent mille ([1]). » Et ailleurs, dans la même épopée : « Il n'est pas resté dans la cité de Cordres un seul païen qui ne soit tué s'il ne devient chrétien ([2]). » Dans *Gui de Bourgogne*, le païen Huidelon, sur le point de recevoir le baptême, entre le premier dans les vues de ses ennemis et leur dit : « Ceux de ma terre qui ne veulent pas croire en Dieu ni en sa bonté, coupez-leur la tête sans plus de retard ([3]). » Singulier moyen de les faire croire en la bonté de Dieu !

Dans *Fierabras*, l'amiral Balan est mis en demeure de se

---
1. *Roland*, vers 3670 et suiv.
2. *Ibid.*, vers 102.
3. Édition F. Guessard et H. Michelant, vers 3003-3004.

prononcer entre le baptême et la mort : il hésite, et son plus impitoyable bourreau dans cet horrible instant, c'est sa fille Floripas qui s'est laissé baptiser... pour se marier avec Gui de Bourgogne : « A quoi bon tant de délais, dit à Charlemagne cette fille dénaturée, pourquoi ne le tuez-vous pas ? Peu m'importe qu'il meure ; je ne le pleurerai guère (1). » Ici l'auteur dépasse visiblement toutes les bornes de l'odieux. Une fille qui pousse joyeusement l'épée du bourreau sur la tête de son père, c'est un spectacle qui révolterait le cœur le plus dur. Floripas serait justement sifflée sur tous les théâtres du monde.

Flore et Blanchefleur est un roman d'aventures, et non pas un poème carlovingien : l'auteur, néanmoins, y a gardé toute la rudesse sauvage de nos épiques. Écoutez ces quatre vers qui sont la formule la plus complète de la théorie que nous stigmatisons : « Celui qui refusait le baptême — et ne voulait pas croire en Dieu, — Flore les faisait écorcher, — brûler vifs ou couper en morceaux. » Ganor, roi des Baléares, s'étant fait baptiser pour épouser la belle Aye d'Avignon, fait également couper le cou à tous ceux qui refusent le baptême :

    Et cil qui ne se vout à ce fet acorder,
    Li rois Ganor li fet le chief du bu coper (2).

Je ne connais que peu d'exceptions à cette règle cruelle. Dans le premier livre d'*Ogier* (3), le païen Caraheus, dont le poète nous a fait un portrait magnifique, est sommé de croire en Dieu. Il répond fièrement qu'il se laissera plutôt couper par morceaux. Les Français disent : « Karaheus est mult ber ; — Milx li doit estre de sa grant loiauté, » et on lui fait grâce. A la fin de la *Chanson d'Antioche*, les barons chrétiens accordent un sauf-conduit à tous ceux des Infidèles qui ne veulent pas recevoir le baptême ; mais cette miséricorde est la suite d'un traité de paix et, en outre, il est bon d'observer que la *Chanson d'Antioche* a un caractère presque historique, qu'elle raconte des faits accomplis et constate des réalités. Il n'en est pas moins permis de conclure rigoureusement que

---

1. Édition Kroeber et Servois, vers 5955 et suiv.
2. *Aye d'Avignon*, éd. F. Guessard et P. Meyer, vers 4089, 4099.
3. Vers 3055.

l'on retrouve, dans le plus grand nombre de nos Épopées nationales, la théorie de la conversion sous peine de mort et du baptême forcé.

S'il fallait donner raison à ceux qui prétendent que les auteurs de nos Romans ont été des clercs, nous serions en ce moment plongés dans une consternation profonde. Il nous serait étrangement douloureux de penser que des prêtres de Jésus-Christ aient pu être les auteurs de ces implacables doctrines. Par bonheur, il n'en est rien. L'Église n'est point responsable de cette barbarie ; son grand cœur est incapable de telles horreurs. Sans doute, elle a poussé tout l'Occident chrétien vers l'Orient infidèle. Sans doute, c'est aux cris de sa grande voix que les nations d'Europe se sont ébranlées et ont marché contre les légions musulmanes. Il y allait de la vie ou de la mort du christianisme, il y allait des destinées mêmes de la civilisation et de la lumière. Sans les croisades, il est très probable que nous serions aujourd'hui musulmans, polygames, fatalistes, énervés et immobiles. Grâce aux croisades, grâce à l'Église, nous sommes encore chrétiens ; nous possédons encore la vie et le mouvement.

Se précipiter sur un ennemi redoutable, le défier et se mesurer avec lui, le chasser du sol chrétien, l'attaquer sur son propre sol afin qu'il n'ait plus la force de renouveler ses invasions, c'est courageux, c'est chrétien, c'est grand, et il y a bien loin de là à ces lâches massacres de tous les infidèles dont nos romans sont pleins. Et nous affirmons que l'Église n'a jamais approuvé ces baptêmes sous la hache.

Un jour, au neuvième siècle, un grand pape et un grand saint, Nicolas Ier, fut consulté par les Bulgares, par cette nation dont la destinée singulière est d'aller du schisme à l'Église et de l'Église au schisme. Les questions des Bulgares étaient nombreuses, compliquées. Et il y en avait une qui concernait précisément la question dont nous nous occupons : « Que faut-il faire à l'égard des païens qui ne veulent pas se faire chrétiens ? » Le Pape répondit : « Quant à ceux qui refusent le bienfait de la foi chrétienne, qui immolent aux idoles et plient les genoux devant elles, nous n'avons rien à vous commander à leur sujet, si ce n'est de les convaincre de leurs erreurs par de bons avis, des exhortations, PAR LA RAISON ENFIN PLUTOT QUE PAR LA FORCE (¹). »

Qu'il nous soit permis d'admirer sans réserve ces grandes paroles et de les prendre comme l'expression de notre pensée.

Un des prédécesseurs de Nicolas Ier, un autre saint, Léon IV, avait vu les Sarrasins de très près. Sous son pontificat, ils s'approchèrent autant de la Rome des papes qu'Annibal s'était jadis approché de la Rome des consuls. Saint Léon IV fit ce qu'avait fait saint Léon Ier : il sauva l'Occident et l'Église de ces ennemis de la liberté et de la lumière. Ce grand homme, au milieu de tant d'occupations et de tant de périls, composa une belle prière contre les Sarrasins, dans laquelle, néanmoins, il n'est nullement question de ces conversions forcées et de ces baptêmes à contre-cœur que les héros de nos Chansons imposent ignoblement aux Infidèles. « Donnez, ô mon Dieu, donnez, en y joignant votre droite toute-puissante, donnez de la force et de la vigueur aux bras de vos fidèles armés contre les ennemis de la sainte Église, afin que de notre triomphe il sorte ce grand résultat : Votre nom, ô mon Dieu, apparaissant glorieux au milieu de tous les peuples (²). »

Et Grégoire IX, longtemps après, n'accordait-il pas aux Juifs (qui étaient partout détestés à l'égal des Sarrasins) la permission de célébrer librement leurs fêtes, comme ils avaient accoutumé depuis longtemps (³) ?

Voilà pour les papes : écoutons maintenant les docteurs.

Saint Augustin n'a pas toujours eu le même avis sur la question qui peut se poser en ces termes : « Faut-il employer la force dans la conversion des hérétiques ? » Il avait d'abord été persuadé, comme nous le sommes, « qu'il ne faut forcer personne à l'unité du Christ ; qu'il faut agir par la parole, combattre par le raisonnement, vaincre par la raison, de peur d'avoir des catholiques hypocrites au lieu d'hérétiques décla-

---

1. « De iis autem qui *christianitatis bonum suscipere renuunt* et idolis immolant, nihil aliud scribere possumus vobis, nisi ut eos MONITIS, EXHORTATIONIBUS ET RATIONE POTIUS QUAM VI quod vane sapiant convincatis. » (*Nicolai I papæ responsa ad consulta Bulgarorum*, cap. XLI, Labbe, VIII, 530). Le Pape est plus sévère à l'égard des renégats.
2. Labbe, VIII, 13.
3. Decret., lib. II, epist. 5, cap. 3.

rés (¹). » Tel était le premier sentiment du grand évêque d'Hippone. Il en a pris un autre parce qu'il a vu de ses propres yeux, nous dit-il, la contrainte en matière de foi enlever la crainte et le respect humain ; parce que cette contrainte, ajoute saint Augustin, a ramené dans sa propre ville un nombre considérable d'hérétiques (²). Quelle que soit celle des deux opinions que l'on embrasse (et nous ne craignons pas de nous déclarer pour la première), il y a loin des rigueurs conseillées par le grand docteur africain à cet affreux baptême sous peine de mort. Nous ne pensons pas que saint Augustin ait jamais requis la peine capitale contre les païens.

Saint Thomas d'Aquin vécut dans un temps où le christianisme était tout-puissant, où il pouvait s'imposer au monde. Il faut s'attendre à trouver quelque sévérité dans les conclusions de ce père des théologiens : néanmoins il est d'une douceur remarquable, et sa raison égale sa miséricorde. « Le gouvernement humain, dit-il avec sa belle élévation, dérive du gouvernement divin et doit l'imiter ; or Dieu quoiqu'il soit tout-puissant et souverainement bon, permet cependant qu'il se fasse ici-bas quelque mal qu'il pourrait empêcher ; mais il agit ainsi de peur d'un plus grand mal, et aussi pour ne pas empêcher un plus grand bien. De même, ceux qui sont investis du gouvernement humain doivent tolérer certains maux pour ne pas empêcher certains biens de se produire, et aussi pour éviter des maux plus redoutables (³). » Le grand docteur conclut enfin qu'il faut tolérer les rites des païens. Notez ce mot : les rites, c'est-à-dire la pratique même, et la pratique *publique* de leur religion. « Si cette tolérance peut servir à éviter quelque mal, le scandale, par exemple, la guerre et la discorde, il faut encore ne pas

---

1. « Hæc primitus sententia mea erat NEMINEM AD UNITATEM CHRISTI ESSE COGENDUM ; verbo enim agendum, disputatione pugnandum, ratione vincendum, ne fictos catholicos haberemus quos apertos hereticos noveramus. » (*Ad Vinc. Donatistam*, cap. XLI).

2. *Ibid.*

3. « Humanum regimen derivatur a divino et ipsum debet imitari. Deus autem, quamvis sit omnipotens et summe bonus, permittit tamen aliqua mala fieri in universo quæ prohibere posset, ne eis sublatis majora bona tollantur, vel etiam pejora mala sequantur. Sic ergo, in regimine humano, illi qui præsunt recte aliqua mala tolerant, ne aliqua bona tollantur vel etiam in aliqua pejora mala incurratur. » (S. Thomas, II, 2, quest. 10, art. 11).

s'en dépouiller dans l'intérêt même du salut de ces infidèles qui, ainsi tolérés, peuvent être petit à petit ramenés à la foi (¹). » Rien de plus clair : saint Thomas opine, non pas pour l'égalité des cultes, mais pour une tolérance pleine de bon sens et de charité. Nos pauvres poëtes n'ont jamais eu le moindre soupçon de ces grandes doctrines. Tandis que Thomas d'Aquin plane au-dessus de la montagne, ils rampent dans le plus bas de la plaine.

Nous avons gardé, pour la citer en dernier lieu, une belle parole d'un concile. Ce concile est un peu postérieur, il est vrai, à nos derniers romans, mais il me paraît rendre très heureusement la pensée générale de l'Église. Les Pères du concile de Plaisance, en 1388, font cette proclamation solennelle : « La Religion chrétienne ne doit pas rejeter les Juifs et les Sarrasins, parce qu'il est constant qu'ils ont en eux l'image de notre Créateur (²). » Telle sera aussi notre conclusion.

Et à ceux qui allégueraient les droits de la guerre en faveur de nos poëtes ou de leurs héros, nous répondrons que la guerre elle-même, chez un peuple chrétien, doit être chrétienne. Nous sentons bien que nous marchons ici sur des charbons ardents, et que le terrible problème de la liberté des consciences, de la liberté des cultes, est là devant nous, tout près de nous. Nous nous garderons bien de l'aborder dans un travail où toute discussion de ce genre ne serait pas à sa place. Il nous semble, cependant, qu'entre les Écoles catholiques qui s'agitent si douloureusement et se divisent depuis si longtemps au sujet de cette question, il y aurait peut-être une réconciliation possible sur un terrain commun. Ce terrain serait celui de la charité. « L'Erreur, sans doute, n'a aucun droit par elle-même, et la Vérité seule en a. Mais envers ceux qui professent l'erreur, nous avons le devoir d'une charité immense, infatigable, sans limites. » Les deux propositions que nous venons de formuler ne sont-elles pas la vraie solution du grand problème ?

---

1. « Vel ad vitandum dissidium vel impedimentum salutis eorum qui, sic tolerati, convertentur paulatim ad fidem. » (II, 2, quest. 10, art. 11).

2. Concilium Placentinum, anno 1388. (Labbe, XI, col. 2074): « Christiana religio Judæos et Sarracenos non debet rejicere, quia nostri Conditoris imaginem constat eos habere. »

XV. — De l'élément religieux dans nos Chansons de geste. — Résumé analytique et conclusion générale.

Il semble que l'on pourrait résumer en deux affirmations très claires tout ce que nous avons essayé de démontrer jusqu'ici. Et voici ces affirmations :

I. Les Chansons de geste n'ont rien de théologique et ne peuvent passer pour l'œuvre des clercs ; mais elles sont sincèrement populaires et nous permettent de constater l'antique popularité de nos croyances.

II. Les Chansons de geste reflètent les idées religieuses, quelque peu grossières, de la société féodale. Leur esprit est avant tout l'esprit des croisades.

Nous croyons que les preuves ne manquent pas en faveur de ces affirmations. Nous n'avons pas craint, d'ailleurs, d'accumuler les textes : quelques textes exacts valent mieux que toute une dissertation.

L'infériorité théologique de nos romans a été vingt fois dénoncée par nous à l'attention de nos lecteurs, vingt fois constatée jusqu'à la plus complète évidence. Jamais nous ne pourrons croire que des prêtres aient été ignorants à ce point des magnificences très poétiques de la théologie. « L'éternel entretien des personnes divines dans le ciel ; l'incarnation ayant pour but de relier le monde divin avec le monde humain, de même que l'homme avait pour but de relier en une unité parfaite les deux univers immatériel et visible ; l'homme, chantre et pontife-né de la création matérielle tout entière qu'il doit immortellement représenter près de Dieu grâce à la résurrection de son corps ; la vierge Marie, par son sublime *fiat*, par son libre consentement à l'incarnation, devenant la corédemptrice immaculée du genre humain ; la rédemption, cette substitution de Dieu à l'homme, purifiant l'humanité dans le sang d'un Dieu et la poussant vers la béatitude ; » nos trouvères n'ont rien connu de ces harmonies ni de ces profondeurs de nos mystères. Ils ont balbutié une langue que beaucoup d'esprits supérieurs parlaient déjà très nettement à leur époque. Ils ont été moins instruits que le dernier étudiant en théologie des Universités de leur temps ou de ces Écoles claustrales qui avaient précédé les Universités. Et ils sont d'autant plus coupables que, sous leurs propres yeux, Dieu avait pris soin d'allumer les plus magnifiques flambeaux qui aient peut-être illuminé l'Église : un saint Anselme, un saint Bernard, un Hugues de Saint-Victor, un saint Thomas d'Aquin, un saint Bonaventure. Lorsque l'on tient la plume et que l'on a l'honneur de vivre sous le règne de tant de grands hommes, il est presque honteux de s'en tenir aux premiers éléments du petit catéchisme.

Mais cette ignorance enfantine n'a pas en vain été tolérée par la Providence. Oui, nos épiques ne sont que des enfants ; oui, ils n'en savent guère plus long que les marchands, les bourgeois et les vilains de leur temps : mais c'est précisément à cause de cette ignorance que nous trouvons, comme nous l'avons dit, leurs poëmes si attachants et si précieux. Avec eux, nous sommes à peu près assurés de savoir ce que croyaient exactement la noblesse, la bourgeoisie et le peuple des douzième et treizième siècles. Nos trouvères n'ont certainement pas dépassé le milieu religieux de ces classes de la société, et ils étaient évidemment compris de tous les illettrés de leur temps. Dès lors chacun de leurs mots devient digne d'attention, et c'est ainsi que nous avons dû constater combien la croyance à la spiritualité de Dieu et au mystère de la création était profonde à cette époque, puisque les expressions « *Diex l'espirital* » et « *Diex li creator* » sont devenues de si bonne heure des formules, des chevilles même, dans le texte de leurs Chansons. De même, pour la divinité de Jésus-Christ ; elle n'est plus l'objet du doute le plus léger : Jésus-Christ nous est partout montré comme créant le monde, et *li fils sainte Marie* est perpétuellement confondu avec le Père céleste. Le miracle apparaît constamment dans nos épopées ; il s'y épanouit naturellement à chaque page, et il est aisé d'en conclure que l'idée du surnaturel était familière à tous nos pères. L'éternité des peines de l'enfer n'est pas exposée moins clairement que l'origine, la nature et la fin de l'homme. Enfin le Pape, décoré toujours et partout du nom d'*Apostole*, est bien, aux yeux de nos trouvères et de leur auditoire, le représentant suprême, la plus haute expression, le sommet du pouvoir apostolique. Encore une fois, pas un mot n'est inutile dans nos poèmes, et aucune de nos conclusions ne nous semble forcée.

Quant à la violence de l'esprit féodal, elle se fait jour, elle se donne carrière dans nos Chansons. Les épouvantables menaces de Girard du Fraite contre Turpin et contre le Pape, le pillage des biens ecclésiastiques tant de fois raconté dans nos romans, de nombreuses épigrammes contre les clercs, épigrammes qui manquent de finesse mais non point de méchanceté : tout cela n'atteste que trop vivement les préventions de la société civile contre la société cléricale. Et néanmoins il ne faut rien exagérer : ce sont là de petites taches sur un tissu qui, malgré tout, conserve une belle blancheur. Nous pourrions citer cent vers, deux cents peut-être, contre l'esprit religieux de nos Épopées nationales ; que de milliers nous pourrions citer en faveur de la thèse contraire! En vérité, l'esprit de nos poèmes n'est autre que celui des croisades.

Nous en convenons avec le savant auteur de la traduction de *Garin le Loherain* : « Il y avait déjà plus d'un siècle que nos places publiques retentissaient des chansons d'*Ogier le Danois*, de *Girart de Roussillon*, de *Guillaume d'Orange* et des *Quatre fils Aimon* quand sonna l'heure des croisades ([1]). » Rien n'est plus vrai ; mais cette heure des croisades fut singulièrement grave et solennelle pour toute la chrétienté. Puis, il y avait longtemps que les Sarrasins inquiétaient l'Église. Depuis le septième siècle, ils avaient été la plus cruelle préoccupation de tous les peuples de l'Occident latin. La grande épée de Charles Martel les avait chassés du sol français, mais non pas du sol chrétien. Ils étaient en Espagne, tout près de nous. Les insolents vaisseaux de ces Normands du midi venaient à tout instant jeter l'alarme sur les côtes de notre Provence et de l'Italie. D'ailleurs ils étaient maîtres de ce que les chrétiens ont si bien nommé « la terre sainte ». Ces sauvages foulaient le saint sépulcre. De temps à autre, il arrivait des pèlerins effarés de la Palestine, et ils racontaient des choses horribles. Un étrange frisson agitait depuis longtemps tous les membres de la chrétienté ; je ne

---

1. *Histoire littéraire*, t. XXII, p. 352.

sais quoi de grand circulait dans l'air ; il y avait dans l'âme
de tous les chrétiens le vaste désir de faire quelque
grande chose. Tout à coup, à la fin du onzième siècle, en
France, la voix d'un pape et la voix d'un ermite éclatent à la
fois dans une illustre assemblée, moitié religieuse, moitié
nationale. L'ermite raconte, le pape excite. On sait le reste.
On sait combien de milliers de chrétiens se jetèrent sur
l'Orient, combien d'entre eux périrent ; on connaît l'histoire
de ce pèlerinage gigantesque et funèbre à travers toute
l'Europe épouvantée ; on voit d'ici, on suit du regard ces
femmes, ces enfants, ces vieillards mourant sur toutes les
routes. On n'ignore pas enfin comment le grand drame, qui
avait commencé à Clermont, se termina dans Jérusalem conquise. Un jour, le plus pur, le plus brave, le meilleur des
chevaliers chrétiens, couvert d'armes brillantes, les yeux baissés, pensant à la passion du Christ bien plus qu'à son propre
triomphe, fit son entrée dans la Ville sainte, et, d'un geste
mémorable, refusa de porter la couronne d'or là où Jésus-
Christ avait porté la couronne d'épines. Mais ce ne fut point
la fin des triomphes, ni des défaites, ni des angoisses. Pendant
tout le douzième siècle, pendant une partie du treizième, les
yeux de nos pères furent fiévreusement tournés du côté de
l'Orient. Neuf fois l'Occident s'y jeta, souvent vaincu, parfois vainqueur, toujours héroïque. Jusque dans le plus petit
village de la chrétienté, jusque dans la plus petite maison
de F nce, les plus ignorants de tous les hommes s'informaient de Jérusalem, s'informaient des Sarrasins. Jamais
haine d'un peuple contre un peuple n'a peut-être été aussi vive.
Le mot *Sarrasin* devint l'objet de toutes les colères et de
toutes les imprécations. Toutes les veuves, tous les orphelins,
toutes les familles des croisés, toute la chrétienté enfin ne vit
plus qu'un monstre et un fléau sur toute la terre. Et ce
monstre dont il fallait à tout prix délivrer le monde, c'était
l'islamisme.

Et vous croyez qu'une telle suite d'événements prodigieux,
de faits profondément épiques, ne devait pas faire oublier
tout le reste ! En réalité, on oublia toutes les histoires, toutes
les légendes des anciens héros. Ou plutôt, on fit mieux : on
ne les oublia point, on les transforma. On les imprégna de

l'esprit des croisades; et, de fait, on n'aurait pu les imprégner d'un autre esprit : car il n'y en avait pas d'autre. Tous les ennemis de notre France furent alors changés en Sarrasins. Il n'y eut plus, il ne pouvait plus y avoir de Gascons à Roncevaux : sur ce champ de bataille incomparable, il n'y eut plus, il ne pouvait plus y avoir que des Infidèles.

Il faudrait se faire une juste idée de ce qui se passa à cette époque : car c'est un incident presque unique dans l'histoire de la poésie. Tout ce qu'on détestait en France depuis plusieurs siècles devint nécessairement musulman, et tous les grands hommes de la patrie devinrent autant de croisés. Charlemagne n'avait eu historiquement que peu de relations avec les Sarrasins : il fut transformé néanmoins en un nouveau Godefroi, et son règne fut considéré comme une croisade perpétuelle. La terre enfin, la terre tout entière fut regardée comme un champ clos où deux adversaires irréconciliables, un chrétien et un infidèle, se disputaient la victoire. Depuis leur premier vers jusqu'au dernier, tous nos poèmes en sont foi. Les citations deviennent impossibles quand il faut tout citer.

Lorsque Roland et Ferragus vont commencer leur grand duel, le poète a soin de dire que : « *L'un est por Crist qui en la crois pena, — Et l'autre por la loi que Mahom predica* » [1]. On ne saurait plus clairement indiquer le grand antagonisme qui éclate dans nos chansons de geste. Ces longues tentatives de conversion réciproque que nous avons à signaler sur les lèvres de tant de héros sarrasins ou chrétiens, ne sont-elles pas encore une preuve de la principale préoccupation de nos pères? Voulant définir nettement la fonction des chevaliers dans la société chrétienne, l'auteur de *Girars de Viane* ne manque pas de dire : « *Chrestienté faisoient avencier — Et Sarrasins confondre et essilier* » [2]. Dans le plus ancien de nos poèmes, dans la *Chanson de Roland*, il est question d'un Sarrasin qui : *Jerusalem prist jà par traïson, — Si viola le temple Salomon, — Le patriarche ocist devant les funs.* Souvenir évident, non pas des croisades, qui sont postérieures à notre plus belle épopée, mais des causes qui les ont produites. Nous ne voulons pas

---

1. *Entrée de Spagne*, m.s. français de Venise XXI, f° 47.
2. *Girars de Viane*, éd. P. Tarbé, p. 3.

aligner ici d'autres textes, et nous nous contenterons de proclamer ici, pour la dernière fois, que l'unique objet de tous nos Romans est la croisade ; que le centre géographique de toute notre action épique est le sépulcre de Jésus-Christ à Jérusalem ; que l'instant capital de toute notre épopée est peut-être celui où, dans la *Chanson de Jérusalem*, on voit les Croisés découvrir pour la première fois la Ville sainte et la saluer de leurs larmes...

Nous nous arrêtons ; mais nous ne pouvons terminer cette étude sur l'élément religieux de nos Chansons de geste sans formuler une dernière conclusion. Plusieurs fois, dans le cours de ce travail, nous avons eu lieu de comparer l'épopée française avec l'épopée grecque et indienne ; nous nous sommes particulièrement demandé ce que ces différentes poésies avaient pensé de l'homme et de Dieu. Cette comparaison a tourné tout entière à l'avantage de nos Chansons héroïques. Chez les Grecs nous avons eu la douleur de constater un polythéisme révoltant et ridicule, à côté d'un fatalisme dont le bon sens d'Homère n'a pas triomphé complètement. Chez les Indiens, ce sont bien d'autres ténèbres : un panthéisme monstrueux, un polythéisme dégradant, des obscurités laides, et, pour couronner tant d'erreurs haïssables, le dogme niais et honteux de la métempsycose. C'en est assez, et nous avons le droit de proclamer cet axiome, résultat d'un long et impartial examen : « Au point de vue religieux et philosophique, nos Épopées ont sur celles de la Grèce et de l'Inde une supériorité incontestable. La raison n'en est pas difficile à trouver : c'est qu'elles sont chrétiennes. »

UN POETE AU XIIe SIÈCLE.

ADAM DE SAINT-VICTOR.

I.

'ABBAYE de Saint-Victor, qui a donné son nom à notre poète, est plus célèbre que connue. Il ne sera donc pas inutile de lui consacrer ici quelques mots, avant d'en venir à la biographie d'Adam. C'est déjà connaître un homme à moitié que de connaître le milieu où il a vécu.

Un fils de paysan, né à Champeaux en Brie, petit village à trois lieues de Melun, et qui avait reçu à sa naissance le nom populaire de Guillaume, arriva, vers le commencement du XIIe siècle à une célébrité qui ne devait être éclipsée que par celle d'Abailard, son élève. A cette époque où les Universités, sans avoir le nom, la vie officielle et les statuts réguliers qu'elles eurent au commencement du siècle suivant, existaient déjà réellement sous la forme de ces grandes écoles voisines des cathédrales et notamment au cloître Notre-Dame de Paris, Guillaume de Champeaux, archidiacre de cette métropole, réunit autour de lui des milliers d'auditeurs, auxquels il communiqua ces hautes idées théologiques qui étaient à cette époque le fonds commun des intelligences [1]. En 1108, dégoûté d'une gloire qui déjà s'était répandue dans toute la chrétienté, l'illustre professeur donna un grand exemple d'humilité et qui dut surprendre ses admirateurs. En dehors de l'enceinte de Paris se trouvait un ermitage [2], dont les historiens ont reconnu exactement l'ancien emplacement. Saint Victor, ce soldat marseillais, qui souffrit avec tant d'héroïsme le martyre sous Maximien, avait une petite

---

1. Voy. dans l'*Histoire littéraire* la Notice consacrée à Guillaume de Champeaux, t. X, p. 307.

2. Un ermitage, et non pas un prieuré, comme l'a cru M. Henri Martin lorsqu'il a écrit : « Guillaume de Champeaux s'était retiré *au prieuré* de Saint-Victor, dans un faubourg de Paris, et y avait établi une nouvelle école. » (*Histoire de France*, 4e éd., t. III, p. 314.)

chapelle dans cet ermitage. Ce fut là que se retira le maître du cloître de Notre-Dame, laissant ses élèves sous l'empire d'une voix plus aimée peut-être et plus puissante que la sienne, mais assurément moins pure, celle d'Abailard.

La règle attribuée à saint Augustin avait depuis longtemps attiré l'attention de Guillaume, et le pape Alexandre II avait, en 1063, approuvé ces corporations de chanoines réguliers dont le développement est un des caractères les plus curieux des XIe et XIIe siècles. L'ancien archidiacre prit l'habit de cet ordre et s'astreignit à suivre, dans sa vie cachée, la règle qu'il aimait entre toutes. L'évêque de Paris, son ami dévoué, avait, par austérité, embrassé la même règle et s'appliquait à la suivre en conciliant autant que possible ses rigoureux préceptes avec les charges de l'épiscopat.

Plusieurs des anciens élèves de Guillaume venaient lui rendre visite dans sa retraite ; plusieurs prirent goût à sa vie et obtinrent de leur maître la permission d'embrasser près de lui la règle de saint Augustin. Le plus célèbre de ces premiers Victorins fut Gilduin, qui doit être considéré comme le premier abbé du nouveau monastère.

Mais le monde avait trop perdu en Guillaume pour ne pas songer à le reprendre. Hildebert, l'illustre évêque du Mans, l'engageait vivement à recommencer ses leçons de théologie. L'évêché de Châlons étant venu à vaquer, on le contraignit de l'accepter. C'est en qualité d'évêque de Châlons qu'en 1115 il sacra, comme premier abbé de Clairvaux, saint Bernard, dont il fut l'ami et dont, plus que personne, il était capable de comprendre le génie.

Enfin, après avoir montré toutes les vertus assises avec lui sur le trône épiscopal, il mourut en 1221, le 18 janvier.

Qu'était cependant devenu le petit établissement de Saint-Victor ? Il prospérait déjà. Gilduin avait peu à peu augmenté le nombre de ceux qui venaient chercher le repos et le salut dans l'ancien ermitage. Bientôt cet ermitage fut assez peuplé pour devenir une vaste abbaye [1]. Louis VI s'en déclara le

---

[1] « La tourelle et la fontaine qui forment l'angle de la rue de Seine et de la rue Saint-Victor, sont tout ce qui reste aujourd'hui des bâtiments de cette antique abbaye qui s'étendaient dans la rue Saint-Victor, depuis l'angle occidental de la rue de Seine jusqu'en face de la rue des Boulangers et, au midi, jusqu'aux murs qui bornent de ce côté l'emplacement de la Halle aux vins. » (H. Géraud, *Paris sous Philippe le Bel*, p. 446). — La Bièvre traversait l'enclos du monastère.

fondateur en des lettres qui nous sont restées (¹). C'était en 1113, pendant qu'il était à Châlons en Champagne, où se trouvait aussi Guillaume de Champeaux, attendant sa consécration. Le Roi comblait le nouveau monastère des plus précieux privilèges. Sans doute, il suivait en cela l'inspiration de Guillaume qui n'oubliait pas, au milieu des grandeurs, sa petite retraite de Paris et les compagnons qu'il s'y était donnés.

Depuis ce jour, l'abbaye royale de Saint-Victor fut la gloire de ce Paris qui comptait tant de gloires (²). On s'aperçut toujours qu'elle avait été fondée par des hommes d'étude, et Pasquier a raison de dire que *les lettres y furent toujours logées à bonnes enseignes*. L'école de Saint-Victor fut pendant

---

1. Les origines et les premiers temps de l'abbaye de St-Victor ont été l'objet d'une thèse soutenue par M. Alphonse Vétault à l'École des Chartes (1868).

2. L'abbaye royale de Saint-Victor est un des grands établissements religieux dont il semble au premier abord qu'on se soit le moins occupé ; mais il y a en réalité peu de monastères dont l'histoire ait été l'objet d'études aussi importantes : le malheur veut que la plupart de ces documents soient restés inédits. A ceux qui voudraient écrire ou du moins connaître l'histoire si intéressante de cette abbaye, nous signalerons deux ou trois ouvrages dans l'ancien fonds de Saint-Victor à la Bibliothèque Nationale, qui sont une source précieuse de renseignements. Le premier a été, en particulier, composé avec tant de soin qu'il ne faudrait, croyons-nous, qu'un peu de travail pour en faire un livre parfait. Nous voulons parler des *Annales ecclesiæ abbatialis Sancti Victoris Parisiensis*, de Jean de Thoulouse. Commencé par l'auteur le 25 février de l'année 1625, cet ouvrage où les chartes abondent et qui fut d'une exécution longue et laborieuse, fut entièrement consumé dans un incendie la veille de l'Epiphanie, en 1637 ; mais Jean de Thoulouse, avec un courage vraiment digne d'admiration, le recommença dès la semaine suivante et fit précéder la nouvelle édition de la rubrique suivante : *Annales ecclesiæ abbatialis Sancti Victoris Parisiensis, incepti anno 1625, die 25 februarii, sed igne fortuito absumpti in vigilia Epiphaniæ 1637, reparari incepti die 12 mensis januarii ejusdem anni 1637.* (Bibl. Nat. lat. 14679.) Un remaniement en fut fait au XVIIIᵉ siècle sous ce titre : *Antiquitatum regalis abbatiæ S. V. Parisiensis, libri duodecim*, auctore P. Joanne de Thoulouse (anno 1765. — Bibl. Nat. lat. 14375 et 14376.) Les œuvres du P. Jean de Thoulouse sont fort supérieures à celles des PP. Picard et Gourdan que l'on ne négligera pas cependant de consulter et dont voici les titres exacts : *Chronicon ecclesiæ Victorinæ labore et studio R. P. Johannis Picardi, canonici regularis ejusdem abbatiæ.* (XVIIᵉ siècle. — Bibl. Nat. lat. 14650.) — *Fondation, progrès et antiquités de l'abbaye royale de Saint-Victor lez-Paris, ordre de saint Augustin*, par le R. P. Picart, chanoine régulier de cette abbaye (XVIIᵉ siècle. — Bibl. Nat., ibid.) *Les Vies et les Maximes saintes des hommes illustres qui ont fleuri dans l'abbaye de Saint-Victor*, par le P. Simon Gourdan. (XVIIᵉ siècle, Bibl. Nat. fr. 22396-22401.) On se convaincra aisément qu'il y a dans ces manuscrits, dont les plus modernes renferment un grand nombre de pièces anciennes, une source plus abondante qu'il n'est nécessaire pour tenter un érudit. Espérons qu'il se présentera bientôt un savant chrétien pour écrire l'histoire décisive d'un des plus illustres monastères, d'une des plus savantes écoles de la chrétienté. Faire l'histoire d'une abbaye à travers les siècles, c'est faire à la fois l'histoire de l'intelligence et de la charité dans le monde.

le XII° siècle le refuge des saines doctrines philosophiques et théologiques. Son enseignement ne fut pas, comme on l'a trop prétendu, uniquement mystique et platonicien. Il faudrait en finir avec ces distinctions qui ne sont jamais vraies quand on les croit absolues, et qui semblent de toute façon subtiles et dangereuses. On veut trop faire de saint Thomas un dogmatiste intrépide qui n'eut son cœur embrasé d'aucune flamme mystique; on veut trop faire de saint Bonaventure ou d'Hugues de Saint-Victor qui fut son modèle, des mystiques entêtés dont l'intelligence ne voulut s'abaisser à aucun raisonnement, à aucune discussion dogmatique. Si nous lisons avec impartialité les œuvres de ces grands philosophes, nous verrons, comme nous l'avons dit plus haut, qu'en effet le cœur a dominé chez les uns, chez les autres la raison ; mais que les plus péripatéticiens furent de grands mystiques, que les plus mystiques furent de grands logiciens.

En résumé l'école de Saint-Victor annonça et prépara dignement saint Bonaventure. Elle fut mystique, si l'on veut décidément se servir de ce vocable à plusieurs sens ; mais alors il faut entendre sous ce mot une véritable philosophie qui ne laissa peut-être dans le monde aucune question sans la creuser et qui éclaira des plus vives lumières tous les problèmes sur la cause première, sur la création, sur l'âme humaine.

Les nombreux élèves qui fréquentèrent cette école n'y étaient attirés que par l'espoir d'y rencontrer la solution, ou tout au moins la discussion de ces grands problèmes. L'éclat de cet enseignement joint à l'éclat non moins vif que jetaient, malgré leur modestie, les vertus des nouveaux chanoines, attira sur eux les plus grandes faveurs. Les papes Pascal II (1er décembre 1114), Honorius II (février 1125), Innocent II (15 mars 1132), les archevêques de Sens et les évêques de Paris rivalisèrent avec les seigneurs laïques pour augmenter les biens et les droits de l'abbaye. De tous côtés, de nouveaux monastères se fondaient sur le modèle de celui de Paris et s'y rattachaient comme à leur chef naturel. A la mort de Gilduin, il y avait quarante-quatre maisons de chanoines réguliers qui dépendaient de Saint-Victor. La maison-mère garda pour elle le privilège d'une éducation plus délicate et d'une science plus profonde. Il paraît bien aujourd'hui qu'elle cultiva toujours les lettres avec ardeur : les manuscrits qu'on y conservait forment maintenant un des fonds les plus riches et les plus précieux de notre Bibliothèque nationale.

Tel fut le monastère dont Adam — après Hugues et Richard — fut la principale gloire au XIIe siècle (1).

II.

ADAM a caché sa vie, et ses contemporains l'ont peu connu. S'il fallait nous en tenir aux textes du XIIe siècle, nous ne pourrions sans doute lui consacrer ici que quelques lignes. Force nous est donc d'avoir recours à certains documents des siècles suivants, dont la valeur scientifique est certainement moindre, mais est loin d'être nulle. C'est quelque chose encore que la tradition d'un monastère, quand cette tradition a pour objet l'un de ses plus glorieux enfants, et nous avons, ce semble, quelque droit à invoquer ici le témoignage des historiens victorins des XVe et XVIIe siècles. Nos lecteurs sauront bien, d'ailleurs, se conformer ici aux lois de la critique ; ils pèseront avec soin la valeur de ces témoignages et leur attribueront leur juste poids.

Les historiens ont déjà eu lieu de se plaindre avant nous de cette obscurité qui nous cache la vie d'Hugues et de Richard de Saint-Victor. Que dirons-nous pour notre Adam ? Les Victorins du XVIIe siècle, surpris de cette absence presque complète de documents sur une de leurs gloires les plus chères, n'ont pas voulu accuser la négligence de leurs devanciers ; ils ont indulgemment attribué cette obscurité au respect qu'on avait eu pour une aussi sainte mémoire, et Jean de Thoulouse en vient à dire avec quelque poésie : « Quand nos pères ont vu cette admirable figure, ils ont renoncé à la peindre ; ils ont fait en cela comme Timante, ce peintre de l'antiquité, qui, désespérant de jeter sur le visage d'Agamemnon assistant au sacrifice de sa fille une expression de douleur assez vive, assez paternelle, a couvert ce visage d'un voile épais qui le cache tout entier (2). »

---

1. Sur Hugues de Saint-Victor, voy. nos *Œuvres poétiques d'Adam de Saint-Victor*, (1re édition,) I, pp. XLIII et ss ; et sur Richard, pp. XXXIX et ss.

2. « Porro tanti Patris memoriam quia non possent Patres nostri exprimere pro meritis, his paucissimis vocibus indicarunt et quasi velarunt. Timantem multi celebratique nominis pictorem imitati, quodque non satis eleganti sermone quasi penicillo delineare non potuerunt, velo, hoc est silentio contegere satius esse duxerunt. » (Manuscrit de la Bibl. nat. lat. 14679, p. 1128).

Adam était breton (1), et ce fut sans doute vers 1130 qu'il entra à Saint-Victor. Loin d'indiquer une date précise, Jean de Thoulouse et les Victorins qui ont au siècle suivant retouché ses *Annales*, disent qu'il fut fait chanoine sous l'abbé Gilduin (2) qui, comme on le sait, gouverna l'abbaye depuis sa fondation jusqu'en l'année 1155, c'est-à-dire *pendant plus de quarante ans*. On voit par là que les chanoines réguliers ont tenu par trop à imiter Timante.

On ne fait aucun doute qu'Adam ait été contemporain de Richard, et en effet il serait impossible de le nier (3); mais de graves difficultés s'élèvent pour savoir s'il a été également le *contemporain* d'Hugues. La Notice attribuée à Guillaume de Saint-Lô commence par ces mots : « Circa tempora excellentissimi doctoris magistri Hugonis de Sancto Victore floruit excellens et celebris doctor, magister Adam (4) ; » mais Jean de Thoulouse s'élève ici contre la Notice et fait observer qu'Adam a pu être tout au plus, dans sa première jeunesse, l'*élève* du grand théologien qui mourut suivant les uns en 1140, suivant les autres en 1139 ou en 1141 (5).

C'est aller trop loin. La date de la mort d'Adam n'étant rien moins que fixe et variant de 1175 à 1192, notre poète a pu être, pendant une dizaine d'années, le disciple et le frère spirituel d'Hugues (6). Et l'on ne sait trop ce que Jean de Thoulouse aurait pu répondre à cet argument.

1. *Magister Adam, Sancti-Victoris Parisiensis canonicus professus*, NATIONE BRITO, *conversatione humilis et gratus*... (Notice de Guillaume de Saint-Lo, Bibl. nat. lat., 15038, f° 71 et lat. 14970, f° 73). — Les manuscrits de Jean de Thoulouse reproduisent cette assertion (Bibl. nat. lat. 14679, p. 1123 et Bibl. nat. lat. 14375, p. 977 et ss.). — *Magister Adam* BRITO.... (Ancien ms. cité par Jean de Thoulouse, Bibl. nat. lat. 14679, p. 1132). — *Adam... oriundus ex* BRITANNIA... (Gallia Christiana, t. VII, col. 670). — *Ce grand et dévot serviteur de J.-C. vint de* BRETAGNE, *d'où il était originaire*. (Le P. Simon Gourdan, *Les Vies et Maximes saintes*, etc., l. c. V, chap. LVI). — Enfin on sait qu'un des principaux ouvrages d'Adam est intitulé : *Summa* BRITONIS.

2. « Ecclesiæ nostræ sub Gilduino abbate factus canonicus. » (Bibl. nat. lat. 14375, t. I, p. 977 et ss.)

3. « Circa tempus Richardi Victorini florebat Adam Brito. » (Ancien ms. cité par Jean de Thoulouse. (Bibl. nat. lat. 140,9, p. 1132.) — « Richardi Victorini contemporaneus, sed longe superstes... » (Bibl. nat. lat. 14375, loc. cit.).

4. Bibl. nat. lat. 15038, f° 71, etc.

5. « Quod quam a veritate deflectat (Guillelmus de Sancto Laudo), annalium series et veritas ipsa demonstrat : mortuo siquidem patre Hugone, mense februario anni 1139 et Adamo tantum his temporibus (1192) excesso, nemo dixerit eum Hugonis fuisse συγχρόνον, cum tenellæ adolescentiæ discipulum dixisse nec audeamus. » (Bibl. nat. lat. 14679, loc. cit.)

6. Les *Annales* en conviennent ailleurs : « Magistri Hugonis teneriores adolescentiæ discipulus. » (Bibl. nat. lat. 14375, p. 977 et ss.)

Autre motif de penser qu'Adam était déjà quelque peu avancé en âge quand mourut Hugues. Il nous est resté de ce dernier une centaine de sermons qui font, par leurs sujets, le tour de l'année liturgique. Dans son sermon IV, sur la nativité de la Vierge (1), Hugues termine en disant : « More quoque nautarum suadamus semper preces ad beatam Mariam et ad ejus filium. Multa sunt enim impedimenta nostra, sicut egregius versificator testatus est dicens :

  Sævit mare, fremunt venti,
  Fluctus surgunt turbulenti, etc. »

Et il cite trois strophes de cette belle prose *Ave virgo singularis* que tous les manuscrits s'accordent à nous indiquer comme l'œuvre de notre Adam (2). Il ne reste plus, après cette citation, qu'à frapper de suspicion l'authenticité de ce sermon ou à convenir qu'en 1140 Adam était assez âgé pour avoir déjà composé une partie de ses proses et assez célèbre pour mériter d'Hugues le titre glorieux d'*egregius versificator*. Bref, alors même qu'on adopterait l'opinion qui le fait mourir en 1193, il avait pu être le contemporain de l'illustre auteur de *De arrha animæ* et de l'*Institution des novices*.

III.

LAISSONS ces discussions et revenons à l'histoire même de notre Adam. A peine arrivé dans l'abbaye, il s'y fit une réputation singulière de sainteté, et c'était chose difficile que de mériter un tel renom dans un monastère qui venait de se fonder, qui était animé de ce beau zèle qui signale tous les commencements; où les austérités de la règle étaient dépassées avec amour plutôt que subies avec peine; où depuis l'abbé jusqu'au dernier des novices, tous les religieux pouvaient passer pour saints. La sainteté d'Adam sut modestement briller en un tel milieu et frapper les regards qu'elle voulait éviter: il fut couronné par tous ses frères du plus beau titre qu'un chrétien puisse ambitionner: on l'appela le très pieux Adam de Saint-Victor (3).

1. Édition de Rouen, t. II, p. 484.
2. V. nos *Œuvres poétiques d'Adam de Saint-Victor*, 2ᵐᵉ éd. p. 144.
3. Nous trouvons dans un recueil de miscellanées composé à l'abbaye de Saint-Victor (Bibl. nat. lat. 14923, f° 245v°), d'énergiques paroles sur le néant de l'homme qui sont attribuées à notre Adam. Elles sont d'un « naturalisme » qui ne déplairait pas à M. Zola, et que nous n'osons reproduire.

La tradition des Victorins avait retenu jusqu'au XVII⁰ siècle qu'aucun religieux n'était plus zélé qu'Adam à suivre les saints offices. Il garda toujours au fond du cœur cet amour et cette admiration pour la liturgie qui sont comme la marque des âmes naturellement catholiques. « Adam de Saint-Victor, dit Simon Gourdan (¹), regardait comme le plus grand bonheur des chanoines réguliers d'estre occupez de la divine psalmodie à cause de la présence de Dieu même sur les autels. » Ce qui est digne d'attention, c'est que dans une charte de Gilduin que nous ne connaissions pas quand nous avons publié notre première édition des œuvres d'Adam (²), nous trouvons (après les souscriptions de Gilduin, abbé ; d'Odon prieur et de Garnier, sous-prieur) celle du préchantre, nommé Adam : « Signum Adam precentoris. » C'est sans doute notre Adam. (³)

Il est du reste facile de comprendre qu'un poète aussi pieux ait eu ce vif amour pour la liturgie, lui qui l'embellit des plus riches ornements et qui est resté, dans un genre tout entier de la poésie liturgique, un modèle à jamais inimitable. Quand on lit ces admirables proses et qu'on y trouve cette forte substance théologique qui en est le caractère principal, on comprend encore mieux que notre Victorin ait dû méditer longtemps non seulement les Livres saints et les Pères, mais aussi tous les livres liturgiques de la sainte Église où l'on trouve la vraie philosophie, la vraie théologie, la vraie poésie, et la plus magnifique comme la plus sincère expression de la doctrine catholique.

Ce fut cet amour même pour les offices sacrés qui dut le décider à écrire ses premières proses. En ce moment même, une singulière révolution, dont il sera toujours difficile de signaler les auteurs, venait de s'accomplir à la fois dans la versification latine et dans la poésie liturgique.

Quelque explication est ici nécessaire.

---

* *Les Vies et les Maximes saintes*, etc., t. I, p. 549.
*. Archives nationales, L. 892, n° 5.
3. Nous avons reproduit cette souscription dans la 2ᵐᵉ édition des *Œuvres poétiques d'Adam*. (Paris, 1881.)

IV.

SI l'on ne considère en notre Adam que le versificateur, on peut dire que son action a principalement porté sur un vers latin bien connu qu'on appelle le « *septenarius* trochaïque » et qui remonte certainement à une haute antiquité. En voici le type que nous empruntons à Sénèque le tragique : « Vos precor, vulgus siléntum — Vosque ferales Dĕos. » Il pouvait se diviser en deux parties, lesquelles étaient aisément réductibles, la première à huit syllabes, la seconde à sept. Le premier de ces hémistiches avait sa pénultième longue (*siléntum*); le second sa pénultième brève (*Dĕos*).

A travers les premiers siècles du moyen âge, ce vers perdit peu à peu la rigueur de sa métrique et se transforma graduellement en un vers uniquement accentué et syllabique et, pour dire le vrai mot, en un vers « rhytmique ». Dans l'hymne de la Dédicace : *Urbs beata Jerusalem*, qu'on peut attribuer au X⁰ siècle, la transformation est presque achevée : « Nova veniens de cœlo nuptiali thalamo — Præparata ut sponsata copuletur Domino. » Comme on le voit, l'assonance est venue compléter l'organisme de ce vers dont l'influence a été si profonde.

Faisons un pas de plus.

A la fin du XI⁰ siècle, au commencement du XII⁰, la rime, la vraie rime, fut substituée, dans l'antique *septenarius*, à la consonnance par la dernière voyelle, et l'on obtint alors la belle strophe suivante, qui est composée de deux *septenarii* dont les deux hémistiches sont rimés :

Ad honorem tuum, Chr*iste*,
Recolat Eccl*esia*
Præcursoris et Bapt*istæ*
Tui natal*itia*.

Il advint qu'un versificateur inconnu eut, vers le même temps, l'idée ingénieuse de doubler le premier hémistiche de chaque *septenarius*, et c'est ainsi qu'on aboutit enfin (car c'est vraiment le point d'arrivée) à cette magnifique strophe de six vers dont rien n'égale la facture :

Heri mundus exultavit
Et exultans celebravit
Christi natalitia ;

> Heri chorus angelorum
> Prosecutus est cœlorum
> Regem cum lætitia.

C'est cette strophe qu'un des devanciers d'Adam, si ce n'est Adam lui-même, a fait pénétrer dans les « proses », mais dont notre Victorin mérite à tout le moins d'être appelé le second créateur, tant il y a excellé.

Avant le XII° siècle, avant Adam, ces « proses » ou « séquences » étaient simplement composées d'une série plus ou moins développée de phrases ou de *clausulæ*, accouplées deux par deux et presque uniquement assujetties aux lois du syllabisme.

Adam a changé tout cela, et il a victorieusement introduit dans les proses le superbe *Heri mundus* avec vingt autres rythmes de différentes mesures, qu'il a merveilleusement groupés ou entrelacés dans le tissu si original de chacun de ses chefs-d'œuvre [1].

Voilà donc une nouvelle versification ; mais voilà aussi la liturgie renouvelée en l'une de ses parties les plus importantes: car, non seulement les proses, mais les hymnes même furent bientôt conçues et exécutées dans ce nouveau système.

Il faut ici nous représenter Adam élaborant ces nouvelles proses dans sa cellule, les soumettant au jugement d'Hugues et de Richard, puis réunissant le chœur de l'abbaye à l'occasion de quelque grande fête et lui faisant exécuter sur une musique nouvelle la dernière prose qu'il avait composée [2]. Chaque jour quelque ancienne séquence disparaissait devant ces nouveautés. Les proses d'Adam ne restèrent pas longtemps

---

1. Pour plus de développement nous renvoyons le lecteur à nos *Épopées françaises*, (2me édition, t. I, p. 287, 288) et à notre *Histoire des proses avant le XII° siècle*. Dès 1855, dans notre thèse à l'École des Chartes, nous avions exposé notre système sur l'origine métrique des rythmes latins du moyen âge.

2. Chacune de ces proses devait coûter un grand travail à Adam. Non seulement, pour en composer les paroles qui résumaient tout le symbolisme d'une fête ou toute l'histoire de la vie d'un saint, il devait consulter les recueils de vies de saints et de miracles qui existent encore en si grand nombre dans nos bibliothèques, mais il faut encore se rappeler que, selon toute probabilité, il composait aussi la musique de ces pièces liturgiques. Dès lors, que de peines, que de soins divers ! Mettre d'accord la mélodie avec les paroles, les paroles avec la mélodie, faire essayer par le chœur de l'abbaye chacune de ces nouvelles compositions, les faire répéter à l'orgue, ce n'était pas l'affaire d'un jour ni d'une semaine pour chaque séquence. Et Adam en a dû composer plus de cent.

captives dans le cloître de Saint-Victor. Les fidèles qui fréquentaient l'église abbatiale firent partout l'éloge de ces riches mélodies, de ces paroles sublimes que plusieurs d'entre eux comprenaient encore. L'Église de Paris s'émut de cette admiration générale ; elle vint les écouter, elle les adopta presque toutes ; le missel de Paris en fut même plus rempli que celui de Saint-Victor. Les diocèses voisins suivirent l'exemple d'une église qui avait déjà une grande autorité dans la chrétienté. On pourrait suivre facilement la marche victorieuse de l'œuvre d'Adam à travers toutes les églises de la France, de l'Angleterre et de l'Allemagne.

V.

ON a conservé, sur quelques-unes de ces proses, des détails qui trouveront ici leur place naturelle. Quand Hugues s'était décidé, après un long voyage, à entrer à l'abbaye de Saint-Victor, il avait apporté un riche trésor à ses nouveaux frères en échange de leur hospitalité. C'était le pied droit du saint patron de l'abbaye dont les Victorins de Marseille s'étaient dessaisis en sa faveur. Les religieux de Paris reçurent avec des transports de joie ces reliques tant désirées. Une telle joie, que des chrétiens seuls peuvent comprendre, dut inspirer Adam, et il composa à ce sujet, à une époque qu'il est malaisé de déterminer, une de ses plus belles séquences, celle qui débute ainsi : *Ex radice caritatis* (1).

Il s'était fait à Paris, particulièrement dans son cloître, une telle réputation de science liturgique qu'on ne voulait s'adresser qu'à lui pour la composition de nouveaux offices. C'est à lui que les Victorins demandèrent, en l'honneur de leur patron, la prose *Ecce dies triumphalis* qu'ils chantaient encore du temps de Jean de Thoulouse (2).

Mais le Missel ne fut pas le seul livre liturgique qu'Adam

1. « De tam optato reliquiarum munere sacris lyram digitis increpuit [Adam] hocque inter cetera personuit : *Ex radice caritatis*, etc. » (Bibl. nat. lat. 14375, p. 138, dans l'*Appendice*.) Cf. nos *Œuvres poétiques d'Adam de Saint-Victor*, 2ᵉ éd. p. 108.

2. « Ex quibus noster Adam prompsit argumentum in sequentiis seu prosis, et vocant, anno 1622, si unam excipias, apud nos obsoletis. Easdem placuit exscribere, tum quod ante centum annos spirarent lucem, tum quod, una velut in tabula, universorum ejus cruciatuum explicationem totam habes. Prima quidem quam quotannis in ejus solemniis usurpamus : *Ecce dies triumphalis*.... » Les deux autres sont *Exultet Ecclesia* et *Martyris Victoris laudes*. Leur authenticité nous paraît plus que douteuse.

dut enrichir de ses pieuses compositions. Le Bréviaire reçut aussi quelque embellissement de ses travaux. A Saint-Victor de Marseille, on suivait le rite monastique et l'on célébrait, pour la fête du saint patron, l'office du *Commun des martyrs*. A Saint-Victor de Paris, on voulut avoir un office propre, et, dès le XII° siècle, les anciens bréviaires et antiphonaires Victorins démontrent qu'on n'avait pas perdu de temps pour le composer. Toute la tradition de l'abbaye attribue cet office à Adam aussi bien que celui de saint Augustin qui était le second patron de l'Ordre et dont les chanoines suivaient la règle (¹). On a pu voir par les hymnes que nous avons publiées, que ces offices ne sont pas indignes du génie de notre poète.

Le 4 septembre de l'année 1169 (²), l'Abbaye royale eut un jour de fête. Les religieux célébraient au chœur l'octave de saint Augustin, quand ils reçurent la visite d'un prélat étranger, célèbre déjà dans tout le monde chrétien, par sa conversion, par sa sainteté, par ses malheurs. C'était Thomas Becket qui se trouvait alors à Paris et qui avait voulu connaître ce monastère illustre qui passait pour une pépinière d'éminents docteurs. Il y était particulièrement attiré par la renommée de Richard, qui continuait dans l'école les traditions de son prédécesseur Hugues. L'archevêque de Cantorbéry fut conduit dans la salle du chapitre, et on l'invita à prendre la parole, afin d'édifier les religieux qui s'empressaient autour de lui, avides de son éloquence autant qu'indignés de son exil. Thomas acquiesça à leur désir. Il prit pour texte de son discours : *In pace factus est locus ejus*. Sans doute il fut pathétique et plein de larmes, ce discours où l'orateur était sans cesse amené par son sujet et par son cœur à une comparaison douloureuse entre la paix de ce monastère et les agitations de son pays, entre les études tranquilles de ces religieux et les luttes acharnées qui devaient, d'après ses pressentiments, se terminer par le martyre. Après ce sermon, Thomas voulut s'entretenir avec Richard, et ils eurent ensemble, sur les plus hautes matières de la théologie, un dialogue dont les Victorins

---

1. « Valde probabiliter existimo ipsum eumdem sanctum patrem Adamum authorem extitisse officii divini recitari et decantari soliti in festo sancti Victoris, martyris, patroni nostri, et sancti Augustini episcopi ac ecclesiæ doctoris, legislatoris nostri. » (Bibl. nat. lat. 14375, p. 277).
2. D'après le P. Picart.

regrettèrent toujours de n'avoir pu conserver les sublimes paroles (¹). Thomas Becket quitta le monastère, et, seize mois après, l'Europe épouvantée apprenait le meurtre sacrilège de saint Thomas de Cantorbéry. Ce fut en effet le nom qui lui fut sur-le-champ imposé par l'acclamation des chrétiens, et Alexandre III ne fit, pour ainsi dire, que confirmer une canonisation populaire quand, dans les premiers jours de mars 1173, il inscrivit ce nom glorieux sur la liste des Saints.

Cependant l'indignation qui avait soulevé la chrétienté à la nouvelle de ce meurtre n'avait nulle part été ressentie aussi vivement que dans le cloître de Saint-Victor. Les religieux se souvenaient de ces traits amaigris, de cette noble parole, de cette douce et énergique tristesse qu'ils avaient pu admirer de si près. Adam, qui avait vu l'illustre martyr de la discipline de l'Église et qui avait été plus ému peut-être que ses frères aux accents de cette bouche éloquente, Adam fut peut-être aussi le premier qui composa sur le nouveau saint, à défaut de tout un office, la partie la plus poétique et la plus originale de cet office. Il avait rarement été aussi heureusement inspiré : et bientôt on chanta, le 29 décembre, en un certain nombre d'églises, l'admirable prose : *Gaude, Sion, et lætare* (²), qui est tout à la fois un chef-d'œuvre de versification et de poésie.

VI.

Nous en arrivons maintenant à cette prose : *Salve, mater Salvatoris*, la plus célèbre au moyen âge de toutes celles d'Adam, et sur laquelle il convient de nous ar-

---

1. « Anno 1169. — Thomas Cantuariensis, dum exulem ageret in Gallia Senonensi, huc anno, pridie nonarum septembris, quæ est octava sancti Augustini, venit in cœnobium Sancti-Victoris Parisiensis. » (R. P. Picart, Bibl. nat. lat. 14660).
— Anno 1171, (¹) mense augusto, cum sanctus Thomas, Cantuariensis archiepiscopus, Lutetiam Parisiorum advenisset, ut grates qua posset ratione Ludovico, Francorum regi, referret pro humanissimo sibi in terris suis exhibito hospitio, circa initium septembris in domum nostram Sancti-Victoris venit et in ea honorifice et humaniter susceptus fuit, et in octava sancti patris nostri Augustini quæ erat ipso anno feria sexta, die quarta septembris, in capitulum nostrum admissus, sermonem habuit, sumpto themate ex versiculo psalmi 75 : *In pace factus est locus*, ut habetur in manuscripto bibliothecæ nostræ : sed utinam integer ille sermo descriptus fuisset, et colloquia illi tanti præsulis cum Richardo priore nostro scriptis consignata fuissent ! » (*Vita Richardi*, en tête de ses œuvres. Cette vie est de Jean de Thoulouse.)

2. « Anno 1174, magister Adam de Sancto Victore cecinit carmen quod incipit : *Gaude, Sion, et lætare*, in honorem sancti Thomæ Cantuariensis tunc in divos relati ab Alexandro tertio. » (R. P. Picart, Bibl. nat. lat. 14660, p. 18.)

rêter, puisqu'elle fut pour lui l'occasion d'un honneur singulier, disons le mot, si blessant qu'il soit pour notre siècle, d'un miracle.

Un compilateur de légendes, né en 1201, qui, après s'être fait chanoine de Saint-Augustin dans l'abbaye de Cantimpré, entra en 1232 dans l'ordre de Saint-Dominique, Thomas, dit *de Cantimpré*, à cause du premier monastère où il vécut [1], nous a transmis le récit de ce miracle dans son grand ouvrage intitulé : *De apibus, seu de bono universali*. Il était venu à Paris et avait en particulier consulté les chanoines de Saint-Augustin sur les faits merveilleux qu'ils pouvaient connaître. C'est *d'après leur récit*, comme il le dit lui-même, c'est appuyé *sur l'autorité de toute l'abbaye* qu'il raconte ce qui arriva à notre Adam pendant qu'il composait à l'honneur de la Vierge la séquence dont nous avons plus haut donné le premier vers. Il est vrai que nous voudrions ici des preuves plus saisissantes et des témoignages plus scientifiques; mais nous ne pouvons donner que ce que l'histoire nous fournit, et le donnons en toute sincérité, en toute foi.

Adam, lorsqu'il composait ses proses, aimait à venir chercher l'inspiration au pied de ces autels et sous ces voûtes mêmes qui devaient retentir de ses mélodies triomphantes. Il y avait dans l'église abbatiale une crypte consacrée de toute antiquité à la Mère de Dieu [2], ornée de son image qui était appliquée contre un des piliers, et que sa demi-obscurité autant que sa consécration particulière devait rendre chère à un poète chrétien. Il paraît qu'Adam s'y cachait quelquefois quand il voulait écrire à la louange de la Vierge quelque prose nouvelle, et il en écrivit ainsi plus de vingt.

Un jour qu'Adam s'était retiré dans cette chapelle sou-

---

1. V. l'*Histoire littéraire*, t. XIX, p. 178.

2. « Jam miraculum sibi a beata Virgine præstitum recenseo: Thomas Cantimpratensis (*libro II Apum seu de Bono universali, cap.* XXVIII), hæc de Adamo nostro profert : « Magister Adam, canonicus Sancti Victoris Parisiensis, cum in dictanda sequentia : *Salve mater Salvatoris*, alium rhythmi versiculum edidisset :

Salve mater pietatis
Et totius Trinitatis
Nobile triclinium, etc.

gloriosa Virgo, apparens ei, cervicem inclinavit. » (Bibl. nat. lat, 14375, *loc. cit.*) — Cf. *Miraculorum exempla memorabilium*. Douai, 1627, p. 279.

terraine, il s'y sentit comme enivré par l'inspiration et composa avec transport les premières strophes du *Salve mater Salvatoris*. Jamais son affection pour la Mère du Verbe incarné ne s'était manifestée par de plus poétiques appellations :

> Cinnamomi calamum,
> Myrrham, thus et balsamum
>   Superas fragrantia ;
> Tu cœlestis Paradisus
> Libanusque non incisus,
>   Vaporans dulcedinem...

Il en arriva enfin à cette admirable strophe où il montre toute la dignité de la Vierge, qui, comme un philosophe chrétien l'a démontré dernièrement, a fait, en quelque sorte, dépendre de son chaste consentement les destinées de l'incarnation :

> Salve, mater pietatis
> Et totius Trinitatis
>   Nobile triclinium ;
> Verbi tamen incarnati
> Speciale majestati
>   Præparans hospitium !

C'est alors, dit Thomas de Cantimpré, qu'eut lieu un des plus beaux miracles de la Vierge Marie. Quand Adam eut achevé d'écrire cette strophe, il vit tout à coup la crypte inondée de lumière, et la Mère de Dieu devant lui, qui lui souriait doucement en inclinant la tête.

Encore une fois, j'avoue que ce miracle n'est pas entouré de toutes les preuves que je lui souhaiterais, et la tradition de Saint-Victor ne saurait véritablement suffire à toutes les exigences de la critique. Les contemporains d'Adam furent moins difficiles et, quand, tout ébloui encore de cette vision merveilleuse, notre poëte raconta à ses frères le miracle dont la Mère du Sauveur avait honoré son plus indigne serviteur, il fut cru sur parole. On se réjouit avec lui d'une apparition qui tournait à la gloire de l'abbaye ; on se dit qu'il fallait bien que cette chère maison fût bénie de Dieu et parée de quelques mérites ; on résolut enfin de consacrer à jamais le souvenir de ce grand événement. La crypte était respectée autrefois : elle devint, dès lors, aussi sacrée qu'une relique. On y aurait voulu enfermer pour toujours l'air qu'avait respiré la Reine du ciel. Un monument s'y éleva bientôt : ce fut une chapelle où l'on sculpta la scène même du miracle. Adam y était représenté à genoux, levant des yeux pleins d'amour vers la Vierge et la suppliant sans doute de ne point le laisser sur la terre, mais de l'emporter avec elle dans le ciel (1).

Ce monument eut ses vicissitudes. Tuisselet, qui écrivit sommairement la chronique de l'abbaye depuis 1303, dit qu'on y enterra, en 1395, J. Pastourel, ancien président de la Chambre des comptes ; mais en 1520, sous le gouvernement de Bordier, trente-quatrième abbé de Saint-Victor, on détruisit cet oratoire pour le faire plus beau. On plaça au fond, dans une excavation, un *priant*: c'était toujours notre Adam au moment de l'apparition. Il appartenait au dernier siècle de gâter ce gracieux travail dont l'architecture ne lui sembla pas sans doute aussi lourde que l'exigeait le goût très lourd du temps. On remplaça donc la statue d'Adam par celle de saint Roch, et, comme on n'osa pas, malgré les beaux progrès de l'hagiographie, anéantir jusqu'à la dernière trace d'une aussi touchante légende, on fit peindre un tableau sur bois pour rappeler le miracle, et on prit soin de le placer près de la statue de la Vierge (2).

Mais il n'était pas besoin d'un monument matériel pour préserver de l'oubli un pareil prodige. Les cœurs des Victorins, pendant tout le moyen âge, en gardèrent le souvenir à l'abri de toute atteinte, et quand, en 1524, on remania le missel de Saint-Victor, devant le fameux verset : *Salve mater pietatis*, on écrivit ces mots : *Dum venerabilis Adam sequenti versiculo beatam Mariam virginem salutaret, ab ea resalutari et regratiari meruit* (3).

Cette prose, du reste, était devenue populaire dans toute l'Europe, et c'est peut-être la seule de notre Adam qu'on

---

1. « Locum [Thomas Cantimpratensis] minime designat quem ex majorum non tantum relatione, sed veneratione certi sumus fuisse cryptam inferiorem ecclesiæ nostræ eidem Virgini, Dei matri, ab antiquo consecratam. In cujus namque miraculi monumentum, majores nostri, ante effigiem ejusdem Virginis, juxta columnam ejusdem partis altaris proximam, oratorium lapideum cum effigie R. P. Adam deprecantis construxerunt. » (Bibl. nat. lat. 14375, *loc. cit.*)

2. Bibl. nat. lat. 14375, *loc. cit.*

3. *Ibid.*, *loc. cit.*

trouve, en certains manuscrits, séparée de toutes les autres, et avec la mention, si rare pour ses autres œuvres, du nom de l'auteur (1).

VII.

La composition de ses proses ne suffisait pas sans doute à l'activité d'Adam : aussi ne sont-elles que le moins étendu des ouvrages qu'il nous a laissés. Le savant religieux travailla spécialement sur les livres de la sainte Écriture. Il s'était convaincu que, pour les commençans, le texte de la Bible offre de nombreuses difficultés : il voulut les aplanir, et choisit à cet effet la forme du Dictionnaire qui sera toujours, en pareil cas, la plus naturelle et la plus commode. Il s'y donna carrière et s'y livra à une philologie téméraire. Nous avons jadis fait voir quelles étymologies étranges se rencontrent sous sa plume. La *Summa Britonis seu de difficilibus Bibliæ vocabulis*, qui n'est, à vrai dire, qu'une compilation, conquit pourtant une certaine vogue au moyen âge. C'est un des manuscrits qu'on trouve le plus fréquemment dans nos bibliothèques. Dans un testament du XVe siècle qui a été tout récemment publié, elle forme un legs qui ne semble pas avoir été sans valeur (2).

Après avoir éclairci le texte des Écritures, Adam fixa son attention sur les Prologues de saint Jérôme, qui sont encore aujourd'hui comme l'Introduction naturelle à l'étude des deux Testaments. Il en expliqua historiquement toutes les difficultés, et mit ainsi aux mains des débutants deux livres élémentaires qui complétaient les vastes travaux d'Hugues sur tous les livres de la Bible. Si l'on veut rapprocher ces deux ouvrages de notre Adam des *Explanationes* de son illustre maître, on trouvera dans cette réunion un cours presque complet d'Écriture sainte, un cours dont les modernes « eux-mêmes » pourraient sans doute profiter.

Mais quel que soit le mérite d'un habile commentateur,

---

1. *Salve mater Salvatoris, magistri Adami de Sancto Victori oratio ad B. Mariam.* (Bibliothèque de Bruxelles, 4894, XIVe siècle, etc. Cf. le Recueil manuscrit du F. J. Brander, Bibl. de St-Gall, 546, p. 344, XVIe siècle, etc.)
2. A. Tuetey, *Testaments des XIVe et XVe siècles enregistrés au Parlement de Paris*, Impr. Nation., 1880.

quelque esprit que demande une compilation, un homme de talent ne peut s'en tenir à la gloire de ces études peu originales. Il fallait à Adam un champ plus vaste, un champ où il ne fût pas étroitement enfermé par les exigences d'un texte. Hugues était resté célèbre dans l'abbaye, moins comme professeur d'Écriture sainte que comme professeur de morale et de dogme, et ses *Explanationes* avaient eu sans doute moins de succès que ses beaux traités philosophiques. La voie était donc indiquée à Adam ; il fallait qu'il fût philosophe à son tour. Il le fut, et nous devons à ces nouvelles études deux traités qui terminent la série de ses œuvres, une psychologie sous ce titre : *De discretione animæ, spiritus et mentis*, et le : *De instructione discipuli* (¹).

On voit qu'il y avait dans tous ces ouvrages de quoi remplir la vie d'un homme, si l'on réfléchit qu'ils demandèrent une longue préparation, et que pour la *Summa Britonis* et l'explication des Prologues de saint Jérôme, il fallut plusieurs années de lectures assidues à une époque où les livres n'étaient pas si communs que de nos jours ; si l'on veut aussi se persuader qu'un traité de psychologie est, pour le vrai philosophe, le résultat des observations de toute sa vie, et se rappeler que le P. Gratry a consacré près de dix années à sa *Connaissance de l'âme*.

VIII.

PENDANT que la vie d'Adam s'écoulait dans cette église abbatiale dont la liturgie lui était si chère et dans cette cellule où il composait tant de précieux ouvrages, les événements précipitaient leur cours à Saint-Victor. En 1155, Achard avait succédé comme abbé à Gilduin, et cinq ans après, ce même Achard, nommé évêque d'Avranches, laissait l'abbaye à gouverner à Gruïsius que d'autres ont nommé « Ervisius ». C'est ce Gruïsius qui souleva dans son monastère de si vives discordes en voulant adoucir la rigueur de la règle. Il y eut deux camps sous ce cloître autrefois si paisible ;

---

1. Nous ne donnons pas ces attributions comme absolument certaines. Rien n'est plus difficile à préciser, au moyen âge, que la paternité d'une œuvre théologique ou littéraire. On l'a notamment éprouvé pour Hugues de Saint-Victor.

les partisans de l'abbé, d'une part, et, de l'autre, ceux de Richard qui s'était mis à la tête d'une chrétienne et courageuse résistance. On sait l'issue de cette lutte où le pape Alexandre III dut intervenir à plusieurs reprises. Le camp de Richard triompha, la règle demeura intacte, Gruisius dut donner sa démission, et Guérin lui succéda (1). Il n'est même pas permis de se demander d'après tout ce que nous savons du reste de sa vie, quel parti dut suivre le très pieux et très austère Adam dans une affaire où la piété et l'austérité de tout son ordre purent sembler compromises. Il entraîna sans doute par ses conseils et sa légitime influence une partie du monastère, et son nom dut servir autant et plus que celui de Richard au gain d'une aussi noble cause.

L'année suivante, en 1173, aux environs de Pâques, Richard mourut, emportant les regrets de tous les Victorins. Il semble qu'il ait aussi emporté avec lui l'âme de son ancien condisciple : car depuis cette époque on n'entend plus parler d'Adam. C'est ce qui a fait supposer à quelques-uns qu'il était mort peu de temps après, vers 1175 (2), le 8 des ides de juillet. Cette dernière date est certaine, mais la première, celle de l'année, paraît fausse.

Une autre opinion fait mourir Adam en 1177 (3): c'est celle des *Antiquités de Saint-Victor*, qui n'ont pas suivi en cela la première édition de Jean de Thoulouse, où la mort d'Adam était fixée en 1192. Ducange a suivi cette date; mais, en cette matière, ce n'est peut-être pas une véritable autorité.

Il est certain que notre Victorin mourut sous le gouvernement de l'abbé Guérin. La *Gallia Christiana* en a recueilli facilement la tradition : « Sub eodem Guarino decessit Adam de Sancto Victore, oriundus ex Britannia, scriptis clarus. » (4) Mais Guérin fut abbé pendant vingt ans (de 1172 à 1192), et il y a place dans cette longue période pour bien des opinions.

---

1. Ces événements se passaient en 1172.
2. Le P. Picart écrit : « Circiter hunc annum 1175, magister Adam de Sancto-Victore VIII idus Julii moritur. »
3. « In annalibus nostris annum obitus ipsius probabiliorem contexueramus Christi 1177 » (Bibl. nat. lat. 14375.)
4. VII, col. 670.

Nous pensons que la date la plus probable de cette mort est l'année 1192 (¹).

Adam mourut plein d'années, et, quelle que soit l'époque précise de sa fin, il mourut comme il avait vécu, dans la contemplation, dans l'amour des choses divines. On peut dire de lui ce qu'il a dit de saint Étienne : « Il s'est endormi dans le « Seigneur Jésus, celui qui avait toujours obéi à Jésus, et il « vit maintenant pour toujours avec le Christ » :

> In Christo sic obdormivit
> Qui Christo sic obedivit
> Et cum Christo semper vivit.

On l'enterra sous le cloître de Saint-Victor. Sa tombe, ornée de clous de cuivre, était en face de la salle capitulaire (²). Les chanoines réguliers ne pouvaient pas, en se rendant au chapitre, ne pas voir cette tombe où reposait le modèle de toutes les vertus monastiques: c'était pour eux une constante leçon. Ils y pouvaient lire en même temps la belle épitaphe dont nous parlerons tout à l'heure et qui commence ainsi: « Hæres peccati, natura filius iræ, etc. » Cette épitaphe ne leur suffit pas. Les Victorins crurent rendre un digne hommage à la mémoire du grand poète, en lui dédiant encore ces méchants vers (³):

---

1. On lit dans le *Nécrologe* de Saint-Victor (anc. ms. de Saint-Victor, 1039) : « VIII idus Julii obiit magister Adam Brito, sacerdos, canonicus noster professus, 1192. » Jean de Thoulouse, qui renvoie à ce *Nécrologe*, place à l'année 1192 toute sa notice sur Adam ; Félibien et Lobineau sont du même avis, et les *Annales de Saint-Victor* citent encore d'autres autorités à l'appui de leur opinion : « Georgius Eusengrein a Carolo Schulcingio, doctore theologo et professore Coloniensi, in *Bibliotheca ecclesiastica* Coloniæ Agrippinæ excussa, anno 1599, t. I, p. 2, c. 6 et 7, testis fidelis productus, refert Adamum de Sancto Victore, præclarum prosarum seu sequentiarum modulatorem, hoc anno 1192 diem clausisse. » (Bibl. nat. lat. 14679, p. 1127 et ss. — Nous n'hésiterions pas devant de si graves autorités, si les éditeurs des *Antiquités de Saint-Victor* n'avaient pas hésité avant nous; si, après avoir donné l'année 1177 comme la plus probable, ils n'en étaient pas venus à dire : « Præfixus exstincti patris Adami non constat annus. » (Bibl. nat. lat. 14375, *loc. cit.*)

2. « Sepultus est in claustro Sancti Victoris, sub quadam tumba clavata ante ostium capituli. » (Ancien manuscrit cité par Jean de Thoulouse, sans autre indication, Bibl. nat. lat. 14679, p. 1132). — « In claustro ecclesiæ nostræ, ad limen ostii capitularis dispositum, sub tumba clavis cupreis distincta, ad parietem capituli occidentali plagæ respondentem, legere habes decem versus... » (*Ibid., loc. cit.*) — « Sepultus quiescit ad limen capituli sub tumba clavis distincta cupreis, ad cujus vestigia legere habes quatuordecim versus... » (Bibl. nat. lat. 14375, *loc. cit.*).

3. « Majores etiam nostri ejus manibus aliud præterea epitaphium dicaverunt : Nominis et pœnæ, etc. » (Bibl. nat. lat. 14375, *loc. cit.*).

> Nominis et pœnæ primi patris hic situs hæres
> Terra sit, a terræ nomine nomen habens.
> Ne miseris, homo, quod Adam sub humo cinerescit
> Cui cognomen humus materiamque dedit.
> In vita reliquis illuxit, quo duce vivum
> Dicat Adam quam sit fallax opulentia rerum.
> Quem fovit virtus, cui favit gloria mundi,
> Ecce sub externi cinerescit cespite fundi !

Enfin, Guillaume de Saint-Lô, ce même abbé de Saint-Victor à qui nous devons (selon Jean de Thoulouse) une Notice sur Adam d'un style alambiqué et prétentieux, tint à prouver (suivant le même érudit) qu'il savait écrire en vers aussi mal qu'en prose, et le prouva en effet, dans le huitain suivant, consacré à la triple gloire d'Hugues, de Richard et d'Adam et dont ces grands esprits se seraient bien passés (1) :

> Sunt ibi doctores theoprimi Parisienses.
> Principiatores studii, radiant velut enses,
> Fragrant ut nardus. Hic Adam situs, Hugo, Richardus :
> Nullus in his tardus, sed ad omne bonum vigil Argus.
> Plurima scripserunt : factis, verbis docuerunt
> Cum populo clerum. Scit hoc hæc civitas fore verum.
> Hi tres canonici, licet absint canonizati,
> Mente pia dici possunt tamen esse beati.

Hâtons-nous d'en revenir à l'épitaphe qui décorait réellement la tombe d'Adam et méritait de la décorer. La voici en entier :

> Hæres peccati, natura filius iræ
> Exsilique reus nascitur omnis homo.
> Unde superbit homo, cujus conceptio culpa,
> Nasci pœna, labor vita, necesse mori ?
> Vana salus hominis, vanus decor, omnia vana ;
> Inter vana nihil vanius est homine.
> Dum magis alludunt præsentis gaudia vitæ,
> Præterit, imo fugit : non fugit, imo perit.
> Post hominem vermis, post vermem fit cinis, heu ! heu !
> Sic redit ad cinerem gloria nostra suum.
>
> Hic ego qui jaceo, miser et miserabilis Adam,
> Unam pro summo munere posco precem.
> Peccavi, fateor ; veniam peto, parce fatenti ;
> Parce, pater ; fratres, parcite ; parce, Deus.

---

1. « His in manuscripto codice subnectitur octonarium heroicum in laudem trium celebrium patrum Hugonis, Richardi et Adami, a Guillermo de sancto Laudo abbate editum sub hac formula : Sunt ibi, etc. » (Mss de Jean de Thoulouse).

Pasquier, qui cite comme nous cette épitaphe *in extenso*, ne peut retenir son enthousiasme : « Nous l'opposons, dit-il, à toutes épitaphes tant anciennes que modernes. » Pasquier a raison, et je plains les érudits de nos jours qui n'osent plus avoir un si spontané et si généreux enthousiasme. Ils se tiennent sur les hauteurs sèches de leur érudition : aucune action sublime, s'il s'agit d'histoire, aucune beauté, s'il s'agit d'art, n'ont le pouvoir de leur arracher un cri d'admiration. Il semble que, sous peine de mort, ils soient condamnés à une éternelle froideur et que leurs intelligences, tout occupées à découvrir le Vrai, se refusent à saluer le Beau qui n'en est pourtant que la splendeur.

Nous sommes donc de l'avis de Pasquier, et, dussions-nous passer pour médiocre érudit, nous ne nous condamnerons pas à cacher ici notre enthousiasme.

Qui croirait que cette épitaphe ait pu donner lieu à d'épineuses discussions? Épargnons-les à nos lecteurs et donnons-leur-en seulement, en quelques mots, des résultats irrécusables :

1º Les quatorze vers qui la composent ne sont pas tous de notre Adam. Il n'a fait que les dix premiers : *Decem primi versus ab eodem Adamo editi fuere* (¹). Et cette attribution même n'est pas absolument certaine.

2º C'est un Victorin, Jean Corrard, qui a écrit les quatre derniers : *Quatuor posteriores, nec ejusdem styli, a fratre Johanne Corrard, Victorino, ante centum annos vigente editi fuere* (²). On les a ajoutés aux précédents sous l'abbé Bordier, vers 1520 (³).

3º Les dix premiers vers qui sont d'Adam n'ont pas été composés par lui *pour lui servir d'épitaphe;* mais il en avait voulu faire seulement un petit poème sur la misère de l'homme. Après sa mort, on les a fait servir à un autre usage, en les écrivant sur son tombeau.

Ce qui prouve à l'évidence cette dernière assertion, c'est que dans un manuscrit de Saint-Victor (⁴), aujourd'hui à la

---

1. Jean de Thoulouse, Bibl. nat. lat. 14375, *loc. cit.*
2. *Ibid.*
3. Bibl. nat. lat. 14679, *loc. cit.*
4. Ms. 1038, fº 145 vº.

Mazarine, on lit les dix vers seulement de notre Adam sous ce titre : *Versus magistri Adam de Sancto Victore de miseria hominis.* Ils se trouvent placés entre l'épitaphe de Louis le Gros et celles d'Étienne, évêque de Paris, et de Gilduin.

Autre remarque qui n'a pas encore été faite. Les six premiers vers de cette épitaphe se trouvent dans l'*Hortus deliciarum* d'Herrade de Landsberg, au nombre des inscriptions pour le jeu des marionnettes : *Ludus monstrorum.* On les peut lire à la suite de ce distique :

> Spernere mundum, spernere nullum, spernere sese,
> Spernere sperni se, quattuor hæc bona sunt (¹).

Or, on sait qu'Herrade travaillait à son Encyclopédie en 1159 et qu'elle dut la terminer en 1175 (²).

Et maintenant, est-ce Adam qui a fait un emprunt à l'abbesse du monastère de Hohenburg? Est-ce Herrade qui a orné son livre des vers d'Adam ? *Grammatici certant.*

Quoi qu'il en soit, lors de la destruction de l'abbaye de Saint-Victor, les cendres d'Adam furent dispersées. Un chaudronnier s'empara de la plaque de cuivre qui était scellée dans le mur du cloître, à droite de la porte du chœur, et sur laquelle était gravée l'épitaphe; il allait la fondre quand l'abbé Petit Radel l'acheta et la déposa à la bibliothèque Mazarine, où on la voit encore à l'entrée de la galerie Colbert. C'est le frère de l'abbé Petit Radel qui rapporte lui-même cette circonstance. Mais, d'ailleurs, nous ne pouvions plus perdre cette belle épitaphe, puisque D. Martène l'avait publiée après Pasquier (³), puisqu'un grand nombre de manuscrits nous la conservaient.

Puis, si belle qu'elle soit, elle ne fait pas connaître notre Adam, et je lui préférerais ces paroles de Jean de Thoulouse : *Adam, sanctimonia clarus, scriptis clarior, miraculis clarissimus.*

---

1. Manuscrit de la bibliothèque de Strasbourg (qui a si malheureusement été brûlée en 1870).
2. *Bibliothèque de l'École des Chartes,* I, 245.
3. *Veterum scriptorum et monumentorum amplissima collectio,* t. VII, p. 622.

UN JOURNALISTE AU XIVᵉ SIÈCLE

EUSTACHE DESCHAMPS.

I.

Si Eustache Deschamps a mérité quelque gloire, ce n'est point, à coup sûr, par la perfection de son style. Ce poète trop fécond est visiblement inférieur à ceux des siècles précédents. Prenez au hasard une strophe de Thibaut de Champagne ou de Quenes de Béthune, et comparez-la à une strophe de Deschamps: vous serez frappé de la supériorité du treizième siècle. La distance est vraiment prodigieuse. Le style de Thibaut et de ses contemporains est serré ; la langue *une ;* la pensée nette. Deschamps est flasque : ce mot dit tout. Il ne se donne point la peine de polir son œuvre : il ne prend pas le temps d'être court. Il est redondant et *chevillard*. Il aime à jongler avec les rimes, et ce passe-temps l'amuse autant qu'il nous fatigue. Je renonce à parler de son pédantisme et de sa savantasserie qui sont faits pour exaspérer les plus patients de ses lecteurs. C'est dommage : il méritait mieux. Son intelligence est ouverte, éveillée, facile. Il est fin, d'une bonne finesse et qui, chose rare, tourne rarement aux gauloiseries. Sa piété est sincère et droite, et il a horreur de toutes tartuferies et trufferies. Il y a dans son âme une loyauté et un sentiment de l'honneur qui ne se démentent pas un seul instant. Cette âme est en vérité très élevée : elle honore son siècle et la France.

La France ! ce mot me fait penser à la véritable « dominante » de cette œuvre si longue et si lourde, et j'affirme que ce poète, encore trop peu connu, doit être considéré, durant ce triste règne de Charles VI, comme le type achevé de tous les bons français. On n'avait jamais vu le pays si bas : un pauvre roi fou qui apparaissait de temps en temps aux fenêtres de son palais et en qui l'on s'obstinait à acclamer la France ; une reine-monstre ; l'Anglais maître bientôt de la plus grande partie du sol national ; une éclipse presque complète du sentiment de la justice ; des mœurs abominables et, partout enfin le triomphe d'une réaction impie contre ce règne de Charles V qui est peut-être le plus beau de toutes nos annales après celui de saint Louis. Voilà ce que voyait Eustache Deschamps, et voilà contre quoi il protestait. Il ne lui fut pas donné de voir cette lumière, Jeanne d'Arc, mais il eut la consolation et la gloire d'être le contemporain de ce Duguesclin dans lequel il saluait « la fleur de la chevalerie ». Aucun événement de son temps ne lui est d'ailleurs indifférent, et il consacre au moindre fait une ou plusieurs de ses ballades. Il faut dire ici toute notre pensée : Eustache Deschamps est, par beaucoup de côtés, un journaliste qui écrit d'aventure ses premiers-Paris en vers. Vous en allez juger.

II.

NOTRE journaliste ou si vous le préférez, notre poète aime passionnément l'Église et passionnément la France : ce sont là ses premières amours. Il les met en scène, il leur donne tour à tour la parole. Écoutez d'abord la « lamentation de l'Église » que je traduis fort littéralement et qui pourrait, comme tout le reste, se passer de traduction : « Las, je me plains, détruite et désolée. — Le monde entier se révolte aujourd'hui contre moi. — Jadis, on m'appelait sainte Église. — Pierre et Paul, par leur prédication, — Par la fermeté de leur foi, par leurs œuvres, — Par leurs actes de charité et leurs paroles de vérité, — Par leur pauvreté si saintement endurée, — Me convertirent maint peuple, — Jusqu'à ce qu'un jour ils eurent pour moi le chef décollé. — Mais, à présent, mon état est bien changé : — Nul ne veut plus pour moi être martyr. » Ce dernier vers est le refrain de la ballade, et Deschamps s'entend merveilleusement à bien frapper ces refrains, comme à y bien revenir et redescendre. L'Église s'adresse alors d'une voix plaintive à Dieu lui-même comme à son souverain et vrai libérateur : « O vrai époux, envoie de Sion, — Par ta grande bénignité, — La vengeance contre l'iniquité de ces méchants, — De ces serviteurs de Satan. — Ne m'abandonne pas, moi qui suis ton épouse, — Mais secours-moi, doux Dieu, par ta pitié. — Nul ne veut plus pour moi être martyr (1). »

Le langage de la France n'est pas moins trempé de larmes : « Je pleure le temps que j'ai perdu ; — Je pleure Vaillance, Honneur, Sens et Chevalerie. — Je pleure Connaissance, Force, Bonté, Vertu, — Je pleure Largesse, Amour, doux Maintien. Courtoisie, — Je pleure Humilité, Liesse, joyeuse vie — Et le beau nom que j'avais, — Et la hardiesse, et la noble baronnie, — Quand aujourd'hui l'on ne cherche plus partout qu'à se tromper l'un l'autre. » Et la pauvre France ajoute : « J'ai vu jadis honorer mon écu, — J'ai vu jadis redouter ma seigneurie, — J'ai conquis la terre par ma vaillance — Et voici qu'aujourd'hui personne ne fait plus envers moi son devoir. — Je périrai, et c'est pourquoi je crie, — Quand aujourd'hui l'on ne cherche plus partout qu'à se tromper l'un l'autre (2). » C'était une actualité en 1400... et c'en est une en 1893.

Le poète ne se contente pas d'ailleurs de constater la lamentable situation de son très cher pays : il est de ceux qui concluent. Avec l'accent d'un honnête homme et l'énergie d'un rude moraliste, il rappelle à chacun les devoirs que tous ont désertés : « Les chevaliers, dit-il, doivent défendre l'Église et le peuple, *et pour ces deux doivent leur sang repandre*. L'Église doit *se maintenir saintement* et prier Dieu pour tous. Le peuple doit travailler *pour les estats des nobles soustenir* ; il doit les honorer, payer la dîme à l'Église et apprendre les *arts mondains* (3). » Voilà, me direz-vous, qui n'est guères hardi et qui, à coup sûr, n'a rien de révolutionnaire. Je l'avouerai sans peine ; mais, enfin, si chacun se fût alors tenu à sa place et eût accompli ces très nobles et très modestes devoirs, la pauvre France s'en fût peut-être mieux trouvée.

Ce n'est pas la France seulement qu'Eustache aime d'un aussi vivace et ardent amour : c'est Paris. On croit lire, en le lisant, certaines pages de Victor Hugo où le culte de Paris est poussé jusqu'à l'idolâtrie. Vous souvenez-vous de ce vers ridicule : « Paris c'est l'infini » ? Eh bien ! il y a dans Deschamps

---

1. Ballade 243, t. II, de l'édition du marquis de Queux de Saint-Hilaire, p. 75.
2. Ballade 255, t. II, p. 93.
3. Ballade 231.

un peu de cette idolâtrie dangereuse : « Paris sans per, qui n'os onques pareille ». Et le bon Eustache ajoute : « Qui en toy maint il ne puet perillier ». Hélas ! il n'en est pas tout à fait de même aujourd'hui, et l'on *perilloit* quelque peu, je pense, dans le Paris de 1871. Ailleurs encore, le poète du XIVᵉ siècle, qui est un tantinet boulevardier, se laisse aller à son enthousiasme : « J'ai parcouru la terre et la mer (il se flattait un peu) et ensuite Jérusalem, Egypte, Galilée, Alexandrie, Damas, Syrie, Babylone, le Caire et Tartarie ; je connais tous les ports qui y sont, les épices et les sucres, les fins draps d'or et de soie du pays, qui valent mieux que ce qu'ont les Français : mais *rien ne se peut comparer à Paris.* — C'est la cité couronnée au-dessus de toutes, c'est la fontaine de sens (?) et de science. De tous les arts c'est la fleur, quoiqu'on die. *Rien ne se peut comparer à Paris.* » Il n'y a qu'une ombre au tableau : « *Tout estrangier l'aiment et aimeront ; — Car pour deduit et pour estre jolis — Jamais cité tele ne trouveront.* » C'est encore vrai, et l'on regarde unanimement Paris comme un lieu de plaisir ; mais, en vérité, ce n'est pas là le plus beau de notre affaire.

Ce que Victor Hugo n'a jamais dit, c'est que, malgré tant de qualités éclatantes, Paris a besoin de faire pénitence. On se souvient encore des hurlements de nos adversaires contre ces mots que l'on doit inscrire en lettres d'or au fronton de l'église du Sacré-Cœur : *Gallia pœnitens.* « La France pénitente, s'écrièrent-ils à l'envi ! Et de quoi, juste ciel ? Quel crime a-t-elle commis ? » Je crois encore les lire, ces articles indignés des feuilles rouges : ils auraient révolté Deschamps comme ils m'ont révolté moi-même. Ce Parisien, ce vrai Parisien du XIVᵉ siècle consacre à la repentance, à la contrition de Paris une de ses plus belles ballades et que n'avaient pas recueillie les éditeurs précédents :

Mes richesses se sont changées en pauvreté, mes joies en pleurs, mes délices en douleurs, mon bien en mal, mon repos en labeur et mon renom en déshonneur. Puis donc que Dieu se souvient de mon orgueil, je périrai ; ma lueur est éteinte... Mais il y a la Pitié, la Grâce et la Miséricorde.

⁎

Plus ne serai comme j'ai été : j'ai trop commis de méfaits contre mon droit Seigneur, et trop me suis rendu coupable du crime de lèse-majesté, moi qui étais la tête et la fleur du royaume. C'est par moi que d'autres sont tombés dans l'erreur, et l'on peut bien dire que j'ai été moi-même chercher la corde dont *je suis servi* jusques au dernier jour... Mais il a la Pitié, la Grâce et la Miséricorde ([1]).

Voilà ce que ne disent pas les Parisiens de 1893, et c'est en quoi ils se montrent très inférieurs à ceux de 1400. Il faut bien l'avouer cependant : ceux de 1400 étaient fort malheureux, et la misère de ce temps était horrible. Les crimes se multipliaient partout, la justice faiblissait dans l'ombre. Eustache Deschamps, en une de ces heures où il n'était pas tendre, adresse aux magistrats de son temps un premier-Paris dont tout le monde aujourd'hui n'approuverait pas la rudesse :

Or sus, or sus, baillis et sénéchaux, prévôts, viguiers, vicomtes, lieutenants et procureurs, conseillers et sergents : cherchez, cherchez le mal. Informez-vous des méfaits de tant de gens qui ont volé, qui ont tué, qui ont voulu assassiner la Foi, la Justice, la Loi, la Droiture, la Raison. Prenez, pendez : gibets sont de saison.

Les bons ont décidément souffert trop de peines et de douleurs de par les mauvais, les « désordonnés » et les puissants, qui ont fait manger le peuple à leurs chevaux, pollué les temples, immolé les innocents et ont couru sus à des milliers sans droit, sans loi, à glaive émoulu. Prenez, pendez : gibets sont de saison ([2]).

La peste de ce temps, c'étaient les routiers plus encore que les Anglais, et il faut voir avec quelle énergie notre Deschamps leur décoche des vers qui valent des carreaux d'arquebuse et mieux encore. Elle est verte, elle est belle, cette satire de 1389 dirigée contre je ne sais quel chef de bande et dont chaque couplet se termine par ce vers significatif. « Pourquoi veux-tu les brebis et leur laine ? » Ces vers heureux abondent dans l'œuvre de notre poète : il y en a par centaines. Cette âme fière jette sa fierté dans ses vers. N'est-ce pas un mot à retenir que ce refrain d'une autre ballade : « Mieux vaut honneur que honteuse richesse ([3]) », et ne serait-il pas bien doux de le jeter à la tête de tant de financiers que nous savons ? Est-ce que Corneille lui-même a écrit quelque chose de plus cornélien que ce décasyllabe : « Pauvre loyal tient son chief vers la nue. » N'est-il pas également très élevé, cet *Envoi* d'une de ses meilleures

---
1. Ballade 193.
2. Ballade, 168.
3. Ballade 106.

pièces : « Prince qui veut selon les lois régner doit aimer pardessus toute chose les bons et punir publiquement les méchants. Autrement, il se voit déshériter. *Durer ne peut royaume sans justice* (1). » Nous disions tout à l'heure qu'Eustache était fin jusqu'à la matoiserie : lisez plutôt sa Ballade *à double entendement* : « On me demande chaque jour ce qu'il me semble du temps que je vois. Et je réponds : « Ce n'est partout qu'honneur, loyauté, vérité, foi, largesse, prouesse, charité, ordre et progrès. Non, par ma foi, je ne dis pas ce que je pense. » Ce qu'il exprimait sans ambages, c'était sa haine contre l'Angleterre, c'était son dévouement au pauvre vieux roi qui personnifiait la France. Pour tout dire, personne ne fut plus franc que notre poète, et il s'est révélé tout entier dans cette ballade dont le refrain eut pu lui servir de devise :
« En tous temps doit l'homme estre veritable » :

> Dire une chose et puis une autre faire
> A bouche et cœur n'est pas bien concordable.
> Si le cœur ment, la bouche se doit taire :
> En tous temps doit homme estre veritable (2).

III.

IL ne serait pas malaisé de tracer un portrait de Deschamps avec ses propres vers. C'était un bonhomme, très profondément bourgeois, oui, bourgeois jusqu'au fond des moelles, mais sachant concilier en lui, je ne sais trop comment, ces deux éléments que je croyais inconciliables : la fierté d'un chevalier et la modération quelque peu futée du vrai bourgeois. Joignez à tout cela une piété très élevée, une foi très vive et que n'ébranle pas le spectacle du schisme. Il est une de ses ballades qui résume tout notre poète, ou qui, si on l'aime mieux, nous offre tout son portrait en raccourci. C'est un éloge de la *mediocritas* telle que l'entendait Horace :

> Au hault sommet de la haulte montaigne
> Ne fait pas bon maison édifier
> Que le grant vent ne la gaste et suspraigne;
> Ne ou bas lieu ne la dois pas lier...

---

1. Ballade 295.
2. Ballade, 91.

Nul ne se doit ne hault ne bas fier :
Benoist de Dieu est qui prent le moien...

Fay ta maison en un petit rocher,
Ne hault ne bas, et tu vivras très bien.
En tous estas vueil dire et enseigner :
Benoist de Dieu est qui tient le moien (¹).

Un peu plus loin, ce vrai philosophe établit qu'il ne faut demander ici-bas que la grâce de Dieu, le vivre et le vêtement: « Pran le meilleur et vi moiennement.— Suffire doit à chascun, s'il n'est las, — Grâce de Dieu, vivre et son vestement (²). » Et il donne ailleurs une autre forme à la même pensée dans ce refrain un peu prosaïque, mais dont je souhaite à mes lecteurs de s'appliquer la morale : « Souffise vous d'avoir santé et sens. » On n'est pas plus raisonnable.

Eustache n'a qu'un défaut, mais il est horrible : il ne tient pas les femmes en assez grande estime et appartient visiblement à cette école, haïssable autant que médiocre, qui les considérait au moyen âge comme la cause et l'essence de tous les maux de l'humanité. Je doute, pour tout dire, qu'il ait été fort bien marié ! « Il n'est chose, dit-il, que femme ne consomme. » Et il compare au lion, au léopard, aux bêtes sauvages, le sexe auquel appartenait madame Deschamps (³). Il y a peut-être là quelque exagération, qui m'étonne venant d'un esprit si pondéré. Pour le juger sainement, il ne faut pas rester sur cette note, et j'aime mieux montrer en lui, pour finir, le cœur blessé, l'âme triste que les événements de son temps scandalisent et désolent, et qui se réfugie dans le passé (⁴) : « Jadis, s'écrie-t-il, l'Église était *en grant hautesse ;* le peuple ne s'enorgueillissait pas, et la noblesse combattait pour le peuple et pour l'Église. Mais maintenant c'est le règne du Démon, de la trahison, de la convoitise, de la haine entre les chrétiens. Quand verrai-je donc la Pauvreté aimée, la Vérité

---

1. Ballade, 197.
2. Ballade, 82.
3. Ballade, 213. Il pousse la hardiesse jusqu'à se moquer des accoutrements féminins et à protester contre l'*emprunt des estranges cheveux.*
4. Ballades 95 et 188.

élevée, la Justice puissante ? Quand verrai-je chacun être chrétien, vrai chrétien ? Foi, Charité, où êtes-vous allées ? Quand reviendront bon temps et bonne année ? Je crois que ce ne sera jamais. »

On a bien envie quelquefois, en 1893, de jeter le même cri de découragement et de douleur ; mais il faut se rappeler que Jeanne d'Arc fut envoyée par Dieu à notre France quelques années après la mort de pauvre Deschamps. Il faut s'en souvenir et espérer.

Nous ne verrons peut-être pas la délivrance ; mais il nous est permis d'y penser... et de l'attendre.

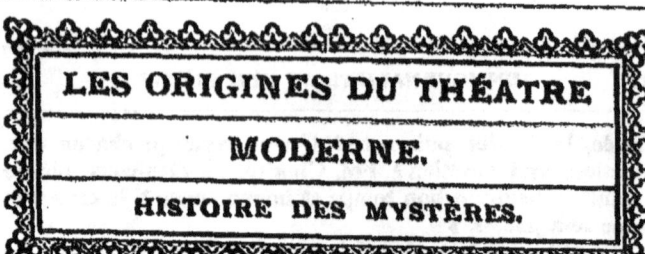

LES ORIGINES DU THÉATRE MODERNE.

HISTOIRE DES MYSTÈRES.

I. — La poésie dramatique est postérieure à la poésie lyrique et à l'épopée.

PEINE sorti des mains de Dieu l'homme parla. Dès qu'il put parler, il chanta. Il semble qu'aux yeux du chrétien, les origines du Chant se confondent avec celles de la Parole.
    La nature de ces premiers chants de l'homme, si elle ne peut être précisée par la Science, peut du moins être soupçonnée par la Foi. Ce furent sans doute des hymnes ardentes, des cris d'admiration et de reconnaissance que l'homme jeta tout d'abord vers le ciel. Et il y a quelque chose de particulièrement beau dans le spectacle de ce roi du monde ouvrant ses lèvres et faisant pour la première fois vibrer les ondes sonores dans un air tout nouveau, au milieu de cette merveilleuse nature toute fraîche encore et plus belle peut-être qu'elle ne l'a jamais été depuis cette primitive et admirable aurore.

    Plus tard, l'homme ne se contenta plus de célébrer Dieu dans ses chants improvisés : il chanta ses ancêtres, les héros de sa famille, les exploits de sa race. Toute cette poésie était lyrique. La poésie lyrique fut la première qui naquit et se développa sur notre terre. Le bon sens nous le prouve, à défaut de monuments positifs. Et n'est-ce rien que le bon sens ?

    Mais voici que les nations se dispersent: voici Babel. Chaque peuple va planter ses tentes dans le pays de son choix. Désormais, chacun d'eux aura son histoire, ou, à défaut d'histoire, sa légende. Les poètes, au lieu d'être constamment enthousiastes et lyriques, se feront souvent et volontiers conteurs. Ils raconteront longuement les anciennes migrations, les aventures des rois, les grandes guerres. C'est la poésie épique, laquelle est essentiellement *nationale*, tandis que la lyrique était *humaine* dans toute la force de ce terme.

Il restait cependant d'autres horizons à la poésie, et elle n'avait pas dit son dernier mot. Il arriva qu'un jour les longs récits des épiques endormirent l'humanité, qui depuis longtemps déjà bâillait un peu. Il fallait à tout prix la réveiller. C'est alors qu'un homme d'esprit inconnu, un prêtre sans doute, eut l'idée de se faire donner la réplique par un confrère autour d'un autel où se chantaient les louanges d'un Dieu, où se racontait sa légende. De là à dire à quelques initiés : « Toi, « tu joueras le rôle de Prométhée, et toi, celui de Mercure, » il n'y a pas loin. La poésie *dramatique* naquit : elle ne périra qu'avec ce monde.

Et c'est ainsi — pour résumer en peu de mots toute cette doctrine — que ces trois genres de poésie se succédèrent parmi nous dans l'ordre même que nous venons d'établir : d'abord l'Hymne ; puis, le Récit ; puis, le Drame.

II. — Origines liturgiques du théâtre. — Le théâtre grec pris pour type.

LES quelques mots que nous avons tout à l'heure hasardés sur les origines sacerdotales du théâtre sont d'une justesse que la science moderne constate tous les jours.

On pourrait dire que tout théâtre a sa source dans une liturgie, dans un culte.

Étant donné un culte, un théâtre en sortira. Pour en bien juger, il n'est pas nécessaire d'aller bien loin. Ne dépassons pas la Grèce, et restons-y quelques instants...

Les Eleusinies, dit un savant d'Allemagne qui s'est fait tristement connaître dans un autre ordre d'idées, étaient un culte très ancien et remontaient jusqu'au delà des temps où les Ioniens émigrèrent d'Attique en Asie-Mineure [1]. C'était la réunion de Dionysos avec les divinités des céréales, avec Demeter et Kora, qui formait le caractère principal de ces très antiques Mystères [2] ; mais on ne peut dire, avec quelque certitude historique, si le culte de Dionysos fut adjoint de bonne heure à celui des deux déesses et à quelle époque

---

1. Doellinger, *Paganisme et Judaïsme*, I, 248.
2. *Id.*, I, 243.

environ cette réunion eut lieu (1). » On ne sait même pas si Dionysos est le même personnage que Iacchos. Dionysos est un dieu d'importation orientale, que les Hellènes reçurent des Thraces méridionaux, et qui présidait à la santé des troupeaux, à la culture de la vigne, à la croissance et à la fécondité des végétaux (2). Iacchos, lui, est le fils de Demeter: c'est Zagreus, ressuscité par sa mère ; c'est le Démon mystérieux ; c'est le chef des mystères de Demeter. Mais nous ne pouvons nous arrêter longtemps à ces difficultés: essayons plutôt de pénétrer dans les Eleusinies et de voir ce qui s'y passait.

Les « petits Mystères » renfermaient trois drames qui se célébraient à la fin de février au commencement de mars. Premier drame, ou premier acte: « Naissance de Dionysos, fils de Jupiter. » Second acte: « Les Titans tuent le jeune dieu. » Troisième acte: « Résurrection de Dionysos (3). »

Les « grands Mystères » n'étaient pas moins dramatiques. Premier acte: « Enlèvement de Kora, fille de Demeter. » Second acte: « Demeter à la recherche de sa fille. » Troisième acte: « Descente de Demeter dans le Hadès. »

Et notez bien que tous ces drames étaient RÉELLEMENT REPRÉSENTÉS en une série de pantomimes et de scènes parlées auxquelles prenaient part l'Hiérophant d'abord, et ensuite tous les Initiés. Personne aujourd'hui ne saurait contester scientifiquement le caractère profondément théâtral des Eleusinies. Et les Eleusinies étaient le centre du culte grec.

C'est en définitive le culte de Iacchos qui a donné naissance aux premiers drames de la Grèce. Près de la *thymélé*, près de cet autel aux parfums, se tenait le prêtre récitateur qui célébrait les louanges du dieu et racontait sa légende. Puis, le récitateur s'adjoignit un *hypocrites* qui monta près de lui sur une estrade appelée « scène ». Et vis-à-vis d'eux s'étagèrent des gradins, *ikria*, qui reçurent des auditeurs enthousiastes.

Voici que le temple est devenu une salle de spectacle ; voici que la liturgie est un drame ; voici enfin que le théâtre est créé, et l'avenir lui appartient.

---
1. Dœllinger, *Paganisme et Judaïsme*, I, 248.
2. I, 237.
3. *Id.*, I, 253.

III. — Sévérités de l'Église contre le théâtre païen.

LES origines du théâtre romain sont autrement obscures que celles de la tragédie grecque. Les premiers Romains étaient une race grossière et qui n'eut jamais rien d'artistique. Il semble qu'ils se soient longtemps contentés de certaines farces épaisses et licencieuses, que l'on connaît sous le nom d'*Atellanes*. Ce qu'il y a de certain, c'est qu'ils doivent aux Grecs tout ce qu'il y eut d'élevé dans leur théâtre ; mais que, même dans leur drame, ils ne perdirent jamais leur brutalité native, leur abominable amour du sang versé, leur cruauté souvent bestiale. On a cité avant nous l'exemple de ces acteurs qui, sur la scène romaine, étaient crucifiés *pour de bon*. Quant à l'immoralité de ce sanglant théâtre, il est trop vrai qu'elle dépassa toutes les bornes.

Il ne faut donc pas s'étonner si l'Église, dès les premiers temps de son histoire, a condamné les jeux du théâtre aussi sévèrement que ceux du cirque. Dans le cirque coulait le sang des gladiateurs ; au théâtre les bonnes mœurs étaient effrontément insultées. Toute pudeur s'en allait du monde avec toute honnêteté et tout honneur. L'Église attaqua le mal dans sa racine. Les *Constitutions apostoliques* (1), dont la rédaction est certainement antérieure au troisième siècle, s'écrient avec une singulière énergie : « Que celui qui est attaché aux spectacles du théâtre quitte cet attachement ou qu'il ne soit pas admis à recevoir le baptême ». En 305, le concile d'Elvire, en son canon LXII, déclare que si un comédien possède la foi, il faut d'abord qu'il renonce à son art. « Quant aux gens de théâtre, ajoute le premier Concile d'Arles en 314 (2), qu'ils soient tenus hors de la communion. » La question était si grave que Tertullien et saint Cyprien, ces deux génies, ont consacré aux spectacles un traité spécial. Rien d'égal au retentissement de ces deux tonnerres. C'est Tertullien qu'il faut surtout entendre : il n'a jamais été plus fougueusement sublime.

Tous les Pères, d'ailleurs, tiennent le même langage (3). Ils

---

1. Lib. VIII, 32.
2. Can. V.
3. V. Duméril, *Origines latines du théâtre*, p. 7.

appellent le théâtre « la caverne du démon, une fabrique de libertinage, une école d'infamie ». Quelques esprits étroits se sont indignés de ces sévérités qu'ils ont déclarées excessives, et qu'aujourd'hui sans doute ils trouveraient inopportunes. Ils auraient préféré sans doute que l'Église, pour faire triompher sur la terre la virginité chrétienne, encourageât par son silence une dépravation si mortelle aux âmes. Ils auraient voulu que le christianisme, dont on connaît le profond respect pour la vie humaine, laissât passer sans protestation les effusions RÉELLES de sang humain sur le théâtre ; que Salvien, dans la rudesse légitime de son langage, n'incriminât pas, presque au même degré, les acteurs et les spectateurs de ces ignominies sanglantes, et qu'enfin les foudres de l'excommunication ne tombassent point sur la tête des comédiens et des jongleurs. Mais, par bonheur, l'Église n'a pas de ces modérations pernicieuses, et elle a frappé charitablement ce théâtre sans pudeur qui menaçait le monde d'une honteuse et irrémédiable décadence.

IV. — Origines du théâtre moderne. — Caractère dramatique du christianisme.

L'ÉGLISE, qui combattait avec tant de raison les excès du théâtre païen, l'Église apportait au monde les éléments puissants d'un nouveau drame. Le christianisme est une religion essentiellement dramatique, et qui se résume dans la lutte.

La vie chrétienne est un combat dont les péripéties sont aussi dramatiques que variées. La lutte heureusement victorieuse et cependant opiniâtrément immortelle de Satan contre Dieu, cet antagonisme qu'il ne faut pas confondre avec le dualisme oriental ; ce cri de saint Michel : « *Quis ut Deus ?* » ce pied vainqueur de l'Archange posé sur la poitrine invisible et rebelle de Lucifer vaincu et résistant ; cette sorte de duel admirable entre le Bien et le Mal est un drame auquel on ne saurait rien comparer. C'est le drame des drames qui se répète, qui se reproduit sans cesse dans notre propre vie, et, encore aujourd'hui, on ne peut introduire sur la scène que cette même lutte de l'Homme contre ses passions, reflet de la lutte de Dieu contre Satan. Tel est le principal élément du drame chrétien : il se réduit à la liberté de l'homme, à son libre arbitre qui n'a jamais été plus clairement affirmé. Et le personnage central de ce nouveau théâtre, c'est l'Homme digne de ce nom, levant fièrement la tête, faisant ce qu'il veut, luttant, tombant, triomphant, retombant encore pour triompher une dernière fois et régner avec Dieu.

Mais, en outre, que d'autres éléments dramatiques dans la religion chrétienne! Les Actes des martyrs sont de véritables tragédies, naturelles, simples, grandioses, sublimes. Les interrogatoires des premiers fidèles devant les tribunaux romains sont de véritables types de drame. Dans la famille chrétienne, tous les caractères deviennent une « matière dramatique ». Et, bientôt, les nations catholiques vont se former, et leurs annales vont devenir dramatiques elles-mêmes, et les héros vont y abonder : héros purs, magnanimes, modestes, et de qui l'énergie a cependant égalé ou surpassé celle des héros païens. Partout la lutte contre soi-même avec l'aide de Dieu : lutte pour Dieu et la foi, lutte pour la patrie, lutte pour la famille. Les Anges en sont les spectateurs, et Dieu la récompense.

La liturgie de l'Église revêtit elle-même une forme dramatique en plusieurs parties des saints offices. Dans l'antiphonaire de saint Grégoire, plus d'un *Introït* est en forme de dialogue. Le chant alterné formait depuis plus longtemps un dialogue qui était à la fois plus émouvant et plus long. Mais le drame par excellence, c'était la Messe, où le prêtre représente Jésus-Christ souffrant et vainqueur.

N'allons pas chercher les origines du théâtre moderne en des œuvres tout à fait exceptionnelles, sans précédent et qui n'ont pas fait école, comme dans le Χριστος πασχων attribué aux Apollinaires et surtout à Grégoire de Nazianze. Cette tragédie singulière, imitée du théâtre grec, ornée de chœurs, n'a véritablement exercé aucune influence sur la littérature chrétienne. Il en est de même de ces sept drames, pleins d'étonnantes beautés, qui sont dûs à Hroswitha, cette religieuse du Xe siècle, et que je voudrais pouvoir traduire ici, pour initier le lecteur à un genre vraiment original et saisissant. Mais les drames de Hroswitha doivent eux-mêmes être considérés comme des exceptions, et ils n'ont été imités de personne.

Où donc trouverons-nous la source authentique du théâtre moderne ?

Nous venons de le dire. Dans la liturgie.

V. — Les véritables origines du théâtre moderne sont liturgiques. — Les Tropes.

VERS la fin du Xe siècle, il y avait, notamment dans les cloîtres, un certain courant dramatique.

Mais, pour bien comprendre ce qui va suivre, il est indispensable de savoir nettement ce que c'est qu'un *trope*, et nous avons d'autant plus besoin de l'exposer à nos lecteurs qu'il s'agit ici d'une doctrine absolument nouvelle.

Donc, il fut un temps dans l'histoire de notre liturgie (c'était aux IXe et Xe siècles) où l'Office monastique ne suffit plus à la piété des religieux et où l'un d'eux eut l'idée féconde d'interpoler, plus ou moins longuement, les anciens textes liturgiques. Entre deux phrases d'un introït, d'un graduel ou d'un offertoire, on intercala une phrase nouvelle, en prose ou en vers, pour laquelle on composa une musique nouvelle.

Ces intercalations, ce sont les *Tropes*, et les livres où ils nous sont parvenus s'appellent les *Tropaires*.

Il est de ces Tropaires qui ont une importance considérable, et c'est dans ces manuscrits, trop longtemps dédaignés, que nous allons trouver l'origine première de notre théâtre.

Tel est, entre autres, le fameux tropaire de Saint-Martial de Limoges [1] où nous pouvons lire des Acclamations au pape Jean XVI et à Hugues Capet.

Ce même manuscrit nous offre aussi deux tropes qui devaient être chantés *avant l'Introït*, l'un à Noël, l'autre à Pâques. L'un et l'autre sont inédits. Ils renferment une rubrique aussi brève qu'intéressante, et que l'on peut considérer comme la plus ancienne didascalie ou indication de mise en scène : c'est le mot *respondent*. Il nous faut d'ailleurs citer *in extenso* ces deux documents incomparablement précieux :

I. *Quem quæritis in præsepe, pastores, dicite ?*
RESPONDENT. *Salvatorem Christum Dominum, infantem, pannis involutum, secundum sermonem angelicum.*

---

1. Bibl. nat. lat. 1118.

RESPONDENT. *Adest hic parvulus cum Maria matre sua de qua vaticinando Isaias propheta : Ecce virgo concipiet et pariet filium. Et nuntiantes dicite quia natus est.*

RESPONDENT. *Alleluia, alleluia. Jam vero scimus Christum natum in terris, de quo canite omnes cum propheta dicentes :* PUER NATUS EST (1).

⁂

II. *Quem quæritis in sepulchro, o Christicolæ ?*
RESPONDENT. *Jesum Nazarenum crucifixum, o cælicolæ.*
RESPONDENT. *Non est ibi. Surrexit sicut prædixit. Ite, nuntiate quia surrexit.*
RESPONDENT. *Alleluia. Ad sepulchrum residens angelus nunciat resurrexisse Christum. Ecce completum est illud quod olim ipse per prophetam dixerat, ad patrem taliter inquiens :* RESURREXI (2).

On ne peut dire à quel point ces textes sont importants. Ces tropes sont si bien, sont si évidemment l'origine de tous les Mystères liturgiques, que le premier, celui qui précède l'introït de Noël, se retrouve TOUT ENTIER dans le « Mystère des Pasteurs ». CE SONT EXACTEMENT LES MÊMES MOTS. On a développé le Trope, mais on l'a conservé intégralement en lui ajoutant un commencement et une fin. Ce « Mystère des Pasteurs », chose grave, se chante tout entier, comme l'ancien Trope, avant l'introït de la Messe, et il se termine par cette formule : *Postea, statim incipiatur Missa.*

Même remarque pour le Trope de Pâques : il se retrouve tout entier dans les Mystères du Sépulchre et de la nuit de Pâques (3).

De tout ce qui précède, on peut conclure fort légitimement que les TROPES ONT DONNÉ NAISSANCE AUX PREMIERS MYSTÈRES LITURGIQUES, et que, les Tropes étant une institution presque uniquement monastique, le théâtre moderne est d'origine bénédictine.

---

1. *Puer natus est* est le commencement de l'introït de Noël *(tertia missa).*
2. *Resurrexi* est le premier mot de l'introït de Pâques.
3. Le même manuscrit de Limoges nous fournit un troisième Trope dramatique pour la fête de saint Pierre : *Petrus ad hostium pulsans, occurrit puella illum interrogans ocius :* « *Quis es, Domine, pulsas qui jamjam fortiter januam nostram ?* » RESPONDENT : *Adsum Petrus*, etc., et un quatrième pour l'Ascension.

Est-il besoin d'ajouter quelques preuves à celles que nous venons de donner ? Faut-il faire remarquer que le Mystère si antique des *Vierges sages et des Vierges folles* se trouve inséré dans un Tropaire ? Faut-il observer que les *Pasteurs*, dans un manuscrit de la Bibliothèque nationale (¹), sont suivis de cette rubrique précieuse : « *Postea statim incipiatur missa, et pastores regant chorum et cantent : Gloria in excelsis Deo, et epistolam et* TROPA. » Notez ce dernier mot, et n'oubliez pas que plusieurs Mystères des plus anciens se terminent par un *Benedicamus Domino*, en sorte que ces Mystères peuvent passer pour des interpolations, pour des tropes du *Benedicamus*. Tel est le Mystère des *Prophètes du Christ*, et nous pourrions encore citer bien d'autres exemples. Mais ce ne sont là que des preuves supplémentaires : le principal argument en faveur de notre thèse demeure toujours dans le manuscrit de Saint Martial précédemment cité et dans les Tropes dramatiques que nous avons cités plus haut, et cités pour la première fois.

Quoi qu'il en soit, voici qu'aux Tropes dramatisés succèdent de véritables Mystères. Je ne nie pas qu'outre l'influence des tropaires, une certaine tendance n'ait existé vers le drame au sein de la société chrétienne. J'accorde à Marius Sépet (qui a écrit là-dessus d'excellentes pages) que certaines *leçons* des Matines ont pu avoir sur la formation du drame chrétien une notable influence. Je veux bien encore que la prose *Victimæ paschali laudes* soit déjà un petit drame d'une beauté forte et concise, mais j'ajoute bien vite que cette prose n'est elle-même que le développement d'un Trope.

Élevons-nous plus haut, et disons tout.

Le peuple a besoin de spectacles, il a faim et soif de drame, il ne comprend bien les dogmes que si on les lui met en action. Exposez-lui le mystère de la Pentecôte : il aura quelque peine à le saisir, s'il le saisit ; mais faites pleuvoir, du haut des voûtes de l'église, une pluie de roses rouges pour imiter les langues de feu, il ouvrira les yeux, il admirera, il comprendra. A Noël, une étoile dorée qu'on promènera au bout d'un fil attirera tous les regards et éclairera tous les esprits. Et

---

1. Lat. 904.

que sera-ce quand plusieurs clercs mettront un jour leurs amicts autour de leurs têtes pour imiter les Maries au tombeau ; quand de petits enfants revêtiront de belles aubes pour imiter les anges ; quand on reproduira presque au naturel les scènes divines de l'Adoration des Mages, de la Résurrection, des pèlerins d'Emmaüs ? Je n'ai pas eu la joie d'aller à Furnes ni à Oberammergau ; mais j'ai eu la consolation d'assister à des représentations du même ordre. Il est un lieu choisi dans Paris, un lieu inconnu et béni, où, à certains jours de l'année, on joue de véritables Mystères. J'ai vu l'Adoration des Mages, j'ai vu le ciel, le purgatoire et l'enfer, j'ai vu la nuit de Noël, et, dans tout un nombreux auditoire composé d'ouvriers et d'enfants d'ouvriers, je n'ai jamais entendu un mauvais rire, un seul mot sceptique ou railleur. Le sentiment général était le ravissement, et j'ai compris par là ce que pouvait être, au Moyen Age la représentation beaucoup plus pieuse de Mystères beaucoup plus liturgiques et exécutés avec une exactitude et une richesse de mise en scène incomparablement supérieures.

VI. — Des six transformations successives des drames liturgiques.

JE me propose ici — tâche toute nouvelle et singulièrement difficile — de faire assister mon lecteur d'une façon vivante aux transformations successives des premiers Mystères liturgiques.

Voici, d'une part, un trope dramatique du manuscrit de Saint Martial que nous avons signalé plus haut ([1]), et, d'une autre part, voilà un de ces énormes Mystères français imprimés aux XVe et XVIe siècles. A première vue, on ne reconnaît entre ces deux documents aucune ressemblance, aucune analogie, aucun air de famille. Et cependant nous affirmons, en empruntant le langage de l'ancienne école romantique, nous affirmons que « ceci a produit cela ».

Mais il ne suffit pas d'affirmer : il faut prouver.

Nous allons parcourir successivement six degrés, six formes de Mystères de plus en plus développées et s'éloignant

---

1. Bibl. nat. lat. 1118.

de plus en plus du Type primitif. Pour chacune de ces transformations, nous citerons des documents auxquels il sera facile de se reporter. Toute cette démonstration sera avant tout élémentaire et lucide.

VII. — Première époque. — Mystères du premier degré.

LE premier « degré » est représenté surtout par les textes suivants : *Les trois Rois* et la *Nuit de Pâques* du manuscrit 904 ; le *Jour de la Résurrection* du manuscrit de Cividale (1) ; l'*Office de l'Étoile* de Rouen et l'*Office des Voyageurs* dans la même église ; l'*Office du Sépulchre* de Rouen, et celui que M. Éd. Duméril a publié d'après le manuscrit 79 d'Einsiedlen ; l'*Office de la Résurrection* selon l'usage de l'église canoniale de Kloster Neubourg, et presque tous les Offices du Sépulchre dont un de mes confrères, M. Marius Sépet, m'a fourni la liste d'après les manuscrits de la Bibliothèque nationale depuis le XIIe jusqu'au XVe siècle. Et ces Offices se rapportent notamment aux églises d'Arles, de Sens, de Senlis, de Châlons-sur-Marne, d'Orléans, de Saintes, de Clermont-Ferrand, de Coutances, de Noyon, de Paris et d'Udine ; aux abbayes d'Epternach, de Saint-Martial et de Saint-Germain.

Cette énumération, ennuyeuse autant qu'utile, ne saurait nous donner une idée de ces premiers Mystères.

Leur principal caractère, c'est QU'ILS SONT PROFONDÉMENT, SUBSTANTIELLEMENT LITURGIQUES. C'est que leurs textes ne se composent que DE PAROLES SCRUPULEUSEMENT EMPRUNTÉES A L'ÉCRITURE SAINTE OU A LA LITURGIE OFFICIELLE.

Nous prendrons comme exemple un de ces Mystères de la liturgie rouennaise qui se distinguent par leur cachet de haute antiquité, et c'est à dessein que nous omettrons ici les didascalies pour n'offrir que le texte :

SACERDOS. *Qui sunt hi sermones quos confertis ad invicem ambulantes, et estis tristes.* (Luc., XXIV, 17.)

PEREGRINI. *Tu solus peregrinus es in Jerusalem, et non cognovisti quæ facta sunt in illa, his diebus.* (Ibid., 18.)

---

1. Ce manuscrit porte la cote T. VI.

SACERDOS. *Qua ?*
PEREGRINI. *De Jesu Nazareno qui fuit vir propheta, potens in opere coram Deo et omni populo.* (Ibid., 19).
SACERDOS. *O stulti et tardi corde ad credendum in omnibus quæ locuti sunt prophetæ !* (Ibid., 25).
PEREGRINI. *Mane nobiscum quoniam advesperascit et inclinata est jam dies.* (Ibid., 29).
... *Alleluia. Nonne cor nostrum ardens erat, dum loqueretur in via et aperiret nobis Scripturas.* (Ibid., 32).
... *Dic nobis, Maria, quid vidisti in via,* (et le reste de la prose *Victimæ Paschali laudes*).

Et c'est tout. Le liturgiste, modeste et timide, n'a voulu rien ajouter de plus ; il n'a rien voulu mettre du sien ; il a même eu plus de réserve que l'auteur des tropes de Saint-Martial.

D'autres fois, au contraire, il se permet quelques audaces, il ajoute quelques mots de son crû, et utilise un trope de l'*Introït* tout entier, comme celui de Pâques précédemment cité. Et tel le cas de l'Office du Sépulchre qui est conservé à Einsiedlen :

ANGELUS. *Quem quæritis in sepulchro, o christicola ?*
MULIERES RESPONDENT. *Jesum Nazarenum crucifixum, o cœlicola.*
ANGELUS. *Non est hic, surrexit sicut prædixerat. Ite, nuntiate quia surrexit de sepulchro.*
MULIER. *Quis revolvet nobis ab ostio lapidem quem tegere sanctum cernimus sepulchrum ?*
ANGELUS. *Quem quæritis, o tremulæ mulieres, in hoc tumulo plorantes ?*
MULIERES. *Jesum Nazarenum crucifixum quærimus.*
ANGELUS *Non est hic, surrexit. Sed cito euntes, dicite discipulis ejus et Petro quia surrexit Jesus.*
MULIERES. *Dicant nunc Judæi : Quomodo milites custodientes sepulchrum perdiderunt regem ad lapidis positionem ? Quare non servabant petram justitiæ ? Aut sepultum reddant, aut resurgentem adorent nobiscum, dicentes : Alleluia. — Ad monumentum venimus plorantes, angelum Domini sedentem vidimus ac dicentem quia surrexit Dominus.*

Voilà, certes, un type différent et qui sent beaucoup plus sa littérature. L'épithète y fleurit : *Tremulæ mulieres*, etc. Peu de ces paroles se trouvent textuellement dans la sainte Écriture. Mais, après tout, c'est encore d'une simplicité merveilleuse ; c'est intimement liturgique et ne déparerait pas nos missels ou nos bréviaires.

Tel est notre premier degré.

On voudra bien observer que nous ne nous occupons ici que du texte en lui-même : c'est plus tard que nous nous réservons d'étudier la mise en scène, le matériel, les costumes, les personnages.

VIII. — Mystères du second degré.

NOTRE second degré a pour types l'*Office des Pasteurs* de Rouen et celui du ms. 904, l'*Office du Sépulcre* de Narbonne, celui de Sens et, enfin, l'*Annonciation* que M. de Coussemaker a publiée d'après un manuscrit de Cividale qui est du XVe siècle.

Le principal caractère de ces Drames encore assez anciens (ils ne peuvent pas être antérieurs à 1080, à cause de certaines particularités de leur versification), c'est que dans le texte des premiers mystères ON A INTERCALÉ DEUX OU TROIS PIÈCES DE VERS que l'on se borne quelquefois à emprunter à des Recueils antérieurs de tropes ou de proses.

C'est ainsi que dans les *Pasteurs* de Rouen et du ms. 904 on a introduit, au milieu d'un texte fort vénérable, les petits cantiques suivants, qui sont chantés par les bergers :

>   Pax in terris nuntiatur,
>   In excelsis gloria;
>   Cœlis terra fœderatur
>   Mediante gratia
>   Eia, eia !

Et plus loin :

>   Salve, virgo singularis !
>   Virgo manens, Deum paris, etc.

Quant à tout le reste, c'est un texte profondément liturgique : c'est le trope de Noël, tel qu'il se trouve dans le manuscrit de Saint-Martial de Limoges, avec quelques légers développements, et le Mystère tout entier se chante, comme le Trope, avant l'*Introït*. Mais cet élément qu'on vient d'introduire dans les Mystères, si peu considérable que soit d'abord son importance, si petite que soit la place, cet élément ne disparaîtra plus. La versification va de plus en plus empiéter sur la prose de nos drames liturgiques. Laissez-la prendre un pied chez vous : elle en aura bientôt pris quatre.

Et elle finira, vous le verrez, par jeter à la porte de nos Mystères non seulement la prose, mais la liturgie elle-même.

IX. — Mystères du troisième degré.

La versification a déjà gagné du terrain, et c'est à quoi l'on reconnaît les mystères du troisième degré, dont les types les plus remarquables sont le *Massacre des Innocents* et l'*Adoration des Mages*, d'après le manuscrit de Saint-Benoît-sur-Loire qui est aujourd'hui conservé à la bibliothèque d'Orléans sous le nº 178 (¹).

Ici, ce ne sont plus deux ou trois petits cantiques introduits tant bien que mal dans un Office préexistant: non, c'est une composition ORIGINALE, moitié vers, moitié prose. Les vers ne sont plus seulement destinés à être chantés en chœur ou par plusieurs voix: non, ils sont mis plus d'une fois sur les lèvres d'un seul personnage. Dans les *Innocents*, Hérode se rend coupable d'un hexamètre, et Rachel s'exprime en beaux léonins très sonores : *Heu ! teneri partus laceros quos cernimus artus. Heu ! dulces nati, sola rabie jugulati*, etc. Il y a dans le seul fait de ces monologues en vers toute une révolution qui se fera bientôt très vivement sentir et qui renouvellera la face de nos drames. Dans l'Adoration des Mages, les mêmes faits se produisent, et des chœurs y sont chantés comme dans les Mystères du degré précédent ; mais il est facile de voir que ces chœurs ont été spécialement composés pour la circonstance :

> Agno sacrato, pro nobis mortificato,
> Splendorem Patris, splendorem virginitatis
> Offerimus Christo, etc.

Si nous avions donc à préciser en quelques mots les caractères distinctifs de ces trois premiers degrés, de ces trois premières transformations de notre Drame liturgique, nous dirions, en façon de conclusion, que les Mystères du premier degré ne contiennent qu'une prose sincèrement liturgique ; que ceux du second renferment une ou deux pièces de vers, pour plusieurs voix, intercalées dans une prose préexistante ; que, dans ceux du troisième, enfin, la versification a déjà conquis presque la moitié du terrain, que des vers y sont

---

1. De Coussemaker, *Drames liturgiques*, pp. 162, 178.

fréquemment placés dans la bouche d'un seul personnage et que ces vers enfin sont toujours « composés à nouveau ».

En vérité, toutes ces nuances sont fort délicates, et nous avons besoin de toute l'indulgence du lecteur pour un travail aussi abstrus et qui est ici tenté pour la première fois.

X. — Deuxième époque: ses caractères généraux. — Mystères du quatrième degré.

AVEC les drames du quatrième degré, nous entrons dans une époque toute nouvelle. Les *Mysteria* vont faire place aux *Ludi*.

Le caractère liturgique va se perdre de plus en plus ; cette majesté pieuse qui faisait des Mystères une partie intégrante des Offices les plus vénérables, cette majesté va s'évanouir. A la saine prose de nos Antiphonaires qui était souvent empruntée à l'Écriture, à la prose plus alambiquée de nos Tropaires va se substituer une versification qui sera le plus souvent prétentieuse et médiocre. On empruntera encore quelques pièces à la liturgie, et l'on gardera surtout le *Victimæ Paschali laudes* ; mais, d'un autre côté, on ouvrira les portes du drame sacré à la langue vulgaire. Les *Vierges sages* et les *Vierges folles*, document d'une si précieuse antiquité ([1]) ; les *Trois Maries* du manuscrit inédit d'Origny-Sainte-Benoîte; la *Résurrection de Lazare* ; le *Saint Nicolas et les voleurs*, dans le Recueil attribué à Hilaire et *Daniel*, enfin, renferment des couplets nombreux en provençal ou en français.

De là à écrire des drames en langue vulgaire sans mélange aucun de langue latine, il n'y a pas si loin. Il est désormais certain qu'on ira jusque-là.

Les Mystères ou plutôt les Drames du quatrième degré sont fidèlement représentés par les *Saintes Femmes au tombeau* du manuscrit de Saint-Benoît-sur-Loire et par l'*Office du sépulcre* de Cividale, qu'a publié M. de Coussemaker d'après un processionnal du XIVe siècle. Dans ces deux documents LA VERSIFICATION N'A PAS ENCORE ENVAHI TOUTES LES PARTIES DU DRAME ; MAIS LA PROSE Y EST A L'ÉTAT

---

1. V. l'article de W. Cloetta sur le *Mystère de l'époux* dans la *Romania* d'avril 1893.

D'EXCEPTION et il y a tendance manifeste à l'éliminer entièrement. Ces vers ne sont pas des emprunts faits aux tropaires antérieurs ; mais ils sont profondément originaux et perdent de plus en plus la dignité liturgique pour prendre une allure décidément dramatique. Les *Saintes Femmes au tombeau* peuvent passer ici pour un type d'une parfaite exactitude :

PRIMA TRIUM MARIARUM

*Heu ! Pius pastor occidit
Quem culpa nulla infecit :
 O res plangenda !*

SECUNDA

*Heu ! Verus pastor obiit
Qui vitam sanctis contulit :
 O mors lugenda !*

TERTIA

*Heu ! Nequam gens judaica,
Quam dira frendens vesania,
 Plebs execranda....*

OMNES

*Sed nequimus hoc patere sine adjutorio :
Quisnam saxum hoc revolvet ab monumenti ostio ?*

Ensuite vient le fameux trope : *Quem quæritis in sepulchro*. Puis, les vers recommencent. En tout soixante vers originaux et environ vingt lignes de prose sincèrement liturgique. Telle est la proportion que nous pouvons généralement constater en ces Mystères du quatrième degré.

Il est temps d'arriver à ceux du cinquième, qui ont beaucoup plus d'importance et sur lesquels nous devrons nous arrêter plus longtemps.

XI. — Mystères du cinquième degré.

LES types de ces drames sont nombreux. Tels sont la *Conversion de saint Paul* et la *Résurrection de Lazare* du manuscrit de Saint-Benoît-sur-Loire ; les quatre *Miracles de saint Nicolas*, dans le même manuscrit (les *Filles dotées*, les *Trois clercs*, le *Juif volé*, le *Fils de Getron*) ; le *Daniel*, du manuscrit de Beauvais ; les *Vierges sages et les Vierges folles*, du manuscrit de Saint-Martial de Limoges ; un *Office du sépulcre*, d'après un manuscrit d'Einsiedlen ; la *Rachel* du manuscrit 6264 de Munich ; le *Saint Nicolas et les voleurs* attribué à Hilaire et la *Résurrection de Lazare*, qui se trouve dans le même recueil; la *Complainte des trois Maries*, d'après un Processionnal de Cividale, etc., etc.

Le caractère commun à tous ces drames est de ne plus renfermer rien qui soit directement, substantiellement liturgique. Ce sont des COMPOSITIONS ENTIÈREMENT ORIGINALES et, sauf de très rares exceptions, ELLES SONT ENTIÈREMENT EN VERS. Chaque auteur, d'ailleurs, se donne ici carrière et innove à sa fantaisie. Tantôt, tout un drame est écrit en un certain nombre de couplets absolument semblables, comme la *Conversion de saint Paul* qui est en quatrains de décasyllabes, et comme la *Résurrection de Lazare*, du manuscrit 904, qui est en strophes de six vers :

> Audit, fratres, vestra dilectio
> Quid amici petat devotio :
> Audiatur.
> Subintremus ejus hospitium
> Atque suum jam desiderium
> Compleatur.

Ces couplets placés sous la même phrase musicale devaient être d'une monotonie assez désagréable. Il y eut des poètes plus audacieux qui mêlèrent, qui entrelacèrent différents rhytmes. *Daniel* est un véritable modèle en ce genre, et ce n'est pas sans quelque raison qu'on l'a assimilé à nos opéras modernes. Il y a là toute une série d'airs, de chœurs, de récitatifs. On décore les airs du nom de *Prosæ*, les chœurs du nom de *Conductus ;* mais rien n'est plus assimilable à nos *libretti* contemporains. Les *Conductus* ne sont pas d'ailleurs, comme l'a pensé M. Coussemaker, des imitations du chœur antique. Ce sont d'anciens tropes que l'on chantait toutes les fois qu'il se faisait à l'autel certaines évolutions liturgiques, par exemple pour accompagner *(conducere)* le diacre quand il allait lire l'Évangile. Lisez *Daniel*, et vous serez frappé de cette ressemblance que nous vous signalons avec nos drames lyriques contemporains. La scène s'ouvre par un chœur des seigneurs de Balthazar :

>Astra tenenti,
>Cunctipotenti,
>Turba virilis
>Et puerilis
>Concio plaudit.
>
>Nam Danielem
>Multa fidelem
>Et subiisse
>Atque tulisse
>Firmiter audit.

Quand les Satrapes apportent au Roi les vases du temple de Jérusalem, destinés à une profanation qui attirera la foudre sur les profanateurs, ils chantent un nouveau chœur qui ne nous paraît aucunement inférieur à ceux de *Robert* et du *Prophète*. Et ce chœur se termine par ces vers :

>Ridens plaudit Babylon, Jherusalem plorat :
>Hec orbatur, hec triumphans Balthasar adorat.
>Omnes ergo exultemus tante potestati,
>Offerentes regis vasa sue Majestati.

La Reine fait alors son entrée sur la scène et, pendant sa marche solennelle, on chante un *conductus* :

>Cum doctorum
>Et magorum
>Omnis adsit concio,
>Secum volvit
>Neque solvit
>Que sit manus visio, etc.

Et le tout est entrecoupé de récitatifs, comme le poème de la *Favorite* ou comme celui des *Huguenots*. Par ces quelques échantillons, il est trop facile de voir combien déjà nous sommes loin de nos tropes dramatiques et de nos beaux Mystères du Sépulchre, si concis, si liturgiques, si pieux.

Du reste, la versification de *Daniel* est astreinte à de certaines règles, et nos lecteurs n'ont pas eu de peine à reconnaître dans les vers précédemment cités des adoniques, des saturniens, des septenarii trochaïques. Les strophes sont assez régulières, et la jeunesse de Beauvais, qui a inventé et représenté le « jeu de Daniel », mérite vraiment quelques félicitations. Ces jeunes gens possédaient bien leur grammaire, leur rhétorique et leur rhytmique.

Dans cette versification de *Daniel*, il y a encore une certaine régularité qui ne faisait pas toujours l'affaire des dramaturges religieux; mais les poètes des XIIe et XIIIe siècles, comme nos librettistes modernes, désirèrent avoir à leur disposition des rhytmes plus flexibles, plus libres, plus commodes au musicien. La *Complainte des trois Maries*, du Processionnal de Cividale, est le type de cette versification très indépendante et où l'on a poussé à leurs dernières conséquences tous les principes du syllabisme :

>   Flete, fideles
>   Anime ;
>   Flete, sorores
>   Optime,
>   Ut sint multiplices
>   Doloris indices
>   Planctus et lacrime.

Et tout est écrit dans ce style. C'était vraiment ne s'imposer aucune gêne ou contrainte; c'était vraiment trop de laisser-aller.

Le second caractère des Drames du cinquième degré, c'est l'INTRODUCTION DE LA LANGUE VULGAIRE dans le corps même de ces textes qui jusque-là avaient été complètement latins. Nous avons presque honte de citer ici les *Vierges sages et les Vierges folles* [1] qui ont déjà été citées tant de fois avant nous; mais notre sujet l'exige. Toutes les fois que les *Sages* sont en scène, le poète s'exprime en « roman » :

>   Oiet, Virgines, aiso que vos dirom:
>   Atendet un espos, Sauvaire a nom.
>   Gaire noi dormet:
>   Aici l'espos que vos or atendet.

Les *Fatuæ* répondent en latin, et le refrain seul de leur lugubre chanson est en langue vulgaire :

>   Dolentas ! chaitivas ! Trop i avem dormit.

---

1. W. Cloetta, *Le Mystère de l'Époux*, dans la *Romania* d'avril 1893. C'est d'après ce travail approfondi que nous citons le texte provençal.

Quand les Vierges sages refusent leur huile à leurs imprudentes compagnes, c'est la langue vulgaire qui leur sert encore à exprimer ce refus fatal, et c'est dans le même dialecte que parlent les marchands auxquels s'adressent les *Fatuæ*. Enfin, lorsque l'anathème final est jeté par le Christ sur ces malheureuses, c'est en ces termes:

> Alet, chaitivas ; alet, malaureias ;
> A tot jors mais vos son penas livreias
> E en eferu ora seret meneias.

Le manuscrit où se trouve ce précieux échantillon de la langue romane a été attribué par les meilleurs critiques à la première moitié du XIIe siècle, et nous en concluons légitimement qu'avant 1150 et depuis la fin du Xe siècle, en l'espace d'environ cent cinquante ans, les Mystères liturgiques avaient déjà subi les cinq transformations que nous venons d'exposer.

L'évolution continua pendant tout le XIIe et tout le XIIIe siècle.

Dans le jeu de *Daniel*, certains couplets sont farcis de mots français:

> Vir propheta Dei, Daniel, *vien à l'Roi*,
> Veni, desiderat *parler à toi*.
> Pavet et turbatur, Daniel, *vien à l'Roi*:
> Vellet quod nos latet *savoir par toi*.

Hilaire (ou le prétendu Hilaire) a également intercalé dans ses Drames de nombreux refrains français :

> Hor ai dolor,
> Hor est mis freres morz,
> Por que gei plor.
> Lase, chaitive,
> Dès que mis frere est morz,
> Por que sui vive [1].

> Dex ! quel domage !
> Qui pert la sue chose pur que n'enrage ?
> Ha ! Nicholax,
> Se ne me rent ma chose, tu l' comparras [2].

---

1. *Résurrection de Lazare.*
2. *Saint Nicolas et les voleurs.*

Et d'autres fois, il se sert du même style *fourré* que l'auteur de Daniel :

> Si venisses primitus,
> *Dol en ai*,
> Non esset hic gemitus :
> *Biaus frere, perdu vos ai* (¹).

En résumé, les trois caractères auxquels il est aisé de reconnaître les Mystères du cinquième degré, c'est CETTE INTRODUCTION DE LA LANGUE VULGAIRE DANS CERTAINES PARTIES DE LEUR TEXTE ; c'est aussi CETTE ÉLIMINATION COMPLÈTE DE TOUT ÉLÉMENT SINCÈREMENT LITURGIQUE ; c'est enfin LE TRIOMPHE COMPLET DE LA VERSIFICATION SUR LA PROSE.

En d'autres termes, c'est le règne de la liturgie qui finit et celui de la fantaisie qui commence.

XII. — Mystères du sixième et dernier degré.

LES caractères des Mystères du sixième et dernier degré seront encore plus faciles à saisir. Ils sont d'ailleurs fort importants : car c'est dans leurs textes que nous allons constater le trait d'union qui relie entre eux les Mystères latins et nos Mystères français.

Les types de nos drames latins, à cette époque dernière de leur histoire, sont les documents suivants, qui ont tous été publiés : les *Trois Maries*, du manuscrit d'Origny-Sainte-Benoîte ; la *Nativité du Christ*, publié par M. Schmeller d'après un manuscrit du Munich, qui est du XIIIᵉ siècle, et la *Passion*, d'après le même manuscrit. Cette dernière date est utile à retenir. Analysons avec soin ces trois textes, qui, à raison même de leur caractère de transition, ne nous paraissent guère mériter moins d'attention que ceux des plus anciens Mystères.

Dans certains de ces drames relativement modernes, comme les *Trois Maries* d'Origny, la langue vulgaire joue un rôle beaucoup plus considérable que dans les *Vierges folles* ou dans le *Daniel*. Les didascalies sont toutes en français : « Chascune des trois Maries doit avoir en sa main un cierge alumeit, etc. » Deux scènes tout entières sont, en outre,

---
1. *Résurrection de Lazare.*

écrites en vers romans : c'est d'abord la scène assez inutile, mais populaire, du marchand qui vend de l'onguent aux saintes femmes ; c'est ensuite le dialogue entre l'Ange et Madeleine, où l'auteur répète très longuement et sans aucune utilité ce que l'auteur du texte latin vient de dire en termes exprès. Il est évident que ces deux scènes ont été *intercalées* APRÈS COUP dans un Mystère latin préexistant que l'on a laissé subsister dans toute son intégrité, mais que l'on a pris soin d'orner de didascalies françaises. Otez le texte français : il reste *un texte latin fort complet et sans lacune*. Nous ne pensons pas qu'on ait encore fait cette remarque. Elle est applicable aux couplets en vieil allemand qui se trouvent dans la *Passion* de Munich.

Ce grand développement de la langue vulgaire dans ces derniers Mystères n'est qu'un de leurs caractères distinctifs, mais il est pour nous du plus haut intérêt. Car du moment qu'on eut l'idée d'écrire PLUSIEURS SCÈNES en français, on dut évidemment se dire qu'il était plus aisé d'écrire en français le drame tout entier.

C'est ce que l'on fit, et rien de plus naturel qu'une telle extension.

Ici, nous appelons l'attention du lecteur sur un procédé nouveau, qui a eu une influence considérable sur la formation des grands Mystères français.

C'est ce que nous appellerons le PROCÉDÉ DE L'AGGLUTINATION.

On a pu constater que, jusqu'à présent, nos Mystères n'ont en général été consacrés qu'à un seul fait sacré. C'est tout au plus si on a réuni, sous le titre d'*Hérode*, ce qui concernait la Nativité, l'Adoration des Mages et les Innocents; mais, dans le drame de la *Nativité* de Munich, nous nous apercevons aisément qu'on a cousu, qu'on a soudé entre eux plusieurs Mystères antérieurement séparés et indépendants : 1º les *Prophètes du Christ*, 2º l'*Annonciation*, 3º les *Mages*, 4º les *Innocents*, 5º la *Fuite en Egypte*, etc. Et que dire de la *Passion* du même Recueil, où nous trouvons d'abord les épisodes de la *Vocation des Apôtres*, de la *Guérison de l'aveugle*, de *Zachée*, de l'*Entrée à Jérusalem*, qui n'avaient encore été le sujet d'aucun Mystère, qui ne se rattachaient pas directement au sujet et qui paraissaient enfin en violer l'unité? De telles œuvres devaient nécessairement donner naissance à nos grands Mystères en langue vulgaire, qui ont avec elles une étonnante ressemblance.

Il ne serait peut-être pas inutile de flétrir en passant la crudité déjà révoltante et le ridicule pédantisme qui contaminent nos mystères latins les plus récents. La *Nativité* de Munich, à ce dernier point de vue, est pleine de ces savantasseries qui n'auraient jamais trouvé place dans nos premiers drames liturgiques. Évidemment le théâtre se laïcise.

Mais nous avons à insister, après M. Edelestand Duméril, sur un caractère bien plus grave de ces derniers Mystères en langue latine. On ose enfin, comme nous venons de le voir, y aborder un sujet que les auteurs de tropes et de mystères n'avaient jamais osé aborder jusque-là : la Passion. Et ce sujet si profondément dramatique, qu'on n'avait pas voulu traiter par un bel excès de respect, devint précisément le sujet qui intéressa, captiva, enthousiasma le plus vivement les cœurs et les esprits de nos pères (1). Ce n'est pas ici le lieu d'énumérer les *Passions* du XV⁰ siècle, dont les plus célèbres sont assurément celles d'Arnoult de Gresban et de Jean Michel. Ce n'est également pas le lieu de discuter le *Grand Mystère de Jésus*, publié par M. de la Villemarqué, lequel n'est pas, comme l'a cru le savant éditeur, un drame d'origine bretonne, mais une belle imitation d'un Mystère français qui est certainement antérieur aux versions des Gresban et des Michel (2). Quoi qu'il en soit, lisez le Drame breton, lisez nos Mystères français, et vous vous convaincrez aisément que LEUR CHARPENTE EST CONSTRUITE A L'IMAGE ET RESSEMBLANCE DE NOS DERNIERS MYSTÈRES LATINS.

Étant donnés ces derniers Drames qui étaient déjà presque anti-liturgiques, qui étaient farcis de scènes françaises et composés de plusieurs petits drames plus ou moins habilement juxtaposés, il était absolument nécessaire qu'on arrivât

---

1. Les Confréries de la Passion furent approuvées par Charles VI en 1402, et ce fut en 1548 seulement que le Parlement leur fit défense de jouer leur Mystère.
2. Nous avons naguère signalé le premier, dans un manuscrit de M. Ambroise-Firmin Didot, un *Mystère de la Passion* en provençal, qui appartient au XIV⁰ siècle. (V. Paul Meyer, *Daurel et Beton*, p. CXIX.)

un jour à nos Drames en langue vulgaire, longs, pédants et à plusieurs journées. Encore un coup, « ceci a produit cela ».

XIII. — Les Mystères français et leur influence.

LES Mystères français eux-mêmes (c'est des Mystères religieux que nous entendons parler) ont donné naissance à des Drames qui sont laïques et civils par leur sujet et par leurs personnages. Dès le XIVe siècle, nous possédons des mystères d'*Amis et d'Amiles*, de *Robert le Diable*, de *Berte aux grands piés*. Faut-il parler de ce *Mystère du siège d'Orléans*, joué du vivant de Jeanne d'Arc, par les délivrés eux-mêmes, et que nous aurons lieu de mettre bientôt en meilleure lumière ? Certes, il est bien médiocre, ce pauvre Mystère ; certes, on aurait beaucoup de peine à y découvrir un seul beau vers ; mais il n'en faut pas moins remercier le Français inconnu qui le composa à l'honneur de la France. Ce dramaturge naïf et sans talent nous donnait un grand exemple : il nous invitait à créer un théâtre national.

On ne l'a pas assez imité.

Quelque cinquante ans après, la France se passionnait pour l'Antiquité avec un enthousiasme véritablement dangereux et une exagération un peu niaise. On ne voulait plus parmi nous que des héros grecs et latins ; on rayait, d'un trait de plume, mille ans de notre histoire ; on faisait la moue à Charlemagne et à Roland, et l'on ne trouvait pas leurs noms aussi sonores que ceux d'Hector et d'Agamemnon ; Ronsard enfin, comme nous l'avons vu plus haut, déclarait que tous ceux dont le cœur n'était pas grec et romain ne comprendraient rien à ses livres et n'auraient « qu'un vil poids entre leurs mains ». De là ces imitations saugrenues et ennuyeuses des tragédies antiques, imitations qui n'eurent rien de chrétien ni rien de français, pas même la langue. Le mouvement vers le Drame national était arrêté court, et il appartenait à l'école romantique de lui donner, à trois cents ans d'intervalle, une nouvelle et nécessaire vitalité.

L'Angleterre n'avait pas été dévastée comme la France par la Renaissance victorieuse : le drame de Shakespeare est profondément moderne et national. Mais nous devons observer (on ne l'a pas assez dit) que le drame Shakspearien dérive directement de nos Mystères en langue vulgaire, qui dérivaient eux-mêmes de nos Mystères latins.

Étudiez avec soin le grand poète anglais : c'est le même système dramatique, le même agencement, la même abondance de scènes et de personnages, la même variété de tons que dans nos Mystères français. Il est vrai qu'ici le génie anime, élève, agrandit tout ce qui, dans les œuvres de nos pères, était froid, bas et petit ; mais enfin l'origine n'est pas douteuse. Nous nous contenterons aujourd'hui d'indiquer au lecteur ce point de vue original, et terminerons par là cette longue histoire, trop peu connue, des transformations successives de nos Mystères liturgiques.

Telle est la véritable origine du théâtre moderne.

XIV. — De la mise en scène des Mystères latins et, tout d'abord, du moment où ils se célébraient.

ET maintenant revenons sur nos pas, et essayons d'assister *par nos yeux* à la représentation d'un de ces Mystères latins dont nous avons si longuement parlé. Prenons comme type un de ces Drames primitifs qui nous puisse donner à la fois une idée de ceux de la première époque et de ceux du second degré. Ce sera, si vous le voulez bien, le Mystère des Saints Innocents, tel que nous le lisons dans le manuscrit de Saint-Benoît-sur-Loire. Entrons ensemble dans l'église abbatiale, prenons place dans la grande nef, et attendons le commencement de cette solennité dramatique...

C'est à la fin de Matines, je pense, c'est avant le *Te Deum* que commençait notre drame. Il tenait ainsi, et non sans avantage, la place des anciens tropes du *Benedicamus ;* mais les autres Mystères n'étaient pas toujours célébrés au même moment, et on les intercalait volontiers en d'autres parties du saint Office[1].

---

1. Nous avons attentivement relevé toutes les indications que nous fournissent sur ce point les didascalies de tous nos mystères :

1º AVANT LE *Te Deum* se représentaient les Mystères suivants : les *Offices du Sépulchre*, de Narbonne, du Mont-Saint-Michel, de Sens, d'Einsiedlen (mss. 306 et 790) et de Rouen ; la *Résurrection* de Cividale ; la *Nuit de Pâques*, du ms. 904 ; l'*Adoration des Mages*, du ms. de Saint-Benoît-sur-Loire, etc.

2º APRÈS LE *Te Deum*. Les *Pasteurs*, du ms. 904.

3º AVANT MATINES. La *Résurrection* de Kloster Neubourg.

4º A VÊPRES. Les *Voyageurs* de Rouen ; l'*Emmaüs* de Saint-Benoît-sur-Loire.

5º APRÈS TIERCE. L'*Étoile* de Rouen, les *Trois Rois*, du ms. 904, etc.

Certains Mystères se chantaient *ad libitum* à telle ou telle heure de la journée liturgique; mais cet *ad libitum* est d'un sans-gêne qui sent un peu les temps modernes. La *Résurrection* d'Hilaire était représentée soit à Matines, soit aux Vêpres ; tantôt avant le *Te Deum*, tantôt avant le *Magnificat*.

Un seul Office dramatique (à notre connaissance du moins et sans parler de celui de la Présentation représenté à Avignon), était célébré pendant les cérémonies de la messe : c'était l'Office des Mages de Limoges qui se célébrait ; *cantato offertorio, antequam eant ad offerendam* ([1]).

XV. — Où se représentaient les Mystères ?

QUE le Mystère des Innocents ait été représenté dans l'église monastique de Saint-Benoît-sur-Loire, c'est ce qu'attestent toutes les rubriques de la mise en scène. La première didascalie suffirait à le prouver : « Ad interfectionem puerorum, Innocentes, gradientes per monasterium, orent Deum ». Les didascalies de tous nos Mystères nous prouvent que, sauf de très rares exceptions, nos Drames liturgiques des quatre premiers degrés se sont tous représentés dans les églises.

Dans les *Trois rois* du manuscrit 904, les Mages se réunissent *ante altare*. Dans l'*Adoration des mages* ou dans l'*Hérode* de Saint-Benoît-sur-Loire, la scène commence *ad praesepe quod ad januas monasterii paratum erit*, et se termine dans le chœur. Dans la *Nuit de Pâques* du manuscrit 904, la scène se passe « entre le chœur et le sépulchre ». L'*Apparition à Emmaüs* et tous les autres drames de Saint-Benoît, tous les offices de Rouen qui sont si profondément liturgiques, sont célébrés devant l'autel, dans le chœur, comme un office canonial.

Nous avons parlé tout à l'heure de quelques exceptions : nous n'en connaissons pas d'autres que celle de l'Annonciation de Cividale qui se représentait sur la place, sur l'aître de l'église : « In festo Annunciationis beate Marie Virginis fit processio ad forum... In medio foro fit statio... Subito cantatur evangelium cum ludo... Quo finito, revertendo ad Ecclesiam, cantatur *Te Deum* ».

---

1. La raison de ce cas exceptionnel est facile à comprendre : les Mages *offraient* des présents, et c'est pourquoi leur mystère se représentait à l'*offertoire*.

Si nous arrivons au cinquième degré de nos drames liturgiques, nous voyons s'augmenter de plus en plus le nombre de ces exceptions. La *Conversion de saint Paul* doit être représentée, dit la rubrique de Saint-Benoît-sur-Loire, *in competenti loco*. Il en est de même pour le *Fils de Getron* et, après une étude des didascalies de ces deux drames, nous avons tout lieu de croire que ce lieu compétent n'était pas le temple. La mise en scène de *Daniel* nous paraît trop compliquée pour avoir pu être réalisée dans l'enceinte étroite d'une église. Quant à la *Nativité* de Munich, la didascalie nous dit fort clairement qu'elle doit être représentée *in fronte ecclesiæ*. Et de fait, il était impossible qu'on laissât chanter dans une église, devant la majesté du tabernacle, devant l'Eucharistie, certains couplets effrontés que nous ne citerons pas. *In fronte ecclesiæ*, c'était déjà beaucoup ; c'était trop.

Nous ne voulons point dire par là que longtemps encore, au XIVe, au XVe siècle, dans la première moitié du XVIe siècle et plus tard, ON N'AIT PAS CONTINUÉ A REPRÉSENTER DES DRAMES DANS LES ÉGLISES. Mille textes prouvent le contraire ; cent manuscrits du XVe siècle, antiphonaires et bréviaires, nous attestent que le Drame liturgique a persisté énergiquement dans le plus intime de notre culte. Mais nous affirmons qu'on ne représentait ainsi que les plus anciens Mystères, les plus profondément liturgiques, et que dès le XIIIe siècle on joua en dehors de l'église les *ludi* tels que le *Daniel* et la *Nativité* de Munich.

L'Église, en d'autres termes, aima toujours les Mystères et détesta les Jeux.

Elle fit bien.

XVI. — Mise en scène proprement dite.

La mise en scène de notre Mystère des Innocents est des plus simples [1].

Rien de plus naïf.

---

1. Nous voulons ici mettre sous les yeux du lecteur TOUTES les rubriques de ce drame précieux :

1º *Innocentes induantur stolis albis..*
2º *Et gradientes per monasterium...*
3º *Agnus ex improviso veniens, crucem portans, antecedat huc et illuc.*
4º *Interim, armiger quidam offerat Herodi sedenti sceptrum suum..*

A toute mise en scène des Mystères on donne en général le nom d'*Ordo* : *Incipit Ordo ad representandum Herodem.*

Les personnages se préparaient d'avance, soit dans la sacristie : *Tres Mariæ de sacrario veniant aptatæ,* soit dans un autre lieu convenable, *in competenti loco*. Quand un Ange doit se faire entendre d'en haut, il monte à la tribune, au triforium. On a préparé la crèche, si c'est Noël ; le sépulchre, si c'est Pâques. Si l'on joue *les Pasteurs*, on a disposé une étoile dorée au bout d'un fil. Pour les *Innocents*, un siège est réservé à Hérode. C'est tout.

On peut, d'ailleurs, diviser en trois époques principales l'histoire de la mise en scène de nos Mystères. Et nous les appellerions volontiers « l'époque liturgique, l'époque semi-liturgique, l'époque laïque ».

Durant la période liturgique, les rubriques ou les didascalies sont des plus simples ; elles sont empruntées au Rituel et ont pour caractère je ne sais quelle austérité magnifique : *Prælatus, aliquibus sibi adjunctis, Corpus dominicum et crucem a sepulchro tollant cum devotione et reverentia, aspergentes et adorantes eam, et canentes sub silentio responsorium :* Surrexit pastor. *Deinde tres psalmos cantant.* Quelle majesté ! et ne croyez-vous pas voir passer devant vous cette procession incomparable du Jeudi-Saint, quand on porte l'hostie consacrée à ce reposoir qu'on appelle si bien un Paradis ?

Tous les Offices dramatiques de Rouen, comme tous ceux de la même période, ont ce même style, ce style profondément liturgique dans toutes leurs didascalies, dans toute leur mise en scène. Et remarquez-le bien, LE CENTRE DE

5° *Interea Angelus, super præsepe apparens, moneat Joseph fugere in Egyptum cum Maria.*
6° *Interea Innocentes adhuc gradientes post Agnum...*
7° *Subtrahatur Agnus clam....*
8° *Jacentibus infantibus, Angelus ab excelso moneat eos, dicens :* Vos qui in pulvere estis, expergiscimini et clamate.
9° *Infantes jacentes [dicant] :* « *Quare non defendis sanguinem nostrum ?* »
10° *Tunc inducatur Rachel et duæ consolatrices, et stans super pueros plangat...*
11° *Angelus de supernis dicat antiphonam que sequitur :* Sinite parvulos.
12° *Ad vocem Angeli surgentes, pueri intrent chorum.*
13° *Dum hec fiunt, tollatur Herodes et substituatur, in loco ejus, filius ejus Archelaus.*
14° *Interim Angelus admoneat Joseph in Egyptum* etc.
15° *Tum Joseph revertatur cum Maria et puero...*

LA MISE EN SCÈNE A CETTE ÉPOQUE, C'EST L'AUTEL. Dans les plus anciens Mystères, tout se passe à l'autel même. A Sens, un enfant devant un pupitre chante, habillé en ange, le fameux verset : « Quem quæritis » ; les trois Maries répondent : « Jesum crucifixum Nazarenum, o cœlicola » ; l'Ange relève un peu le tapis de l'autel « tanquam respiciens in Sepulchrum », et s'écrie: « Non est hic ». On chante alors le *Victimæ Paschali*, et c'est la fin de tout le drame. Dans tous les Offices du Sépulchre et de la Nativité, le point de départ, le lieu de réunion des Mages, des Pasteurs, des Maries, c'est l'autel. Sans doute, la crèche et le tombeau sont disposés *ad introitum navis ecclesiæ*. Nous le savons d'après vingt didascalies ; mais c'est de l'autel que l'on part, et c'est à l'autel que l'on revient.

Tout ce que nous venons de dire s'applique exactement aux quatre premiers *degrés* de nos drames.

Mais avec les drames du cinquième et du sixième degré commence l'époque des *Ludi* qui se jouent en dehors de l'église. La mise en scène va changer, et changer complètement. Les didascalies précédentes ressemblaient aux prescriptions du Rituel, et les rubriques des *Ludi* ressembleront à celles de nos vaudevilles et de nos drames [1].

Vous le voyez: la scène ne se passe plus dans l'église. Le Mystère se représente désormais soit sur la place de l'église, soit dans un cloître, soit ailleurs, si l'on trouve un lieu plus commode. La mise en scène ne consiste plus en de simples évolutions liturgiques, en des processions réglées par le

---

1. Voici, pour prendre ici un exemple décisif, la première didascalie du *Fils de Getron* :

« *Ad representandum quomodo sanctus Nicolaus Getron filium de manu Marmo-*
« *rini, regis Agarenorum, liberavit, paretur in competenti loco, cum ministris suis*
« *armatis, rex Marmorinus in alta sede quasi in regno suo sedens. Paretur et in alio*
« **co Excoranda, Getronis civitas, et in ea Getron cum consolatoribus suis, uxor ejus*
« *Euphrosina et filius eorum Adeodatus. Sitque, ab orientali parte civitatis Exco-*
« *rande, ecclesia sancti Nicholai in qua puer rapietur* ».

La rubrique initiale de la *Conversion de saint Paul* est encore plus curieuse :

« *Ad representandum conversionem beati Pauli apostoli, paretur in competenti loco*
« *quasi Jerusalem quedam sedes, et super eam princeps sacerdotum. Paretur et alia*
« *sedes, et super eam juvenis quidam in similitudinem Sauli. Ex alia vero parte,*
« *aliquantulum longe ab his sedibus, sint parete quasi in Damasco due sedes : in*
« *altera quarum sedeat vir quidam nomine Judas et in altera princeps synagoge*
« *Damasci. Et inter has duas sedes sit paratus lectus in quo jaceat vir quidam in*
« *similitudine Ananie* ».

Rituel. Non. Sur l'emplacement adopté, on dispose un certain nombre de petits *estaux*. Ces *estaux* (ô naïveté) désignent parfois des villes, et l'on pourrait mettre un écriteau au-dessus de chacun d'eux: « Ceci représente Damas ; ceci est Jérusalem » : procédé fort grossier, nous l'avouons, mais dont on s'est longtemps servi pour la représentation des drames de Shakespeare. Alors, un grand silence se fait, et l'on introduit, l'un après l'autre, tous les personnages du drame, comme le dit précieusement la première rubrique du drame de Munich: « Primitus producatur Pilatus et uxor sua cum militibus in locum suum ; — Deinde, Herodes cum militibus ; — Deinde Pontifices ; — Tunc Mercator et uxor sua ; — Deinde Maria Magdalena ». Ils s'asseoient tous. Puis, celui qui doit parler le premier se lève et débite son petit rôle. C'est primitif.

Parmi ces *estaux*, l'usage prévalut d'en faire certains plus élevés que les autres. Les Anges, et Dieu surtout, étaient assis plus haut que les hommes ; si le Démon avait un rôle, il était relégué au-dessous des autres sièges. Notez (et c'est un point très important), que ce fut là le trait d'union pour en arriver à la mise en scène si connue des Mystères français aux XV⁰ et XVI⁰ siècles. La *Passion* du manuscrit 902 est précédée d'une didascalie en vers romans qui donne une idée fort nette de cette époque de transition (1).

Une fois arrivé là, on devait fatalement aller plus loin et inventer cette fameuse superposition, ces *eschaffaux*, ces étages de nos grands Mystères où Dieu le Père se voit en haut et où l'Enfer est rejeté au rez-de-chaussée. On

---

1.   En ceste manere reciton
      La sainte Resurreccion,
      Premièrement apareillons
      Tous les lius et les mansions :
      Le crucifix premièrement,
      Et puis après le monument.
      Une jaiole i deit aver
      Pour les prisons enprisoner.
      Enfer seit mis de cele part
      Et mansions de l'altre part.
      Et puis le ciel, et as estals
      Primes Pilate od ses vassals :
      Sis u set chivaliers aum.
      Cayphas en l'altre sera
      Od lui seit la Juerie ;
      Puis, Josephe d'Arimathie. Etc., etc.

devait nécessairement créer cette mise en scène qui a été si bien décrite par M. de la Villemarqué : « Qu'on élève une grande maison de bois, sculptée et enluminée, en forme d'hémicycle, à plusieurs étages ou galeries, avec cave et combles ; qu'on divise par des cloisons légères chaque galerie, portant un écriteau ; qu'on abaisse assez la rampe de ces compartiments pour que l'on puisse voir distinctement ce qui se passe à l'intérieur ; qu'on introduise ensuite par un escalier dérobé, ménagé à cet effet, divers groupes de personnages, suivant leurs rôles respectifs: Dieu le Père dans les combles, le Démon dans la cave ; les hommes aux étages intermédiaires, chacun dans un lieu qu'il ne quittera que quand l'action le demandera ; qu'on dispose ainsi chaque chose, et l'on aura ainsi obéi à toutes les recommandations qui sont précisées en tête des derniers Mystères du Moyen Age. » On voit, ajoute M. de la Villemarqué, que « le théâtre d'alors n'était que le théâtre moderne retourné : les acteurs, au lieu d'être sur la scène actuelle, occupaient les galeries, les baignoires, les loges, l'amphithéâtre et le *paradis* ». Ce dernier mot est typique.

Si nous jetons maintenant un regard d'ensemble sur le chemin que nous venons de parcourir, nous nous convaincrons aisément que les Mystères ont sans cesse et de plus en plus « tourné le dos à l'autel ».

Les premiers se célèbrent presque uniquement à l'autel ou dans le chœur.

Puis, on s'aventure dans la nef.

Puis, on sort de l'église, et l'on va sur la place.

Enfin, on se transporte jusqu'aux portes des villes, loin de l'autel, loin de l'église.

En deux mots, plus nous nous avançons dans le temps, plus nous nous éloignons du sanctuaire où sont nés nos Mystères, où est né notre théâtre. C'est un symbole frappant. Car plus va le temps, et plus aussi nous nous éloignons de Jésus-Christ et de son Église.

XVII. — Déclamation mimique.

QUANT à la mimique, elle était d'abord très simple. L'Église ne gesticule pas, elle agit. Une grande noblesse de mouvements est recommandée au prêtre dans toutes les fonctions liturgiques. Nos premiers Mystères, n'étant que des chapitres du Rituel ou des fragments de l'Antiphonaire, sont soumis à la loi de cette majesté ; mais une telle gravité ne pouvait pas durer toujours. En Italie et chez les peuples méridionaux, on ne tarda point à tomber dans tous les excès du débit théâtral. Ces peuples sont essentiellement gesticulateurs. Lisez la *Complainte des Trois Maries* de Cividale. Sous chaque mot, il y a une indication de mimique :

Mater Jesu Crucifixi... (*Hic salutet Mariam cum manibus tantum.*)
Tecum plangam mortem Christi... (*Hic tergat suas lacrimas.*)
Et mortem mei magistri... (*Hic se ipsam ostendat.*)
Et dolore cruciata... (*Hic se percutiat ad pectus.*)
Sum in corde vulnerata... (*Hic manibus se percutiat.*) Etc., etc.

Voilà qui nous rappelle involontairement le P. Ventura, ce grand orateur, exprimant avec le geste, dans un de ses plus beaux sermons, l'action de Zachée qui grimpe au sommet d'un arbre pour mieux voir Notre-Seigneur ; et aussi cet autre prédicateur de Rome imitant avec sa voix le son des trompettes romaines qui précédaient le cortège de la Passion. « Le Geste, diraient volontiers les Italiens, est le saint Jean-Baptiste de la parole. »

XVIII. — Musique.

UN savant contemporain, M. de Coussemaker, qui a longuement étudié la musique de nos Mystères, est arrivé à cette conclusion que l'on peut adopter avec une confiance absolue : « La musique de tous les drames liturgiques ne saurait être et N'EST AUTRE QUE LE PLAIN-CHANT. » Seuls, les drames du manuscrit de saint Martial avaient naguères fait question, à cause de leur notation neumatique dont on avait tort de se préoccuper à ce point. M. de Coussemaker a élucidé ce problème.

Quelques-uns de nos Mystères sont accompagnés de mélodies charmantes. On a pu dire des *Vierges sages* : « L'ensemble de cette petite composition musicale est bon. Les mélodies en sont claires, simples et suffisamment expressives. » L'illustre érudit, que nous avons déjà cité, fait un aussi vif éloge de la musique du *Juif volé* : il n'est pas loin d'y voir un chef-d'œuvre. M. Danjou ne loue guère moins la musique du *Daniel*. Il pense que les chœurs, *conductus* et proses étaient chantés à plusieurs parties. M. de Coussemaker complète ces détails en établissant que les instruments devaient jouer un rôle assez important dans l'exécution des Mystères ; mais ce n'est là qu'une hypothèse. Les preuves manquent.

XIX. — Personnages.

DURANT les premières phases de nos Mystères, ce sont des Frères dans les couvents, ce sont des Clercs dans les églises séculières, ce sont à tout le moins des enfants qui jouent TOUS les rôles. Pour représenter les femmes, les clercs entourent leurs têtes d'un amict, et cela suffit. Les rôles d'anges (touchant symbole) sont presque uniquement réservés aux enfants. Dans cette belle antiquité, Jésus-Christ ne peut être représenté, que par un prêtre, et l'Église de Rouen, dont en vérité j'admire le profond respect pour toutes les choses saintes, confiait le rôle des Apôtres à des *presbyteri de majore sede*.

Dans les *Voyageurs* de Rouen, ce sont des clercs *de secunda sede*, inscrits d'avance au tableau, qui représentent les pèlerins d'Emmaüs ; c'est un prêtre *de majore sede* qui joue le personnage auguste de Jésus-Christ. Dans le *Sepulchre* de la même Église, ce sont trois diacres qui sont les trois Maries, et c'est un petit enfant qui est l'Ange. A Sens, nous trouvons également un « *puer in vestitu angelico* ». Dans les *Pasteurs* du manuscrit 904, *septem pueri stantes in alto loco dicunt* : « *Gloria in excelsis Deo.* » Et il n'est pas rare de rencontrer dans les Bréviaires monastiques des didascalies pareilles aux suivantes : « *Frater qui erit Deus... Tres fratres qui erunt mulieres... Frater qui erit angelus... Duo fratres qui erunt duo angeli,* » etc., etc.

Il est presque inutile d'ajouter qu'un tel état de choses n'a pas persisté dans les *ludi*. Les personnages, d'ailleurs, y sont trop nombreux pour être uniquement représentés par des Clercs.

C'est l'invasion du laïcisme.

XX. — Costumes.

LES seuls vêtements admis sont, à l'origine, les vêtements liturgiques. Les enfants jettent sur leurs épaules des aubes blanches pour donner l'idée des anges étincelants de lumière. Les diacres mettent les *amicts* sur leurs têtes pour figurer les Maries. Les dalmatiques et les chapes sont seules de mise. Rien ne ressemble moins que ce vestiaire de sacristie au vestiaire très profane de nos théâtres contemporains.

Avec les mystères du quatrième degré, dès que les *mysteria* se changent en *ludi*, les costumes deviennent séculiers, et même on voit alors des rôles de femmes remplis par des jeunes filles ou par des dames. Dans les *Trois-Maries* d'Origny-Sainte-Benoîte, ce fait nous paraît facile à constater. Il est de nature à affliger les âmes solidement chrétiennes.

XXI. — Conclusion.

VOICI donc que nous connaissons :
Le moment précis où se célébraient les Mystères ;
Le lieu où on les jouait ;
Leur mise en scène aux différentes époques de leur histoire ;
Ce qui concerne leur mimique,
Leurs mélodies,
Les acteurs qui les représentaient,
Et les costumes enfin dont se revêtaient ces personnages.

Il ne nous reste plus, pour parler en style moderne, qu'à frapper les trois coups et à assister à la représentation du Drame qui a pour titre : *Les Innocents*.

On a revêtu quelques petits enfants de robes blanches : ils arrivent sur deux rangs dans le chœur et y font une belle procession en chantant : *Quam gloriosum est regnum*. Un autre enfant qui représente un agneau, et porte sans doute une peau de mouton sur les épaules avec une petite croix à la main, marche devant eux, et toutes ces petites voix se mettent à chanter : *Emitte agnum, Domine.* Cependant sur un *faldesteuil* est depuis longtemps assis Hérode, et, d'un autre côté du chœur, se tiennent humblement Joseph et Marie. Un Ange s'avance vers le couple sacré, et dit à Joseph : *Tolle puerum et matrem ejus.* Les divins voyageurs s'éloignent en silence. L'écuyer d'Hérode s'approche alors du trône de son maître et lui annonce le départ des Mages. Le tyran tourne immédiatement sa fureur contre les Innocents. Les bourreaux s'approchent ; l'agneau s'éloigne, et les voix des petits martyrs qui vont mourir le saluent une dernière fois sur la terre avant de le saluer éternellement dans le ciel : « *Salve, Agnus Dei; salve, qui tollis peccata mundi. Alleluia.* » Et les mères de se précipiter sur les corps de leurs enfants, et un Ange d'apparaître dans le triforium et de crier aux petits immolés : « *Expergiscimini.* » Les enfants, toujours couchés, jettent un cri sourd vers Dieu, et lui disent : « *Quare non defendis sanguinem nostrum, Deus noster ?* » Cependant, la pauvre Rachel est introduite au milieu du chœur :

Heu ! teneri partus, laceros quos cernimus artus !
Heu ! dulces nati sola rabie jugulati !
Heu ! quia merores nostrosque levare dolores
Gaudia non possunt : nam dulcia pignora desunt.

Des *consolatrices* s'approchent en vain de cette désespérée :

Noli, virgo Rachel, noli, dulcissima mater,
Pro nece parvorum fletus retinere dolorum.

Mais Rachel ne leur répond que par des sanglots :

Heu, heu, heu !
Quomodo gaudebo, dum mortua membra videbo ?

Tout à coup l'Ange s'écrie : *Sinite parvulos ad me venire.* A cette parole, dont l'appropriation est d'une délicatesse exquise, les petits se réveillent, joyeux, et entrent dans le chœur en chantant :

O Christe, quantum Patri exercitum invenis, doctus ad bella maxima!

On aperçoit, dans le lointain, Joseph qui revient d'Égypte avec Marie : *Gaude, gaude, gaude, Maria virgo; cunctas hereses interemisti in universo mundo.* Et le chœur tout entier chante solennellement le *Te Deum.*

On peut juger par ce Mystère de tous les autres. Il est très évident qu'il y a là une littérature à l'état rudimentaire, voire un peu enfantine, et le seul mot de l'Écriture : *Noluit consolari quia non sunt*, vaut mieux que tout le drame que nous venons de résumer. Soyons justes, néanmoins, et reconnaissons une inspiration originale et saisissante dans le cri que les enfants jettent vers Dieu, dans le cri de l'Ange qui les réveille. C'est grand.

.•.

Il ne nous reste plus rien à ajouter sur ce théâtre liturgique sans lequel notre théâtre ne serait peut-être pas né. Le Drame primitif du moyen âge était vraiment chrétien, et il n'était pas impossible de lui donner un caractère encore plus religieux. Par malheur, la Renaissance est venue, qui a tout gâté. Nous avons brutalement rompu avec la tradition dramatique chrétienne, et nous nous sommes précipités dans l'imitation peu intelligente d'une antiquité mal comprise. Il faut désormais, si nous voulons régénérer le théâtre, remonter à sa vraie source. Le Drame, lui aussi, est atteint par le péché originel : il s'agit de le baptiser.

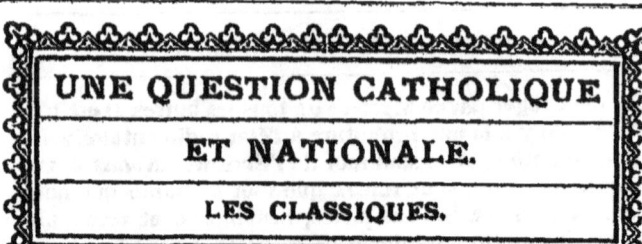

UNE QUESTION CATHOLIQUE ET NATIONALE.

LES CLASSIQUES.

 A question des classiques, que l'on croyait éteinte pour toujours, vient de se rallumer soudain. Elle occupe, elle passionne les meilleurs esprits, et il est malaisé de s'y soustraire. Nous n'avons pas le dessein de passer notre chemin sans faire halte devant elle, et voulons au contraire la regarder en face, comme il sied à un honnête homme et à un chrétien.

Nous avons toujours été attaché à l'école des classiques chrétiens, et nous n'en rougissons pas; mais, toujours aussi, nous nous sommes refusé à l'exclusion des classiques païens. C'est assez dire que nous sommes ici un « juste milieu », et que, voulant concilier les deux partis, nous sommes fort naturellement appelé à recevoir les horions de l'un et de l'autre. Tel est le destin commun, et nous ne songeons pas à nous en plaindre.

On nous permettra, à tout le moins, d'expliquer notre pensée et de défendre notre système.

I.

Il ne faut point s'étonner si, malgré le sceau chrétien dont nous voulons avant tout marquer l'enseignement de la jeunesse, nous faisons aux grands génies de la Grèce et de Rome une large part dans la formation de l'intelligence et de la parole humaines. « Il faut enseigner plus chrétiennement les classiques païens et faire entrer plus largement les auteurs chrétiens dans notre enseignement agrandi et transfiguré »; telles sont les conclusions auxquelles nous sommes arrivés en la compagnie de plus d'un sage et clairvoyant esprit, et c'est en ces termes que l'on peut impartialement résumer ce que nous oserions appeler la pensée de l'Église.

Chez les poètes et les orateurs antiques, l'Art a incontestablement revêtu le caractère d'une beauté presque achevée, et il importe, croyons-nous, de tremper dans le Beau l'intelligence de nos enfants.

Le Beau n'est pas seulement la correction de la ligne, l'agencement des couleurs, l'harmonie des sons : c'est, en toutes choses, la Proportion. S'agit-il de parole et de style, le Beau, c'est le mot juste, et les grands écrivains de l'antiquité peuvent ici passer pour d'incomparables modèles. « N'excéder en rien » : c'est ici le grand secret, mais combien difficile à trouver ! On sait que les architectes grecs avaient si exactement calculé et établi les proportions de leurs merveilleux édifices, qu'étant donné un seul fragment de colonne, il n'est pas aujourd'hui impossible de reconstruire le monument tout entier. Eh bien ! cette même science, cette même justesse, éclatent dans les drames d'un Sophocle, dans les harangues d'un Démosthènes, dans les Dialogues d'un Platon. Toutes ces œuvres sont « proportionnées », et nous ne connaissons pas, à ce point de vue, de meilleure école pour nos fils.

Ce n'est pas tout, et les temps que nous traversons nous font encore tenir en plus profonde estime la beauté très élevée des modèles antiques. Il n'est personne qui ne sache aujourd'hui ce qu'est le Naturalisme, et il serait inutile d'en donner ici une définition plus ou moins nouvelle. Donc, il s'est trouvé de puissants esprits qui ont découvert, vers 1870 ou 1880, que, depuis et y compris Homère, les poètes et les penseurs n'ont jamais eu l'idée d'observer l'âme humaine. Il est vrai que ces hardis réformateurs daignent admettre quelques exceptions à cette règle étrange; mais si peu ! Bref, voilà qu'ils ont fondé une nouvelle école, l'école de l'Observation. A vrai dire, ce qu'ils observent c'est principalement le laid, la boue, la lie. Nos naturalistes, oubliant que la vertu se cache, sont fatalement condamnés à ne rencontrer jamais au bout de leurs lorgnettes que la laideur du Mal et les grimaces du Vice, et c'est là, en effet, ce qu'ils peignent avec rage. Ainsi n'ont pas procédé les antiques, et ils ont eu de l'homme une idée très haute. Ils ne se servent du laid que comme contraste, et font bien. S'il est vrai de dire que l'on peut partager les écrivains de tous les temps en deux grands groupes, ceux qui *constatent* et ceux qui *concluent*, c'est parmi ces derniers qu'il les faut placer. Ce sont les hommes de l'idéal. Sous le bleu d'un ciel incomparable, sur les bords charmants de leur mer glauque, à l'ombre de leurs montagnes aux contours gracieux, le long de ces admirables portiques dont un soleil brûlant cuit et dore le marbre blanc, devant ces milliers de statues dont pas une n'offre un trait grossier, aux sons d'une musique grave et noble, ces artistes, ces merveilleux artistes placent et disposent les personnages de leur drame, de leur épopée, de leur histoire ; ils nous les présentent bien drapés, élancés, superbes, et incarnent puissamment une vertu ou une force en chacun d'eux : celui-ci représente la fatalité, et cet autre, le dévouement ; ces autres, la maternité et le sacerdoce ; ces autres, la haine et la pitié. Ils ont tous cent coudées de taille, et leur stature, chose rare, ne nuit en rien à la perfection de leur beauté. Ce spectacle console, il élève, il grandit, et c'est pourquoi nous le faisons volontiers passer sous les yeux de nos enfants, auxquels nous avons juré d'inspirer le dégoût du naturalisme contemporain.

Mais, hâtons-nous de le dire, si nous ouvrons aux anciens les portes sacrées de nos écoles, ce n'est pas seulement parce que nous les trouvons beaux, et que leur beauté nous paraît saine : c'est parce que, dans les plis de leurs manteaux, dans leurs intelligences et leurs cœurs, ils nous apportent le Vrai en même temps que le Beau. Supprimer l'enseignement des classiques païens, ce serait commettre un crime contre l'Apologétique chrétienne et lui enlever une de ses forces les plus augustes, les plus légitimes, les plus puissantes. Les poètes, les philosophes, les historiens de la Grèce et de Rome sont les témoins de la Vérité. Ce sont (comprenez bien la force de ces mots) des témoins qui ne sont pas suspects et qu'il faut croire. A toutes les pages de leurs livres immortels, ils nous attestent, avec une précision mathématique, que la notion du Bien et du Mal a toujours été la même au sein de l'humanité vacillante ; que tous les peuples ont cru, jusque dans les nuances les plus délicates, à l'évidente distinction, à la sanction nécessaire du Vice qu'il faut haïr et de la Vertu qu'il faut pratiquer : que l'idée de certaines puissances supérieures à l'homme, d'un monde suprahumain et même d'un

Dieu unique peut être facilement constatée dans tous les siècles et chez toutes les races. Quelle n'est pas la force d'un pareil témoignage ! Et comment nos petits sceptiques contemporains auraient-ils désormais l'audace de répéter devant nous : « Votre morale n'est pas universelle. Elle n'est pas de « tous les lieux, elle n'est pas de tous les temps. On l'a in- « ventée tel jour, à telle heure, et il en est ainsi de votre théo- « dicée dont il convient enfin de vous montrer moins fiers. » A l'insolence d'un tel langage, nous opposerons le langage tranquille et assuré d'Homère, d'Eschyle, de Pindare, de Cicéron, de Virgile. Nous allons plus loin, et affirmons que les anciens ont également connu un certain nombre de ces vérités traditionnelles, de ces vérités révélées, qui, parties des ombrages du paradis où Dieu les avait communiquées au premier homme ou de la montagne du Sinaï où elles avaient reçu une forme plus précise, ont fait véritablement le tour de l'ancien monde, connues partout et partout défigurées. Et il est aisé de prouver qu'il est deux dogmes, deux vérités dont les nations antéchrétiennes ont principalement gardé le souvenir et le culte : la misère, la profonde misère de l'homme souillé par une tache originelle, et son espérance obstinée en un Libérateur divin.

Nous en avons dit assez pour donner à entendre que nous ne saurions aucunement partager la dangereuse conviction de ce Vandale trop conscient qui nous disait l'autre jour : « J'ai contre l'art païen une telle haine que je souhaiterais pouvoir brûler tous les exemplaires de vos classiques, et que j'entrerais volontiers aux musées du Vatican et du Louvre, un marteau à la main, pour réduire en poudre tout le marbre de ces idoles. » Combien je préfère la belle et consolante doctrine de Rio, qui constate sur les traits de ces faux dieux les attributs dispersés du Dieu unique. Ces marbres, eux aussi, sont les témoins de la Vérité : il faut les interroger, et non pas les détruire.

Tels sont les purs, les nobles éléments des littératures antiques ; mais hélas ! ce ne sont pas les seuls, et malheur à nous si nous cachions les autres ! Les civilisations païennes offrent d'épouvantables laideurs, sur lesquelles il faut jeter la lumière, afin de les faire haïr plus chaudement, et pour faire aussi plus vivement comprendre tout ce qu'il y a de bonheur et d'honneur à être chrétien. Michelet a dit quelque part que l'Inde a fait sentir à la terre « ce que pèsent trente mille dieux » : la Grèce et Rome n'en ont pas connu beaucoup moins, et la plus abjecte idolâtrie a souillé ces pays de la lumière et de la beauté. Les mœurs, de bonne heure et partout, y descendirent jusqu'à l'infamie, et force nous est d'avouer que le polythéisme contenait cette pourriture en germe. Voilà pour la religion et pour la morale; mais nous avons socialement bien d'autres ignominies à flétrir, et nous avons le devoir de signaler tout d'abord cet esclavage qui mérite d'être l'objet de l'indignation de tout honnête homme. Nous nous méfierions d'un enfant ou d'un jeune homme qui ne détesterait pas l'esclavage d'une de « ces haines vigoureuses que doit donner le vice aux âmes vertueuses ». Les ennemis de l'Église ont en vain tenté de peindre l'esclavage antique sous des couleurs complaisamment adoucies, afin d'enlever au Christ la gloire de l'avoir vaincu : ils ont en vain plaidé les circonstances atténuantes en faveur du fléau qui a déshonoré des siècles si glorieux; ils ont en vain cherché à voiler la lèpre qui a dévoré de si belles races. Il est vrai, il est trop vrai que des millions de créatures humaines ont été, durant des milliers d'années, assimilées à la brute. Il est vrai, il est trop vrai que, dans les sociétés anciennes, l'esclavage n'a pas seulement été un accident, mais un principe. Et qu'on ne vienne pas nous dire que des nations chrétiennes se sont rendues coupables du même méfait : ces nations n'ont fait en cela qu'imiter l'exemple et reprendre les traditions de l'antiquité païenne, et le crime abominable qu'elles ont commis n'atténue en rien le crime de leurs modèles grecs et romains. Cette même antiquité n'est pas moins dangereuse au point de vue politique qu'au point de vue social, et la Cité antique est trop souvent une école de despotisme où la liberté des âmes n'est plus comptée pour rien. L'enfant appartient à l'État, qui l'élève uniquement pour lui et n'a cure de la famille. Tout, oui, TOUT est dû à l'État, et l'on n'a jamais exagéré à ce point l'idée de la Patrie. Car enfin, cette idée elle-même peut être fatalement exagérée, et l'on en était venu, à Rome, à décorer de ce nom magnifique « amour de la patrie » la conquête inique du monde ancien par l'astuce du Sénat romain et la violence des armes romaines. Il serait injuste, enfin, de ne point dénoncer le caractère de la philosophie antique, qui s'est élevée parfois à de si beaux sommets et a enseigné de si lumineuses vérités, mais qui a été si ondoyante et diverse, et a entraîné l'humanité en de si funestes chemins : tour à tour matérialiste jusqu'au cynisme, éclectique jusqu'à l'indifférence, idéaliste jusqu'au rêve, et souvent inférieure au bon sens traditionnel de la foule. On a eu la témérité de comparer le Portique au Christianisme. C'est là une théorie hasardeuse, faite pour séduire quelques esprits prévenus, et l'orgueil du stoïcien qui méprise le *profanum vulgus* et n'estime que sa propre vertu, ne saurait être mis en balance avec cette humilité du chrétien qui rapporte tout à son Dieu et s'estime le dernier des hommes.

Tel est le jugement qu'il convient de porter sur les classiques païens, et l'esprit avec lequel il convient de les lire. Nous promettons de grandes joies à ceux qui les voudront étudier avec cette méthode impartiale et sûre. A chaque vérité qu'ils auront le bonheur de découvrir en leurs livres, ils s'écrieront : « Je connais cette vérité, et l'Église me l'a apprise. » A chaque erreur qu'ils auront la douleur d'y rencontrer, ils se diront : « Je connais cette erreur, et l'Église m'en a préservé. » Voilà qui console et fortifie.

II.

Nous nous estimerions véritablement coupables, si nous ne faisions pas aux classiques chrétiens l'accueil auquel ils ont tant de droits, si nous ne leur réservions pas une place qui fût digne de leur caractère, de leur fonction, de leur génie. Nous n'ignorons pas, d'ailleurs, à quels anathèmes nous nous exposons en n'applaudissant pas ici à certaines exagérations qui ont récemment troublé les plus solides entendements. Si profond, si ardent que soit notre enthousiasme pour l'art chrétien, pour la parole chrétienne, il nous serait difficile d'admettre, avec un de nos devanciers, que « l'on peut regarder saint Bernard comme le fondateur de la langue française », alors que ce noble langage éclate déjà dans les serments de 842, dans la *Cantilène de sainte Eulalie*, dans le *Saint Léger*, dar, le *Saint Alexis*, dans la *Chanson de Roland*, dans ces œuvres des neuvième, dixième et onzième siècles qui, bien longtemps avant la naissance de saint Bernard, avaient conquis une si étonnante popularité dans tous les pays de la langue d'oïl, et au delà. Il nous serait également impossible de professer que l'Art chrétien n'a vraiment existé dans le monde qu'antérieurement à Raphaël, et que Raphaël l'a tué. Ce sont là des excès regrettables, comme aussi la thèse de ceux qui affirment que le moyen âge n'a rien produit d'estimable avant 1200 ni après 1300. Il faut avoir l'esprit plus large, et ne pas s'emprisonner en des admirations si étroites.

Quand il s'agit de classiques chrétiens, il importe d'abord de bien préciser l'époque où tel auteur a vécu, où telle œuvre a été écrite. On ne saurait, au hasard et dans le même temps faire lire et expliquer à un enfant les *Acta sincera Martyrum* et les Lettres de saint Bernard : les *Acta* qui ont été en quelque manière sténographiés sous la dictée des martyrs ou de leurs juges et dont la latinité est rigoureuse et pure, et les Lettres de saint Bernard, si variées, si ingénieuses, si charmantes, mais qui sont écrites en une tout autre langue, laquelle est morte. Jusqu'au neuvième siècle, jusqu'à l'avortement de la grande tentative de renaissance carlovingienne, on peut dire que le latin est une langue vivante, et les Pères ont littérairement suivi la tradition classique. A vrai dire, c'est le même parler que celui des anciens, quelquefois aussi châtié, et l'on ne nous fera jamais comprendre qu'il y ait quelque inconvénient à former l'esprit d'un jeune homme avec la prose d'un saint Léon et d'un saint Jean Chrysostome, avec les vers d'un Prudence et d'un saint Grégoire de Nazianze. C'est là, c'est bien là ce qu'on appelle le beau latin et la belle grécité, et il n'y a là matière à aucun scandale. Les élèves n'en seront même pas étonnés et ne se sentiront aucunement dépaysés ; mais les choses ne se passeraient pas de même si on leur faisait apprendre ou traduire quelque auteur du douzième siècle, et ce n'est vraiment plus le même pays. D'où nous conclurions volontiers — si nous ne craignions pas de prendre ici un ton par trop pédagogique — que l'on peut fort utilement se servir, dans l'enseignement secondaire, des auteurs chrétiens de la première époque ; mais qu'il serait opportun et sage de se contenter, pour la seconde, d'Anthologies intelligentes dont le professeur lirait aux élèves quelques fragments habilement choisis, et surtout bien commentés. Ces réserves une fois faites, nous avouons hautement que nous verrions, avec une joie très vive, commencer l'éducation latine avec les Actes des martyrs et les écrits des Pères. On formerait ainsi, croyons-nous, d'aussi bons latinistes, et de plus virils chrétiens. Et par le temps qu'il fait, nous avons encore plus besoin d'âmes vigoureuses que de thèmes cicéroniens.

C'est là, c'est dans les œuvres de ces écrivains trop dédaignés, que l'on se trouve en présence de la plus belle race qui ait jamais foulé notre terre. On ne connaît pas assez la race chrétienne; non, on ne connaît suffisamment ni ses origines, ni l'âge héroïque de son histoire. Les *Mœurs des chrétiens*, du bon abbé Fleury, ne sont plus aux mains de nos enfants, et nous le regrettons très sincèrement. On ne se fait plus une idée de la physionomie réelle, et, pour ainsi parler, du style des premiers siècles de l'Église; on ne se figure pas, d'une façon assez vivante, cet envahissement pacifique du vieux monde païen par des milliers de catéchumènes désarmés, haïs, persécutés, vainqueurs; on n'essaie pas de se représenter le ravissement des oreilles humaines quand elles entendirent prêcher la doctrine nouvelle (quelle doctrine!) par tant de témoins qui mouraient pour elle. Nos enfants frémiraient d'enthousiasme si nous leur lisions quelque page des Liturgies apostoliques, si défigurées qu'elles aient été par l'hérésie et par le temps. Écoutez plutôt : « O notre Dieu, qui êtes un, qui êtes le seul vrai Dieu, ami des hommes, ineffable, invisible, incompréhensible, sans commencement, hors du temps, insondable, immuable, créateur de tous les êtres et rédempteur universel ; qui nous remettez nos péchés, qui nous rachetez de la mort et nous couronnez de vos miséricordes, nous vous supplions d'accorder à vos fidèles la confirmation de vos promesses et la concorde que produit la charité. Pitié, Seigneur, pour tous ceux qui souffrent : visitez les prisonniers, nourrissez ceux qui ont faim, consolez ceux qui pleurent, enseignez leur voie à ceux qui l'ont perdue, illuminez les âmes qui sont dans les ténèbres, relevez les tombés, donnez la force aux faibles, guérissez les malades, souvenez-vous des morts et recevez avec bonté les prières de ceux qui confessent votre nom; dirigez enfin, Dieu bon, dirigez tous les hommes dans le chemin du salut et les réunissez tous dans le même bercail. » Imaginez le charme tranquille de ces paroles prononcées gravement dans quelque catacombe, pendant qu'au-dessus de leurs têtes ces chrétiens entendaient le bruit du vieil empire qui croulait et de la marée de barbarie qui montait. En vos heures de tristesse ou d'ennui, rappelez-vous la beauté de nos commencements, et énumérez en vous-mêmes tous les éléments de vie que l'Église apportait au monde : au lieu de trente mille dieux, un Dieu; au lieu de la volupté, le sacrifice; au lieu de l'esclavage, l'égalité; au lieu d'un César souverain-pontife et maître des âmes comme des corps, un pouvoir spirituel très haut placé et qui ne relevait point des Césars. Nous ne parlons pas de la charité, et il n'est pas sans doute nécessaire d'apporter ici son acte de naissance. Les économistes de notre temps l'appellent *altruisme* et s'imaginent peut-être, en la débaptisant, nous en arracher la gloire. L'histoire est pour nous, et nous ne craignons rien.

III.

Ce n'est pas assez d'introduire dans l'enseignement les classiques chrétiens : nous ne nous tiendrons pour satisfaits que si l'on y introduit plus largement encore les classiques du moyen âge, la *Chanson de Roland*, Villehardouin, Joinville, Froissart, Comynes. Mais pourquoi parler ici de témérité? Grâce à Dieu, la vieille routine est morte. Elle a mis longtemps à mourir, mais c'est fait. Les vieux préjugés sont enfin dissipés, les vieilles barrières sont tombées. Entre la France d'autrefois et celle d'aujourd'hui, il n'y a plus de Pyrénées, et l'on peut librement aller, sans scandaliser personne, de Bossuet à Villehardouin, de Saint-Simon à Joinville et de Corneille à ce *Roland* que l'auteur du *Cid* aurait tant aimé. Aux élèves de seconde on vient d'imposer officiellement l'étude de notre vieille épopée et de l'*Histoire de saint Louis*, et j'espère que ces jeunes épaules ne trouveront pas ce nouveau poids trop lourd. Il faut encore, il faut, qu'avant quelques années, tout rhétoricien ait dans son pupitre un petit livre de trente pages, intitulé : *Les plus anciens monuments de la langue française*, qui commence par la traduction (texte en regard) des *Serments de 843* et se termine par celle du *saint Alexis*. Cet utile Recueil circule depuis longtemps dans les Universités allemandes, et il est honteux qu'il n'en existe pas encore une seule édition française. Nous l'aurons demain, et ce petit livre saura se faire aimer. Ce sera une surprise, pour la plupart de nos collégiens, que de voir, à ses origines, la Poésie française offrir uniquement le caractère chrétien. Une complainte sur la Passion du Christ et trois Vies de saints en vers, voilà les quatre plus anciens monuments de notre Poésie nationale ; mais il faut se hâter d'ajouter que l'amour de la Patrie française se faisait jour à la même époque en des milliers de chants populaires qui ne sont point parvenus jusqu'à nous. C'est cet amour qui vit, qui frémit, qui triomphe dans le *Roland*, et voilà le secret de notre passion pour le vieux poème. Notre antique épopée, sans doute, est littérairement une des œuvres qui honorent l'esprit humain, et il n'a manqué à notre Homère, ni la puissance de la composition, ni le sens de l'unité, ni la peinture des caractères, ni la justesse du mot, ni la hauteur de l'idée ; mais ce ne sont pas ces rares qualités qui allument notre enthousiasme. Nous irons plus loin et confesserons que cette langue est rude, trop rude ; que cet art est naïf, trop naïf, et que nous n'avons pas affaire à la désespérante perfection de l'antique Homère. Même il serait regrettable que l'on confiât ces vers primitifs à la mémoire de nos enfants et qu'on les leur offrît comme un modèle achevé de langage et de style. Il serait plus regrettable encore que les professeurs les étudiassent uniquement au point de vue de la syntaxe et de la phonétique, et que l'on sombrât dans la philologie. Un grand érudit le disait hier, et nous applaudissons de tout cœur à la justesse de ce langage presque inattendu : « Il ne faut pas considérer seulement les textes français du moyen âge comme un champ d'exercice propre aux philologues, comme une matière à corrections et à rectifications ; mais il faut mettre en lumière tout ce que ces textes apportent de données précieuses à l'histoire des institutions, des mœurs, des idées, du goût. Il faut y voir enfin et y faire voir, non pas uniquement des documents de notre langue, mais des documents de notre civilisation. » Ainsi procéderont, n'en doutons pas, tous les professeurs de seconde : ils ouvriront le *Roland*, le liront chaudement à leurs élèves et le leur commenteront historiquement. C'est la vraie, c'est la seule méthode. Et ce que les élèves devront principalement constater dans ce cher vieux poème, c'est l'existence de notre France, c'est son existence certaine, évidente, glorieuse, il y a huit cents ans et plus. Il faut déclarer une guerre mortelle à cet odieux paradoxe qui circule encore dans nos collèges et ailleurs : c'est que notre France a commencé en 1789. Tant qu'il nous restera une goutte de sang dans les veines et un souffle au corps, nous protesterons contre cette dangereuse sottise. C'est avec l'étude, c'est avec l'amour de leur ancienne littérature que les nations voisines et, en particulier, l'Allemagne, se sont créé une « conscience nationale » et sont arrivées à ce qu'elles possèdent aujourd'hui de puissance et d'unité. Au milieu de nos déchirements politiques, imitons-les ; que la vieille France soit le terrain commun où toutes les âmes se rencontrent, où tous les partis se réconcilient. Les plus ardents révolutionnaires, s'ils sont Français, ne sauraient trouver mauvais qu'au lieu de prêter à la France une mesquine durée de quatre-vingts ou de cent années, nous lui assurions très authentiquement une antiquité de quatorze siècles. Achevons de les convertir, en leur faisant de la France d'antan une peinture vraiment scientifique et qui n'ait rien d'outré : montrons-la puissante et rieuse, aimable et forte, satirique et guerrière ; tenant fièrement la première place dans la magnanime entreprise des croisades ; jetant ses enfants, par cent milliers, sur toutes les côtes de la Méditerranée qui n'a jamais mérité comme alors le nom de lac français ; fondant tour à tour l'empire franc de Constantinople, le royaume franc de Jérusalem, le royaume franc de Chypre ; illustre dans la poésie et dans l'art, en même temps que dans la guerre ; imposant, longtemps avant Dante, sa littérature et ses héros à toute la chrétienté occidentale ; peuple chanteur, railleur, gouailleur, et qui, avec tout cela, savait être pieux jusqu'à l'héroïsme et chrétien jusqu'à la sainteté, au demeurant le premier peuple du monde.

Si le moyen âge a encore des ennemis, il n'en est pas ainsi de ce dix-septième siècle auquel nous arrivons, et nous voici en pleine lumière. Ce qui nous a souvent étonné, c'est que l'on s'étonnât de rencontrer, dans un même entendement, l'admiration pour le « grand siècle » et l'enthousiasme pour la poésie populaire du moyen âge. On ne conçoit pas que ces deux passions se concilient, et l'on s'efforce de créer la même incompatibilité entre l'estime que nous faisons de la littérature classique et celle que nous professons pour les chefs-d'œuvre de l'école romantique. Comment! Racine et Lamartine, Corneille et Hugo, placés sur la même ligne et audacieusement proposés au même culte! Défense nous est faite d'admirer tant de choses à la fois, et l'on nous met en garde contre l'anévrisme : « C'est dangereux, nous disent les rhéteurs, et le cœur humain n'est point de force à supporter le poids de tant d'amours. » Laissons dire, et admirons quand même.

Mais admirons avec intelligence et n'admirons pas tout.

IV.

Ce que nous avons dit plus haut de l'antiquité, il le faudrait répéter au sujet des grands écrivains du dix-septième siècle : plusieurs mériteraient d'être *anciens* et ont, grâce au christianisme, le coup d'aile plus vif, le vol plus haut. Où est l'orateur antique que l'on oserait sérieusement comparer à ce Bossuet qu'un Victor Hugo a eu l'audace de ne point classer parmi ses « quatorze grands génies de l'humanité »? Où trouver en Grèce, où trouver à Rome cet ensemble vivant de qualités prime-sautières qui fait l'originalité littéraire d'un la Fontaine et d'un Molière? Y a-t-il une perfection de grammaire et de style qui soit au-dessus de cette perfection de la Bruyère, à laquelle on ne peut reprocher que de se laisser un peu trop voir, et n'est-ce pas le maître-livre qu'il faut mettre, comme leur meilleur modèle, sous les yeux de tous les apprentis écrivains? On comprendra, que je ne veux point passer en revue tous ces géants. Je préfère définir en un mot ce siècle étonnant : ce fut surtout le siècle du respect. Respect des choses sacrées, respect de la langue que l'on considère comme l'une de ces choses. Et ce respect du divin a été poussé si loin, que les poètes de ce temps se sont interdit de parler de Dieu, de peur de n'en point parler assez révérencieusement. Craignant que la Poésie ne se rendît ici coupable de quelque légèreté, ils ont proclamé que, décidément, Dieu n'était pas poétique, et l'ont pieusement chassé de leurs vers.

C'est là leur premier défaut. Si l'on met à part ces trois chefs-d'œuvre qui s'appellent *Polyeucte*, *Esther* et *Athalie*, les poètes d'alors ne sont guère chrétiens que lorsqu'ils se font traducteurs. En leurs heures de contrition, ils s'attachent aux Psaumes et aux Hymnes du Bréviaire ; mais ne leur demandons rien de plus, et surtout ne nous attendons pas à de véritables cris sortant du pauvre cœur humain pour monter jusqu'à la miséricorde de Dieu. Tandis que Shakespeare continue la tradition des Mystères, nos tragiques rompent brutalement avec elle et ne daignent permettre qu'à des héros païens l'entrée de la scène française. Les autres sont arrêtés à la porte et éconduits par l'huissier. Pour français nos grands classiques le sont bien moins encore, et il n'est même pas venu à l'idée d'un Racine, ni même d'un Corneille, que notre admirable histoire nationale pouvait, d'aventure, leur offrir quelques beaux sujets de drame. Il suffisait à leurs yeux qu'un sujet fût français pour qu'il ne fût pas théâtral. Le grand dramaturge anglais (à qui l'on ne peut certes pas reprocher d'avoir dédaigné l'antiquité) étalait victorieusement, sous les yeux de ses spectateurs ravis, toutes les pages obscures ou radieuses, laides ou belles, de la sanglante histoire de son pays ; il dramatisait toutes les annales d'Angleterre et passionnait ses auditeurs avec les gloires ou les crimes de leurs pères. Chez nous, rien de pareil, et le peuple qui possède la plus belle de toutes les histoires est aussi celui qui, durant de longs siècles, l'a, de parti pris, laissée dans l'ombre la plus épaisse. Charlemagne et Jeanne d'Arc eurent alors l'honneur de passer pour aussi peu poétiques que Dieu lui-même. Il en est de même pour le sens de la nature, et la vérité nous contraint d'avouer qu'à part quelques vers de la

Fontaine et quelques pages de Sévigné, ce siècle, un peu guindé, n'aimait pas la nature pour elle-même. Les poètes eux-mêmes préféraient Versailles aux vrais bois et Lenôtre au Créateur des arbres. Il a fallu l'enseignement, si souvent malsain, de Rousseau et de son école pour nous donner ou nous redonner ce goût, cet amour charmant des champs et des montagnes, des forêts et de la mer. A vrai dire, ils sont trop grands seigneurs, ces rares esprits du dix-septième siècle. Grands seigneurs, ou protégés par les grands seigneurs: ce qui revient presque au même. De la société en général, ils ne connaissent guère que la cour, la haute bourgeoisie et la finance. C'est ce qu'ils peignent en leurs œuvres immortelles où les petites gens tiennent vraiment trop peu de place. J'affirme que les dix-neuf vingtièmes de la nation française n'ont pas été connus par Molière, par la Fontaine, par la Bruyère lui-même et par la grande Marquise. Or, ces dix-neuf vingtièmes-là, c'était la vraie nation française ; c'était le groupe immense des honnêtes gens, de ceux qui ne font point parler d'eux et dont nos littérateurs français n'ont jamais cure. Ce sont ces familles laborieuses, tranquilles, chrétiennes, qui élevaient paisiblement leurs nombreux enfants dans la crainte de Dieu et les formaient austèrement aux lois de l'honneur. Ce sont ces pères et ces mères incomparables qui pratiquaient en silence les plus pénibles sacrifices et ne s'accordaient pas une seule jouissance en toute leur vie pour laisser à leurs fils, avec l'exemple de leur simplicité, un patrimoine assuré et honorable. Nous les connaissons maintenant, ces admirables ancêtres, nous les connaissons d'après un certain nombre de documents intimes que l'on a récemment publiés, d'après des Mémoires, des journaux, des livres de comptes. Les voilà, tels qu'ils étaient ; les voilà, tels que nos grands poètes et nos grands prosateurs ne nous les ont pas fait connaître. C'est là un de nos griefs contre la Fontaine et Molière, et nous ne cesserons de crier sur les toits qu'ils ne sont pas les peintres exacts de la société de leur temps. Nous aurons tout dit en reprochant à cette même époque le fatal « séparatisme » que Descartes a établi pour toujours entre les choses de la raison et celles de la foi. Nous savons que ces deux éléments sont distincts, mais nous savons aussi qu'ils ne sont pas opposés et que, de séparatisme en séparatisme, on en est cartésiennement arrivé à séparer tout à fait le monde de Dieu. Certes, Descartes ne s'était pas proposé un tel but, qui eût fait profondément horreur à sa belle âme de chrétien ; mais il n'a pas eu une claire vue de l'avenir et n'a pas senti, comme Bossuet, que l'on abuserait de son système contre la Vérité. Cette clairvoyance a manqué à son génie incomplet, comme au génie d'un grand nombre de ses plus illustres contemporains. Il est permis d'en gémir.

V.

A notre très grand regret, on ne parle pas encore de faire directement pénétrer les « classiques du dix-neuvième siècle » dans cet enseignement que nous espérons agrandir et transformer ; mais dans toutes les Anthologies, mais dans les Recueils de Morceaux choisis, mais partout, nous ferions volontiers entrer l'élément trop dédaigné de la littérature contemporaine. M. de Laprade a eu la belle hardiesse de publier les *Morceaux choisis de Lamartine* A L'USAGE DES CLASSES. Ce noble exemple ne sera point perdu.

Un tel langage est peut-être fait pour alarmer quelques esprits prudents, et nous sentons bien, à certain souffle dans l'air, que nous allons être traité de romantique.

Nous souhaitons, après Schlegel et Hugo et comme eux, que l'on ne se borne plus désormais à étudier deux ou trois siècles dans l'histoire littéraire de l'humanité ; nous estimons, comme eux, que toutes les littératures méritent l'honneur d'une telle étude, et que l'Orient et le moyen âge ne sont pas sans avoir quelque droit à notre admiration ; nous sommes enfin persuadé, comme eux, qu'il est temps d'élargir le champ de notre labeur et les horizons de notre idéal.

Nous pensons, après Chateaubriand et comme lui, que la critique littéraire a le devoir d'être moins grammaticale et plus philosophique ; qu'il est utile, qu'il est bon de comparer entre elles les littératures de tous les temps et de tous les peuples, et de leur demander surtout comment elles ont mis en lumière les différents caractères et les différentes passions de l'être humain.

Nous croyons, après Lamartine et comme lui, « qu'il faut aller chercher dans l'âme humaine les vraies cordes de la lyre »; que la Poésie doit être avant tout la manifestation, harmonieuse et colorée, de nos angoisses et de nos espérances, de nos douleurs et de nos joies, et qu'enfin rien n'est plus poétique que l'homme, excepté Dieu.

Si c'est être romantique que de professer ces doctrines très chrétiennes et très larges; si c'est être romantique que de mêler, en une seule et même œuvre, le rire et les pleurs, trop réellement mêlés en chacune des heures de notre vie; de briser quelques vieux moules inutiles; de faire quelque estime de la couleur locale, et d'aller chercher parmi les petites gens les héros d'une épopée domestique et familière; s'il en est ainsi, nous sommes romantique. Mais nous aimons mieux nous persuader que nous ne sommes rien et que nous admirons le Beau partout où nous le trouvons. Nous sommes même fort loin d'être indifférent aux nombreux et funestes défauts du romantisme. Nous savons que les chefs de cette puissante et dangereuse école ont, hélas! abusé de tout et qu'ils ont, principalement sur la scène, sacrifié la morale à la couleur. Nous n'ignorons pas que l'étude lyrique de leur âme a trop souvent conduit nos Lamartiniens à un égoïsme monstrueux et qu'ils n'ont pas craint de nous raconter, sous prétexte de poésie intime, tous les scandales de leur passé et toutes les laideurs de leur vie. Si le *moi* est haïssable partout, c'est en particulier chez les romantiques où il est fréquemment cynique. Ajoutons qu'ils n'ont pas le « sens du respect » et qu'il est rare de les voir offrir à leur lecteur un travail vraiment consciencieux et achevé. Mais tant d'excès et de travers ne doivent pas nous rendre insensibles à l'originalité, à la hauteur, au caractère vraiment *humain* de leur œuvre. Il importe avant tout d'être juste.

C'est cet amour de la justice qui nous guidera également dans l'étude des langues vivantes, et nous nous plaisons à espérer que notre jeunesse aura l'esprit de ne pas toujours regarder la France comme le SEUL peuple intelligent, spirituel, parfait, qui soit sorti des mains de Dieu. Ce dédain de nos Français, cette petite vanité bruyante leur a fait cent fois plus d'ennemis qu'ils n'en méritent. Cet amour-propre, nous le voulons bien, est superficiel et à fleur de peau ; mais avouons qu'il est quelquefois bien agaçant. Malgré de récentes blessures encore mal cicatrisées, il nous faudra reconnaître tout ce qu'il y a de nobles éléments dans la littérature allemande ELLE-MÊME et saluer cette pléiade de génies qui, en Allemagne, à la fin du dernier siècle et au commencement du nôtre, ont été l'honneur de l'esprit humain : nous nous inclinerons, sans nous abaisser, devant les Schlegel, devant Schiller, devant Gœthe et devant ces incomparables musiciens dont on citera bientôt telle ou telle phrase au milieu d'un livre élémentaire aussi facilement que l'on cite aujourd'hui une ligne de Fénelon ou un vers de Racine ; nous avouerons que ce peuple, qui est incontestablement notre ennemi, est doué du sens traditionnel, et que ses chants populaires attestent l'obstination avec laquelle il cherche à conquérir une unité qui nous est si contraire. Nous ne nous montrerons pas moins généreux envers le génie de cette Angleterre qui est si respectueuse du passé et de ce Shakespeare qui a su emprunter aux vieux siècles, en la transfigurant, la forme même de son œuvre immense; ni envers la fierté de cette Espagne qui fut au moyen âge le boulevard de la chrétienté ; ni envers l'art exquis de cette Italie, où Dante a trouvé le style. On a dit que la vraie critique est l'art d'admirer ; mais enfin le Beau n'est pas d'origine française, et il y a à admirer au delà de nos frontières.

VI.

En toute œuvre il y a une dominante. La dominante dans l'enseignement, c'est de faire des chrétiens.

Ces chrétiens, nous les voulons *complets*, déterminés, virils. Il est temps en effet que, dès le collège, la *generatio rectorum* commence à se former, à se grouper, à se défendre, à s'aimer. L'heure est rude, jeunes gens, et il vous faudra être hommes de bonne heure pour relever tout ce qui est à terre. Et ce qui est à terre, c'est la liberté des enfants de Dieu.

Pas de vaines colères, pas de protestations tapageuses, pas de divagations politiques. Ressemblez à ce jeune Pancratius, à ce fils de martyr que Wiseman a si bien peint en son immortelle *Fabiola*. Fils de persécutés, persécutés vous-mêmes, vous avez le strict devoir de prier pour vos persécuteurs, de les convertir, de les mener à Dieu. Pour des vaincus, voilà une noble tâche, et c'est le cas de s'écrier : *Gloria victis !*

Mais si vous voulez réellement atteindre un but si désirable, il vous faut être en toutes choses LES PREMIERS ET LES MEILLEURS. Ne l'oubliez pas.

Il nous est souvent arrivé d'esquisser en nous-même un portrait charmant du jeune catholique de nos collèges qui se fait, à quinze ans, une juste idée de l'étendue de ses devoirs et de la beauté de sa cause. Il est joyeux, cordial, sincère. Il entre dans la vie les yeux tout grands ouverts, comme quelqu'un qui avec l'aide de Dieu, ne craint pas de voir le monde. Son intelligence est éveillée et sa volonté droite ; son cœur bat facilement pour tout ce qui est bon, beau et vaincu. Durant les heures de récréation, on l'attaque, on le raille, on lui jette au visage vingt épigrammes contre la foi de sa mère, contre la sienne : tranquille et souriant, il répond et répond bien. S'il ne sait comment se défendre : « Il est trop vrai, dit-il, que je suis un ignorant ; mais, parmi mes frères les catholiques, il en est plus d'un qui vous réfutera mieux que moi. Attendez. » Puis, il se lance dans le jeu avec autant d'impétuosité que dans la polémique : aussi fort aux barres qu'à la réplique. Est-il besoin d'ajouter qu'il est poète, et qu'il aime passionnément toute œuvre d'art ? Un beau vers de Lamartine le met hors de lui, et l'autre jour, le tableau de Bertrand, *Patrie*, l'a fait fondre en larmes. On l'entend parfois fredonner la Symphonie pastorale. A tout instant, des mots vifs et gais sortent de sa bouche, et il a des reparties qui sont charmantes, sans être aigres. Il n'a jamais humilié qui que ce soit, et sa parole n'a jamais eu rien d'aigu, ni d'empoisonné. A l'étude, il est plus calme, mais il n'a jamais regardé ses classiques comme un *pensum*. Il ne peut s'imaginer que ce soit un châtiment de traduire Homère et Virgile, ou de lire Bossuet et Racine, et il voit très distinctement les figures radieuses de ces grands hommes éclairer son humble salle de travail. A la leçon d'histoire, il prête l'oreille pour saisir au passage le nom très aimé de l'Église et saluer, d'un cœur ému, les bienfaits dont cette mère a comblé un monde ingrat. Pendant les vacances, il se divertit très franchement, voire très bruyamment, et sans penser aux livres. Il aime les champs et a une manière à lui de humer l'air de la mer, des montagnes ou des bois. Il court, il grimpe, il bondit, et répète volontiers que la récompense dont il est le plus fier, c'est le troisième accessit de gymnastique qu'on lui décerna l'an passé. Puis, de rire et de courir encore. C'est le soir seulement que l'âme en lui reprend ses droits. Il s'informe alors des derniers combats des catholiques pour la défense de leur liberté, et s'apprête à y prendre part : « Je serai de telle œuvre », dit-il, et il ajoute à ses prières cette demande à Dieu : « Préservez-moi surtout d'être inutile. » Bref, charmant et fort, joyeux et militant, sincère jusqu'à l'excès (si l'on peut jamais être trop sincère), aimant sa France par-dessus tout et l'aimant avec une jeunesse d'espérance que rien ne décourage; aimant son siècle aussi, quoique ce soit un siècle de combat; intelligent et bâti pour la lutte; spirituel et sérieux tout ensemble, il est vraiment le type des catholiques de demain et le digne représentant des deux plus belles races qui aient jamais vécu sous le soleil du bon Dieu : la chrétienne et la française.

Il nous en faut cent mille comme lui. Nous les aurons.

UN ART CATHOLIQUE ET NATIONAL.

I.

OUS avons plus d'une fois essayé de donner une définition de l'Art : nous l'avons présenté comme « l'expression sensible du Beau », comme le « Beau devenu sensible ».

Mais l'Art, un dans son essence, est multiple dans ses manifestations. Les individus et les siècles sont semblables à des voyageurs qui tour à tour viennent contempler, dans le pays de l'Idéal, la statue de la Beauté : ils passent, et chacun se place, pour la voir et la reproduire, à une distance et sous un jour particuliers. Puis, revenus chez eux, ils disent : « Voilà comment est fait le Beau ». Chose étrange ! les portraits qu'ils en donnent ressemblent plus ou moins à la Statue, mais ne se ressemblent pas entre eux. C'est ainsi que l'histoire de l'Art nous présente mille types très variés du même Idéal, suivant les époques et suivant les peuples. Et ce caractère spécial, donné à l'œuvre d'art par chaque siècle et par chaque nation, s'appelle le « le Style ».

Le Style, c'est, comme nous l'avons dit plus haut, « l'expression de la nature intime d'un être ».

Les siècles du moyen âge, comme tous les autres âges de l'humanité, et plus fortement peut-être qu'aucune autre époque, ont laissé leur empreinte, leur cachet, sur toutes leurs œuvres artistiques.

C'est ce Style que nous nous proposons de faire aujourd'hui connaître à nos lecteurs.

II.

S'IL est au moyen âge un art qui doive tout d'abord fixer notre attention et nous arrêter plus longtemps que tous les autres, c'est l'Architecture. On a dit avec raison qu'elle contint alors et résuma splendidement toutes les formes de l'Art. Pour bien saisir la vérité de cette doctrine, il faut se transporter d'une façon vivante dans une cathédrale du XIIe ou du XIIIe siècle, à Chartres, à Paris, à Bourges. Une cathédrale alors couvre quatre ou cinq mille mètres carrés : elle peut renfermer près de dix mille personnes, et c'est en réalité une des plus vastes conceptions architectoniques que l'on puisse signaler dans toute l'histoire de l'art. Au triple portail, la sculpture s'est réservé une place éclatante : c'est toute une encyclopédie en pierre, c'est tout un traité de théologie, c'est l'histoire complète de la Religion. Le poëme de Dante a été ciselé plusieurs siècles à l'avance par le rude ciseau des sculpteurs romans et gothiques. D'un côté le Paradis, de l'autre l'Enfer ; au milieu, l'homme, qui peut choisir et combat librement. Entrons dans l'immense édifice : la Peinture s'est faite transparente, et le soleil, en passant à travers les vitraux, fait entrer dans nos yeux, en même temps que la lumière, tout un catéchisme en couleurs, l'histoire des saints qui sont les patrons et les modèles de toutes les classes de la société chrétienne, les images des évêques qui ont gouverné cette église, les concordances admirables de l'ancienne et de la nouvelle Loi. Cependant des voix se font entendre et entonnent le *Jerusalem et Sion filiæ*, ce chef-d'œuvre d'Adam de Saint-Victor, qui, le jour de la Dédicace, est encore aujourd'hui chanté dans toutes nos églises de Paris : voilà, voilà la Musique et la Poésie, sœurs radieuses et qui marchent en se donnant la main. Enfin, un orateur monte en chaire, et nous fait quelque court et vigoureux sermon sur les vices et les scandales contemporains : c'est l'Éloquence. Tous les arts sont là, dans leur expression la plus noble et la plus élevée. Une cathédrale, c'est le seul lieu de la terre où le Beau trouve sa traduction complète, et qui, par conséquent, nous donne l'idée la plus achevée du Ciel.

III.

MAIS gardons-nous bien de croire que cette merveille soit un jour sortie du sol, telle qu'il nous est donné de la contempler aujourd'hui. Il ne manque pas d'âmes poétiques qui se laissent encore aller à cette illusion. D'autres s'imaginent que l'église romane ou gothique est l'œuvre sublime d'un artiste inconnu et que tout y est dû à la fantaisie, à l'imagination, au « souci de l'art ». On se représente trop volontiers quelque génie anonyme qui, penché mélancoliquement à sa fenêtre et regardant le ciel, s'est dit un jour en se frappant le front et d'un air inspiré : « Je m'en vais, au lieu « du plein-cintre, employer l'arc brisé, parce que cet arc plus « léger donnera l'idée des élancements de nos âmes vers le « Ciel. » J'en suis désolé pour ces esprits poétiques, mais ce n'est pas ainsi que les choses se sont passées. L'église gothique est la « résultante » de mille ou douze cents ans de travail ; elle représente la lutte obstinée de l'homme contre la matière pendant dix ou douze siècles ; il n'est pas, enfin, un seul procédé de cette architecture qui ne soit la solution d'une difficulté matériellement vaincue. Et je dis, qu'ici comme partout, la Réalité est cent fois plus poétique que l'Imagination.

Je ne désespère pas de le prouver.

IV.

J'OMETS à dessein le récit des efforts de l'homme pour trouver, à l'origine du monde, les éléments de l'architecture. La seule histoire de l'invention et du perfectionnement des « supports » nous retiendrait durant de longues heures. Je ne veux même pas essayer de mettre en lumière les emprunts que les constructeurs romains firent aux architectes grecs. Il me semble d'ailleurs que ces deux mots : « constructeurs, architectes », caractérisent bien les deux peuples et les deux arts. Les Romains, quoi qu'il en soit, ont été le peuple qui a laissé le plus de monuments. N'eût-il découvert que la voûte d'arêtes et l'application de l'arcade aux portiques grecs, il mériterait encore de passer pour une nation artistiquement originale. Quelle majesté, quelle science des proportions, quel sentiment du grandiose ! Creusez le sol depuis le nord de notre Europe jusqu'aux sables du Sahara, depuis notre Gaule occidentale jusqu'au fond de l'Asie, vous y trouverez quelque fût de colonnes romaines, quelque débris de monuments romains. Placez-vous à Rome, près de la basilique Saint-Jean-de-Latran, et dites-moi quelle stupéfaction vous éprouverez en contemplant ces immenses aqueducs qui aboutissent à ce point de la ville de tous les points de la campagne romaine. Cette admiration muette, je l'éprouvais un jour, lorsqu'un incrédule en abusa et me dit : « Ce sont « des païens qui ont construit ces merveilles, et la race chré- « tienne n'a jamais rien fait de pareil ». Et je lui répondis ces seuls mots : « Ces édifices énormes prouvent unique- « ment que nous avons des ouvriers, et non plus des esclaves. « Des ouvriers qui reçoivent un juste salaire et non plus des « esclaves qu'on faisait travailler à coups de fouet. L'Église a « passé par là ? »

V.

PARMI ces édifices de toutes sortes que les Romains ont construits sur toute la superficie de leur immense domination, il en est un sur lequel il faut tout spécialement attirer nos regards : c'est la Basilique (¹).

La Basilique, tel est le type-premier de notre cathédrale gothique, et nous allons entreprendre la démonstration de ce fait capital : « C'est à force de déformer l'architecture antique « qu'on est parvenu à la transformer ». Principe qui, du reste, peut s'appliquer à l'histoire de la plupart des arts modernes.

La Basilique est un édifice d'invention toute romaine, qui date sans doute de l'époque où cessa à Rome la vie publique, la vie en plein air (²), et qui servit à la fois de tribunal, de bourse et de bazar. L'usage en parut si commode, que, dès le temps de Pline, il y avait une ou plusieurs basiliques dans

---

1. Nous suivrons, jusqu'à la fin de ce travail, la doctrine de notre maître Jules Quicherat, telle qu'il l'exposait dans son admirable cours à l'École des Chartes. Tout ce qu'il y a de bon et de vrai dans les pages suivantes devra donc lui être légitimement attribué. S'il y a quelque erreur, elle est nôtre. Il convient cependant d'ajouter que, depuis la mort de Quicherat, sa doctrine a été sensiblement modifiée à plus d'un point de vue. Aux yeux de notre maître, la Basilique chrétienne n'avait pas d'autre origine que la Basilique romaine : il semble aujourd'hui reconnu que la disposition de la maison romaine a eu une véritable influence sur le plan et sur la forme de nos premières églises. Jules Quicherat n'admettait pas qu'il y eût eu des églises voûtées avant le XIᵉ siècle, avant l'an mille : on est d'accord aujourd'hui pour élargir les idées du grand archéologue et pour faire remonter plus haut l'emploi de ces voûtes en pierre dont il faisait, avec tant de justesse, la base de tout son système sur l'architecture du moyen âge.

2. Cette date est fort incertaine. Elle ne doit pas être fort éloignée de l'ère chrétienne.

la plupart des villes d'Italie, et que bientôt on en vit dans presque tout l'Empire. Ce fut, on peut le dire, une des plus longues vogues, un des plus vifs succès qu'ait jamais conquis une œuvre d'art.

« Un parallélogramme, coupé par deux portiques en trois parties d'inégale largeur, et terminé, à l'une des extrémités de sa partie médiane, par un demi-cercle représentant une *camera* », tel est, en deux mots, le plan de la Basilique romaine. Représentez-vous en ce moment deux églises de Paris où vous êtes souvent entrés : Notre-Dame-de-Lorette, moins les déplorables chapelles latérales qui déshonorent cette petite basilique, ou, mieux encore, Saint-Vincent-de-Paul, moins ces mêmes chapelles, et surtout moins la galerie qui donne accès autour de l'autel. Ce parallélogramme, ces portiques, cette *camera*, voilà le germe de Notre-Dame de Paris ou de la cathédrale de Reims. C'est ici que l'on peut dire : *O matre pulchra filia pulchrior !*

On entrait dans la basilique païenne par trois portes. La façade d'ailleurs, décorée en fausse architecture, reproduisait les formes mêmes de l'édifice : ce qui — soit dit en passant — est la meilleure qualité d'une façade ; elle était terminée par un fronton des plus simples au-dessous duquel s'ouvrait un *oculus*, qui s'élargira, s'élargira, au point de devenir, plusieurs siècles après, la superbe rose que nous admirons dans notre cathédrale parisienne. Les anciennes basiliques sont souvent à deux étages, comme notre Saint-Vincent-de-Paul, et rien n'égale la beauté simple de ces deux ordres superposés. Entre ces deux portiques règne une frise qu'on ornera plus tard de mosaïques, mais où l'on ne peindra jamais rien de plus achevé que les admirables *théories* dont Hippolyte Flandrin a couvert la frise de notre Saint-Vincent : œuvre classique et devant laquelle s'extasiera la postérité, qui l'attribuera sans doute à Raphaël, si l'histoire ingrate ne lui transmet pas le nom de notre illustre peintre. A ces tribunes de la basilique païenne, on monte par deux petits escaliers, pratiqués dans les angles, et qui conduisent à cette galerie où l'on place aujourd'hui les orgues. Si, quittant le premier étage, nous voulons nous avancer dans la nef, nous serons, aux deux tiers de son développement, arrêtés par des degrés surmontés de barreaux en bois, de *cancelli*. C'est derrière cette grille que commence l'estrade réservée à la justice, le *prætorium*. Toutes les autres parties de l'édifice sont livrées au public. Les curieux et les hommes d'affaires ont pour eux la nef centrale, et c'est là que se tient la Bourse. Les bas-côtés, qui parfois sont doubles, sont abandonnés aux marchands qui y ont établi leurs échoppes. Pour que ce bazar n'offusque pas la dignité du tribunal et n'en trouble point les débats, on a établi, dans les entrecolonnements du portique, de larges rideaux d'abord, et plus tard des cloisons en planches. Mais voici qu'il est temps de gravir les degrés du *prætorium*. Dans ce large espace réservé, se tiennent les plaideurs et les *causidici* : c'est un personnel de cent personnes. Au fond, dans l'axe de la *camera* ou de l'abside, sous cette voûte en quart de sphère, en cul-de-four, se tient le *prætor* avec ses assesseurs. Deux petits réduits sont consacrés au greffe et aux greffiers, et vous pouvez les apercevoir à l'extrémité de nos deux bas-côtés.

Telle est, à peu près, toute la Basilique païenne.

VI.

ET maintenant, faisons un bond au-dessus de trois siècles : arrivons à Constantin, à la délivrance de la Vérité, à la proclamation du Christianisme comme religion de l'Empire. Les chrétiens, se sentant libres, parcoururent joyeusement les rues de Rome convertie : ils cherchaient un type pour les temples qu'ils pouvaient enfin élever au vrai Dieu. Ils virent la Basilique, l'admirèrent, la trouvèrent merveilleusement appropriée à tous les besoins de leur culte, l'adoptèrent enfin et se mirent à la transformer. Il faut ici aller plus loin. D'après les dernières données de la science, on peut affirmer qu'il y eut des basiliques chrétiennes bien avant la fin des persécutions. On ne saurait notamment faire trop d'estime des découvertes de M. de Rossi, qui nous montre les chrétiens formant, tout au moins dès Alexandre Sévère, un véritable Collège, une Corporation d'arts et métiers, et ayant, par là, la pleine liberté de leurs sépultures, autant que de nos jours, et plus peut-être. Ajoutez à cela le sentiment de la propriété si vif chez les Romains et qui permit à nos chrétiens d'ouvrir des églises dans certains domaines privés.

Mais laissons ces questions abstruses, et pénétrons, d'une façon vivante, dans une basilique du quatrième siècle, vers 350.

Nous passons d'abord sous une sorte de « marquise » couverte de tuiles, sous l'*anteporticus*, qui est un petit porche, une porte abritée ; mais nous n'entrons pas encore directement dans la basilique. Nous nous trouvons dans une grande cour, entourée de trois ou quatre portiques, *tri* ou *quadriporticus*. Au milieu, se trouve une sorte de fontaine, *nymphæum*, destinée aux ablutions des fidèles. Dès l'*anteporticus*, les hommes se séparent des femmes pour venir, dans la basilique, occuper une place distincte. Le portique, qui est en quelque manière collé contre la façade de la basilique, s'appelle *narthex* et est réservé aux pénitents : quelques-uns d'entre eux ont des *cellæ* dans un petit étage pratiqué au-dessus de ces portiques. Traversons le *narthex*, et entrons dans la basilique par une de ses trois portes. C'est là que nous rencontrons tout d'abord les catéchumènes, que l'on fait sortir au moment de la Consécration, au moment des Mystères. Dans la *plaga media* est le *chorus psallentium*, composé des ordres inférieurs du clergé. L'un des bas-côtés, celui de l'Évangile, est occupé par les hommes ; l'autre, celui de l'Épître, l'est par les femmes, et ce dernier est quelquefois plus large que l'autre. Cette même disposition est reproduite dans les tribur . L'*altarium* a remplacé le *prætorium* : sous la *camera*, strictement conservée, s'élève l'autel. Les anciens greffes sont devenus le *sacrarium* et le *secretarium*. Contre les murs de l'abside, qui sont décorés en fausse architecture ou en mosaïque, est un banc réservé aux prêtres, le *presbyterium*, et, au milieu, dominant tout le peuple chrétien, se tient l'Évêque, le chef de la société nouvelle, majestueusement assis dans sa *cathedra*. Pour isoler cette région sacrée de l'autel et la séparer du reste de la basilique, on a maintenu les degrés et les balustrades ou *cancelli* antiques qui sont coupés dans leur prolongement par les deux ambons, où le sous-diacre lit l'épître et le diacre l'évangile. Sous l'autel, *ara*, qui est élevé au-dessus d'une sorte d'estrade qu'on nomme *altare* ou *suggestus*, est placé un caveau dont un double escalier forme l'entrée : c'est la *confessio* ou le *martyrium*. Le corps d'un martyr y repose « entier » dans une tombe de beau style. Et c'est ainsi que le prêtre célébrant obéit aux saints Canons, qui prescrivent d'offrir la messe sur le corps des Saints.

Telle est la Basilique chrétienne ou plutôt christianisée.

Figurons-nous l'effet général que devait produire cet édifice admirable. Les deux portiques superposés, les tribunes subsistent encore ; les colonnes sont des marbres splendides qu'on a souvent arrachés aux temples des faux dieux, et les ordres antiques y sont encore respectés : le dorique, l'ionique, le corinthien s'y étagent suivant les règles. La mosaïque éclate entre ces deux étages, et l'on peut y voir (comme plus tard à Ravenne) se développer la procession des Saints en marche vers Jésus, et des Saintes en marche vers Marie. Les murs latéraux sont ornés de fausse architecture ou de mosaïques. La lumière, doucement tamisée à travers des plaques d'albâtre, arrive dans tout l'édifice par les fenêtres qui donnent sur la tribune ; les rayons suavement affaiblis éclairent de leurs reflets le plafond du temple, qui tantôt consiste en une charpente visible, en poutres peintes et dorées (et c'est un *laquear*) ou bien en médaillons dorés et peints (et c'est un *lacunar*). Des traces de décadence artistique ne tarderont pas sans doute à se manifester de toutes parts : les colonnes perdront peu à peu ces admirables proportions où éclate le triomphe des mathématiques, et grâce auxquelles, lorsqu'on retrouve un seul « tambour » d'un fût grec, on peut reconstruire tout le Temple avec ses proportions exactes. On ne tardera pas à placer ces supports classiques sur des piédestaux, à les alterner sous cette forme nouvelle avec d'autres supports dont le soubassement touchera le sol, et à leur donner enfin dans le même édifice vingt aspects différents. Mais les Romains, d'un autre côté, avaient apporté à l'architecture ancienne un principe nouveau, un principe admirable, qu'ont appliqué souvent les architectes des basiliques : ils avaient remplacé depuis longtemps l'architrave par l'arcade entre deux colonnes. Et il en résultait, dans l'ensemble, une légèreté charmante, que les Grecs méritaient de connaître et qu'ils auraient dû inventer.

Jetons un dernier coup-d'œil sur notre basilique de 350, et

poursuivons cette histoire. Nous sommes encore loin de Notre-Dame de Paris.

VII.

DÈS le cinquième siècle, on peut constater dans la Basilique trois modifications importantes :

La tribune, tout d'abord, est généralement supprimée. On concevra aisément la raison de cette suppression, s'il est vrai, comme nous aurons lieu de le démontrer, que tout s'explique en architecture par une nécessité pratique, par un besoin matériel. Les églises étant devenues plus nombreuses, on n'éprouva plus le besoin de loger tant de fidèles dans un seul temple.

En second lieu, les balustrades ou *cancelli* qui séparaient l'*altarium* du reste de la basilique ne furent plus un jour jugées assez solides pour résister aux religieux empressements de la foule qui se précipitait pieusement vers le saint autel. C'est alors (et ce point est digne de toute notre attention), qu'on bâtit un grand mur au lieu et en la place de ces anciennes barrières, de ces grilles en bois. Dans ce mur, qui s'éleva jusqu'au plafond, on laissa la place de trois arcs, dont l'un s'ouvrait sur la grande nef, et les deux autres sur les bas-côtés. Ces derniers s'appelèrent *arcus magni*, et l'autre reçut le nom superbe d'*arcus maximus, arcus triumphalis*. Dans ce dernier arc, une poutre plus ornée que les autres servait à soutenir les rideaux que l'on fermait au moment des saints Mystères, et supportait parfois l'image du Sauveur avec saint Pierre à sa droite et saint Paul à sa gauche. Les *ambons* étaient restés à leur même place, collés désormais contre le mur nouveau, entre l'*arcus maximus* et chacun des *arcus magni*. Telles furent les mesures prises contre les vivacités pieuses des chrétiens de ces temps-là. Quelques-uns cependant protestèrent et furent écoutés : c'étaient les anciens sénateurs, c'étaient les grandes dames, les matrones. Tout ce monde, riche et influent, se plaignit d'être séparé de l'autel, et l'on dut lui faire une place nouvelle à droite et à gauche de l'autel ; mais il fut nécessaire, pour que cette place fût suffisante, d'élargir en cet endroit les dimensions de l'édifice. En d'autres termes, la création du *matroneum* et du *senatorium* commença à donner à la basilique la forme d'une croix, qui fut plus tard, MAIS

PLUS TARD SEULEMENT, interprétée par le symbolisme. Il arriva enfin que toute cette partie du temple, très nettement séparée du reste de l'édifice, reçut une toiture en sens inverse, et de là le nom de *transept*.

Enfin, à la place du *sacrarium* et du *secretarium*, qu'on transporta dans les aisselles de l'édifice, on plaça deux petites *cameræ* nouvelles, deux *absidioles*. Le besoin des autels pour la célébration des messes devenues plus nombreuses se faisait de plus en plus sentir ; sous ces absides, se virent deux autels.

VIII.

CES trois grandes modifications étaient à la fin du Ve siècle, un fait décidément accompli, et l'on peut juger par là combien était déjà changée la physionomie générale de l'édifice sacré. Mais c'est surtout depuis la fin du Ve siècle jusqu'à l'an mille, c'est pendant ces quatre cents années que l'ancienne basilique a subi une transformation décisive. Cinq nouveaux changements, cinq changements considérables ont successivement contribué à cette transformation dont nous allons suivre les progrès, année par année, et presque jour par jour.

Tout d'abord on trouva que le voisinage trop prochain des sénateurs et des matrones était, pour l'autel et pour les ministres de l'autel, aussi fâcheux que celui des autres fidèles. Peut-être aussi vit-on, dans la création du *senatorium* et du *matroneum*, un privilège véritablement choquant. D'un autre côté, il fallait ménager ces gros personnages. Pour tout concilier, on imagina d'isoler complètement la région de l'autel et de la séparer du *matroneum* et du *senatorium*, comme on l'avait jadis séparée du reste de la basilique. On éleva deux grands murs perpendiculaires à celui où l'on avait ouvert l'*arcus triumphalis* et les *arcus magni*, et on y réserva la place de deux autres arcs. Ainsi fut créé le « carré du transept ».

Et maintenant supposons-nous placés au pied de l'autel, au centre même de ce carré tout nouvellement créé. Nous avons devant nous l'abside et derrière nous le grand arc triomphal ; à notre droite et à notre gauche, nous avons deux grands arcs qui sont destinés à séparer l'autel, l'un du *sena-*

torium et l'autre du *matroneum*. Rien n'est mieux agencé ; mais lorsque les grands rideaux sont baissés, au moment des Mystères, il arrive que, dans la région de l'autel, la lumière ne pénètre plus suffisamment, et qu'on n'y voit plus clair. Comment remédier à un tel état de choses ? On fait d'abord entrer plus de clarté en perçant une fenêtre dans le mur au-dessus de l'abside, et c'est ce qui a lieu dès la fin du V° siècle. Ce n'est pas encore assez. De la lumière, on veut de la lumière. Alors on crève, pour ainsi parler, le plafond de ce carré du transept, et on y fait pénétrer le jour « par en haut ». La lumière y descend, abondante, et l'on ne saurait plus désormais se plaindre de son insuffisance. Néanmoins on n'a jamais pensé un seul instant à laisser un espace découvert au-dessus de l'autel ; mais on a eu l'ingénieuse idée de prolonger en hauteur le mur au-dessus de l'abside, comme aussi cet autre mur où est ouvert l'arc-maxime, comme aussi ces deux autres murs où sont percés les arcs qui séparent l'autel du *matroneum* et du *senatorium*. Le prolongement de ces quatre murs, au-dessus de notre carré du transept, forme une tour carrée à deux ou trois étages munis de fenêtres. Telle est l'origine de la *lanterne* qui subsistera dans notre architecture jusqu'au XII° et même jusqu'au XIII° siècle. Rien n'est plus élégant, plus gracieux ; rien ne modifie plus heureusement la physionomie extérieure de la basilique de plus en plus transformée. Et cependant, comme on peut ici le vérifier une fois de plus, cette souveraine élégance, cette grâce parfaite n'est en réalité que le résultat d'une nécessité vaincue.

C'est surtout dans la création du chœur que l'on peut, une fois de plus, constater cette loi du travail humain et de la lutte victorieuse de l'homme contre les nécessités matérielles. Au commencement du VI° siècle avaient paru les premiers monastères bénédictins, et ils avaient pris dans le monde occidental un développement rapide. Il ne fut pas rare de voir alors, dans un seul couvent, cent, deux cents, cinq cents, et jusqu'à douze cents moines. Ces nobles bataillons monastiques se contentèrent d'abord en leur humilité d'assister aux offices de la basilique paroissiale ou de l'église épiscopale ; mais il fallut de bonne heure songer à avoir des églises spéciales pour ces foules austères, qui vivaient souvent loin des villes. De toute façon, les anciens temples devinrent trop étroits pour loger des hôtes aussi nombreux. On se tira d'affaire en intercalant entre l'abside et le carré du transept une sorte de chambre rectangulaire : des bancs y furent disposés parallèlement aux murs, et le nouveau clergé s'y assit. Quand, au milieu du VIIIe siècle, saint Chrodegand, évêque de Metz, donna une règle aux clercs desservant les cathédrales, aux Chanoines, ils prirent place, naturellement, dans cette même partie de l'édifice agrandi. De là, notre chœur. La nécessité où l'on se trouvait de dire au même autel un grand nombre de messes ne tarda pas d'ailleurs à se faire sentir plus vivement. Le chœur donnait des facilités nouvelles pour augmenter le nombre de ces autels de plus en plus indispensables : on en plaça trois à la suite l'un de l'autre dans ce nouvel espace qui agrandissait en réalité l'antique région de l'autel, l'ancien *altarium*. Mais pour obéir aux canons, il fallut, sous ces trois autels, disposer trois caveaux, trois « confessions », trois *martyria*, contenant chacun le corps d'un martyr. Or, rien n'était plus compliqué, ni plus gênant que cette disposition architecturale : car chacun de ces caveaux avait nécessairement son double escalier et sa balustrade qui dévoraient un vaste emplacement. C'est alors qu'un architecte ingénieux eut l'idée de réunir ces trois « confessions » en un seul souterrain qui reçut trois tombeaux et régna sous le chœur et l'abside : telle fut la Crypte, invention toute française, et dont nous pourrions aisément suivre toutes les modifications jusqu'au XIIIe siècle. On la voûta dès lors en arêtes, et elle fut dès lors soutenue par des colonnes camardes aux chapiteaux grossiers. Le peuple ne manque guère d'attribuer aux Romains la construction de ces églises souterraines et d'y voir parfois les augustes débris de quelque temple païen. Nous savons maintenant à quoi nous en tenir sur ces attributions fantaisistes.

Cependant l'usage des cloches commençait à se généraliser dans la chrétienté occidentale. La science n'a pas encore, à notre connaissance, déterminé nettement l'origine véritable de ces cloches qui nous ravissent, jusqu'à l'intime de nos âmes, par leur mélodie toute spiritualiste. Le Moyen Age s'était persuadé que les cloches avaient d'abord été trouvées dans l'antique Campanie, en la cité de Nole, « et pour ce aucuns les clament *Campanes*, aucuns les clament *Noles* ». Ces origines sont malgré tout fort nébuleuses, et il faut attendre de nouveaux travaux sur un point trop laissé dans l'ombre. Il n'y a pas longtemps qu'un voyageur voyait, au couvent du Sinaï, un moine appeler ses frères à l'Office en frappant contre une planche suspendue. Mais quelle ne fut pas la grandeur de cet artiste inconnu qui inventa les cloches! « J'ai toujours aimé le son des cloches, dit un des plus nobles esprits et des plus grands chrétiens de ce temps-ci (1). Si la poésie consiste à remplir de nobles pensées les âmes fortement émues, c'est certes un grand poète celui qui a imaginé de donner cette voix de bronze au temple de Dieu et de la faire éclater dans les airs. On écrira bien des poèmes et bien des odes ; bien des partitions, bien des mélodies, charmantes ou terribles, s'envoleront du cœur humain, et rien n'égalera jamais ni la profondeur ni la mélodie de ce poème que la cloche catholique chante partout à tous les cœurs, et le poète qui a fait cela n'a pas de rival, non, pas même la mer et le vent. » Toutefois il fallait loger ces belles musiciennes, les cloches. Les architectes leur firent de belles maisons, les campaniles. C'étaient des tours tantôt carrées, tantôt rondes, munies d'escaliers en escargot. Quelquefois elles adhéraient à l'église, et c'est le système qui a prévalu en France ; d'autres fois, elles conservaient à côté du temple une sorte d'isolement et d'indépendance, et c'est le procédé qu'ont conservé les constructeurs italiens. Quant à la place qu'on leur a réservée chez nous, elle est variable : tantôt elles s'élèvent aux aisselles du transept, sur les flancs de l'édifice ; tantôt au-dessus du carré du transept ; tantôt enfin au-dessus du portail, et c'est cette dernière place qu'elles ont généralement conservée. Dans les petites églises, il n'y a qu'un clocher ; dans les grandes, il y en a deux et davantage. Mais n'admirez-vous pas avec moi comment se transforme peu à peu notre basilique primitive, et combien elle se rapproche insensiblement de notre cathédrale du XIIIe siècle? Quelle joie de suivre à travers les âges ces développements d'un même

1. Louis Veuillot.

type! Le savant qui les examine et les constate est, en vérité, comme un père qui suit et constate la croissance de son enfant.

Vous vous rappelez peut-être ce *triporticus*, ce *quadriporticus* des premières Basiliques. Il occupait un espace assez considérable qu'on ne tarda pas, dans les villes, à utiliser d'autre façon. Devant les églises, il resta toujours une place appelée parvis *(paradisus)* ou altre *(atrium)*, et cette place fut le plus souvent consacrée au cimetière ; mais les beaux portiques d'antan disparurent un jour. Non, je me trompe: l'ancien *quadriporticus* subsista dans certaines églises, dans les églises monastiques. Les moines ont toujours eu besoin de promenoirs couverts pour se rendre de leurs cellules au chapitre, au réfectoire et surtout à l'église; mais ces promenoirs, on le comprendra sans peine, n'avaient pas leur place marquée devant la façade du temple, où se trouvait généralement l'entrée réservée aux fidèles. Donc, on déplaça les anciens portiques, on les rejeta sur le flanc de l'édifice, et ils devinrent le cloître. Ainsi tout s'explique, tout s'éclaire ; ainsi les nécessités matérielles donnent tour à tour naissance aux plus touchantes beautés de notre art catholique.

IX.

« CRÉATION du carré du transept, construction de la lanterne, intercalation du chœur entre l'abside et le carré du transept, édification des clochers, transformation du *quadriporticus* en cloître ; » telles sont les cinq grandes modifications que reçut la Basilique latine depuis la fin du cinquième siècle jusqu'au commencement du onzième J'ose à peine parler de cette élévation d'un second transept et d'une seconde abside à cette extrémité de l'église qui est opposée à l'autel. Ce fait bizarre, qui s'explique à peine par un amour outré de la symétrie, ne fut pas général et resta même à l'état d'exception... Hâtons-nous maintenant de nous transporter en l'an mille, et jetons un dernier regard sur notre basilique si profondément transformée. Vous en saisissez le plan. La façade, que nous supposerons munie de deux tours carrées à trois étages nous offre, entre ces deux clochers, un modeste fronton percé d'un *oculus* agrandi. Trois portes, d'une décoration fort simple, s'ouvrent sur le parvis où sont les tombes de nos pères. Un seul étage règne à l'intérieur ; les colonnes, devenues irrégulières et disproportionnées, ont encore une belle majesté antique ; l'édifice est éclairé par les fenêtres des bas-côtés et par celles qui brillent au-dessus des colonnes de la nef et du chœur. Dans ces fenêtres sont encastrées des plaques de marbre, de pierre ou d'albâtre qui sont percées de trous en forme d'étoile, de cercle, de croix, et, dans ces trous, on a disposé des plaques de verre de couleur. Le soleil, en traversant ces plaques unicolores, produit de si beaux reflets que certains archéologues ont voulu faire remonter les vitraux jusqu'à cette date. La mosaïque, d'ailleurs, étincelle partout, et l'on s'en sert notamment pour figurer la fausse architecture sur les surfaces planes. Les chapiteaux des colonnes ne sont guères que des chapiteaux corinthiens de plus en plus déformés. Sur le devant « du carré du transept », l'arc triomphal a persisté ainsi que la « poutre de gloire » et les ambons. La partie supérieure de l'abside est particulièrement le lieu où la mosaïque triomphe : Jésus-Christ y apparaît, sous les traits que lui ont donnés les Byzantins trop imités, avec saint Pierre et saint Paul très hiératiquement figurés. Des tapisseries ornent tous les entrecolonnements, des tapisseries parent les grandes arcades : luxe admirable, mais, comme on le verra bientôt, dangereux. Il est en effet un autre luxe qu'ont particulièrement affectionné les chrétiens de cette époque : c'est un luminaire exagéré, c'est ce prodigieux entassement de cierges enflammés dont s'enthousiasment encore aujourd'hui les Américains du Sud, et qui a causé naguères l'horrible catastrophe de Santiago. Dans nos chartes il est aisé de voir quels sacrifices s'imposent les églises pour entretenir cette coûteuse décoration : un grand nombre de donations (et ce ne sont pas les moins importantes) sont spécialement destinées *ad luminare ecclesiæ*. On eut souvent l'occasion de se repentir de ces excès d'un luxe mal compris ; ces cierges, si pieusement, si naïvement allumés, mettaient le feu aux tapisseries qui encombraient l'édifice sacré. Le plafond, qui consistait en charpentes plus ou moins dissimulées, était rapidement atteint et s'effondrait sur les murs calcinés. La basilique était perdue, et il la fallait reconstruire.

Ce ne fut pas, hélas ! la seule cause qui, aux IX° et X° siècles, occasionna la ruine de nos églises. Ces tristes siècles sont ceux où la guerre privée sévit dans toute sa sauvagerie : ils virent aussi les invasions et les ravages des Normands. Ces pirates remontaient le cours de nos grands fleuves, débarquaient partout où ils apercevaient quelque belle ville et où ils pouvaient espérer un riche butin. De leurs mains puissantes et adroites, ils jetaient, sur le toit des basiliques, des torches enflammées, et les basiliques brûlaient. À la fin du X° siècle, la terreur de la fin du monde vint glacer le cœur de ces générations qui étaient également épouvantées de l'avenir et du présent. Ces pauvres chrétiens voyaient leurs temples tomber à leurs pieds, et ne se sentaient pas la force de les reconstruire : « A quoi bon bâtir aujourd'hui ? le monde finira demain. » Et ils se croisaient les bras devant une si rude besogne. Mais l'an mille s'écoula, et le monde continua de vivre. Alors, alors, il y eut un cri de joie et d'apaisement universels ; alors les hommes crurent qu'ils renaissaient : ils saluèrent cette aurore, et, pleins de reconnaissance pour le Dieu qui les laissait vivre, se remirent, avec un courage héroïque, à relever leurs églises en ruines. Oui, ce fut un grand spectacle, et que la chrétienté ne reverra peut-être jamais. Ces ressuscités d'hier, encore pâles de leur terreur et demi tremblants, entreprirent de mettre leur architecture à la hauteur de leur amour. Et voici, dit Raoul Glaber, tant de fois cité, voici que « la chrétienté se revêtit de la robe blanche des églises nouvelles ».

Ces constructeurs de l'an mille (ils étaient ecclésiastiques et demeurèrent tels jusqu'à la seconde moitié du siècle suivant), ces courageux architectes avaient de la mémoire. Ils se rappelèrent soudain les mésaventures cruelles de leurs pères, les désastres causés par tant d'incendies criminels ou fortuits, les tapisseries enflammées par les cierges, et surtout les torches des Normands. Sur le point de bâtir de nouveaux édifices, ils voulurent les mettre à l'abri de tant de chances funestes : ils les rêvèrent incombustibles. Assis sur les débris de leurs anciennes basiliques que des charpentes de bois avaient si mal préservées, ils réfléchirent, se frappèrent le front et se dirent, d'une voix dont rien ne peut rendre l'énergle : « Nous voulons, nous voulons des églises qui ne brûlent point. »

Et ils ajoutèrent avec résolution : « Faisons-en qui soient tout en pierre. » Ils en firent.

X.

L'AUDACE des architectes du XIe siècle fut véritablement admirable, et les modérés de l'an mille, s'il y avait des modérés en ce temps-là, durent avoir de beaux scandales. Ces pauvres gens conçurent un projet qui eût fait reculer d'épouvante les architectes romains, dont l'énergie et la hardiesse sont cependant bien connues. Ils se mirent bravement à jeter, A QUATRE-VINGTS PIEDS AU-DESSUS DU SOL., sur des murs d'une épaisseur moyenne, une voûte de pierre, une voûte en berceau, un poids énorme. C'était leur façon à eux de construire des églises qui ne brûlassent point. « Elle en valait une autre », me dira-t-on ; mais, tout d'abord, elle ne réussit guère. Les malheureux murs n'étaient pas de force à supporter ce poids inattendu : ils fléchirent par le milieu, éclatèrent et tombèrent en morceaux, avec les débris de la voûte, aux pieds des architectes désespérés. Désespérés, non, ce mot n'est pas français, n'est pas *roman*. Les braves artistes ne se découragèrent pas pour si peu : ils ramassèrent leurs matériaux et se remirent à l'œuvre, donnant plus de légèreté à leurs voûtes nouvelles, plus d'épaisseur surtout à leurs nouveaux murs, et moins d'envergure à leurs fenêtres et à leurs portes. Alors commença CETTE GRANDE LUTTE DES ARCHITECTES CONTRE LA POUSSÉE DES VOUTES, qui résume au Moyen Age toute l'histoire de l'architecture, comme l'a si bien dit l'éminent archéologue auquel j'emprunte cette admirable doctrine. Il y a quelques années, Victor Hugo a célébré, dans ses *Travailleurs de la Mer*, la lutte horrible et douloureuse de l'homme contre la nature : il nous a représenté son héros, son Gilliatt aux prises avec la tempête, avec la foudre, avec les monstres de la mer. Eh bien ! ce gigantesque combat, nos pères l'ont livré à la nature, à la matière, à la pesanteur, à la poussée de leurs voûtes de pierre ; et ce fut, en vérité, une admirable bataille dont nous allons suivre avec anxiété toutes les péripéties, auxquelles nous ne saurions rester indifférents. En définitive, nos bons maçons chrétiens valent bien les marins de Victor Hugo, et les travailleurs de l'Église valent bien les travailleurs de la mer.

XI.

LE grand combat est commencé : la nature est victorieuse une fois de plus. Une seconde, une troisième fois, les voûtes, trop pesantes pour les murs qui sont chargés de les soutenir, les voûtes s'écroulent avec fracas. Mais l'*autre* ne perd pas la tête et continue la lutte. L'*autre*, c'est l'homme, ou plutôt le chrétien.

Quant à l'ennemi, c'est cette voûte en berceau, dont tous les voussoirs, dont toutes les pierres sont solidaires ; c'est cette voûte dont la poussée bilatérale est presque invincible. « De deux choses l'une, se dit l'homme ; il faut que mon édifice soit moins large ou qu'il soit moins haut. » Vous comprenez bien que les chrétiens ne pouvaient sacrifier l'élévation de leurs églises, cette élévation qui est à leurs yeux l'image du ciel. Ils sacrifièrent la largeur de l'antique basilique ; ils la rétrécirent, rétrécirent, rétrécirent, de façon à donner à leur berceau le moins de largeur et par conséquent le moins de poids possible ; ils arrivèrent enfin à ne plus faire de leur édifice qu'un corridor. C'était fort laid, sans doute, et, bien des fois peut-être, en visitant les quelques églises qui nous restent de cette époque, vous avez haussé les épaules et vous vous êtes écrié : « C'est grossier, c'est barbare, c'est enfantin. » Eh bien ! vous aviez tort, et vous étiez injustes. Ces affreuses petites églises du commencement du XIe siècle, étroites, obscures, humides, disproportionnées, monstrueuses, elles attestent une des plus rudes et des plus honorables phases du travail humain, du travail chrétien, du travail de nos pères.

Les Romans (désormais nous les appellerons ainsi), ne s'en tinrent pas là. Ils augmentèrent encore la masse imposante de leurs murs latéraux ; ils se prirent d'une horreur indicible pour le vide et d'un amour sans bornes pour le plein ; ils diminuèrent l'ouverture de leurs fenêtres au point d'en faire de véritables meurtrières. A ces fenêtres et à leurs portes ils donnèrent des évasements en forme d'entonnoir, ou, si vous l'aimez mieux, de biseau : c'était une autre façon d'avoir le plus de maçonnerie et le moins de vide possible. Quand il nous arrive aujourd'hui de passer sous le portail d'une église du Moyen Age (et elles ont toutes conservé cette physionomie jusqu'à la Renaissance et plus tard encore), rappelons-nous l'origine véritable de cet évasement singulier dont les architectes chrétiens ont su tirer un si bon parti, de ce trumeau qui soutient une statue du Christ ou de la Vierge, de ce tympan où sont sculptées les scènes du dernier jugement. Ce sont là, en réalité, autant d'artifices pour avoir du plein et pour remplir du vide. Bref, on peut dire que les constructeurs des premières églises romanes étaient sans cesse dans l'attitude d'hommes qui craignent un éboulement. Ils avaient leurs yeux obstinément fixés sur leurs voûtes et, en courbant les épaules, ils se disaient sans cesse : « Si elles allaient tomber ! »

Je veux bien que l'ancien plan de la basilique ait été respecté dans ces édifices « tout en pierre » ; je le veux, et rien n'est plus vrai. Mais voyez néanmoins, voyez quel changement, ou, pour mieux parler, quelle déformation ! L'église est étroite ; les arcades reposent sur de lourds piliers ; les fenêtres, étrangement évasées, laissent passer un jour avare ; l'épais berceau pèse sur les murailles énormes ; la tribune a été rétablie, parce qu'on ne peut plus loger assez de fidèles dans l'enceinte diminuée ; l'*arcus maximus* et les *arcus magni* se sont confondus avec les nouvelles voûtes, et leurs murs ont naturellement disparu ; « la poutre de gloire » a reculé de quelques mètres, et se trouve placée à l'entrée du chœur ou à l'ouverture de l'abside, si l'église n'a pas de chœur ; le carré du transept est encore éclairé par la lanterne, mais on le recouvrira bientôt avec une coupole ; les bas-côtés de la nef sont d'une étroitesse qui frappe péniblement le regard, et on les couvre parfois en voûtes d'arêtes très médiocrement exécutées. Comme l'on consacre désormais à la voûte presque tout l'argent destiné à la construction, on ne fait plus de dépenses inutiles : le luxe est banni du temple ; la mosaïque n'y brille plus ; tout au plus s'est-elle réservé une dernière place, un dernier asile dans la partie supérieure de l'abside, où se voit le Christ entouré des quatre animaux symboliques. Et telles sont ces pauvres églises. Vous comprenez bien que nous ne pouvions pas en rester là, que nous ne pouvions pas être condamnés à cette laideur à perpétuité, et qu'il nous fallait à tout prix élever au Verbe de Dieu, à l'éternelle Beauté, des temples plus lumineux, plus larges, plus beaux. Car une église doit être l'image du ciel où il n'y aura pas une seule laideur, et nous devons tout faire pour que l'Image d'en bas ressemble à la Réalité d'en haut.

C'est ce que comprirent les architectes du XIe siècle, et ils inventèrent tour à tour ce qu'on a si bien appelé « les trois procédés, les trois expédients, les trois artifices des Romans. » Il faut entendre par là « les arcs doubleaux et les contreforts, le berceau et l'arc brisés, et enfin la croisée ogive ». Expliquons tous ces termes.

XII.

REMARQUONS, tout d'abord, qu'il était impossible de supprimer la poussée bilatérale de la voûte en berceau ; mais, qu'à tout le moins, on pouvait empêcher cette terrible voûte de s'effondrer, un jour ou l'autre, DANS TOUT SON PROLONGEMENT et faire en sorte qu'il n'y eût plus désormais que des effondrements PARTIELS, plus faciles à prévenir et moins coûteux à réparer. Tel était le premier problème à résoudre. On ne désespéra point d'en venir à bout, et l'on mit prestement la main à la besogne.

Une voûte menaçait-elle de s'écrouler ? Y découvrait-on de sinistres fissures ? Y entendait-on des bruits redoutables ? Vite, les architectes, effarés, s'efforçaient de conjurer le danger. Sous la partie de leur berceau qui était particulièrement en péril, ils faisaient tout aussitôt placer un cintre de bois, s'appuyant à droite et à gauche sur de grosses poutres qui descendaient jusqu'au sol. A l'extérieur, ils consolidèrent cet échafaudage par d'autres poutres semblables à celles dont nous étayons, dont nous étançonnons nos maisons, quand elles menacent de s'écrouler. J'ai prononcé le mot « échafaudage, » et c'en était un en effet ; mais on ne tarda pas à éprouver les bienfaits d'un système aussi simple et aussi primitif. Il y eut encore des accidents mais qui n'atteignirent plus qu'une portion de voûte, alors que tout le reste demeurait heureusement intact. Nos architectes, alors, jetèrent un cri de délivrance : « Si au lieu de cet échafaudage accidentel et provisoire, nous en adoptions un qui fût permanent et définitif ? » Puis ils firent un pas de plus, et s'écrièrent d'un air inspiré : « Si au lieu de construire tout cet appareil en bois, nous le construisions en pierre ? » C'est ce qu'ils firent.

Les cintres de bois se changèrent en des cintres de pierre qui furent espacés à des intervalles réguliers et délimitèrent ainsi les travées de l'église : ce furent les ARCS DOUBLEAUX.

Les poutres intérieures qui servaient d'appui aux cintres de bois se changèrent en colonnes ou piliers de pierre : ce furent LES PIEDS-DROITS DES ARCS DOUBLEAUX.

Les poutres extérieures se changèrent en de gros et puissants massifs de pierre, destinés à supporter énergiquement la poussée des doubleaux : ce furent LES CONTREFORTS.

Tel est le premier procédé, le premier artifice des Romans.

Ils en furent si ravis qu'ils l'appliquèrent partout où ils purent. Ils mirent des doubleaux sous les voûtes de leurs grandes nefs, — sous les voûtes de leurs bas-côtés, — sous les demi-voûtes de leurs tribunes, et sous leurs grandes arcades. Pour soutenir les doubleaux de la grande nef, pour soutenir ceux des nefs latérales, ils eurent recours à des contreforts plus ou moins ornés, plus ou moins puissants. Déjà, déjà, ils avaient la joie de pouvoir élargir un peu l'étroitesse de leurs fenêtres et de leurs portes. Le premier problème était résolu.

Toutefois, nos architectes ne s'estimèrent pas encore satisfaits et voulurent aller plus loin. Dans tout plein-cintre, il est une pierre qui est d'une importance considérable : c'est « la pierre du milieu et du haut de la voûte »; c'est la pierre « qui, plus étroite en bas qu'en haut, presse et affermit toutes les autres pierres composant la voûte ; » c'est la pierre, qui, ayant plus de poussée que les autres, tend plus que les autres à tomber. C'est la *clef* enfin, puisqu'il faut l'appeler par son nom : « Supprimons la clef, se disent les Romans, et nous allégerons d'autant notre plein-cintre. » Ils la supprimèrent, et de là le berceau brisé, la voûte en tiers-point ; de là aussi, par une application du même système à tous les arcs de l'édifice, de là, dis-je, cet arc brisé, cet arc en tiers-point qu'on a si improprement appelé « ogive ». Je crains bien, lecteurs, et vous surtout, lectrices, en vous signalant cette origine de la prétendue *ogive*, je crains de vous ôter une illusion. Peut-être la croyiez-vous poétiquement empruntée aux Arabes et rapportée des Croisades ; peut-être encore y voyiez-vous une imitation « des sombres forêts et de leurs entrelacements naturels. » Je crois qu'il vaut mieux y voir une conquête du travail humain, et je pense même que c'est plus poétique. Rien n'est beau que le vrai.

Et tel le second procédé, le second artifice des Romans.

XIII.

L'EMPLOI de l'arc et du berceau brisés n'avait pas fait abandonner l'excellent usage des doubleaux et des contreforts : car ces expédients des Romans se complétaient l'un l'autre, et la dernière invention ne rendait jamais la précédente inutile. Mais, évidemment, il y avait mieux à faire, et l'on fit mieux.

Les Romains, et peut-être les Étrusques avant eux, avaient inventé la voûte d'arêtes, conception architecturale de la plus haute et de la plus profonde beauté. La voûte d'arêtes,« c'est un berceau à travers lequel on ferait passer perpendiculairement une série de berceaux du même rayon. » Il se forme à chacune de ces pénétrations quatre arêtes qui aboutissent centralement au même point. Cette voûte se construit nécessairement sous un moule de bois : les pierres qui forment les arêtes sont taillées d'avance sur le chantier, et elles soutiennent toutes les autres. Dans le berceau, toutes les pierres d'un voussoir sont solidaires l'une de l'autre, comme nous avons eu déjà l'occasion de le dire ; mais dans la voûte d'arêtes, les quatre triangles sphériques s'arcboutent réciproquement. Ce sont, encore un coup, ce sont les pierres d'arêtes qui supportent tout le reste, et qui, comme quatre rigoles, vont porter à quatre points donnés, non pas de l'eau, mais de la poussée. Et ces quatre points sont précisément ceux où les Romans avaient placé le système de leurs arcs doubleaux et de leurs contreforts. Ces vaillants constructeurs se mirent donc à employer, — concurremment avec ces contreforts et ces doubleaux, — la voûte d'arêtes purement et simplement empruntée aux Romains, et dont, à l'aide des « arcs formerets », ils soutinrent les retombées sur leurs murs latéraux. Ils pratiquèrent d'abord ce système dans leurs bas-côtés ; puis, devenus plus hardis, dans leurs grandes nefs. Le résultat fut généralement des plus heureux.

Mais voici que nous arrivons à la plus belle, à la plus admirable invention des Romans. Nous avons dit tout à l'heure que la voûte d'arêtes se construisait sous un moule de bois. Ce moule, que l'on enlevait quand les quatre triangles sphériques s'équilibraient parfaitement et quand cette construction difficile était achevée, donna peut-être l'idée d'une sorte de moule définitif en pierre régnant en saillie sous les quatre arêtes. Suivant un des meilleurs théoriciens de ce temps-ci, c'est le désir d'orner, d'embellir cette voûte qui, précisément à Vézelay, inspira à l'architecte la pensée de changer les arêtes aiguës en arêtes saillantes, ou, si vous l'aimez mieux, de construire sous les arêtes primitives de grosses membrures de pierre, de nouveaux doubleaux, *des doubleaux* TRANSVERSAUX, *des doubleaux en diagonales*, que l'on bâtissait tout d'abord, avant le reste de la voûte, et qui, réduits à eux-mêmes, s'équilibraient à tel point que, dans les ruines des édifices romans ou gothiques, ils sont souvent les seuls éléments de cette partie de l'édifice sacré qui aient visiblement résisté aux efforts du temps. Une fois ces membrures construites, les architectes n'eurent plus qu'à couvrir les intervalles de leur voûte avec de petites pierres, avec des briques, avec des matériaux légers. Décidément, la poussée des voûtes est localisée en quatre points, où l'on peut accumuler la résistance, et où les contreforts sont capables de soutenir la lutte. On peut dire que la grande bataille est terminée entre l'homme et la nature ; on peut dire que les architectes du XIe siècle sont vainqueurs. C'est le Gilliatt de Victor Hugo, quand il a dompté la tempête et tué la pieuvre.

XIV.

TOUTEFOIS, la *croisée ogive* (c'est le nom de ces doubleaux en diagonale, de ces arêtes saillantes) est susceptible de recevoir encore de nouveaux et importants perfectionnements. Les arcs doubleaux, les arcs formerets qui soutenaient les retombées de la voûte d'arêtes sur les murs latéraux, et qui étaient encore en plein-cintre, sont alors brisés par les architectes romans, et c'est ce qui donne à toute cette voûte un élancement devenu nécessaire. Les triangles sphériques sont eux-mêmes brisés et, pour ainsi dire, ployés en deux. Il en résulte une légèreté toute charmante et qui fait croire les églises plus élevées qu'elles ne le sont réellement. *Factum est*, c'est fait : le dernier problème est surabondamment résolu.

Tels sont les trois artifices des Romans ; telle est, à vrai dire, toute l'histoire de l'architecture romane.

Mais vous avez hâte d'en venir avec nous à ce style gothique qui ne consiste pas, comme on l'imprime encore tous les jours, dans l'emploi de l'arc brisé faussement appelé ogive.

En quoi consiste-t-il donc? Et quel en est le caractère véritablement distinctif?

C'est LE PILIER BUTANT ET L'ARC-BOUTANT.

XV.

EXAMINEZ un moment avec moi le système des contreforts romans. Si vous faites le tour d'une cathédrale des premières années du XIIe siècle, vous n'aurez pas de peine à voir les contreforts qui soutiennent les voûtes des nefs latérales : ces masses énormes sont faites pour frapper vos yeux. Mais il n'en est pas de même pour les contreforts qui supportent les retombées de la voûte centrale : vous ne pouvez, du dehors, en apercevoir que la partie supérieure. Le reste s'enfonce et est seulement visible dans l'intérieur de l'église, où il ne peut évidemment conserver un aspect aussi massif. On est forcé de le dégrossir, de l'amincir, de l'orner, de le dissimuler sous forme de piliers ou de colonnes ; mais cette légèreté ne s'acquiert qu'au préjudice de la force. Aussi, qu'arriva-t-il? C'est que certains architectes romans, qui avaient voulu donner trop de hauteur à leurs édifices transformés, furent punis de leur témérité. Les contreforts de la grande nef fléchirent sous le poids de la voûte, qui s'effondra. Il n'est pas toujours prudent de dire : *Altius*.

Ces accidents, toutefois, étaient loin d'être aussi funestes que ceux de l'an mille. Une travée pouvait s'écrouler sans que les autres fussent atteintes, et elles avaient conquis désormais leur indépendance personnelle. Les architectes s'empressèrent de réparer le mal : ils étançonnèrent la travée malade à l'aide de deux grosses poutres, dont la première coupait la seconde en angle plus ou moins aigu, et passait comme un pont au-dessus des bas-côtés. Puis, le même fait qui s'était déjà produit tant de fois se produisit une fois de plus : on songea à donner une forme durable et définitive à ce procédé provisoire. Ces poutres de bois furent trouvées si commodes, qu'on les changea, s'il m'est permis de parler de la sorte, en poutres de pierres. Celle qui passait au-dessus des bas-côtés devint L'ARC-BOUTANT ; l'autre, placée à quelque distance de l'édifice, et qui se transforma en une masse considérable de pierre, fut le PILIER BUTANT. Ce pilier sauveur se trouvait par l'arc-boutant en communication avec la portion de voûte qu'il s'agissait d'étançonner, et il était lui-même en communication directe avec le sol, qui est le réservoir de toute force. Donc il suffisait à tout. A chaque système de doubleaux et de contre-forts de la voûte centrale, on en vint bientôt à attacher de la sorte un système d'arcs et de piliers butants, et désormais aucune travée ne s'écroula plus. Les églises montèrent, montèrent jusqu'au ciel sans craindre de tomber à terre : l'élévation de nos cathédrales devint possible et légitime. C'est sans doute dans l'Ile de France ou dans la Picardie que cette admirable invention vit le jour, et le style gothique, comme l'a si bien dit M. Quicherat, ne fut que le procédé particulier de l'école romane française. C'est la cathédrale de Noyon qu'il faut peut-être considérer comme le prototype de tous les édifices gothiques.

Je n'ignore pas, d'ailleurs, que l'architecture gothique n'emporte pas le suffrage de tous les entendements épris de l'art ; je sais qu'on lui reproche précisément cette élévation due à des moyens factices, et qu'à cause de ses arcs-boutants, on lui a jeté avec dédain le nom « d'architecture à béquilles ». L'édifice roman, a-t-on dit, se tient droit et ferme comme un homme bien portant et qui n'a pas besoin d'appui ; l'édifice gothique est un infirme qui ne peut marcher seul. C'est l'enfant dans sa chaise roulante, c'est le boiteux avec sa canne ou ses béquilles. Il y a quelque vérité dans ces reproches, qui cependant sont passionnés et évidemment injustes. Les gothiques, pas plus que nous, ne savaient le secret de suspendre les pierres dans l'air, et Dieu n'a pas jugé bon de faire un miracle en leur faveur. Ils ont donc été FORCÉS d'employer ces arcs-boutants, dont ils ont d'ailleurs tiré un si admirable parti. Allez plutôt, allez, à la tombée du jour, étudier et admirer le chevet de Notre-Dame éclairé par les derniers rayons d'un beau soleil d'automne. Si vous ne voulez pas de ces arguments poétiques, je vous accorderai volontiers que ces supports sont des supports; mais vous me permettrez cependant de vous conduire à l'intérieur du temple, sous les voûtes d'Amiens, de Bourges ou de Beauvais. Là, je vous montrerai l'élévation prodigieuse de ces incomparables monuments; et sentant mon âme s'élever, mon cœur battre, mon intelligence monter vers Dieu, mes genoux ployer et mes lèvres prier à la seule vue de ces admirables hauteurs, je dirai : « Voilà pourtant ce que je dois à ces arcs-boutants si méprisés et que je ne saurais mépriser plus longtemps. Architecture boiteuse dites-vous, mais boiteuse sublime et que j'aime ! »

XVI.

J'AI fini, et je voudrais avoir dignement parlé de l'architecture du Moyen Age. J'espère n'en avoir exagéré ni les grandeurs, ni les défauts. Les temps sont passés où je ne sais quelle haine aveugle et ridicule fermait nos yeux aux éclatantes beautés de cet art si original, si puissant, si chrétien; mais les temps aussi sont passés où l'on faisait de l'art du XIIIe siècle un idéal impossible à franchir. Quant à moi, j'ai le très ferme espoir que le monde chrétien a un long avenir devant lui, que nous sommes encore dans les premiers siècles de l'Église, et que, pour abriter l'Eucharistie, nous trouverons encore plus d'une architecture nouvelle. Il viendra même un jour où nous contemplerons avec le même amour toutes les formes que l'Art a trouvées pour honorer Jésus-Christ, et où nous comprendrons aussi bien la correction splendide de l'art grec et romain que l'étonnante fécondité et l'élévation de l'art gothique. Il faut savoir tout admirer.

Un poète du Midi disait naguères en sa belle langue colorée et vivante : « Le peuple, qui sent la pompe du dehors, « a besoin que la maison où le bon Dieu demeure repré- « sente à ses yeux *la grande chapelle du ciel.* »

Il y aura, en effet, une architecture là-haut où seront splendidement réunies et concentrées toutes les beautés de tous les arts.

Nous aspirons à cette lumière, à cet Art surnaturel, et nous espérons admirer un jour, avec nos lecteurs, ¹ grande Cathédrale du ciel !

UN ROMAN ET UN DRAME DU MOYEN AGE.

I. — Le Roman.

Les quatre fils Aymon.

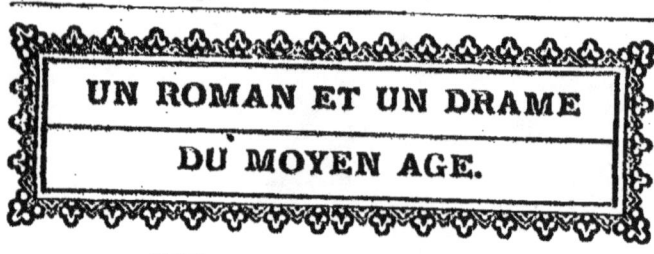Il est honteux que nous ignorions à ce point nos origines littéraires. Ce langage nous était tenu, il y a peu de jours, avec une noble et charmante franchise, par un homme qui possède son antiquité classique et qui la juge avec une rare délicatesse de jugement.

Un tel aveu est consolant. Si beaucoup de ceux qui sont aujourd'hui chargés en France de veiller aux destinées de l'enseignement supérieur en viennent à jeter ce cri vraiment français, une heureuse révolution s'accomplira pacifiquement dans l'éducation de nos fils. On aura 'a hardiesse, dans toutes les chaires, de remonter plus haut que la Renaissance. On s'élance déjà jusqu'aux véritables sources de notre poésie, et l'on ne craint plus d'affronter la littérature des XIe et XIIe siècles. Le professeur de rhétorique, après avoir fait admirer la grande figure d'Agamemnon et celle d'Achille, ouvre aujourd'hui la *Chanson de Roland* et fait admirer notre Agamemnon, qui est Charlemagne, et notre Achille, qui s'appelle Roland. Pour obtenir une plus complète réhabilitation de cette littérature si injustement délaissée, il faut préparer la voie. Nos lecteurs seront peut-être étonnés, à ce point de vue, d'apprendre qu'un grand nombre de nos chansons de geste sont encore enfouies dans la nuit des bibliothèques. Allons les déterrer, allons les rendre à la lumière. Parcourons les bibliothèques de France, mais surtout celles d'Italie et d'Angleterre, où tant de trésors sont cachés. Prenons tous les manuscrits entre nos mains : sachons les lire, et surtout les publier. C'est le seul moyen de hâter cette réforme dans l'enseignement que nous appelons de tous nos vœux.

Puis, quand tout sera publié, il faudra traduire, il faudra populariser : car enfin cette langue du XII° ou du XIII° siècle n'est bien connue que de quelques érudits. En d'autres termes, il faudra recommencer la *Bibliothèque bleue*, et il faudra la recommencer, non plus d'après les affreux romans en prose des XV° et XVI° siècles, mais d'après le texte primitif de nos chansons de geste. Nous ne traduirons d'ailleurs que nos meilleures, nos plus anciennes épopées, et nous les répandrons à profusion parmi ce peuple qui les aimait tant il y a cinq siècles, et qui n'en a pas encore perdu tout le souvenir. On voit que nous ne craignons pas d'exposer ici notre plan de campagne : c'est presque de la témérité.

Cela dit, ouvrons les *Quatre fils Aymon*, et lisons-les ensemble.

I.

TOUT d'abord, il ne faut pas s'attendre à trouver dans les *Quatre fils Aymon* une de nos premières épopées françaises, un poème rude et presque sauvage, comme la *Chanson de Roland*, ou même comme *Aliscans*. Il est à peu près certain que les *Quatre fils Aymon* ont été le sujet d'un de ces poëmes rapides et sublimes en vers de dix syllabes, assonancés par la dernière voyelle et non par la dernière syllabe. Mais, hélas ! cette rédaction primitive a été perdue, et il ne nous reste qu'un poème du XIII° siècle, en alexandrins, surchargé d'épisodes fabuleux et d'une longueur vraiment désespérante. Ne lit pas qui veut dix-sept mille vers épiques.

Néanmoins, cette chanson est belle encore, malgré ses rides. Si elle n'a point l'allure guerrière et jeune, elle a cette allure majestueuse qui sied bien à la maturité voisine de la vieillesse. On y constate sans peine les principaux caractères de nos romans de la deuxième époque. Charlemagne y est orné de cette majesté un peu niaise qui nous irrite malgré nous : car nous sommes de ceux dont le cœur bat au seul nom de celui qu'on a si bien nommé « le plus honnête de tous les grands hommes ». L'Empereur « à la barbe fleurie » est singulièrement défiguré dans notre roman ; il est majestueusement colère, majestueusement cruel, majestueusement ridicule. Il n'a pas d'articulations et se meut tout d'une pièce. Ce n'est certes pas ce formidable Charles dont un autre poëme nous dit que « la seule vue de son épée, dans son tombeau, mettrait en fuite tous les Sarrasins. » Ce n'est pas un homme : c'est un automate.

Le personnage de Renaud est infiniment plus vivant : Renaud a le beau rôle dans ce long poëme. A vrai dire, il est le personnage central de toute l'action. Dans chacun des cycles de notre poésie épique il y a, en effet, un personnage et un événement qui font centre. Quel est cet épisode dans les *Quatre fils Aymon?* C'est la fuite de Renaud et de ses frères dans la forêt des Ardennes, c'est leur isolement, c'est leur misère. Voilà ce qui est resté dans la mémoire du peuple; voilà l'événement qui a formé, pour ainsi parler, le noyau de tout le poëme. Tout ce qui précède et tout ce qui suit cet épisode populaire a été sans doute inventé après coup, et il n'est resté dans le souvenir du peuple que l'image si connue du bon cheval Bayard prêtant l'hospitalité de sa croupe aux quatre malheureux chevaliers.

Que Renaud soit le premier héros de ce long poëme ; que l'axe de tout ce drame ait été la misère des quatre fils Aymon, c'est ce dont personne ne s'étonnera, si l'on veut bien réfléchir que la Sainteté et le Malheur sont les seuls éléments d'une véritable épopée. Renaud est le seul personnage de toute cette chanson qui soit saint, et c'est pourquoi il est certainement le plus épique. Les Bollandistes rapportent au 7 janvier la vie d'un saint Renaud qui, dans le siècle, avait été un grand homme de guerre et qui, s'étant fait moine, fut tué à Cologne par les maçons dont il dirigeait les travaux. Notre roman se termine par le récit du martyre et des miracles de *saint* Renaud. Enfin, après les mille vicissitudes qu'a subies cette œuvre singulière, on trouve encore aujourd'hui dans l'*Histoire des quatre fils Aymon* de la *Bibliothèque bleue*, ces remarquables paroles : « Après que le corps de CE SAINT fut enterré, ses frères retournèrent dans leur pays. » Et c'est ainsi que les quatre grands cycles de l'Épopée française ont pour personnage central un Saint, ou, tout au moins, un héros digne d'être béatifié : la geste de France a pour centre le *bienheureux* Charlemagne; la geste de Garin de Montglane, saint Guillaume ; la geste de Doon, saint Renaud, et enfin l'admirable Godefroy de Bouillon est le cœur de tout le cycle de la croisade.

Il en est de même du Malheur considéré comme élément épique. Une défaite, Roncevaux, est l'événement central de la geste du Roi, et une autre défaite, Aliscans, de la geste de Garin de Monglane ; les malheurs d'Ogier et la persécution subie par Renaud, forment le récit capital autour duquel gravitent tous les autres événements dans notre troisième et dernière geste, dans celle de Doon de Mayence. Et c'est pourquoi cette partie de notre poëme, qui est consacrée à la grande misère de Renaud et de ses frères, nous paraît à la fois la plus belle et la plus antique.

Toutefois il ne sera pas sans intérêt de raconter rapidement toute cette action épique.

II.

Le poëme commence, comme tant d'autres chansons de geste, par le récit d'un Conseil que tient Charlemagne. L'Empereur s'étonne, non sans colère, de ne voir auprès de lui ni le duc Beuves d'Aigremont, ni Doon de Nanteuil, frère de Beuves. De cet étonnement et de cette colère Charles passe rapidement à une déclaration de guerre, et il envoie en ambassade son propre fils, Lohier, vers Beuves d'Aigremont, vers ce vassal félon qui se refuse si scandaleusement à remplir le premier de ses devoirs féodaux. Lohier ressemble ici aux ambassadeurs de tous nos poëmes : il est d'une insolence incomparable. Son discours commence fièrement, c'est l'usage ; mais se termine par une injure des plus brutales : « Peu s'en faut, dit-il au Duc, que je ne te coupe la tête avec « l'acier de mon épée [1]. » Beuves ne peut entendre sans frémir de telles paroles : il leur répond avec une éloquence vigoureuse ; puis, des paroles on en vient aux coups. Une horrible mêlée s'engage dans le palais même de l'insulté, et Lohier est tué. Cette mort, dit le poëte, sera la cause de longs et terribles malheurs : « Mort est le fils du roi, qui s'appelait « Lohier, — qu'envoya Charlemagne, l'Empereur au fier

---

1. *Renaus de Montauban*, édition Michelant, p. 15, v. 18. = *Renaus de Montauban* est le titre qui est donné le plus anciennement à la chanson des « quatre fils Aimon ».

visage — au duc Beuves d'Aigremont, en qualité de messager. — O Dieu, quel grand dommage, quel grand malheur ce fut ! — De là, par tout le royaume, un trouble si profond ; — De là, tant de châteaux et tant de moûtiers brûlés ; — De là, tant d'orphelins et tant de veuves — et « tant de chevaliers qui sont morts au fer et à l'acier ! — Vous « allez entendre maintenant une chanson de grand prix (¹). »
Il nous semble que, malgré tous les rajeunissements de ce début, l'action est habilement engagée. Nous venons d'assister à un prologue qui donne quelque envie d'entendre le reste du drame.

Une triste chevauchée pénètre un jour jusqu'aux portes du palais de Charlemagne : ce sont les compagnons de Lohier qui rapportent à ce père le corps inanimé de son fils. Cri de vengeance, cri terrible, jeté par l'Empereur. Il n'hésite plus, et porte lui-même la guerre dans le domaine d'Aigremont. Cette guerre n'est pas de longue durée : Beuves et ses trois frères Girart, Doon et Aymon (notez ce dernier nom) sont forcés de se réconcilier avec le fils de Pépin. Ils se précipitent nu-pieds et en chemise aux genoux de leur redoutable ennemi, et « Karles lor pardonne por Deu le tot poissant (²). » Pourquoi faut-il que, quelque temps après, mal conseillé par les traîtres de la race d'Hardré, l'Empereur devienne le complice de quelques misérables qui assassinent traîtreusement le duc Beuves, et rendent désormais impossible toute réconciliation entre les deux familles ? C'est là, si vous le voulez bien, le premier acte du Drame que nous analysons.

Cependant les fils d'Aymon n'ont pas encore paru ; mais les voici. Leur père, âme faible et méprisable, veut avant tout se ménager les bonnes grâces du puissant Empereur et lui présenter ses quatre fils, Renaud et Alard, Richard et Guichard. Charles les *adoube* lui-même chevaliers et fait présent à Renaud du fameux cheval Bayard. Les jeunes chevaliers vivent familièrement près de leur puissant seigneur et parrain, et tout semble pour longtemps à l'alleluia, quand une nouvelle péripétie va tout changer. Renaud, à la suite d'une partie d'échecs, tue le neveu de Charlemagne, Bertolais, qui l'avait

---
1. *Renaus de Montauban*, édition Michelant, p. 19.
2. *Ibid.*, p. 37.

frappé au visage. Le poëte, ici, a visiblement imité un de ses devanciers, l'auteur de la *Chevalerie Ogier de Danemarche*, qui a introduit au début de son poëme, cette partie d'échecs, non moins célèbre, où Charlot, le fils de l'Empereur, tue Baudouinet, le fils d'Ogier. Quoi qu'il en soit, les quatre fils Aymon, maudits par Charlemagne et menacés par lui, sont obligés de sortir du palais. La colère de l'Empereur n'est pas la seule qui s'attache à leur poursuite : ils sont également menacés et maudits par leur père, qui joue à peu près dans ce poëme le même rôle que Prusias dans *Nicomède*. Il tuerait ses fils par faiblesse.

Ici commence la troisième partie de notre épopée, et, ne craignons pas de le répéter, la plus ancienne la plus passionnante, la plus noble. Voilà Renaud et ses trois frères dans la grande forêt d'Ardenne. Le monde entier les a abandonnés, excepté le cœur de leur mère. De leurs nobles mains ils se construisent une pauvre demeure au milieu de la forêt : « Les fils Aymon sont en Ardenne, — même quand il pleut, quand il vente, quand il grêle. — Chacun est sous un arbre, son écu pendu à son cou, — Son heaume rouillé et son épieu brisé. — Leurs chevaux n'ont plus ni fers, ni rênes. — L'hiver fut bien long et les attrista durement. — O Dieu, comme ils désiraient que l'été revînt ! » C'est ici que le poëme est réellement épique et plein de beautés primitives. Nous ne pouvons résister au désir de traduire le magnifique épisode de l'arrivée des quatre fils d'Aymon chez leur mère, qui ne les reconnaît pas :

Les voilà assis bellement à table, à côté l'un de l'autre. — Leur mère sort de la chambre, l'huis en est ouvert. — Ses fils la regardent, ils ont la tête baissée : — « Alard, dit Renaud, quel conseil me donnez-vous ? — Voilà notre mère : je la reconnais bien. — Eh bien ! frère, dit Alard, au nom de Dieu, allez à elle, — Contez-lui notre message et notre grande pauvreté. — Non, dit Richard le preux et l'*alosé* ; — Sire Renaud, beau frère, attendez encore ».

Les quatre frères sont assis là-haut, dans le grand palais : — Ils sont tellement pauvres qu'ils n'ont pas un vêtement entier. — Ils sont laids et hideux, et ressemblent à des diables. — Quand leur mère les vit, elle en fut moult émerveillée — Et en a telle peur qu'elle ne peut se raisonner. — Cependant elle se rassure, et leur adresse la parole. — Quand Renaud l'entendit, il voulut cacher son visage ; — Mais la Duchesse le regarde, elle lui veut parler. — Et tout son sang commença à se troubler.

La Duchesse, dans le palais, se lève ; — Elle voit Renaud changer de visage. — Or, il avait une cicatrice au milieu de la face, devant. — Il se l'était faite au jeu de *behourt*, étant enfant. — Sa mère le regarde, sa mère le reconnaît : — « Renaud, si tu es bien Renaud, ne me le cache plus. — Beau fils, je t'en supplie au nom de Dieu, le Roi du monde. — Si tu es Renaud, dis-le-moi tout de suite. » — Quand Renaud l'entend, il se cache la face en pleurant. — La Duchesse le voit, ne doute plus : — Pleurant, les bras ouverts, va baiser son enfant. — Puis les trois autres, cent fois de suite. — Pas un d'eux, pour rien au monde, n'eût pu dire un seul mot (¹).

N'est-ce pas beau comme Homère?

La chanson, par malheur, ne se soutient pas, et le poète n'a pu supporter longtemps l'air vif de ces hauteurs. Il descend, et, faut-il le dire? Il descend assez bas. Il transporte brusquement ses personnages dans le midi de la France, peut-être avec le seul dessein, qui est assez vulgaire, de plaire à ses lecteurs provençaux et gascons. Renaud délivre alors Bordeaux du joug des Sarrasins, bâtit avec ses frères le château de Montalban au confluent de la Gironde et de la Dordogne, et épouse enfin la fille du roi Yon de Gascogne. Charlemagne somme insolemment ce roi de lui livrer ses mortels ennemis, les fils du duc Aymon : Yon s'y refuse, et une guerre horrible éclate, où l'on assiste à la rivalité terrible de Renaud et de Roland. Les quatre frères sont de nouveau réduits à leurs seules forces ; mais un allié puissant vient à leur secours. C'est l'enchanteur Maugis.

Il est regrettable de voir le triste merveilleux des légendes celtiques remplacer alors dans ce beau poème la majesté et la

---

1. Une des dernières éditions de la *Bibliothèque bleue* (*Histoire des quatre fils Aymon, très nobles et très vaillants chevaliers*, t. 1, p. 47) reproduit ainsi cet épisode, et il ne sera pas sans intérêt de comparer avec les beaux vers du XIII⁰ siècle cette version populaire en prose, qui est encore aujourd'hui l'objet d'une vogue puissante dans toutes nos campagnes : « La Duchesse, qui descendait en sa chambre, aperçut ses enfants dans la salle, mais ne les reconnut pas, tant ils étaient défaits. Renaud, voyant sa mère désolée, ne put retenir ses larmes et allait se faire connaître. Mais la Duchesse, l'ayant regardé, tomba en faiblesse et demeura longtemps sans pouvoir prononcer une parole. Enfin, étant revenue à elle, elle le reconnut à une cicatrice qu'il avait au front dès son enfance. Elle lui dit alors : « Mon cher fils, vous qui êtes un des plus vaillants chevaliers, qu'est devenue votre beauté? je vous aime plus que moi-même. » Pendant qu'elle disait ces paroles, elle reconnut tous ses enfants : elle les embrassa tendrement, les fit asseoir près d'elle et leur dit : « Mes enfants, comme je vous vois pauvres et défaits ! »

beauté sévères de notre surnaturel chrétien. Rien n'est plus méprisable que ce mélange des ridicules opérations de la magie avec les œuvres vraiment saintes que l'on attribuera plus tard à Renaud. C'est bien là d'ailleurs le caractère des poëmes du XIII° siècle qui se sont laissé envahir par les fables de la Table-Ronde ; il fallait résister et jeter à la porte ces fictions aussi peu françaises que chrétiennes. Que ne pouvons-nous retrouver la version primitive du *Renaus de Montauban !* Elle ne contiendrait pas, j'en suis convaincu, ces platitudes et ces puérilités. On n'y verrait pas Maugis endormir Charlemagne et le livrer désarmé à la colère des quatre fils Aymon. Cette situation nous vaut cependant quelques beaux vers : Renaud, qui se trouve soudain en présence de Charlemagne endormi, Renaud, qui peut le tuer, ne songe pas un seul instant à commettre une aussi lâche félonie: « Charlemagne est mon seigneur, » s'écrie-t-il avec un accent plein de contrition et de respect [1]. Et voici que ces prétendus rebelles, voici que les fils du duc Aimon s'acheminent, tête basse, vers celui dont ils tenaient tout à l'heure la vie entre leurs mains ; voici qu'ils tombent, muets et pâles, à ses genoux ; voici qu'ils lui demandent pardon en bégayant et sans oser lever les yeux. Encore une fois, que n'avons-nous le poëme du XII° siècle !

La cinquième et dernière partie de notre chanson, le cinquième acte de ce long drame est plus digne d'un poëte chrétien. Le roman d'aventures disparait, et fait heureusement place à la véritable épopée. Les quatre fils Aymon se sont retirés dans le château paternel de Dordon : c'est là qu'ils font une dernière et désespérée résistance contre toutes les forces de l'Empereur et de l'Empire. Renaud est à leur tête qui les conseille, les soutient, les encourage et qui, à force d'expérience et de bonté, nous apparaît plutôt comme leur père en cheveux blancs que comme leur frère aîné. Un beau portrait que celui de ce Renaud ! S'il ressemble à quelqu'un, c'est à Olivier. Il a cette prudence et ce courage: « Mult fu sage Renaus, si ama mult la paix [2] : » ce beau vers le peint bien. Il a un grand cœur et une âme pleine de

---

1. *Renaus de Montauban*, édition Michelant, p. 332. Cf. ci-dessus la p. 114.
2. *Ibid.*, p. 336.

tendresse ; sous cette rude armure bat un cœur d'agneau (1). Surtout, il meurt bien. Après avoir enfin obtenu de Charles ce qui faisait l'objet ardent de ses désirs, la paix, il se met de nouveau en campagne, chasse les païens de Constantinople et délivre Palerme de ces ennemis du nom chrétien. Vainqueur alors, couronné de gloire et dégoûté de cette couronne, ce grand libérateur des deux chrétientés de l'Orient et de l'Occident rentre chez lui pacifiquement, et ce héros se transforme en saint. L'idée lui vient en ce moment de finir ses jours en pauvre homme, uniquement occupé à bâtir des églises de pierre, après avoir été le bouclier de l'Église spirituelle. Il veut utiliser à ce travail humblement glorieux les derniers efforts d'un bras qui a été la terreur des Infidèles. Il se décide enfin à quitter femme et enfants, tout le bonheur de sa vie, toute la joie de son cœur.... Mais, ici, nous nous sentons par trop inférieur à nos vieux poètes, et cédons la parole à l'un d'eux (2):

Le noble duc Renaud, qui eut si grande seigneurie, — A l'amour de Jésus nuit et jour s'étudie. — Il déteste l'honneur de la mondaine vie; — Il dit qu'il s'en ira en une terre étrangère, — Où personne des siens ne le pourra plus voir — Et où il cherchera la pénitence dans la pauvreté.

Le bon duc et sa femme passèrent toute la nuit à deviser ensemble: — Un peu avant le jour la dame s'endormit. — Le Duc alors se vêtit — D'une cotte de *gris* qu'il avait préparée, — Et quand il fut tel qu'il se voulait, — Il s'approcha de la Duchesse, qu'il aimait d'un cœur sincère. — — Au moment de ce départ, il se mit à pleurer — Et lui dit doucement : « Adieu, ma douce amie : — Je m'en vais en exil pour Dieu, et je le prie « — De daigner si bien maintenir votre vie — Qu'à la fin vous ayez de « Dieu la compagnie. » — Alors il s'éloigne et pleure tendrement.

Et sachez que son cœur est vivement ému — De ce qu'il laisse ainsi sa femme et sa belle maisnie. — Mais c'est en Dieu qu'il a mis toute son âme: — Il a oublié toutes les vanités de ce monde, — Et Dieu saura bien lui en rendre parfaite courtoisie.

Quelque temps après, en effet, Renaud meurt à Cologne, et rend l'âme en martyr sous les coups des maçons, ses compagnons de travail, à l'ombre de ces murs de l'église Saint-Pierre que ses très nobles mains ont aidé à construire. Il

---

1. Le poète du XIIIe siècle nous l'a gâté : il le fait, sans doute, mourir comme un saint, mais il le rend, pendant sa vie, coupable de plus d'un crime. La chanson primitive devait être plus homogène.
2. Nous traduisons ici le manuscrit de la Bibliothèque Nationale, fonds français, 764 (Olim, 7182). Ce manuscrit renferme un remaniement du XIVe siècle.

meurt, et de beaux miracles éclatent autour de son cercueil, qui bientôt va devenir une châsse...

Il faut nous arrêter ici ; mais nous sentons trop bien que nous n'avons pas reproduit la chaleur, le mouvement, la vie qui circulent énergiquement dans le corps de ce robuste poème. Non, nous n'avons pas raconté les grandes batailles, les *ruistes meslées*, les grands coups de lance et d'épieu, les grands entrechoquements des chevaux *à la croupe tiulée* et des hommes aux *brans acérés* et aux *escus listés*, les duels gigantesques, les têtes coupées, les chevaux sans cavaliers et qui errent sur le champ de bataille, et le cri « Montjoie » retentissant au milieu de la défaite ou de la victoire. Nous n'avons pas parlé, comme il eût convenu, de ce cheval Bayard qui joue dans cette action le plus beau rôle après Renaud ; qui porte en même temps, comme un léger fardeau, les quatre fils du vieil Aymon ; qui enlève glorieusement le prix des courses à Paris (oui, le prix des courses : que ne lisez-vous ce poème, ô membres de notre Jockey-Club ?) ; qui est l'ami intime de Renaud, qui a l'honneur d'être haï par le grand Charles lui-même et qu'à la fin de notre chanson le trop vindicatif empereur veut traîtreusement faire périr. Mais Bayard échappe à son royal ennemi, et l'on assure qu'il est encore aujourd'hui dans la forêt des Ardennes, où l'on entend quelquefois ses formidables hennissements. En toute sincérité, nous devons déclarer que nous ne les avons pas entendus *par nous-même :* nos lecteurs ont peut-être été plus heureux.

II. — Le drame.

Le Mystère du siège d'Orléans.

TOUTES les fois que ce nom glorieux « Jeanne d'Arc », est prononcé en France, il y a un frémissement. Il semble que ce seul mot soit capable d'adoucir toutes nos haines et d'unifier toutes nos âmes : Jeanne est la personnification catholique et vivante de la Patrie.

Celle qui a si virilement chassé l'Anglais d'un sol qu'il

déshonorait; cette simple fille de campagne, armée d'un *Ave Maria*, sera encore puissante après sa mort et nous contraindra à être plus fiers devant nos orgueilleux voisins. Au lieu de nous courber devant eux, nous passerons la tête haute en évoquant dans nos cœurs le souvenir de notre « patronne ». Si jamais (ce qu'à Dieu ne plaise) la guerre éclatait entre les deux nations rivales, Jeanne saurait bien marcher à notre tête, guerrière invisible; et grâce à elle, nous chasserions de leur insolente prépondérance dans les conseils de l'Europe ceux que la Pucelle a si glorieusement chassés d'Orléans.

I.

DANS les Comptes communaux d'Orléans pour les années 1435 et 1439, on a trouvé la mention de dépenses municipales faites par les Orléanais, à l'effet de construire des *eschaffaulx* pour certain *mistaire*. C'est ce Mystère, c'est ce Drame qui est aujourd'hui connu sous le nom inoubliable de *Mistere du siège d'Orléans*.

Dès 1429, et le jour même de leur délivrance, les Orléanais avaient organisé spontanément une procession solennelle; dès 1435, une fête dramatique fut jointe à la fête religieuse, et il n'est pas permis de douter que notre *Mystère* ne soit celui dont parlent les *Comptes* de 1435 et de 1439. Le manuscrit du Vatican, qui nous en a conservé le texte, n'est pas postérieur à 1470 : c'est donc entre 1435 et 1470 qu'il faudrait placer, à tout le moins, la première représentation de notre drame : on peut croire qu'il est beaucoup plus voisin de la première que de la seconde date. Par une ingénieuse hypothèse (mais ce n'est qu'une hypothèse), on a supposé que ce Mystère, d'une mise en scène fort coûteuse, aurait été joué aux frais d'un des millionnaires du XVe siècle qui ont laissé dans le monde la plus odieuse réputation : nous voulons parler de ce Gilles de Rais qui passe fort légitimement pour être le type de Barbe-Bleue. Une telle supposition nous séduirait assez, mais elle n'est pas nécessaire pour établir l'antiquité du drame, et il est parfaitement hors de doute que nous avons affaire à une œuvre du XVe siècle, et qui, suivant toute probabilité, A ÉTÉ COMPOSÉE ET REPRÉSENTÉE DU VIVANT DE JEANNE D'ARC.

Mais ce drame offre-t-il véritablement un intérêt historique ? Non, suivant M. Quicherat qui n'y voit qu'une pâle et servile copie du *Journal du Siège* ; oui, suivant M. Guessard qui en a intégralement publié le texte. *Grammatici certant*. M. Guessard, cependant, allègue plus d'une bonne raison. Il a entrepris devant ses lecteurs la comparaison détaillée du *Journal* avec le *Mistère*, et a établi qu'entre ces deux documents il y a de graves et nombreuses différences. Ce sont, à ses yeux, deux documents historiques, véritablement historiques, et qui se complètent l'un par l'autre. Là s'arrête M. Guessard, et nous voulons aller plus loin.

Alors même qu'elle ne serait pas un document absolument historique, nous affirmons que cette œuvre serait encore d'un intérêt puissant. Elle nous montre, en effet, quel a été, au XVe siècle, le sentiment public sur Jeanne d'Arc dans cette région même de la France où le peuple l'a vue à l'œuvre. C'est par là que ce *Mistère* peut nous aider à réfuter plus d'un historien contemporain. Jeanne d'Arc, en effet, a vivement embarrassé tous nos auteurs d'*Histoires de France* : elle les a fait délirer, et c'est à son sujet que se sont manifestées les plus étonnantes folies. Devant cet être presque surnaturel, les impies se sont arrêtés, surpris. Puis ils ont voulu expliquer ce qu'ils ne voulaient pas, ce qu'ils ne pouvaient pas comprendre. De là mille systèmes aussi ridicules qu'odieux. Les uns font de Jeanne une druidesse, les autres une hallucinée. Analysons rapidement notre drame, et voyons ce que pensait de Jeanne d'Arc le siècle même de Jeanne d'Arc.

II.

L'ŒUVRE est plus que médiocre au point de vue de l'art, et je ne suppose pas que personne ait l'impossible courage de lire ces vingt mille méchants vers ; mais si le style du drame est des plus lourds, il y a quelque souffle, quelque vie dans l'action. Grâce à Dieu, les trois unités ne sont pas nées, et l'amour tragique est absent. Comme dans tous les Mystères, les personnages sont innombrables, et ne posent pas. Il y a des batailles sur la scène, de vraies batailles, comme dans nos pantomimes militaires. La scène change cent fois, et certaines rubriques sont naïves comme celle-ci :

« Il y a pause longue, et montent en mer tous en belle ordon-
« nance. » Le théâtre est divisé en plusieurs compartiments,
dont le plus élevé, comme nous l'avons dit ailleurs, représente
le Paradis : cela vaut mieux, je pense, que les quelques pieds
carrés où des acteurs en longue perruque blonde représentaient *le Cid* ou *Britannicus*. Au milieu de ce pêle-mêle, jetez
seulement quelques caractères vigoureusement composés, et
vous aurez le théâtre de Shakespeare. Ce théâtre est issu de
nos Mystères : nous avons déjà insisté sur cette honorable
et évidente origine.

La scène de notre drame s'ouvre en Angleterre. Salebry
(lisez Salisbury) tient un Conseil et veut achever, par la prise
d'Orléans, la conquête de toute la France. On se rend à son
avis, on part, on arrive devant ce dernier boulevard de la
France aux abois. Un assaut terrible est donné : Salebry
y meurt des premiers, et Talbot lui succède dans le com-
mandement. Les assiégés font une sortie : ils sont vaincus.
Une épouvantable détresse sévit alors dans la pauvre ville
abandonnée ; mais le courage des assiégés se maintient au-
dessus de leur fortune, et les Orléanais se montrent en cette
occasion les dignes représentants de la vieille bravoure française. Quel espoir cependant leur demeurait-il encore ? Où
était le Roi ? Que pouvait-il ? Non, tout était perdu. Il ne
restait plus qu'à bien mourir, en Français, en chrétiens, sans
peur et sans reproche, derniers enfants, derniers soldats d'un
grand pays qui jadis s'appelait la France. Les Orléanais n'ont
pas un cœur qui s'effraie, et se préparent placidement à la
mort. Quel effet ne devait pas produire ce drame populaire
joué à Orléans même, et devant ceux qui avaient été les
héros du véritable siège ! Parmi les acteurs du drame, il en
était certainement plus d'un qui jouait sans doute au théâtre
le même rôle, le même personnage que dans la réalité. Ah !
comme ils devaient battre, ces braves cœurs Orléanais, à ce
spectacle qui leur rappelait de si glorieux, de si récents
souvenirs ! Pour trouver un pendant au *Mystère du siège
d'Orléans*, il faudrait remonter jusqu'aux *Perses* d'Eschyle.

Mais nous avons affaire à un pays chrétien, et avions
tort de présumer tout à l'heure que tout était perdu. Pour une
nation, comme pour une âme chrétienne, le désespoir est un

sentiment inconnu. Voici que le dramaturge du XVe siècle transporte hardiment son action au Paradis. Sur la terre, au bas des *eschaffaulx*, Charles VII est agenouillé et prie :

> O Dieu très digne et glorieux,
> Puissant, éternel roi des cieulx,
> Je vous pry, ayez souvenance
> De moy desplaisant, soucieux
> Quand je regarde de mes yeulx
> Mon royaume qui est en doubtance.

Notre-Dame alors, dans le ciel, prend la parole et se tourne vers son fils Jésus :

> O chier fils, très dévotement
> Et très affectueusement
> Je vous requiers, tant que je puis,
> Que ne souffrez aucunement
> Au monde tel encombrement :
> C'est que le Roy des fleurs de lis,
> Qu'i soit par estranges soumis.
> O mon fils, doulcement vous prie
> Que ce fait vous ne souffrez mie
> De nostre bon Roi chrétien
> Que perde ainsi la seigneurie
> De France et noble monarchie,
> Qui est si noble terrien :
> C'EST LE ROYAUME QUI TOUT SOUSTIENT
> CHRESTIENNETÉ et la maintient...

« La rime n'est pas riche et le style en est vieux, » sans doute ; mais il y a là une belle fierté nationale qui exhale un bon parfum de piété catholique. Et l'on ne trouve plus dans notre théâtre ni cette fierté, ni ce parfum.

Après Notre-Dame, on voit alors se lever dans le Paradis les deux patrons d'Orléans, saint Euverte et saint Aignan. A tant de supplications Dieu répond que la France avait mérité son châtiment (ce qui n'était que trop vrai) ; mais il se laisse enfin fléchir et, s'adressant à saint Michel :

> Au plus près d'un petit village,
> Lequel est nommé Domprémy,
> Qui est situé en la terre
> Et seigneurie de Vaucouleur,
> Là trouveras, sans plus enquerre,
> Une pulcelle par honneur :
> En elle est toute doulceur ;
> Bonne, juste et innocente,
> Qui m'aime du parfont du cœur...

Saint Michel se laisse tomber de ciel en terre, et apparait, tout enveloppé de lumière, à la pauvre Jeanne : « Pause « d'orgues. Et vient devers la Pulcelle gardant les brebiz de « son pere et queusant en linge. »

Jeanne hésite : elle recule devant cette mission terrible que Dieu veut confier à sa toute-faiblesse. Elle ne peut se croire appelée à sauver la France, à sauver le Roi ; mais elle veut, avant tout, se soumettre aux ordres de Dieu :

> A Dieu je vouldroye obéyr
> Et très humblement le servir.
> A mon povoir, sans mesprison,
> Et tousjours, en toute saison
> Vueil estre sa povre servante,
> Attendant sa vraye maison
> Lassus ou ciel, où est m'entente...

Elle se relève, et va, pleine de confiance, accomplir les volontés de Dieu sur la France.

Ces scènes célestes sont plus d'une fois renouvelées dans notre drame. Plus d'une fois Dieu et Notre-Dame, saint Aignan et saint Euverte, interviennent, agissent et parlent. Voilà, voilà le théâtre d'un peuple religieux, qui ne craint pas de faire profession de sa foi et de son amour sur cette scène où les seuls vices ont de nos jours le droit d'entrée. Le reste du drame suit exactement le cours des événements. La Pucelle pénètre dans Orléans, son épée au poing, sa bannière devant elle. Elle y est reçue en triomphe, mais ne songe pas un instant à se reposer de ses longues fatigues, et monte vaillamment sur les murs de la ville, d'où elle fait aux Anglais une double sommation très fière qui ne provoque que le rire et le dédain de ces vainqueurs. Alors elle se lève, terrible comme la Vengeance de Dieu, et lance à son armée cette allocution superbe :

> Or sus, messeigneurs et amys,
> Faittes trestous, je vous en prie,
> Et allons voir nos anemys
> Plains d'orgueil et de vilanie :
> Il est temps, l'eure est accomplie,
> Que nul n'en diffère ne tryve :
> Mès ayez tous chière hardie
> Et cel qui m'aimera me suyve !

On se précipite alors sur l'Anglais et l'on donne à son orgueil une des plus légitimes et des plus terribles leçons qu'il ait jamais reçues. Ce n'est pas la dernière qu'il soit peut-être appelé à recevoir.

Orléans cependant n'est pas encore délivré : Dieu envoie saint Aignan et saint Euverte comme des ambassadeurs lumineux, comme des messagers de victoire aux Orléanais menacés. Le 6 mai, forts de ce secours céleste, ils emportent la bastide des Augustins et Saint-Jean-le-Blanc ; le lendemain ils sont maîtres des Tournelles. C'en est fait : les Anglais sont en fuite, en fuite devant la France et devant Dieu. Et par qui Dieu et la France sont-ils représentés ? Par une bergerette, par une pauvrette, par une fillette sans défense, qui déclare elle-même remplir un rôle tout surnaturel et ne tenir ses victoires que de Dieu. Après ses nouveaux triomphes à Jargeau et à Patay, elle affirme de nouveau, elle affirme pour la centième fois qu'elle est une envoyée de Dieu ; elle témoigne aussi, pour la centième fois, de son vif amour pour la Vierge et la sainte Église, et le drame se termine par ces bonnes paroles que la jeune Victorieuse adresse à ses Orléanais

> Dont, mes amys, je prans congié de vous,
> Vous mercyant ce qu'avez fait pour nous,
> Priant à Dieu qu'i le vous veille rendre,
> Comme François loyaux par dessus tous :
> Si vous encharge faire processions
> Et louer Dieu et la Vierge Marie.

Jeanne a été entendue, et le 8 mai dernier, la Procession qu'elle demandait a traversé pour la quatre cent soixante-troisième fois les rues de cette noble ville qui ne sera jamais ingrate.

III.

NOUS voulons de tout ce qui précède tirer cette seule conclusion : C'EST QUE LES CONTEMPORAINS DE JEANNE D'ARC, C'EST QUE CEUX QUI ONT VU JEANNE D'ARC A L'ŒUVRE CROYAIENT FERMEMENT, INÉBRANLABLEMENT, A SA MISSION SURNATURELLE. Ils avaient sous les yeux un miracle, et le constataient avec la simplicité des témoins oculaires. Certains « historiens » qui écrivent plus de quatre cents ans après la libératrice de notre territoire, ont voulu et veulent encore la juger autrement que ses contemporains ne l'ont jugée. A qui devons-nous ajouter foi ? Aux témoins, ou aux insulteurs du miracle ? Croyons les témoins. Jeanne a vécu en pleine histoire, et non en pleine légende. Elle a donné son propre avis sur elle-même : il faut la croire ; sinon prouver qu'elle était folle, ou qu'elle a menti. Nous sommons nos historiens d'avoir à sortir de ce dilemme. Le *Mistère du siège d'Orléans* est un nouvel argument contre leurs sophismes. Nous espérons que sa publication, qui était presque superflue au point de vue littéraire, aura pour effet de ramener tous les esprits sincères au sentiment d'une admiration religieuse et d'un véritable culte pour la chaste héroïne, pour la Sainte qui a sauvé la Patrie.

LES LIVRES POPULAIRES CHRÉTIENS.

E premier devoir, comme la première condition du succès pour un journal chrétien que l'on destine aux classes ouvrières, c'est une entière et absolue sincérité. En d'autres termes, il convient que, tout d'abord, il se dise nettement chrétien, sans circonlocutions, sans ambages. La seule épigraphe qu'on puisse donner à une feuille catholique, c'est la franche et admirable parole des martyrs : *Christianus ego sum*. Ne me parlez pas de ces très honnêtes et très prudents chrétiens qui s'assemblent certain jour pour fonder un *bon* journal et qui commencent par se tenir ce langage éminemment circonspect, après avoir toutefois fermé portes et fenêtres : « Prenons garde, prenons garde. Le plus grand malheur et celui qu'il nous faut éviter par dessus tout, c'est de paraître chrétiens. Il faut que notre journal trouve sa place sur la table de tous les honnêtes gens, de quelque religion qu'ils soient, fussent-ils même sans religion. Donc, évitons de prononcer certains noms compromettants, ceux de l'Église et de Jésus-Christ par exemple, et même un peu celui de Dieu. Il faut apprivoiser les âmes et aller doucement. N'exhalons pas une odeur de jésuite, ou nous sommes perdus. Quand un ouvrier nous lira, il faut qu'il s'imagine lire du Mignet. Bannissons surtout le mot « catholique ». Prenons garde. »

Ce langage, je le connais et l'ai entendu prononcer dix fois au moins dans les bureaux de dix journaux naissants qui sont tous morts après avoir peu vécu. C'est qu'un tel langage, en vérité, ne porte pas bonheur.

Tout d'abord, il n'est pas conforme à la dignité de notre âme et à la première obligation de notre entendement. Possesseurs de la pleine Vérité, nous sommes très strictement tenus à affirmer la pleine Vérité. Ce que nous possédons de lumière, il nous faut en faire part à nos frères, et la communication de ces rayons est un devoir des plus rigoureux. On joue ici, on joue étrangement sur les mots : on décore du nom de prudence ce qui est un égoïsme étroit et un manque absolu de loyauté. Dans la vie privée, nous ne voudrions certes pas nous permettre un seul mensonge qui fût comparable à ces réticences dont nous venons de parler ; nous ne voudrions point, par exemple, faire croire aux autres hommes que nous n'avons pas telle opinion politique, ou que nous n'appartenons pas à telle famille. Mais dès qu'il s'agit de nos convictions religieuses et de la grande famille chrétienne, nous consentons à épaissir les ténèbres, à faire la nuit autour de nous, à nous donner enfin pour ce que nous ne sommes pas. Qu'on nous permette de le dire : c'est un abus de confiance.

Croyez-vous, d'ailleurs, qu'une telle prudence, ou plutôt qu'un tel escamotage de vos véritables convictions soit d'un heureux effet pour la grande cause que vous prétendez défendre? Comment! nous luttons aujourd'hui avec un acharnement sans pareil pour la sainte Église, et nous nous serrons plus étroitement que jamais autour de son drapeau. Nous avons en face de nous une armée compacte, ardente, redoutable, qui se presse avec rage autour du drapeau de la Révolution. Et vous pensez que l'avenir de la bataille appartient à ceux qui, avec les meilleures intentions du monde, vont de l'un à l'autre camp, évitant de paraître chrétiens et de sembler révolutionnaires, ne portant le costume d'aucun régiment, ne se groupant visiblement autour d'aucun drapeau? Ah! combien vous vous trompez, et que votre erreur est dangereuse!

Puis, quelle illusion est la vôtre! Vous croyez que votre ruse ne sera pas éventée ; qu'on ne découvrira pas bien vite le chrétien caché sous les habits de l'indifférent ; qu'à votre allure pesamment honnête on ne vous distinguera pas des lettrés au pas leste et à la conscience légère. Mais sachez que les ennemis de la Vérité sont armés d'un flair satanique, et qu'ils dépistent le catholique à vingt lieues. A la première lecture de votre journal honnête et modéré, ils dévoileront votre tactique, ils sauront votre but, ils se défieront de vous. « Encore une feuille dévote, » s'écrieront-ils avec une colère que votre manque de franchise aura rendue presque légitime. Et vous vous trouverez alors entre des incrédules qui se riront de vous, et des catholiques qui vous repousseront parce que vous les aurez répudiés, eux et leur nom. Tel sera le sort de tout journal chrétien qui voudra seulement passer pour honnête : il mourra.

Après la sincérité, le courage. Une feuille populaire signée par des catholiques ne doit reculer devant aucune question, ni escamoter aucun problème. Il en est de difficiles, je le sais, et l'économie sociale n'a pas dit son dernier mot, ni la science, ni l'histoire. Il n'en faut pas moins exposer avec loyauté toutes les objections de nos adversaires, et les résoudre, s'il se peut, avec une énergique et savante honnêteté. Voici M. B*** par exemple, qui vient de publier son *Enquête sur les Associations religieuses*, où il ne prend pas soin de déguiser sa haine vivace contre toute institution monastique. Eh bien ! un journal catholique et populaire devra tout aussitôt publier une contre-enquête. Il devra répondre longuement, et surtout scientifiquement, en opposant les chiffres aux chiffres, la statistique à la statistique, et les éloges motivés aux critiques sans fondement. Toute feuille ouvrière qui ne ferait pas ce travail manquerait certainement d'actualité, et peut-être de courage.

Reste la question du ton avec lequel il convient de traiter ces grands problèmes devant un auditoire de paysans et d'ouvriers. Quelques excellents esprits me paraissent ici se méprendre et faire fausse route. Il en est qui s'imaginent, en effet, que, pour se faire comprendre, et surtout pour se faire aimer des ouvriers, il est nécessaire de parler leur langage. C'est ce qui explique tant de discours prétendus populaires, où les orateurs peinent étrangement pour arriver à tenir des propos d'atelier ou de caserne. Avec ce beau langage, vous arrivez rapidement à conquérir... l'antipathie complète ou tout au moins la défiance de votre auditoire. C'est la gloire des esprits populaires d'exiger de ceux qui leur parlent une parole très supérieure à la vulgarité de leur propre langage : ils ne sont pas flattés qu'on les imite par leurs petits côtés. Ceux qui aiment sincèrement le peuple, ceux qui parlent et écrivent pour lui, doivent donc mettre leur cœur au niveau du sien et élever son intelligence jusqu'à la leur. Tel est le véritable programme de l'éloquence populaire. Faut-il le dire? je préfère, à l'entendre parler devant les ouvriers, un langage métaphysique à un langage banal. Si nos ouvriers ne comprennent pas tous les éléments d'un discours élevé, ils gagneront du moins à l'écouter je ne sais quelle noble attitude et quelle notion générale de la grandeur. Leurs âmes en deviendront plus vastes et plus droites. Jamais la Vérité ne peut gagner, je ne dis pas à la vivacité, mais à la grossièreté de la parole. Dans les journaux de l'atelier, je ne voudrais pas un seul mot bas, pas une seule locution triviale : je voudrais que ce cours public de vérité fût un cours de grande et correcte parole. Mais loin de moi la pensée de condamner jamais l'énergie du langage, la flamme, la vie ! Les orateurs musqués, les causeurs en talons rouges seraient très malvenus devant des auditoires ouvriers ; une parole mielleuse les écœurerait, une élégance affectée les endormirait. Il convient d'être, en leur présence, vigoureux sans être grossier et puissant sans être populacier. Ce milieu n'est pas impossible à trouver.

Autre question, autre difficulté : « Faudra-t-il, pour le bien de ces milliers d'âmes qui peuplent nos ateliers et nos campagnes, faudra-t-il aller jusqu'à emprunter les formes littéraires à la mode, le Roman, par exemple, et surtout le Drame? Est-il possible de christianiser le Drame et le Roman? Est-il seulement permis de tenter cette entreprise presque effroyable ? » Eh ! pourquoi non? Considérés dans leur essence, le Drame et le Roman n'ont rien qui soit véniellement condamnable. Le Roman « est le récit d'événements où l'on voit la Vertu lutter incessamment contre le Vice ». Jetez sur la scène les personnages d'un de ces récits, et vous avez le drame, qui est « la lutte mise en action du Bien contre le Mal. » Avec de telles définitions, les plus timides peuvent s'enhardir et les plus scrupuleux se rassurer. Cessez donc de vous voiler les yeux devant un roman tel que *Fabiola*, ou devant un drame tel que la *Perle cachée*. Ne vous payez pas de phrases, et ne détestez pas les deux formes les plus puissantes et les plus populaires de la pensée, parce qu'on y attache certains noms trop souvent déshonorés. Ne vous privez pas de ces admirables et légitimes ressources. Écrivez beaucoup de romans chrétiens, beaucoup de drames chrétiens. Donnez-nous ce théâtre catholique qui nous manque et vers lequel nous avons d'énergiques aspirations. Suscitez-nous un Shakespeare qui ne se contente pas de naître dans l'Église, mais qui surtout se consacre à la défendre. En attendant ce grand homme, ébauchez sa tâche. Prenez par la main l'Innocence, la Vertu, la Foi ; conduisez-les sur une scène honnête et pure ; mettez-les aux prises avec le Doute et le Mal, auxquels vous aurez soin de ne jamais donner la victoire. Et ne craignez pas. Votre public populaire frémira, il sera vivement saisi, il se passionnera pour le Bien. Au sortir d'un tel drame vous l'entraîneriez à la croisade.

Tels sont les conseils que nous osons adresser à ceux qui sont nos aînés et nos maîtres dans le journalisme populaire. Et à ceux qui nous accuseraient ici de présomption, nous répondrons par l'histoire suivante.... Certain jour, un jeune ermite de la Thébaïde alla trouver un vieil anachorète et lui dit: « Vous avez hier manqué de modestie dans un de vos discours et de prudence dans une de vos actions. » Et il précisa ses reproches. L'ermite commença par le bénir et par lui demander pardon ; puis, avec douceur, il lui prouva qu'il s'était trompé. Ce fut alors au jeune homme à s'humilier devant le vieillard, et à s'humilier doublement. Nous sommes tout prêt à imiter cet exemple.

DEUX GRANDS CATHOLIQUES DU XIXe SIÈCLE.

I. — Louis Veuillot.

Écrit en janvier 1860, le jour de la suppression de *L'Univers* (¹).

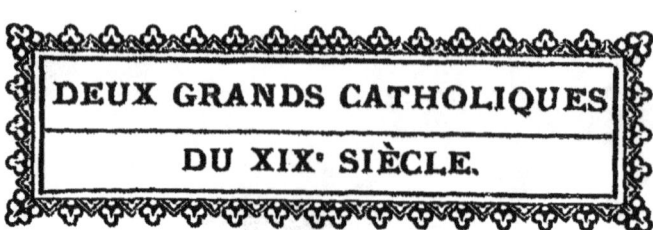N écrivain s'est rencontré dans notre temps dont le seul nom passionne les esprits et provoque la lutte. Il sort du peuple, et n'a d'autre éducateur que lui-même. Jeté sans armes au milieu des sophismes et de l'incrédulité de son temps, il sent que son très honnête cœur ne pourra jamais se prendre à de telles amorces. Le voilà saisi d'un invincible dégoût à l'endroit de son siècle ; voilà cette grande âme qui cherche autour d'elle une cause à défendre, dont la noblesse corresponde à celle de ses aspirations. Il cherche, mais il cherche mal, et ne trouve point. La Providence l'arrache alors à cette torpeur d'une funeste indécision : elle le prend par la main, et le conduit le plus près possible de ce grand soleil qui éclaire ici-bas tous les yeux, de ce soleil qui est l'Église. C'est là qu'il est un jour appelé à connaître ce que tant d'autres chrétiens ont éprouvé avant lui, ce tonnerre, ce renversement, cet éblouissement de Paul sur le chemin de Damas. Notre honnête homme se convertit à Rome : il a vingt-quatre ans. Notez que c'est l'âge des perversions, plutôt que celui des conversions : on ne manquera pas cependant de lui reprocher d'avoir vu si tard la lumière. *Hypocrita, ejice primum trabem de oculo tuo.*

Mais si heureux qu'ait été ce retour, sera-t-il entier, sera-t-il durable? Le jeune converti, pour ne pas risquer de se

---

1. Ces lignes, qui devaient paraître dans une feuille catholique en février 1860, sont restées inédites. Sauf quelques corrections de détail, nous les reproduisons ici telles qu'elles ont été écrites IL Y A PLUS DE TRENTE-TROIS ANS.

perdre en tant d'abîmes, s'attache désormais et, d'une main qui ne lâche pas, se cramponne au Siège inébranlable de Pierre. Il sera ultramontain, il continuera De Maistre, et tous ses ouvrages ne seront à l'avenir que la suite éloquente de ce maître-livre intitulé : *Le Pape*.

Voilà ce que se proposait cette intelligence de vingt-cinq ans, et elle a tenu parole. Elle s'est formée à l'école des génies catholiques, elle a grandi. Cette plume a acquis l'expérience, cette prose est devenue « un mâle outil », cette main est devenue le ferme instrument de la plus ferme des volontés. Et quand un journal s'est fondé, dans le seul but de défendre, au-dessus de toute politique et en dehors de tous les partis, la liberté de l'Église « qui est ce que Dieu aime le plus ici-bas, » le converti de Rome s'est trouvé presque involontairement à la tête de ce grand parti catholique qui est encore et demeurera toujours l'impérissable honneur de notre siècle.

Désormais, plus de repos. Contre le journal catholique s'ameute une foule qui rugit ; tout ce qui a lu Voltaire, tout ce qui cherche à en imiter bassement l'inimitable bassesse, se rassemble contre cette jeune et vaillante école. Nouvelles attaques tous les jours : mais, tous les jours aussi, nouvelle et héroïque résistance. Qui l'eût cru ? Tout l'esprit n'est pas du côté de Voltaire ; certains catholiques ont l'audace de rire et de faire rire aux dépens de leurs adversaires stupéfaits. Pratiquant rigoureusement pour eux-mêmes le conseil de Jésus-Christ, et tendant volontiers l'autre joue, ils se lèvent indignés contre ceux qui souffletent l'Église et ne pardonnent point aux souffleteurs : « C'est notre mère qu'on attaque, s'écrient-ils avec un courroux qui fait reculer l'ennemi. Nous l'avons défendue, nous la défendons, nous la défendrons. » Ainsi ont-ils fait.

Leurs prétentions généreuses ont été couronnées de nobles victoires. Après dix ans, ils ont, avec leurs pères les évêques, conquis la liberté de l'enseignement, et nulle conquête ne saurait, aux yeux de Dieu comme aux yeux des hommes, se comparer à celle-là. Nul n'a plus fait dans cette œuvre difficile que celui dont nous racontons la vie. Une révolution éclate : il lui demande de respecter et de servir l'Église. Une dictature suit cette révolution : il réclame du dictateur le même respect et le même service. Au milieu de toutes ces luttes, cet énergique soldat est devenu chef d'armée. C'est en lui que semble se résumer le grand parti des catholiques sans parti. Autour de lui, les insultes pleuvent : il est insulté dans son talent, insulté dans son honneur, insulté dans les siens. A cette couronne déjà si radieuse de souffrances endurées pour Jésus-Christ, quelques catholiques ajoutent encore, par leurs mépris immérités, quelques fleurons de plus. Mais le noble athlète de la foi romaine n'a souci ni de l'amertume ni de la gloire de ces injures : il poursuit son grand combat, malgré les défections, malgré les haines, malgré tout. Il a au moins la consolation de voir encore dominer dans le monde la politique « conservatrice ». Cette consolation va bientôt lui manquer : la guerre éclate en Italie, et la France y gagne ces belles victoires dont le contrecoup va bientôt contrister, sans l'abattre, la grande âme de Pie IX. Le journal qui, pendant vingt ans, a défendu l'Église, ne saurait un seul instant songer à commettre cette suprême lâcheté d'abandonner le Pape, de renier ce vaincu. C'est alors qu'il est dénoncé au pouvoir comme l'ennemi du pouvoir, lui qui n'a jamais été pour les puissances un glaive menaçant, mais plutôt un bouclier qui les a heureusement préservées. Il y a plus : on l'accuse de compromettre une cause plus auguste, une cause pour laquelle il a vécu et pour laquelle il va tomber au champ d'honneur, celle de la religion catholique, celle de la sainte Église. Nous n'avons pas à répondre à de telles accusations ; mais enfin on frappe le journal, on le supprime, et la plume du grand publiciste est brisée. Une très noble plume en vérité, et comme il n'y en a jamais eu de plus chrétienne ni de plus fière.

Telle est en abrégé l'histoire de Louis Veuillot.

Et maintenant, comment achever cette protestation qui est sortie du plus profond d'une âme sincèrement indignée ? Je l'achèverai en saluant une dernière fois un des cœurs les plus loyaux, un des plus vigoureux chrétiens, un des plus vastes esprits de ce temps ; je l'achèverai en regrettant qu'il y ait en France un seul homme auquel soit aujourd'hui fermé le journal et interdite la presse, en regrettant que cet homme, plus sévèrement traité que les plus coupables écrivains, soit précisément ce grand cœur, ce grand chrétien, ce grand esprit, que je n'ai pas encore assez loué. Et mes regrets, j'en suis certain, seront ceux de l'équitable postérité.

15 novembre 1893.

Les lignes qui précèdent ont été écrites il y a trente-trois ans, alors que nous étions dans toute la verdeur de notre enthousiasme, dans toute la floraison de notre jeunesse. Bien des années ont passé depuis lors, qui nous ont apporté des désillusions et des tristesses, qui ont refroidi notre ardeur d'autrefois et modifié nos jugements d'antan sur les choses et sur les hommes. Notre admiration pour Louis Veuillot n'a pas été touchée par le temps : elle est encore aussi fraîche qu'au moment où nous écrivions cette page sincère et émue, le soir même de la suppression de *L'Univers*. Louis Veuillot nous apparaît toujours comme ce vaillant soldat de l'Église que nous saluions alors dans la plénitude de sa virilité et de son talent, que nous saluons aujourd'hui dans le rayonnement d'une gloire que les siècles n'amoindriront pas. Son œuvre restera comme celle d'un grand chrétien qui fut en même temps un grand français : elle restera, tant qu'il y aura sur notre terre un français pour aimer sa langue, un catholique pour aimer l'Église. L'homme, d'ailleurs, méritait chez Louis Veuillot d'être tenu en la même estime que l'écrivain, et son étonnante *Correspondance* nous l'a révélé tel qu'il était : franc, cordial, connaissant toutes les délicatesses et toutes les vivacités de la tendresse la plus exquise, toujours naturel et vrai, terrible et presque farouche dès qu'on outrageait l'Église tant aimée ; mais bon pour tous et de la plus charmante humeur dès qu'on ne s'attaquait pas à l'objet de son plus vif amour. Un vrai français, ayant toutes les qualités de sa race, et toutes celles aussi que donne une foi vigoureuse et profonde. Cette *Correspondance* a désarmé ses pires ennemis, et lui a fait de nouveaux amis qui resteront obstinément fidèles à sa mémoire. Elle a inspiré à tous le désir de lire ou de relire son œuvre, qui est vraiment immense et qu'on ne connaît pas assez, depuis *Rome et Lorette* jusqu'à *Jésus-Christ*, depuis les *Pèlerinages en Suisse* jusqu'à *Rome pendant le Concile*. Entre tous ces chers livres dont les pages se sont littéralement usées sous nos doigts, ne nous demandez pas ceux que nous préférons. Louis Veuillot nous fit un jour cette question à nous-même, il y a quelque trente ans, et nous lui répondîmes alors sans hésiter : « C'est « votre *Corbin et D'Aubecourt* et votre *Lendemain de la Vic-« toire* ». On pourrait aujourd'hui nous mettre fort légitimement en demeure d'allonger cette liste. Il faudrait y ajouter ces *Historiettes et Fantaisies* où se lisent certaines nouvelles dignes d'être comparées à ce que Mérimée a écrit de plus parfait ; il faudrait y joindre ces *Libres-penseurs* où le souffle de notre siècle anime la perfection d'un style à la Labruyère ; il faudrait, surtout, ne pas oublier ce recueil de ses lettres que nous souhaiterions si vivement de voir aux mains de tous nos jeunes catholiques et qui est à nos yeux la meilleure école de virilité et de grand style. A vrai dire, il faudrait *tout* préférer, et c'est ce que nous faisons. Parvenu aux redoutables limites de la vieillesse, nous nous tournons aujourd'hui vers cette grande figure qui a été la lumière de nos jeunes années et demeurera la passion de nos derniers jours. Sur la tombe de Louis Veuillot, on aurait pu graver ces simples mots : « Il aima l'Église » : nous voudrions mériter (mais ce vœu est presque orgueilleux) qu'on les inscrive un jour sur la nôtre.

II. — DOM GUÉRANGER.

« LES portraits que nous peignons sont-ils ressemblants ? » Telle est la question que nous nous posons douloureusement en abordant celui de D. Guéranger, dont un grand artiste a si bien interprété naguère la physionomie profonde et fine, les yeux pétillants de vie, et cette expression batailleuse et souriante qu'on ne saurait jamais oublier. Mais hélas ! nous qui ne peignons qu'avec des mots et qui nous attachons à reproduire uniquement des âmes, pouvons-nous avoir la prétention de rendre la vie à cette figure qui fut si énergiquement vivante ? Il est une légende qui fait peur, et qu'un romancier contemporain a prise pour le sujet d'un de ses contes les plus étranges. C'est l'histoire de ce peintre qui fait un jour le portrait d'un être aimé, et qui transporte réellement la vie sur sa toile en l'enlevant à son modèle. Quand le portrait est achevé, il est vivant..., mais l'être aimé est mort. Que ne pouvons-nous donner la vie à nos tableaux, en la laissant à ceux que nous peignons! Mais ce serait le chef-d'œuvre de l'art, et peu de peintres atteignent cette trop rare perfection.

Néanmoins, il nous a paru qu'il ne serait peut-être pas inutile d'essayer ce portrait, afin de remettre en la mémoire des catholiques de notre temps le grand rôle qu'a joué, durant nos dernières luttes, un de nos pères spirituels, de nos chefs, de nos maîtres. En ce moment croît une nouvelle génération chrétienne, une jeunesse qui aimerait à connaître ceux à qui elle doit quelque reconnaissance. D'autres luttes peut-être sont imminentes, et il n'est pas sans intérêt, j'allais dire sans actualité, de décrire la physionomie des anciennes batailles et la figure des vieux combattants. C'est ce qui attachera quelque intérêt à l'esquisse que nous allons tracer à grands traits, et par laquelle nous avons le dessein de faire connaître une des plus grandes figures de l'Église en France.

Le rôle de dom Guéranger a été triple. Le savant abbé de Solesmes a fait triompher en théologie les doctrines romaines ; en histoire, le surnaturel ; en liturgie, l'unité. Nous demandons à nos lecteurs la permission de l'examiner à ce triple point de vue.

I.

ON ne saurait témoigner trop de gratitude à ceux qui, les premiers, entrent dans une voie nouvelle. A ces téméraires il faut beaucoup pardonner. Ils n'ont pas toujours le temps d'achever leur œuvre, et les labeurs de leur initiative nuisent parfois à la perfection de leur travail. Quand parut, en 1840, le premier volume des *Institutions liturgiques*, combien de personnes, même ecclésiastiques, s'occupaient en France de science liturgique ? Le Saint-Siège avait marqué aux nouveaux Bénédictins l'un de leurs principaux devoirs par ces paroles que l'abbé de Solesmes prit pour épigraphe

de son livre : *Sanas pontificii juris et sacræ liturgiæ traditio-
nes* LABESCENTES *confovere.* Ce terrible *labescentes* n'était que
trop exact. La Liturgie n'était plus connue dans cette France
où les liturgies abondaient. Chaque diocèse avait son rite, et
même il est tel diocèse que nous pourrions citer, où s'épa-
nouissaient trois liturgies à la fois : végétation vraiment trop
luxuriante ! Quelques églises étaient demeurées fidèles au
Missel et au Bréviaire romains : elles passaient pour arrié-
rées. Cette liturgie, qu'on ne connaissait pas, on l'aimait
moins encore. Quelques esprits, d'ailleurs corrects, subissaient
leur bréviaire plus qu'ils ne le goûtaient. On consentait à
admirer certains rites touchants, *poétiques :* mais cette admiration à la Chateaubriand n'avait rien de profond ni de
substantiel. Quant à trouver une vraie beauté aux collectes
et aux postcommunions du Missel, aux antiennes et aux
répons du Bréviaire, on en était à mille lieues. On ne comprenait plus, on n'aimait plus la règle, l'expression, le langage
du culte catholique. Et ce fut alors que dom Guéranger osa
publier le premier tome de ces fameuses *Institutions* dont le
retentissement fut si grand.

La *Préface* de cet excellent livre en indiquait fort nettement toute l'utilité et en exposait le but. Dès la seconde
page, l'ardent apologiste des rites romains posait la question pratique : « Qu'est devenue, disait-il, cette unité de culte
que Pépin et Charlemagne, de concert avec les Pontifes romains, avaient établie dans nos églises ; que nos évêques et
nos conciles du XVIe siècle promulguèrent de nouveau avec
tant de zèle et de succès ? Dix Bréviaires et dix Missels se
partagent nos églises, et le plus antique de ces livres n'existait pas à l'ouverture du XVIIIe siècle. » Voilà ce qui s'appelle entrer dans le vif d'un problème et prendre généreusement la responsabilité d'une belle et téméraire entreprise. Je
ne veux pas aborder ici le récit de tous les orages que
soulevèrent ces quelques lignes de l'illustre Bénédictin, que
souleva tout son livre. Il est inutile, en plein soleil, en plein
calme, en pleine joie, de raconter péniblement les antiques
tempêtes ; il est inutile, en temps de paix, de réveiller inuti-
lement les vieilles querelles endormies. Dom Guéranger se
contenta de vaincre : il eut trop de modestie pour triompher.

Il nous sera permis de parler plus longuement du plan de ces *Institutions liturgiques*, et de leur mérite littéraire. L'auteur suit l'ordre chronologique. D'un bond rapide il ne craint pas de s'élancer jusqu'à Jésus-Christ, et de Jésus-Christ jusqu'à Adam. Il montre dans la liturgie originelle l'ébauche de la liturgie mosaïque, et dans celle-ci l'ébauche de la liturgie catholique. Ses doctrines rendent le même son que celles de l'abbé Rohrbacher, qui fut suscité vers le même temps pour élever à tout jamais le ton de l'histoire. L'auteur de l'*Histoire de l'Église* avait fait voir dans Adam le premier catholique romain : dom Guéranger fait voir dans l'homme originel le premier de tous les liturgistes ; « Dieu daigna lui révéler les formes de la liturgie, comme il lui donna la pensée, comme il lui donna la parole (1). » Et l'abbé de Solesmes nous fait assister à cet incomparable spectacle du premier homme, les mains tendues vers le ciel, les yeux pleins d'une beauté suppliante, et laissant échapper de ses lèvres le lyrisme impétueux de ses premières prières. La liturgie mosaïque est plus clairement indiquée et analysée dans les saints Livres : dom Guéranger n'a donc eu qu'à commenter le *Lévitique*, et à le commenter rapidement. Il a hâte, d'ailleurs, d'en venir au centre vivant du culte universel, à Jésus-Christ, prêtre et victime, dont « la vie n'a été qu'un grand acte liturgique (2), » dont le sacrifice est le fondement ou plutôt l'essence même de la liturgie, et qui, avant de remonter au ciel, a investi officiellement ses apôtres du pouvoir liturgique. Ces admirables doctrines sont exprimées en un style clair, animé, brillant, solide. En lisant ces pages, l'âme et le corps lui-même prennent une attitude plus digne. On sent dans ces premières pages le noble et délicieux parfum de la théologie romaine ; on est fier d'être homme, et d'être chrétien.

Ce n'est pas ici le lieu de résumer toutes les *Institutions liturgiques*. Une seule pensée, une maîtresse pensée relie entre elles toutes les pages de ce livre, et cette pensée est celle de l'unité liturgique. Un désir ardent de l'unité, une vivante et énergique aspiration se fait chaudement sentir

---
1. *Institutions liturgiques*, I, 19.
2. *Ibid.*, 2.

dans toutes les lignes, dans tous les mots de ces trois volumes, que l'on pourrait intituler: *Histoire des tendances à l'unité liturgique*. Durant les premiers siècles, il se forme dans l'Orient et dans l'Occident plusieurs centres liturgiques : Jérusalem et Antioche, Alexandrie et Constantinople, d'une part ; et, de l'autre, Rome, qui tient lumineusement le premier rang ; puis, enfin, la Gaule et l'Espagne. Personne mieux que Dom Guéranger n'a démontré la profonde ressemblance de tous ces rites, où la forme seule est variable. Les Mystères sont partout les mêmes, et l'ordre dans lequel se succèdent les différentes parties du Sacrifice est presque toujours identique. Partout des lectures de l'Ancien et du Nouveau Testament sont faites publiquement devant les fidèles qui sont assemblés dans la basilique ; partout l'offrande du pain et du vin s'accomplit pieusement après ces utiles préliminaires ; partout le diacre invite les cœurs à se tenir en haut, et le sacrifice mystique se consomme partout avec les mêmes paroles de consécration, accompagné des mêmes prières universelles pour tous les besoins des vivants et des morts. L'Église romaine fut dès lors le centre de la liturgie, et les autres prétendus centres s'évanouirent l'un après l'autre. Les Grecs, je le sais, ont gardé leurs rites propres, que les hérétiques de tous les siècles, et surtout les monophysites, ont de plus en plus corrompus ; mais, grâce au génie de Pepin et de Charlemagne, la liturgie romaine fut énergiquement établie dans les Gaules, et, grâce au génie de saint Grégoire VII, les rites mozarabiques cédèrent la place aux rites romains sur tout le sol de l'Espagne chrétienne. Pendant plus de cinq cents ans, la liturgie romaine a donc retenti sous les voûtes de nos cathédrales françaises. Elle y subit d'importantes, de nombreuses additions : on l'attifa, on la para de vêtements gracieux, de nouvelles hymnes, de tropes, de proses et d'offices nouveaux, et c'est avec une grande justesse que Dom Guéranger a inventé, pour qualifier ce mélange de rites, le nom de *liturgie romano-française;* mais, somme toute, le fond du culte était toujours romain, et c'est ce qui nous permet d'arriver, sans trop de colère contre tant d'innovations, jusqu'à la réformation du Bréviaire et du Missel romains par le pape saint Pie V. Nous saluons avec bonheur cette belle tentative d'unification et, si nous ne connaissions pas la triste histoire des deux siècles suivants, nous nous laisserions aller à croire que les brefs de Pie V, de Grégoire XIII et de Clément VIII ont mis fin à tout problème, à toute discussion liturgiques. Hélas ! il n'en fut rien. Alors qu'on pouvait croire tout fini, tout recommença. Un amour étrange pour une liberté périlleuse, pour une élégance trop conforme aux règles de la rhétorique, détermina en France, au dix-septième et au dix-huitième siècle, un mouvement regrettable. De nouvelles liturgies furent partout fabriquées avec je ne sais quelle fièvre de mauvaise indépendance, et les vieux rites romains furent abandonnés aux diocèses rétrogrades. Nous ne voulons pas envenimer ce débat, et nous saurons ne pas nous indigner contre ces nouveautés. Le livre de dom Guéranger est fort complet sur une aussi grave matière : c'est la partie la plus remarquable des *Institutions liturgiques*. L'auteur est dans le véritable élément de son talent et de son érudition : il est vif, il est entraînant, il est spirituel sans cesser d'être savant ; il est savant sans cesser d'être aimable. Il déterre les vieux livres oubliés des docteurs de Sorbonne ; il exhume les dissertations gallicanes et romaines ; il nous fait assister aux escarmouches et aux batailles des liturgistes Il ne dédaigne pas l'Art, et réclame pour sa chère liturgie romaine le noble privilège de la beauté. Il compare le Bréviaire romain aux autres bréviaires : il oppose les hymnes aux hymnes, les répons aux répons ; il attaque, il combat, il frappe, il avance, il triomphe. Il est peu de lectures aussi vivantes. Joignez à cela une bibliographie complète de toutes les sciences qu'étudie notre auteur ; une nomenclature fort précieuse de tous les liturgistes qui ont écrit depuis le premier jusqu'au dix-huitième siècle, et l'indication de tous leurs travaux ; une appréciation rapide et saine de toutes ces œuvres ; des résumés clairs ; une philosophie de l'histoire qui rappelle les doctrines de Joseph de Maistre, et ce style plein de sagesse et de fougue qui est l'un des caractères de cette vive intelligence. Bref le livre est excellent, et son influence a été encore plus considérable que son mérite. Dressez plutôt la liste des églises de France qui suivaient la liturgie romaine en 1840, et calculez le nombre des diocèses qui la suivent en 1893 ; puis, tirez la conclusion.

Il ne s'agissait pas seulement de faire connaître la liturgie romaine : il fallait la faire aimer. Les *Institutions liturgiques* étaient surtout un livre de polémique, et la polémique n'engendre pas l'amour. C'est pourquoi l'abbé de Solesmes, fatigué de ces luttes, et, en quelque sorte pour se reposer, se prit à écrire cette *Année liturgique* dont nous voudrions exposer le plan avec une lucidité qui en fît souhaiter la lecture. Le grand Bénédictin nous offre pour chaque jour du cycle ecclésiastique l'Office romain magnifiquement élucidé et commenté par lui. Dans les *Institutions*, on n'avait admiré, pour ainsi parler, que l'entendement de dom Guéranger ; dans l'*Année liturgique*, on sent son cœur. Ce cœur se répand en belles et amoureuses effusions pour interpréter chacune des paroles de l'Église romaine. Comme aucune étroitesse n'est possible dans l'esprit vaste et généreux de l'abbé de Solesmes, il a ajouté aux prières de la mère Église celles de toutes les autres Églises de la catholicité. Il nous a fait entendre les voix de toutes les liturgies, voix qui sont d'accord et forment un beau concert. C'est ainsi qu'après avoir lu l'*Année liturgique*, le plus humble chrétien connaîtra les plus beaux fragments des liturgies grecque, gallicane, mozarabique, ambrosienne ; les plus riches nouveautés que le zèle un peu excessif de nos pères avait jetées en France sur l'austère tissu de la liturgie romaine ; nos plus belles proses nationales, les hymnes du moyen âge qui méritent d'être retenues et d'être aimées ; tout ce que les liturgistes orthodoxes de tous les temps ont jusqu'ici produit de plus parfait. Notez que ces admirables fragments sont traduits, et que nos femmes et nos filles peuvent se donner la joie de cette lecture, puisqu'elles ont le malheur de n'être pas initiées aux beautés originales de la langue liturgique. Chaque volume est précédé d'une belle Introduction où l'on étudie tour à tour « l'historique, la mystique et la pratique » de toutes les périodes de l'année liturgique. A mesure qu'on lit ces pages simples et ardentes, la lumière se fait. Ceux qui se défient de la liturgie romaine seraient aisément convertis par un demi-volume. Les plus hostiles ne résisteraient point à la lecture du volume tout entier. Encore un coup, ce livre produit l'amour.

L'intelligence, comme le cœur, y est éclairée des meilleures clartés. L'ignorance en matière de liturgie est plus grande au milieu de nous qu'on n'oserait le penser. On ne sait même plus les noms de ces livres liturgiques dont l'Église place les textes vénérés entre les mains de ses enfants. Le symbolisme, est-il besoin de le dire ? n'est plus saisi d'aucune intelligence. Les esprits les mieux disposés n'ont souvent à l'égard des rites sacrés qu'une sorte d'admiration vague et presque honteuse. C'est cette ignorance qu'il importait de dissiper. Dom Guéranger a appelé à son aide l'histoire et l'archéologie. Il ressuscite avec puissance les cérémonies et les rites des vieux siècles, sans jamais perdre des yeux nos cérémonies et nos rites qu'il s'est proposé de mettre en lumière. Il est tout à la fois archaïque et actuel. Nous pensons avoir déjà confessé plusieurs fois, nous confessons encore aujourd'hui fort volontiers qu'avant de lire l'*Année liturgique*, nous n'avions point l'intelligence de cet admirable office du Samedi saint, la plus longue et peut-être la plus importante fonction liturgique de toute l'année. Tout à coup une grande lumière s'est faite dans notre esprit : nous avons tout compris, nous avons tout vu. Nous venions de lire les admirables pages que dom Guéranger a consacrées à cet office dans *la Passion et la Semaine sainte*. C'est là qu'il établit, avec une éloquence imagée et savante, que l'office actuel se célébrait autrefois durant la nuit de Pâques, et qu'il a gardé fidèlement toute sa physionomie primitive et jusqu'à ses antiques rubriques. De là les cérémonies du cierge pascal qui éclairait jadis les ténèbres bénies de cette nuit incomparable ; de là les douze lectures qu'on faisait aux heureux catéchumènes, pour qu'ils attendissent avec patience l'instant désiré de leur baptême ; de là cette procession aux fonts qui avait lieu jadis de la basilique au baptistère, et qui conduisait tant de néophytes à l'innocence et à la béatitude sacramentelles ; de là ce retour des nouveaux baptisés à la basilique illuminée par les premières clartés du jour. Dom Guéranger a su ressusciter tout ce rituel merveilleux. Il lui a réellement donné la vie. Il nous prend par la main vivement et nous conduit en réalité dans une des basiliques des premiers siècles ; il se place auprès de nous, il nous explique à voix basse tout ce qui passe sous nos yeux ravis. Et chacun de nous ne peut plus que s'écrier : « Je sais, je vois, je crois ! »

C'est ainsi que l'abbé de Solesmes a rempli la double mission que Dieu lui avait donnée : « Faire comprendre la « liturgie de l'Église romaine ; la faire aimer. » Si tous les esprits, si tous les cœurs ne se sont pas rendus, ils sont disposés à se rendre. Ils voient qu'aux seuls rites de Rome appartiennent ces trois caractères capitaux : l'Antiquité, l'Autorité, l'Unité. Et quant à ce quatrième caractère essentiel qu'on a contesté à la liturgie des Souverains-Pontifes, quant à la Beauté, l'abbé de Solesmes a, d'une main forte, écarté tous les voiles qui en cachaient le rayonnement. Sa démonstration est complète, et il a pu se reposer dans le triomphe de sa cause. J'aime à croire qu'une de ses récompenses dans le ciel consistera à voir et à entendre sur la terre cette belle unité de prière dont ses travaux auront assuré ici-bas la victoire durable et sans doute immortelle.

II.

DANS le portrait de dom Guéranger, on court risque de se heurter constamment à des questions qui ont soulevé jadis de formidables orages. La vie de l'abbé de Solesmes n'a été qu'une bataille, et, en la racontant, on ne saurait éviter de parler de ses adversaires, qui sont les nôtres. Mais il n'est pas impossible d'en parler avec réserve, et nous venons de lire cette œuvre admirable du P. Faber, *la Bonté*, qui nous dispose à la douceur et au respect.

Il nous faut nommer tout d'abord le livre de dom Guéranger qui a nécessité de notre part cet exorde sincèrement insinuant : ce sont les *Essais sur le naturalisme contemporain*, ou, pour parler plus nettement, les vingt-quatre articles que notre Bénédictin a naguères consacrés dans *L'Univers* à la réfutation du célèbre ouvrage de M. de Broglie, *L'Église et l'Empire romain au quatrième siècle*. Je me souviens encore très vivement du retentissement de ces belles pages. Dom Guéranger a mérité par elles de devenir le modèle de tous ceux à qui l'on confie, dans un journal, la plume du critique.

C'est avec ce respect de nos lecteurs, c'est avec ces longs travaux préparatoires, c'est avec cette conscience et ce zèle que nous devons traiter toutes les œuvres que nous analysons. Et plût à Dieu que nous eussions la même érudition, le même sens critique, le même style ! Nous n'ignorons pas cependant qu'on a violemment accusé dom Guéranger d'avoir alors manqué de ménagements à l'égard d'un des plus illustres catholiques de France ; mais c'est en vain que nous avons cherché dans les cinq cents pages de ce beau livre un seul mot dont le son fût dur, une seule note âpre, une seule injustice, une seule injure : nous n'avons rien trouvé de tel. On nous avait fait craindre un critique amer dans sa sincérité et inopportun dans son zèle : nous n'avons rencontré qu'un père à cheveux blancs, grondant d'un ton fort doux un fils fort tendrement aimé. En vérité, cette critique n'est qu'une forme de la charité.

Quel fut le véritable objet de cette célèbre polémique entre l'abbé de Solesmes et le jeune historien de *l'Église et de l'Empire romain au quatrième siècle?* Laissons de côté les questions secondaires : *andiamo al fondo*.

En déblayant le terrain, en écartant les inutilités, voici le problème, le rude problème qu'il s'agissait de résoudre : « Quelles ont été, dans l'établissement du christianisme, la part de l'homme et la part de Dieu ? » Donnons tour à tour la parole aux deux écoles, et faisons-les parler sans partialité, sans prévention, comme elles auraient parlé elles-mêmes.

« Je m'incline devant le Surnaturel, dit l'école de M. de Broglie dont la bonne foi ne saurait être suspecte. Le Surnaturel, que je ne veux pas confondre avec la Providence, ce n'est pas l'intervention de Dieu dans les choses ordinaires de la vie et de l'histoire : c'est son intervention en dehors des lois naturelles, c'est son intervention en des faits d'un ordre supérieur à l'ordre de la nature. Dieu nous procure le moyen de soutenir la vie terrestre de nos enfants : c'est la Providence ; il ressuscite un de nos enfants morts : c'est le Surnaturel. Le Miracle est un des noms du Surnaturel ; c'est peut-être son nom le meilleur et qui est le plus facile à comprendre. Nous ne nions pas la grande part que le miracle a prise à la conversion de l'ancien monde ; mais nous pensons que cette conversion trouve aussi son explication dans les faits de l'ordre naturel. N'est-il pas certain, par exemple, qu'au moment où a éclaté dans l'Empire romain la prédication des Apôtres, il y avait, dans toutes les intelligences d'élite, de profondes et énergiques aspirations vers une meilleure doctrine, vers un dogme plus spiritualiste, plus épuré ? Le christianisme a donné satisfaction à ces désirs, qui étaient en même temps très naturels et très légitimes. N'est-il pas vrai que la morale chrétienne, par sa beauté poétique, a dû entraîner les imaginations et les cœurs ? N'était-on pas dégoûté de l'idolâtrie et du polythéisme ? N'était-on pas las de l'orgie ? Ne devait-il pas enfin se produire une réaction très naturelle, qui a précipité heureusement des milliers d'âmes dans la pureté des nouvelles doctrines ? Ne me parlez donc pas avec tant d'opiniâtreté des miracles qui ont signalé les premiers siècles de l'Église : nous n'en avons pas besoin. Avec le cœur humain tout seul nous expliquons la fin du paganisme et le triomphe de Jésus-Christ. Vous nous dites que les apôtres ont été foudroyés par la grâce et qu'ils ont frappé le monde, qu'ils l'ont converti de même à coups de foudre, à coups de grâce. Nous le voulons bien ; mais, dans l'apôtre, ne me supprimez pas l'homme. N'allez pas surtout donner à tous ces prédicateurs de la grande doctrine la même physionomie, que vous rendriez monotone à force de la surnaturaliser. Saint Paul ne ressemble pas à saint Pierre, et saint Jean ne leur ressemble point. Saint Pierre au sein du Collège apostolique, représente l'élément judaïque ; saint Paul y représente les espoirs et les tendances de la gentilité ; saint Jean, c'est l'amour qui, après la mort de saint Pierre, exerça dans l'Église une véritable et noble suprématie. Laissez, laissez leurs traits naturels à ceux qui ont eu une mission surnaturelle. N'étouffez pas la nature, respectez-la, et confessez que, dans la formation de la société chrétienne, elle a rempli un grand rôle à côté du Surnaturel devant lequel nous sommes à genoux.

— « Vos doctrines, répond la seconde école, sont étrangement dangereuses : elles me donnent presque de l'effroi ; j'ai peur. A force de ne pas vouloir écraser la nature, vous la divinisez. Vous prétendez qu'il y avait dans tout l'Empire une immense aspiration vers le christianisme, et qu'il devait être accueilli avec des *Ah!* d'enthousiasme et de désir satisfait. Toute l'histoire proteste contre une telle hypothèse. A part quelques âmes de choix dont on ferait aisément le compte, le christianisme fut reçu par des huées, par des cris de rage, par de sanglantes et horribles menaces. Cette religion qui répondait si parfaitement aux besoins de notre nature, on a voulu la noyer pendant trois siècles dans le sang heureusement fécond de ses sectateurs honnis et déshonorés. Douze ou quinze millions de martyrs attestent avec quel succès se produisit un dogme si conforme, suivant vous, aux soupirs des intelligences et aux battements des cœurs. Le Musée Sacré, à Rome, où l'on conserve les augustes instruments du supplice des martyrs, nous fait voir aussi, et non sans éloquence, comment la nouvelle morale avait conquis les sympathies universelles. Vous prétendez que, par une salutaire et *naturelle* réaction, cette morale devait aisément triompher dans le monde. Ici encore le miracle n'aurait été, d'après votre système, que d'une utilité secondaire, et il n'était pas absolument nécessaire, selon vous, de foudroyer les âmes par les coups inattendus de la grâce, de ressusciter les morts, de rendre la vue aux aveugles et la parole aux muets. Non, le monde ancien, dites-vous, avait soif et faim d'une morale pure et élevée, et à peine a-t-il aperçu l'Église qu'il s'est jeté dans ses bras. Voilà ce que vous prétendez, et je ne pense pas avoir exagéré vos doctrines. Cependant, si j'ouvre l'histoire, je ne trouve guère dans l'empire romain, à l'époque de sa décadence, que vices monstrueux et concupiscences inassouvies. J'y vois des débauchés qui sont heureux de l'être et qui veulent l'être davantage encore. Dans les hautes classes, ce sont des orgies délicatement ignobles ; dans le peuple, ce sont des orgies brutales. Les plébéiens aiment les distributions de mangeaille et les tueries du cirque; les patriciens aiment les dîners qui coûtent des milliers de sesterces. Les uns et les autres détestent la doctrine chrétienne, qui leur ordonne de jeûner. Ceux qui recommandent le jeûne, sachez-le bien, ne sont jamais bien accueillis par ceux qui se donnent tous les jours de coupables et monstrueuses indigestions, et tel était le cas des Romains aux premiers siècles de l'Église. Eh! transportez-vous de nos jours dans quelqu'un de nos infâmes petits théâtres, en présence de ce public où abondent les incrédules élégants, les filles de mauvaise vie, les escrocs, les viveurs : montez sur une borne, et prêchez l'abstinence à ces gens qui sablent du champagne : soyez certains que les aspirations de leurs âmes et les besoins de leurs intelligences ne seront nullement d'accord avec vos beaux discours, et que vous serez sifflé. Encore un coup, je vous accorde que deux ou trois belles âmes pourront être redressées par votre morale élevée ; mais la grande majorité restera dans sa fange, et il faudra que d'énergiques courants de la grâce traversent cette société à moitié morte pour lui rendre la vie et la transfigurer. Le Surnaturel est nécessaire contre une telle nature, et Dieu a employé le Surnaturel. N'allez pas surtout appliquer votre système naturaliste à la physionomie de nos apôtres. Rien n'est plus dangereux, rien n'est plus faux que de s'écrier : « Saint Paul, c'est la gentilité ; saint Pierre, c'est le judaïsme ; saint Jean, c'est l'amour. » Avec des textes qu'il serait facile de multiplier, dom Guéranger a fait justice de ces prétentions romanesques et romantiques ; il a montré saint Paul aussi *judaïque* que saint Pierre, saint Pierre aussi *aimant* que saint Jean. Les théories de nos adversaires ne sont-elles pas d'ailleurs trop voisines de celles de M. Taine, qui donne une si large part dans l'histoire au climat, au moment, au milieu, au tempérament ? Ne peut-on pas, sans tomber dans cet excès, laisser à la nature une belle et légitime place ? Ne peut-on pas, sans aller aussi loin que les *naturalistes*, laisser sa physionomie propre à chacun des ouvriers de la vigne céleste ? Nous ne sommes aucunement éloignés de le penser. *In medio virtus et veritas.* »

Nous venons d'exposer les doctrines des deux écoles que le livre de dom Guéranger a mises en présence : nous nous sentons ici le devoir de nous prononcer en faveur de l'une d'elles, et nous nous rangeons très loyalement au sentiment de l'abbé de Solesmes.

III.

La troisième œuvre du célèbre Bénédictin a consisté dans cette apologie constante des doctrines romaines qui éclate dans tous ses livres. On se rappelle l'émoi que produisit dans le monde chrétien la publication, en 1837, des *Origines de l'Église romaine*. Les politiques eux-mêmes prirent l'alarme, et la voix de M. Isambert se fit entendre. *C'est un ramas d'apocryphes*, s'écria-t-il alors à la tribune de la Chambre des députés. Il y eut de nombreuses et virulentes attaques. Nous ne regrettons pas cette explosion ; il vaut mieux qu'on se passionne pour ou contre une grande doctrine que de demeurer dans l'inertie honteuse d'une indifférence plus ou moins sincère. Dom Guéranger, d'ailleurs, n'était pas embarrassé de répondre à ses adversaires. La question était belle : il s'agissait de savoir à quelles sources fut puisé le *Liber pontificalis*, ce document qui jette une si vive et si pure lumière sur l'histoire des premiers papes. Est-il l'œuvre originale d'Anastase le bibliothécaire ? Ou n'est-il pas plus probable qu'Anastase aura seulement compilé les notes que ses prédécesseurs rédigeaient tour à tour sur les pontificats dont ils étaient les contemporains ? Tel est le problème que nous n'avons pas ici à résoudre et que dom Guéranger discute avec une force lucide. Plusieurs chapitres de son livre forment des opuscules complets que l'excellent livre de l'abbé Duchesne ne jettera pas dans l'ombre. Nous signalerons surtout ceux qui ont pour objet les notaires de l'Église romaine durant les premiers siècles. Tous ceux qui s'occupent de Diplomatique pontificale devront consulter ces pages savantes, claires, décisives.

Que l'abbé de Solesmes ait combattu pour l'idée romaine en liturgie, c'est ce que nous avons surabondamment démontré. Qu'il ait été le soutien des mêmes doctrines dans sa lutte contre le naturalisme contemporain, c'est ce que confessera tout esprit impartial. Mais, en vérité, toute cette intelligence était un aimant tourné vers Rome. Veut-il écrire la vie d'un saint, il choisit une des vierges les plus chères à l'Église romaine, et se consacre à sainte Cécile. Dans son *Mémoire sur l'Immaculée Conception de la Vierge*, il donne une voix aux soupirs de l'Église universelle et prépare le travail du Saint-

Siège. Toutefois, son amour pour les principes de Rome ne s'est jamais manifesté plus originalement, plus vivement que dans la longue série de ses articles sur Marie d'Agréda. Il est bien entendu que nous n'avons aucune autorité pour traiter ici la question de la *Cité mystique*, question si profondément controversée depuis plus de deux cents ans. Nous préférons constater scientifiquement que dom Guéranger a profité de ses études sur la vénérable abbesse pour tracer la physionomie de l'époque tout entière où l'on discuta pour la première fois ses révélations et ses doctrines. Il nous ouvre la porte de la Sorbonne à la fin du XVII° siècle, il nous y introduit avec lui, il nous y fait assister aux menées gallicanes et aux intrigues jansénistes ; mais surtout il nous fait toucher du doigt les grandes plaies de ce temps que certains méprisent injustement, mais que d'autres ont peut-être vanté à l'excès. La fin du « grand siècle » fut triste : on est effrayé des germes d'incrédulité, de révolte, d'athéisme qui déjà sont visibles partout. Le XVIII° siècle est tout entier contenu dans la fin du siècle précédent ; la Révolution semble avoir commencé. Dom Guéranger nous a dénoncé ce grand fait en nous montrant les allures indépendantes et en ouvrant nos oreilles au libre parler des libres penseurs de 1690. Il nous a par là rendu un grand service. On suppose de par le monde que nous sommes les admirateurs exclusifs de Louis XIV et de son temps. Nous ne voulons pas plus parquer notre admiration dans ce siècle que dans un autre. Un siècle est trop étroit pour contenir les enthousiasmes d'un chrétien, même ses enthousiasmes politiques. L'absolutisme sans bornes de Louis XIV nous scandalise ; sa prétention de dominer l'Église nous indigne ; il n'est pas et ne saurait être pour nous le type du roi chrétien, et il nous est impossible, pour tout dire, d'admirer sans réserve une politique qui a tant travaillé à la tyrannie de l'État et à la dépression de l'Église.

Il ne nous reste plus qu'à parler de la part glorieuse que prit le grand Bénédictin au concile du Vatican.

Il se passa alors un fait des plus étranges et que les historiens des doctrines religieuses devront un jour mettre en lumière. Un certain nombre de « libéraux », qui avaient débuté par aimer passionnément Rome et les doctrines romaines, tournèrent peu à peu à ce gallicanisme dont ils avaient jadis abhorré l'étroitesse. Ils se firent gallicans, chose étrange, par excès de libéralisme. Le mécontentement et la méchante humeur où ils étaient de voir Rome se prononcer contre eux, les poussa à revenir aux propositions de 1682, et, de fait, ils y revinrent. Lorsque s'ouvrit le Concile du Vatican, leurs journaux nous surprirent par la vivacité de leur gallicanisme. Tous les arguments de Bossuet furent alors remis en circulation. Nous eûmes la douleur de voir de grands, de généreux catholiques, chercher d'une main jalouse, dans toute l'histoire de l'Église, les pages où l'on pourrait assister à de prétendues défaillances de la sainte Église romaine. Ils mirent autant d'ardeur à chercher ces scandales que les pêcheurs de perles à découvrir les trésors cachés de l'Océan. On n'entendait plus, de toutes parts, que ces mots d'où la passion n'était pas toujours absente : « Tel pape s'est trompé en telle circonstance, en telle année. Honorius a été hérétique. Vigile a été hérétique. Libère a été hérétique. » Une plus rude épreuve nous était réservée. L'École de nos adversaires eut alors pour chef un saint prêtre, au vaste cœur et au large entendement, et qui avait eu sur la jeunesse de nos écoles une action vraiment providentielle. Le P. Gratry écrivit alors ces fameuses *Lettres* qui troublèrent tant d'esprits. Il se fit un grand silence, et l'on se tourna vers Solesmes.

La *Monarchie pontificale* répondit à cette attente universelle, et Dom Guéranger y affirma de nouveau l'Unité romaine. Son principal honneur et le résumé de sa vie sont là : il a aimé l'Unité et l'a fait aimer. On ne saurait s'imaginer une érudition plus puissante sous une forme plus modérée. Des faits, des dates, des textes. Et puis encore des textes, des dates, des faits. Cette tranquillité sûre d'elle-même, cette sérénité triomphante fut d'un heureux augure. Les bons livres abondèrent, et l'argumentation ultramontaine devint de plus en plus serrée. Les Papes furent vengés ; Libère, Vigile et Honorius furent lumineusement justifiés ; l'infaillibilité fut démontrée par la science avant d'être proclamée par l'autorité. Dom Guéranger fit aux catholiques comme un merveilleux escalier qui leur permit de remonter aisément depuis le temps présent jusqu'au premier siècle de l'Église, et chacun des degrés de cette admirable *scala* était un texte en faveur de l'infaillibilité romaine. On sait le reste ; on sait comment tous les catholiques se soumirent au décret du Concile, et quelle mort admirable fit le très regretté Père Gratry.

Nous nous persuadons que la *Monarchie pontificale* ne fut pas étrangère à ce dénouement, et que ces deux grandes âmes sont réunies là-haut aux pieds de Dieu, pour s'y entretenir éternellement de l'Infaillibilité victorieuse.

Tel fut le dernier combat de Dom Guéranger ; telle fut sa dernière victoire.

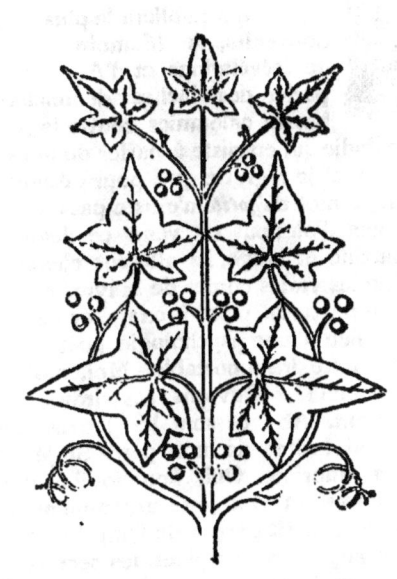

LE STYLE DES MÈRES.

I.

Il semble que l'on pourrait appeler ce siècle où nous vivons le « siècle de l'indiscrétion ». C'est à qui publiera le plus de Journaux, de Souvenirs, de Mémoires, de Confidences, de Révélations et d'Autobiographies, sans parler des lâches dénonciations et des basses calomnies contre le prochain. Nous avons une maladie qui consiste à parler de nous vingt-quatre heures par jour, et je regrette que, pour désigner cette maladie très aiguë, le mot d'*égotite* n'existe pas dans notre langue. Je sais fort bien d'où nous est venu ce fléau. Lorsque parurent Lamartine et Hugo, ils allèrent chercher au fond de l'âme humaine les vraies cordes de la lyre, et certes ils firent bien ; mais on ne tarda point à exagérer cette chose excellente, et, au lieu d'une psychologie poétique, nous eûmes bientôt une vanité insupportable. Moi, moi, moi, partout moi, toujours moi ! « Ouvrons ces tiroirs, et voyons ce qu'ils renferment. Ah ! ce sont les lettres de ma mère, c'est le Journal intime de mon père. Si je les imprimais ? « Et on les imprime. Oui, l'on fouille dans les plus secrètes armoires, et l'on jette ardemment la « copie » qu'on y trouve au petit garçon de l'imprimerie qui attend à la porte. Les angoisses des pères, les secrets des sœurs, les luttes de la famille contre la misère et pour l'honneur, les larmes, les bouquets fanés, les fleurs flétries entre les pages des livres, les papiers encore chauds de la main et des larmes d'une mère, on prend tout cela, et on le livre. O sagesse des langues ! *Tradere* ne signifie pas en vain « livrer » et « trahir ».

En voici un nouvel et lamentable exemple :

La mère de M. de Lamartine avait accoutumé de se retirer tous les jours, durant une heure, dans le silence et l'ombre de sa chambre et, là, d'écrire en style fort simple ses impressions de la journée, ou, pour mieux parler, ses examens de conscience. Noble occupation, et fort chrétienne assurément. C'est par là que l'âme se recueille, s'anime, se réconforte et s'élance de nouveau, lumineuse, forte et souple, dans le brouhaha de la vie. J'aime autant ces Mémoires intimes que j'abhorre leur publication. Et, certes, ce n'est pas peu dire.

Eh bien! le croira-t-on? M. de Lamartine (nos lecteurs savent peut-être quelle admiration nous professons pour le poète et le philosophe), M. de Lamartine a bien eu le cœur d'entrer un jour dans la chambre de sa mère morte, d'y prendre ce journal pieux, de s'emparer de ces pages saintes et d'en faire « de la copie ». — Mais, me direz-vous, il était pressé d'argent. — Ah! l'on meurt de faim, s'il le faut, mais on ne publie pas le Journal de sa mère.

Voilà ma critique faite, et c'était le vilain côté de ma besogne. Je n'ai plus, grâce à Dieu, qu'à admirer.

II.

JE désire très vivement que beaucoup de mères lisent ELLES-MÊMES ce livre à leurs filles : car, en vérité, c'est une lecture saine et dont notre génération pourra tout particulièrement tirer un excellent profit. Nous avons beaucoup à faire aujourd'hui pour l'éducation de nos filles. On amollit beaucoup trop ces âmes naturellement molles. Les lectures des jeunes filles ressemblent à leurs costumes : c'est du frou-frou. On ne leur apprend pas suffisamment la force. Tout récemment M. Taine, dans une série d'esquisses fort remarquables sur l'Angleterre, étudiait au vif le naturel des jeunes Anglaises : il nous faisait remarquer avec justesse qu'elles se marient toujours par inclination, et qu'une fois mariées, elles ont le courage de suivre leurs maris aux Indes, en Australie, au bout du monde. Nos Françaises, qui ont d'ailleurs d'autres vertus, sont un peu bien sucrées et difficiles sur ce point-là. *On* voudrait rester à Paris; *on* voudrait ne pas trop s'éloigner de ceci, de cela; *on* voudrait ne pas trop changer ses « vieilles » habitudes... Eh bien, mademoiselle *On*, écoutez un peu l'histoire de Madame de Lamartine. Écoutez, et imitez.

La mère de Madame de Lamartine avait naguères, en

qualité de sous-gouvernante, élevé les enfants du duc d'Orléans, et sa fille avait vécu près d'elle dans le luxe et dans les splendeurs de la Cour. Elle avait habité le Palais-Royal et Saint-Cloud ; même elle en avait gardé les plus charmants, les meilleurs souvenirs. Or le jour vint où elle se maria. Et comment? Il lui fallait quitter la Cour ; il lui fallait dire adieu pour toujours à cet éclat, à ces joies, à ce bruit si vivant, à ces plaisirs toujours renouvelés, à cette atmosphère si intelligente et si aimable, à tous les attraits enfin qui pouvaient le plus innocemment retenir une âme élevée ; il lui fallait, dis-je, renoncer à tout cela, pour aller s'enfouir, au fond d'une province, dans un petit bien rural, avec un gentilhomme campagnard. Ah! mesdemoiselles, ah! mesdames les héroïnes de nos romans et de nos drames, que de cris vous auriez jetés! Quelle révolte contre la brutalité d'un tel sort! Et vous, jeunes filles de ce temps, quelle jolie moue vous feriez s'il vous fallait quitter Paris, les théâtres, les bals, pour un tout petit village du Mâconnais, dans les montagnes, près d'un mari plein d'honneur, mais pauvre, et avec la perspective d'avoir, comme on le dit autour de vous, « des ribambelles d'enfants! »

Madame de Lamartine, elle, ne cria point et ne fit pas la moue. Elle aimait son mari, et, l'aimant, elle le suivit. Saint-Point lui devint cent fois plus beau, plus radieux, plus aimable que le Palais-Royal et Saint-Cloud. Elle eut la joie d'y avoir en effet beaucoup d'enfants: cinq filles qui furent de vrais « miracles » de beauté, de grâce et de piété ; un fils qui est peut-être avec Hugo, le plus grand poète de ce temps-ci et de tous les temps. O la belle et simple vie, et comme on se sent rasséréné à lire ces pages plusieurs fois admirables! Cette mère ne s'occupe que de ses devoirs, sans penser à ses droits ; elle est tout le jour autour de l'âme de ses enfants pour empêcher le mal d'y pénétrer ; leur santé l'occupe, leur salut la préoccupe. Elle agit sans cesse, et ne s'agite jamais. Le caractère de Madame de Lamartine, le caractère de la chrétienne, c'est le calme. Cependant elle est à peu près pauvre, et se demande souvent, avec quelque anxiété, comment elle pourra élever son fils, doter ses filles ; mais elle sait attendre l'avenir sans jamais attrister le présent. « C'est aujourd'hui l'anniversaire « de mon mariage, écrit-elle en 1814. Il y a aujourd'hui qua-

« torze ans que j'ai eu le bonheur d'épouser un homme selon
« le cœur de Dieu. Je le savais aimable, mais je ne le savais
« pas si parfait. Il n'a pour défaut que les scrupules de l'hon-
« neur et une probité qui prend ombrage de la moindre
« indélicatesse ; mais c'est un bien beau défaut. Il ne vit que
« pour moi et pour ses enfants. Il a souvent bien des soucis
« pour une si nombreuse famille avec une si étroite fortune.
« C'est à moi de le soulager et à la Providence de nous
« assister. Je me fie à elle. Cette confiance est peut-être ma
« seule vertu : pour tout le reste, je suis bien imparfaite (1). »
Voilà une page que les critiques du lundi, et bien d'autres,
n'auront pas remarquée, et il en est peu d'aussi belles.
C'est le malheur des étrangers de ne pas connaître les vertus
de la femme française. Ils ont cela de commun avec
tous nos lettrés. Le monde entier fréquente, pour ainsi dire,
les héroïnes de nos romans et de nos drames : il ne sait pas
la beauté intime de notre foyer, le courage de nos mères,
la grandeur morale de nos sœurs, de nos femmes, de nos
filles. C'est ce qui fait peut-être le plus de tort à la France :
on ne la juge pas, on l'ignore.

Il nous faut citer ici quelques autres paroles qui feront
connaître toute cette femme, toute cette mère : « J'ai assisté
« aujourd'hui à une prise d'habit de religieuses hospitalières,
« à l'hôpital de Mâcon. On leur a fait un discours ; on leur a
« dit qu'elles embrassaient pour la vie un état de pénitence et
« de mortification ; on leur a mis une couronne d'épines sur
« la tête. J'ai beaucoup admiré leur dévouement ; mais j'ai
« réfléchi que l'état d'une mère de famille, si elle remplit
« ses devoirs, peut approcher de la perfection de celui-là. On
« ne pense point assez, quand on se marie, qu'on fait aussi
« vœu de pauvreté, puisqu'on remet sa fortune entre les mains
« de son mari. On fait aussi vœu d'obéissance à son mari et
« vœu de chasteté puisqu'il n'est pas permis de chercher
« à plaire à aucun autre homme. L'on se voue aussi à l'exer-
« cice de la charité vis-à-vis de son mari, de ses enfants et de
« ses domestiques. Je n'ai donc rien à envier aux Hospita-
« lières. Ces réflexions m'ont fait grand bien à l'âme : j'ai

1. *Le Manuscrit de ma Mère*, p. 67.

« renouvelé mes vœux devant Dieu, et je le prie de me faire
« la grâce d'y être très fidèle (¹). »

Nous signalons volontiers cette page éloquente à certains
catholiques qui n'ont pas pour le mariage une suffisante
estime; mais nous la recommandons surtout aux jeunes filles
et aux jeunes femmes qui ne seraient point passionnées
uniquement pour le Devoir. Nous voudrions que toutes
pussent la lire, et nous l'écririons volontiers au revers d'une
belle image reproduisant quelque Sainte Famille de Fra
Angelico ou de Raphaël.

Laissez-moi, laissez-moi égrener encore quelques perles de
cet écrin :

« Je suis trop heureuse. Quelquefois cela m'effraye. Ce qui est si
doux ne dure pas en ce bas monde. Il faut me fortifier dans ce bonheur en ne m'y attachant pas, si ce n'est par ma reconnaissance envers le Dispensateur divin pour les jours de sécheresse et d'adver-
sité (²) !

« Il ne faut pas masquer la vie aux enfants. Il faut la laisser voir
telle que Dieu nous l'a faite, avec ses douceurs et avec ses amertumes.
Apprendre à souffrir, n'est-ce pas apprendre à vivre (³) ? »

« Mon Dieu, je veux toujours me plaire dans tous les lieux où
votre volonté me fixera. Quand je compare cette maison délabrée,
mais saine, vaste, bien exposée au soleil et à l'ombre, avec ces maisons enfumées des villes, avec ces cabanes mal couvertes de genêts,
et quand je pense à tant d'autres femmes plus laborieuses et plus
résignées que moi, qui n'ont ni maisons, ni cabanes à elles pour leurs
pauvres petits enfants, ne suis-je pas encore trop privilégiée de
votre Bonté (⁴) ? »

« C'est aujourd'hui l'anniversaire de ma première communion. Il y
a déjà vingt-quatre ans ! Comme la vie fuit ! Ce n'est que songe. Mon
Dieu, donnez-moi un beau réveil et rendez le songe aussi pénible
que vous voudrez (⁵). »

« Nous venons d'établir chez nous la prière en commun. Rien
ne relève autant l'esprit des serviteurs que cette communion quoti-
dienne avec leurs maîtres par la prière et l'humiliation devant Dieu,

---

1. *Le manuscrit de ma mère*, p. 146.
2. *Ibid.*, p. 89.
3. *Ibid.*, p. 96.
4. *Ibid.*, p. 98.
5. *Ibid.*, p. 113.

qui ne connaît ni grands ni petits. Cela est bon aussi pour les maîtres, qui sont rappelés ainsi à l'égalité chrétienne, et cela accoutume les enfants à penser à ce vrai Père qu'ils ne voient pas (¹). »

« Ce soir, en passant devant la cour du collège des Jésuites, j'ai vu, du fond de ma voiture, les enfants qui jouaient, et j'ai entendu leurs cris de joie. Heureusement mon fils ne s'est pas approché : il aurait trop pleuré, et moi aussi. Il vaut mieux ne pas amollir ces pauvres enfants destinés à devenir des hommes. J'ai pleuré toute seule au fond de la voiture, sous mon voile (²). »

« Je viens de m'apercevoir que quelques-uns de mes cheveux devenaient blancs. Quel avertissement de l'éternité! Le temps s'en va. Qu'ai-je fait de ma jeunesse? Mes jours à présent doivent compter double pour mon salut et pour le bonheur que je puis donner à tout ce qui m'entoure (³). »

« Mon mari vient de subir une nouvelle banqueroute de vingt et un mille francs. Nous allons être bien pauvres cette année. Nous n'avions que cette somme, et elle est perdue : la volonté de Dieu soit faite! J'admire le calme de mon mari ; c'est un homme d'acier pour les choses de la vie (⁴). »

« J'aime le temps d'automne et les promenades sans autre entretien qu'avec mes impressions : elles sont grandes comme l'horizon et pleines de Dieu. La nature me fait monter au cœur mille réflexions et une espèce de mélancolie qui me plaît. Puis, quand je me retourne et que je vois, du haut de la montagne, la petite lumière qui brille dans la chambre de mes enfants, je bénis la Providence de m'avoir donné ce nid caché et tranquille pour les aimer.

« Je finis toujours par une prière sans beaucoup de paroles, qui est comme un cantique intérieur que personne n'entend. Mais vous, Seigneur, vous l'entendez, puisque vous entendez le bourdonnement d'un insecte dans cette petite forêt de bruyères que je foule sous mes pieds (⁵). »

Est-ce que ces dernières lignes ne valent pas toute une *Méditation?* Est-ce que les autres ne valent pas mieux, et ne rendent pas un son plus chrétien? La vie de Mme de Lamartine était, d'ailleurs, plus admirable que son *Journal*. La vie, c'est la lumière ; la page écrite, c'est le reflet.

---

1. *Le Manuscrit de ma mère*, pp. 123 et 124.
2. *Ibid.*, p. 136.
3. *Ibid.*, p. 142.
4. *Ibid.*, p. 153.
5. *Ibid.*, pp. 156 et 157.

Imaginez donc cette existence au milieu des montagnes ; ces promenades dans les bois avec ses cinq filles; ces paysans aimés et secourus ; ces cabanes obscures dans lesquelles entrait soudain ce beau faisceau de rayons, ce beau groupe de chrétiennes: ces luttes silencieuses pour mener une vie à la fois économe et honorable; ces pertes de fortune si héroïquement supportées ; ces maigres revenus avec lesquels il faut, dans les bonnes années, faire vivre cette nombreuse famille... Puis il y a ce fils, il y a notre Lamartine, qui est si tendrement aimé, et, faut-il le dire, quelque peu gâté par sa mère, dont c'est peut-être l'unique défaut. Tous les ans il revient aux vacances, tous les ans plus intelligent et plus beau ; mais voici qu'on le jette trop tôt dans le gouffre de Paris. Il commence à y mener cette vie large pour laquelle il a toujours eu trop de goût, et se couvre de dettes. La pauvre mère, un jour, apprend cette catastrophe ; elle éclate en larmes et en sanglots : « Les torts de mes enfants sont mes « torts. Pourquoi n'ai-je pas été plus sévère pour *lui* dès sa « première faute ? » Là dessus, elle recueille tout l'argent que la famille et les amis veulent bien lui prêter, part pour Paris, paye toutes les dettes de l'enfant prodigue et le ramène à la maison paternelle en pleurant à la fois de tendresse et de douleur.

Alors, commence une existence encore plus austère, et parfois voisine de la pauvreté. Le cœur de la mère n'avait encore été que frôlé par la douleur: voilà qu'il est percé, entr'ouvert, vingt fois déchiré. Elle perd tour à tour deux de ses filles dans toute la splendeur de leur jeunesse et leur beauté. « Mon « Dieu, mon Dieu, s'écrie-t-elle, prenez-moi aussi. Je ne veux « plus vivre que pour le ciel que j'ai montré à mes deux filles « et où elles m'appellent et m'introduiront à leur tour. Les « familles se déchirent ainsi, mais elles se renouent pour « l'éternité dans l'éternité. »

III.

VOILA la chrétienne, et madame de Lamartine n'est pas la seule qui s'élève à ces hauteurs. Qui de nous n'a de tels spectacles sous les yeux? Je conseille à nos anglomanes de lire ces pages simples et émues, lorsqu'après avoir fait une longue apologie de l'Anglaise, ils en viendront à étudier la Française. Certes, ils ne lui trouveront pas ces qualités propres aux femmes « de l'autre côté du détroit », cette force, cette agilité matérielle, cette énergie un peu *hominale*, ce besoin d'action, cette extériorité franche, cette vigueur de la santé du corps qui donne à l'âme je ne sais quoi de ferme et de particulièrement sain. Non, nos Françaises n'ont pas tout cela. Elles ne domptent pas de chevaux; elles ne sont point si vaillantes aux exercices musculaires; mais c'est qu'elles ne sont pas riches, et leurs admirateurs ne le disent pas assez. Sur cent Françaises, il y en a bien quatre-vingt-quinze qui, comme madame de Lamartine, sont contraintes de lutter avec les besoins de la vie. Qui peindra dignement leur courage modeste, leur admirable égalité de caractère, leur intelligence dans l'économie, leurs sacrifices quotidiens qu'elles savent si bien ne montrer qu'à Dieu, leur calme héroïque au milieu des épreuves, les consolations qu'elles savent donner, la force qu'elles ont et celle qu'elles communiquent, leur habileté à cacher la misère et surtout à l'éviter, leurs soucis pour l'éducation de leurs enfants et la dignité dont elles savent toujours s'entourer à leurs yeux? Qui dira, qui saura dire tout cela? C'eût été naguères M. Taine... s'il avait été chrétien.

Qu'on lise, pour conclure, la belle page qui fut écrite par Madame de Lamartine le jour même où elle apprit la chute de Napoléon Ier : « Que toutes « les mères qui conserveront « maintenant le fruit de leurs entrailles chantent le cantique du salut avec mon cœur. Le « royaume de saint Louis va « renaître avec le royaume de Dieu. »

Les événements, hélas! n'ont pas répondu à l'attente de Madame de Lamartine; mais ce qui ennoblit les âmes, ce n'est pas le succès de ce qu'elles désirent : c'est la hauteur de leur espoir.

LE STYLE DES SAINTS.

I.

OUS avons sous les yeux un petit livre qui renferme de vastes trésors: trésors de poésie, de philosophie, d'amour.

Un de ceux qui entendaient tous les jours la parole du curé d'Ars, un de ceux qui voyaient tous les jours passer l'éclair de l'inspiration dans les yeux du Saint, et autour de son front éclater l'auréole de la sainteté, un de ses disciples a eu l'heureuse pensée de réunir en quelques pages tout ce que sa mémoire a pu garder des enseignements de son maître. L'*Esprit du curé d'Ars* est un des plus beaux livres qui puissent illuminer une intelligence chrétienne.

Nous ne saurions cacher l'enthousiasme dont nous sommes brûlé en le lisant, en le relisant. Chacune de ces paroles, en tombant dans notre âme, y produit je ne sais quelle harmonie délicieuse que ne produisent pas les œuvres purement humaines. C'est ainsi qu'en laissant tomber une boule d'or dans une coupe d'argent, on entend un son ravissant et pur.

Mais la lecture de ces Catéchismes et de ces Homélies incomparables fait surtout naître en notre esprit des réminiscences qui nous charment et dont nous ne songeons pas à nous détacher. Il nous semble avoir lu déjà quelque chose de semblable. Et peu à peu, après avoir dissipé ces ténèbres quelque peu douloureuses d'un souvenir qu'on cherche à ressaisir, nous nous rappelons très nettement où nous avons trouvé des paroles semblables à celles du curé d'Ars. C'est dans la Vie des Saints.

Tous les Saints, ayant parlé d'après le même principe et avec le même but, ont parlé à peu près de la même manière. Sans doute, il y a une admirable variété dans cette unité de parole; mais sous la variété il y a une unité profonde. En d'autres termes, il y a un style particulier, distinct des autres styles humains, tout à fait *sui generis*, et que nous appellerions volontiers le Style des Saints.

II.

LE Style des Saints, qui est l'expression de leur nature intime, offre trois caractères principaux que nous voudrions mettre en lumière.

Les Saints ont une façon toute particulière de parler de Dieu, de parler de l'homme et de parler de la nature. De là ces trois caractères de leur pensée et de leur style :

Lorsque les Saints parlent de Dieu, leur style est une aspiration, un soupir immortel; lorsqu'ils parlent de l'homme, leur style est une constatation éloquente des extrémités de sa misère et de sa grandeur; lorsqu'ils parlent de la nature, leur style reconstruit l'antique harmonie qui, avant le péché originel, existait entre l'homme et tous les êtres créés. Tel fut le style de M. Vianney, que nous choisirons ici pour exemple.

Le sculpteur qui aura à faire sortir du marbre ou de la pierre la figure vivante du curé d'Ars assumera une tâche difficile. Jamais artiste grec épris de ses modèles n'aura rencontré pareil obstacle. Pour allumer ces yeux, quel feu invisible il faudra faire jaillir de cette pierre froide! L'artiste chargé d'un tel ouvrage fera bien de lire les Catéchismes de cet admirable prêtre. Si nous étions en sa place, nous représenterions le Saint au moment où il prononçait ces paroles: «Aimer Dieu, oh! que c'est beau!» Il faut se le figurer en cet instant sublime, avec la magnifique maigreur de ses traits transfigurés, avec les ruisseaux de larmes qui coulaient de ses yeux, avec le rayonnement qui sortait de tout son être.

Au reste, les soupirs vers Dieu interrompent à tout instant la parole du curé d'Ars; ou plutôt, ce ne sont point là des interruptions, mais l'essence même de ce style. Certains critiques qui continuent parmi nous les traditions mesquines de Laharpe et ne sont en réalité que des grammairiens sans ailes, remarqueront platement qu'il y a trop d'interjections dans les Homélies du saint curé. La même remarque pourrait s'appliquer au style de tous les Saints. Et ce que ces grammairiens, ce que ces pédants prennent pour des interjections, ce sont ces soupirs vers l'éternelle Beauté dont les Saints sont si coutumiers. « O Jésus, s'écriait le curé d'Ars, ô Jésus, vous « connaître, c'est vous aimer. — Si nous savions comme « Notre-Seigneur nous aime, nous mourrions de plaisir. — « C'est si beau la charité ! C'est un écoulement du cœur de « Jésus, qui est tout amour. Le seul bonheur que nous ayons « sur la terre, c'est d'aimer Dieu et de savoir que Dieu nous « aime. » Ailleurs il répète encore : « Que c'est beau ! Après « la consécration, le bon Dieu est là comme dans le ciel. « Si l'homme connaissait bien ce mystère, il mourrait d'amour : « Dieu nous ménage à cause de notre faiblesse. » Souvent, l'œil divinement enflammé, inondé de ses larmes, il termine ses discours par des mots qui ressemblent à des cris ou à des sanglots : « Être aimé de Dieu, être uni à Dieu, vivre en « la présence de Dieu, vivre pour Dieu, ô belle vie et belle « mort ! » Cette péroraison n'est pas conçue d'après les règles de la rhétorique ; mais elle pénètre où la rhétorique n'a jamais pénétré : dans l'âme.

Le saint curé possédait admirablement la connaissance de l'homme : ce n'est pas en vain que l'on s'entretient avec les âmes pendant plusieurs milliers d'heures. Le prêtre est celui qui connaît le mieux ici-bas les profondeurs où peut descendre une âme et les hauteurs où elle peut s'élever : il se livre tous les jours à l'étude pratique d'une psychologie que les philosophes ne soupçonneront jamais. Le prêtre embrasse d'un regard le plus profond de l'abîme et le plus haut du ciel : il voit les âmes aller sans cesse de l'une à l'autre de ces extrémités.

Personne n'a eu sur les âmes le regard aussi perçant que le curé d'Ars : « Nous sommes beaucoup, dit-il, et nous ne « sommes rien. Il n'y a rien de plus grand que l'homme, ni « rien de plus petit. Il n'y a rien de plus grand, quand on « regarde son âme ; rien de plus petit, quand on considère « son corps. On s'occupe de son corps, comme si l'on n'avait « que cela à soigner : on n'a, au contraire, que cela à mé- « priser. » Ailleurs, il exprime encore plus énergiquement cet affreux dualisme qui a éclaté dans la nature humaine après le désastre du péché originel : « Il y a, dit-il, il y a deux « cris dans l'homme : le cri de l'ange et le cri de la bête. Le

« cri de l'ange, c'est la prière ; le cri de la bête, c'est le péché. »
Ce prêtre de village a trouvé, pour peindre la grandeur de l'homme, des paroles que Bossuet lui eût enviées : « Un chré« tien, dit-il, créé à l'image de Dieu, racheté par le sang d'un « Dieu! un chrétien, l'enfant d'un Dieu, le frère d'un Dieu, « l'héritier d'un Dieu! un chrétien, l'objet des complaisances « des trois Personnes divines! un chrétien dont le corps est « le temple du Saint-Esprit : voilà ce que le péché désho« nore. » Il ajoutait : « Que c'est beau, une âme! Notre-Sei« gneur en fit voir une à sainte Catherine, et elle la trouva si « belle qu'elle dit : Seigneur, si je ne savais pas qu'il n'y a « qu'un Dieu, je croirais que c'en est un. » Et il complétait sa pensée, en s'écriant : « Nous connaissons le prix de « notre âme aux efforts que le Démon fait pour la perdre. « L'Enfer se ligue contre elle, le Ciel pour elle. Oh! qu'elle « est grande! » Mais redoutant que de telles idées ne fournissent un aliment à la vanité de l'homme, le curé d'Ars rabaissait inexorablement cette créature qu'il craignait d'élever à l'excès : « Une petite pincée de poussière grosse comme « une noix, voilà ce que nous deviendrons. — Allez voir au « cimetière ce qu'on aime, quand on aime son corps. » Enfin, opposant dans une même phrase la grandeur de l'homme à sa bassesse, il faisait pittoresquement passer sous les yeux de ses auditeurs ce tableau plein de vie : « Voyez, mes enfants, leur « disait-il. Le bon chrétien parcourt le chemin de ce monde « monté sur un beau char de triomphe : ce char est traîné « par les Anges, et c'est Notre-Seigneur lui-même qui veut « bien le conduire ; mais le pécheur, lui, est attelé au char « de la vie, et le Démon est sur le siège qui le force d'avancer « à coups de fouet. »

Le troisième caractère du style des Saints est, disions-nous, un amour très vif pour toute la création, animée ou inanimée. Les Saints sont occupés depuis dix-huit cents ans à reconstruire de leurs mains cette harmonie première entre l'homme et la nature, que le péché a renversée. Est-il nécessaire que nous rappelions ici les solitaires de la Thébaïde, dont les lions se faisaient les serviteurs obéissants et affectueux? Est-il besoin que nous rappelions saint François d'Assise prêchant les oiseaux, et saint Antoine de Padoue sermonnant les poissons? Le curé d'Ars avait un cœur qui ressemblait singulièrement à celui du séraphin d'Assise : il aimait, à cause de Dieu, toutes les créatures de Dieu. « Un jour, dit-« il, j'allais voir un malade. C'était au printemps; les buis-« sons étaient remplis de petits oiseaux qui se tourmentaient « la tête à chanter. Je prenais plaisir à les écouter, et je me « disais : Pauvres petits oiseaux, vous ne savez pas ce que « vous dites. Que c'est dommage! Vous chantez les louanges « de Dieu. » Et, une autre fois, saisi d'un sentiment plus sublime et plus vif à la vue de ces mêmes créatures ailées, il s'écriait : « Pauvres petits oiseaux, vous avez été créés « pour chanter, et vous chantez. L'homme a été créé pour « aimer Dieu, et il ne l'aime pas ! » De telles beautés abondent dans les Catéchismes du saint curé.

III.

NOUS n'avons considéré jusqu'ici que les caractères intimes du style des Saints. Ce style, véritablement incomparable, a des qualités extérieures qu'il importe aussi de signaler, et nous insisterons principalement sur la première et la plus notable de ces qualités si mal connues. Le style des saints est avant tout un style spontané, et c'est à lui que s'appliquent par excellence les belles paroles de Montaigne : « Tel sur le papier qu'à la bouche. » Si l'on étudie les Saints depuis la venue de Notre-Seigneur Jésus-Christ jusqu'à nos jours, on se persuadera aisément que leurs livres ne sentent pas l'huile. On nous citera certains Pères de l'Église grecque qui ont quelque peu travaillé les fleurs charmantes de leurs discours, mais ces nobles exceptions confirment la règle. Les Saints ont en général écrit comme ils ont parlé, et ils parlaient comme ils pensaient. Voilà le bon, voilà le vrai style. Le seul travail qui le prépare, c'est la méditation. Les Saints, grâce à Dieu, n'ont jamais pratiqué les préceptes étroits de Boileau : ils n'ont pas poli et repoli leur parole. Elle sortait vivante et chaude de leur cœur, et venait rapidement jusqu'à leurs lèvres : « Telle sur le papier qu'à leur bouche ! »

Ce qui caractérise encore le style des Saints, c'est la poésie, c'est l'image. Tous les Saints ont été de grands poètes. Qu'est-ce que la Poésie, si ce n'est la création perpétuelle de nouvelles comparaisons, de nouvelles images, pour désigner les êtres visibles, et, le plus souvent, les êtres spirituels? Qu'est-ce encore que la Poésie, si ce n'est une suite d'admirables tableaux où toute la nature doit être reflétée, pour être ensuite offerte à Dieu? Les Saints ont été les plus grands peintres de la nature: ce sont eux qui l'ont le mieux comprise et le plus humblement offerte au Créateur. De là leur style imagé. Ils percent de leurs yeux l'enveloppe de tous les êtres et en découvrent le sens caché. Ils se disent: « Tel être est le symbole de tel autre, » et ils les comparent entre eux. Voilà pourquoi, encore un coup, leur parole est si picturale, si figurée, si vivante.

Ces qualités, nous les trouvons au plus haut degré dans le style du curé d'Ars. Mais il est temps de laisser la parole au Saint.

Voici donc, liées entre elles comme fleurs dans un bouquet, voici un certain nombre de ses pensées que nous avons disposées suivant un ordre logique, qui saisiront vivement les âmes de nos lecteurs et seront comme la conclusion de tout cet humble livre.

Dieu. — La miséricorde de Dieu est comme un torrent débordé: elle entraîne tous les cœurs sur son passage.

Le bon Dieu aura plus tôt pardonné à un pécheur repentant qu'une mère n'aura retiré son enfant du feu.

Lorsque Dieu nous voit venir, il penche son cœur bien bas vers sa petite créature, comme un père qui s'incline pour écouter son petit enfant qui lui parle.

Figurez-vous une pauvre mère obligée de lâcher le couteau de la guillotine sur la tête de son enfant: voilà le bon Dieu quand il damne un pécheur.

La Vierge Marie. — Lorsque nos mains ont touché des aromates, elles embaument tout ce qu'elles touchent. Faisons passer nos prières par les mains de la sainte Vierge: elle les embaumera.

Je pense qu'à la fin du monde, la sainte Vierge sera bien tranquille ; mais, tant que le monde dure, on la tire de tous les côtés. La sainte Vierge est comme une mère qui a beaucoup d'enfants : elle est continuellement occupée à aller de l'un à l'autre.

Le Fils a sa justice : la Mère n'a que son amour.

Le Prêtre. — Si l'on avait la foi, on verrait Dieu caché dans le Prêtre, comme une lumière derrière un verre.

Le Prêtre est pour vous comme une mère, comme une nourrice pour un enfant de quelques mois : elle lui donne sa nourriture ; il n'a qu'à ouvrir la bouche. La mère dit à son enfant : « Tiens, mon petit, mange. » Le prêtre vous dit : « Prenez et mangez : voici le corps de Jésus-Christ. Qu'il vous garde et vous conduise à la vie éternelle. » O belles paroles !

L'Ame de l'homme. — La terre entière ne peut pas plus contenter une âme immortelle, qu'une pincée de farine dans la bouche d'un affamé ne peut le rassasier.

Nous sommes comme des taupes de huit jours. Nous ne voyons pas plus tôt la lumière que nous nous enfonçons dans la terre.

Notre âme est emmaillottée dans notre corps comme un enfant dans ses langes : on ne lui voit que la figure.

Les âmes saintes. — Comme une belle colombe blanche qui sort du milieu des eaux et vient secouer ses ailes sur la terre, l'Esprit-Saint sort de l'Océan infini des perfections divines, et vient battre des ailes sur les âmes pures.

Il sort d'une âme où réside le Saint-Esprit une bonne odeur comme celle de la vigne quand elle est en fleur.

L'image de Dieu se réfléchit dans une âme pure comme le soleil dans l'eau.

Une âme pure est l'admiration des trois personnes de la sainte Trinité. Le Père contemple son ouvrage: «Voilà donc ma créature!» Le Fils, le prix de son sang: on connaît la beauté d'un objet au prix qu'il a coûté. Le Saint-Esprit y habite comme dans un temple.

Une âme pure est comme une belle perle. Tant qu'elle est cachée dans un coquillage au fond de la mer, personne ne songe à l'admirer; mais si vous la montrez au soleil, cette perle brille et attire tous les regards. C'est ainsi que l'âme pure, qui est cachée aux yeux du monde, brillera un jour devant les anges au soleil de l'éternité!

Celui qui a conservé l'innocence de son baptême est comme un enfant qui n'a jamais désobéi à son père.

Nous sommes tous comme de petits miroirs dans lesquels Dieu se contemple. Comment voulez-vous que Dieu se reconnaisse dans une âme impure?

Le Saint-Esprit repose dans une âme pure comme sur un lit de roses.

La prière. — La Prière n'est autre chose qu'une union avec Dieu. Quand on a le cœur pur et uni à Dieu, on sent en soi un baume, une douceur qui enivre, une lumière qui éblouit. Dans cette union intime, Dieu et l'âme sont comme deux morceaux de cire fondus ensemble: on ne peut plus les séparer. C'est une chose bien belle que cette union de Dieu avec sa petite créature, et il y a là un bonheur qu'on ne peut comprendre.

On est content de se réveiller la nuit pour prier le bon Dieu; on n'a que des actions de grâces à la bouche; on s'élève vers le ciel, comme un aigle qui fend les airs.

Le matin il faut faire comme l'enfant qui est dans son berceau: dès qu'il ouvre les yeux, il regarde vite par la maison s'il voit sa mère. Quand il la voit, il se met à sourire; quand il ne la voit pas, il pleure.

Les peines se fondent devant une prière bien faite, comme la neige fond devant le soleil.

La mortification. — Les épines suent le baume, et la croix transpire la douceur. Mais il faut presser les épines dans ses mains et serrer la croix sur son cœur pour qu'elles distillent tout le suc qu'elles contiennent.

La confession. — Quand on va se confesser, il faut comprendre ce qu'on va faire. On peut dire qu'on va déclouer Notre-Seigneur.

La communion ; la messe. — Celui qui communie se perd en Dieu comme une goutte dans l'océan. On ne peut plus les séparer.

En sortant de la Table sainte, nous sommes aussi heureux que les Mages s'ils avaient pu emporter l'Enfant-Jésus.

Au jour du Jugement on verra briller la chair de Notre-Seigneur à travers le corps glorifié de ceux qui l'auront reçue dignement sur la terre. C'est ainsi qu'on voit briller de l'or en du cuivre, et de l'argent en du plomb.

Si l'on savait ce que c'est que la Messe, on mourrait. On ne comprendra que dans le ciel le bonheur qu'il y a à dire la messe.

La mort. — Le passage à l'autre vie du bon chrétien éprouvé par l'affliction est comme celui d'une personne que l'on transporte sur un lit de roses.

L'enfer. — Après la Consécration, quand je tiens dans mes mains le très saint Corps de Notre-Seigneur, et quand je suis en mes heures de découragement, ne me voyant digne que de l'enfer, je me dis : « Ah ! si du moins je pouvais l'emmener avec moi ! L'enfer serait doux auprès de Lui, et il ne m'en coûterait pas d'y rester toute l'éternité à souffrir, si nous y étions ensemble. » Mais alors il n'y aurait plus d'enfer : les flammes de l'amour éteindraient celles de la justice.

Si l'on pouvait se damner sans faire souffrir Notre Seigneur, passe encore ; mais on ne le peut pas.

Il y en a qui perdent la foi et ne voient l'enfer qu'en y entrant.

Les damnés seront enveloppés dans la colère de Dieu, comme le poisson dans l'eau.

Il y a près de six mille ans que Caïn est dans l'enfer, et il ne fait que d'y entrer.

Nous nous arrêtons : il faudrait tout citer ; mais, d'après ce qui précède, on a pu voir que le style du curé d'Ars offrait réellement tous les caractères du style des Saints.

Le curé d'Ars n'a cessé de soupirer vers Dieu ; il a connu l'extrême grandeur et l'extrême misère de l'homme ; il a essayé de ramener à l'unité primordiale la création tout entière, le monde des esprits et celui des corps ; il a été enfin un grand poète, et sa parole a été la plus naturelle et la plus spontanée de toutes les paroles.

Il est doublement notre modèle.

Voulons-nous parvenir à l'imiter dans son style ? Imitons-le dans sa vie. *Sursum !*

TABLE DES MATIÈRES.

	Pages
Dédicace.	v
I. La Littérature catholique avant Jésus-Christ	1
II. La Littérature française avant le XVIIe siècle	37
III. L'Idée politique dans les Chansons de Geste	81
IV. L'Idée religieuse dans l'Épopée française	117
V. Un Poète au XIIe siècle : Adam de Saint-Victor.	197
VI. Un Journaliste au XIVe siècle : Eustache Deschamps	221
VII. Les Origines du théâtre moderne : Histoire des Mystères.	229
VIII. Une question catholique et nationale : les Classiques	265
IX. Un Art catholique et national : Histoire de l'Architecture religieuse antérieurement au XIIe siècle	285
X. Un Roman et un Drame du Moyen Age	313
1° Le Roman *(Les quatre fils Aymon)*	313
2° Le Drame *(Le Mystère du siège d'Orléans)*	322
XI. Les Livres populaires chrétiens	33?
XII. Deux grands catholiques du XIXe siècle	337
1° Louis Veuillot	337
2° Dom Guéranger	341
XIII. Le Style des Mères.	359
XIV. Le Style des Saints	367

Imprimé par Desclée, De Brouwer et Cie, Bruges.

www.ingramcontent.com/pod-product-compliance
Lightning Source LLC
Chambersburg PA
CBHW060615170426
43201CB00009B/1031